O FIM DOS EMPREGOS

O FIM DOS EMPREGOS

JEREMY RIFKIN

***m*.BOOKS**

M.Books do Brasil Editora Ltda.

Rua Jorge Americano, 61 - Alto da Lapa
05083-130 - São Paulo - SP - Telefones: (11) 3645-0409/(11) 3645-0410
Fax: (11) 3832-0335 - e-mail: vendas@mbooks.com.br
www.mbooks.com.br

Dados de Catalogação na Publicação

Rifkin, Jeremy
O Fim dos Empregos: O Contínuo Crescimento do
Desemprego em Todo o Mundo/Jeremy Rifkin
2004 – São Paulo – M.Books do Brasil Editora Ltda.
1. Administração 2. Recursos Humanos 3. Economia
ISBN: 85-89384-51-9

Do original: The end of work
© 1995, 2004 by Jeremy Rifkin
© 2005 M.Books do Brasil Ltda.
Todos os direitos reservados.
Original em inglês publicado por:
Jeremy P. Tarcher / Penguin,
divisão do Penguin Group (USA) Inc.

EDITOR
Milton Mira de Assumpção Filho

Produção Editorial
Salete Del Guerra

Tradução
Ruth Gabriela Bahr

Revisão Técnica
LUIZ CARLOS MEREGE
FGVSP

Revisão de Texto
Myrthes Suplicy
Lucrécia Barros de Freitas
Maria Aiko Nishijima

Capa
Lee Fukui / ERJ

Editoração e Fotolitos
ERJ Composição Editorial e Artes Gráficas Ltda.

2004
Proibida a reprodução total ou parcial.
Os infratores serão punidos na forma da lei.
Direitos exclusivos cedidos à
M.Books do Brasil Editora Ltda.

*Em memória do meu pai, Milton Rifkin, que compreendeu,
mais do que ninguém, que eu conheço o espaço do marketing.*

*Para minha mãe, Vivette Rifkin, que personifica o espírito voluntário
da sociedade norte-americana.*

*Para Ernestine Royster e sua família,
e seu sonho de um futuro melhor.*

Agradecimentos

Quero externar meus agradecimentos especiais a Jeff Kellogg, que me auxiliou na pesquisa para *O Fim dos Empregos*. A minuciosa pesquisa do Sr. Kellogg, assim como suas inúmeras sugestões e seus comentários foram inestimáveis na preparação do manuscrito. Também gostaria de agradecer a Andy Kimbrell por sua ajuda na edição do manuscrito final e por fazer as vezes de "caixa de ressonância" a muitas idéias que foram incluídas neste livro. Também gostaria de agradecer a várias outras pessoas por sua contribuição à pesquisa e à preparação de *O Fim dos Empregos*: Anna Awimbo, Clara Mack, Carolyn Bennet e Jennifer Beck.

Prefácio

Robert L. Heilbroner

Os economistas nunca se mostram claros sobre o que as máquinas fazem por nós e para nós. Por um lado, elas são a própria encarnação do investimento que move a economia capitalista. Por outro lado, e na maioria das vezes, quando uma máquina entra, um trabalhador sai e, às vezes, muitos trabalhadores saem. Os economistas sempre afirmaram que a máquina pode eliminar alguns trabalhadores aqui e acolá, mas que, no final, a produtividade será aumentada significativamente e, conseqüentemente, a renda nacional.

Mas, quem fica com a renda? Em 1819, o famoso economista David Ricardo escreveu que a quantidade de empregos numa economia não teria tanta importância, desde que rendas e lucros, a partir dos quais florescem novos investimentos, não ficassem diminuídos. "É mesmo?" respondeu Simonde de Sismondi, renomado crítico suíço da época. "A riqueza é tudo, os homens não são nada? O quê?... Na verdade, então, não resta mais nada a desejar senão que o rei, permanecendo sozinho na ilha e girando constantemente uma manivela, possa produzir, através da automação, todos os bens da Inglaterra."[1]

O livro esclarecedor de Jeremy Rifkin fala de um mundo onde as corporações tomaram o lugar dos reis, girando manivelas que movimentam as automações mecânicas, elétricas e eletrônicas, que fornecem os bens e os serviços da nação. Este não é, de forma alguma, um desenvolvimento recente. Se pudéssemos repassar a história da relação homem-máquina dos Estados Unidos – ou de qualquer nação moderna – veríamos que por 200 anos tem havido uma grande migração de trabalhadores deixando funções que a tecnologia lhes tomou e procurando outras que estavam sendo criadas.

Ao abrir das cortinas deste drama, no início do século XIX, as máquinas não eram muito visíveis. Norte, sul, leste, oeste, a agricultura era a ocupação quintessencial; praticamente manual, auxiliada por enxadas e pás, arados puxados por cavalos, carroças e afins.

Então, em meados do século, as coisas começaram a mudar. Cyrus McCormick inventou a colhedeira mecânica; John Deere o arado de aço; surgiu o trator. Como conseqüência, por volta do último quarto do século, a proporção da força de trabalho nacional na agricultura havia diminuído de três quartos para a metade; em 1900, a um terço; em 1940, a um quinto e, hoje, a aproximadamente 3%.

O que aconteceu àqueles cujos empregos foram tomados pelas máquinas? Passaram para outras áreas, nas quais a tecnologia estava criando novos postos de trabalho. Em 1810, apenas 75 mil pessoas trabalhavam nas nascentes fábricas que produziam ferro gusa, nas madeireiras e afins; 50 anos mais tarde, mais de 1,5 milhão; em 1910, mais de 8 milhões; em 1960, o dobro. Em termos de porcentagem, a mão-de-obra industrial cresceu a passos largos, até chegar a 35% da força de trabalho total.

Mas os números não continuaram crescendo ininterruptamente. Ao mesmo tempo que a tecnologia oferecia trabalho nas novas fábricas de automóveis, de utilidades domésticas e de usinas de energia reduzia-o à medida que, nas linhas de montagem, o torno mecânico, as brocas e as prensas aumentavam suas velocidades e espantosas novas "calculadoras" passaram a simplificar o trabalho dos supervisores. Entre 1960 e 1990, a produção de bens manufaturados de todos os tipos continuou a crescer, mas o número de empregos necessários para criar esse fluxo de produção caiu pela metade.

Estamos quase terminando nosso drama. Durante todo o tempo em que a mão-de-obra entrava e depois saía das fábricas, um terceiro grande setor passou a oferecer crescentes oportunidades de emprego. Era a lista em expansão de empregos no setor de "prestação de serviços" – professores e advogados, enfermeiras e médicos, empregados domésticos e babás, funcionários públicos e guardas de trânsito, arquivistas, datilógrafos, zeladores, vendedores. É impossível estimar com qualquer grau de exatidão o número de "prestadores de serviços" no início do século XIX, mas em 1870 havia aproximadamente três milhões nas várias categorias e, por volta de 1990, cerca de 90 milhões. Portanto, o emprego no setor de prestação de serviços salvou esta – e outras economias modernas – do absolutamente devastador desemprego.[2]

Assim como ocorreu na indústria, no setor de serviços a tecnologia criou com uma mão e tirou com a outra. O setor cresceu às custas da máquina de escrever e do telefone e encolheu sob o impacto da máquina xerox e do catálogo de reembolso postal. Mas é o computador, naturalmente, que encerra a novela, possibilitando que a corporação se instale em sua ilha, girando a manivela enquanto a automação trabalha.

Esta é a transformação histórica sobre a qual Jeremy Rifkin escreve. Seu livro é rico em detalhes, absorvente pela relevância na vida real e abrangente em seu conteúdo, mostrando as implicações, tanto globais quanto nacionais, da mudança no alcance e no impacto da tecnologia em nosso tempo. Se ele estiver certo – e a abrangência e profundidade da pesquisa sugerem fortemente que ele *está* certo – estaremos empurrando o relacionamento das máquinas e do trabalho além da acomodação desconfortável dos últimos duzentos anos para um novo relacionamento, sobre cuja configuração pouco podemos dizer, a não ser que terá de ser muito diferente daquela do passado.

Rifkin explora algumas das mudanças óbvias que nos serão impostas por este relacionamento emergente – mudanças que variam desde deslocamentos e disfunções, que certamente serão acompanhadas de uma estudada indiferença ao problema, e através de reconfigurações nos padrões da vida no trabalho tão dramáticas quanto as que separam os anos de trabalho atuais daqueles da época de Dickens, até possibilidades para a criação de um novo setor de oferta de emprego que deixarei para ele descrever.

Este é um livro que deveria tornar-se o centro de um diálogo demorado e franco para a nação. Eu o descreveria como uma introdução indispensável ao problema com o qual nós e nossos filhos estaremos convivendo até o fim de nossas vidas.

Sumário

Introdução de 2004	xiii
Introdução	xlvii

PARTE I
AS DUAS FACES DA TECNOLOGIA

1. O Fim do Trabalho	3
2. A "Mágica" da Tecnologia e as Realidades de Mercado	15
3. Visões do Paraíso Tecnológico	43

PARTE II
A TERCEIRA REVOLUÇÃO INDUSTRIAL

4. Atravessando a Fronteira da Alta Tecnologia	59
5. Tecnologia e Experiência Afro-americana	69
6. O Grande Debate da Automação	81
7. O Pós-Fordismo	90

PARTE III
O DECLÍNIO DA FORÇA DE TRABALHO GLOBAL

8. O Fim do Agricultor	109
9. Aposentando o Operário	128
10. O Último Prestador de Serviço	141

PARTE IV
O PREÇO DO PROGRESSO

11. Vencedores e Perdedores da Alta Tecnologia	165
12. Repouso Eterno a Classe Trabalhadora	182
13. O Destino das Nações	199

14. Um Mundo Mais Perigoso — 209

PARTE V
A AURORA DA ERA PÓS-MERCADO

15. A Reengenharia da Jornada Semanal de Trabalho — 221
16. Um Novo Contrato Social — 236
17. Investindo no Terceiro Setor — 248
18. Globalizando a Economia Social — 273

Notas — 291

Bibliografia — 323

Índice Remissivo — 330

Introdução de 2004

Nos nove anos que se passaram desde que foi publicada a primeira edição de *O Fim dos Empregos*, a economia global seguiu um curso turbulento, alçando velozmente novas altitudes para, em seguida, precipitar-se com igual rapidez, deixando como lastro uma recessão mundial. Todavia, mesmo no ápice do ciclo econômico, o desemprego estrutural permanecia perigosamente alto em países por todo o mundo, a despeito de aumentos tanto na produtividade global quanto no produto interno bruto. Em 1995, 800 milhões de pessoas estavam desempregadas ou subempregadas. Em 2001, mais de um bilhão delas caíam em umas dessas duas categorias.[1]

Hoje, milhões de trabalhadores pelos Estados Unidos se encontram mal empregados ou sem ocupação alguma, tendo pouca esperança de obter emprego em tempo integral. Essa chocante realidade é ainda mais dolorosa quando nos lembramos de que, apenas alguns anos atrás, empresários e membros do governo faziam exuberantes declarações de que os Estados Unidos haviam resolvido seus problemas de desemprego. O desemprego "oficial" caiu de 6,6% em janeiro de 1994 para 4% em janeiro de 2000, levando alguns economistas a alardear que o desemprego era uma coisa do passado.[2] Suas previsões se mostraram infundadas. Na primavera de 2003, o desemprego oficial dos Estados Unidos voltou aos 6% e tornou-se o mais grave problema a assolar esse país[3]. E, nisso, os norte-americanos não estão sozinhos.

As nações mais desenvolvidas do mundo continuam a padecer de altos índices de desemprego crônico. O índice da Alemanha, em agosto de 2003, era de aproximadamente 10%, e 60% dos desempregados estavam sem trabalho há mais de um ano[4]. O desemprego na França e na Itália em 2003 rondava a casa dos 9%, enquanto o da Espanha era de aproximadamente 12%[5]. A média geral da União Européia era de 7,9%, sendo que, na zona européia expandida, ela excedia os 8,7%[6].

O outro extremo do mundo não está nada melhor. O desemprego no Japão acometia 3,68 milhões de pessoas no início de 2003, com uma média geral de 5,5%, a maior porcentagem de trabalhadores desempregados desde o início dos registros na década de 50. O nível de desemprego da Indonésia era de 9,1%, e o da Índia, de 8,8%. No Caribe e na América Latina, a fração média era de 10%[7].

O que se evidenciou durante esse período é que os problemas estruturais sob o aumento do desemprego que discuti na primeira edição de O Fim dos Empregos só se acentuaram nesses anos, tornando o futuro dos empregos um problema central de nossa época. O interessante é que as análises e as tendências apresentadas no corpo do livro têm maior ressonância hoje do que na época da primeira publicação.

Agora, nesta introdução, aproveito o ensejo para atualizar o leitor no tocante ao futuro do trabalho, enfatizando lições que podem ser aprendidas com os tumultuosos eventos econômicos dos últimos anos. Também expandi algumas das várias sugestões que a primeira edição trazia para lidar com a crise de empregos, apresentando uma série de novas idéias para repensar a natureza do trabalho. Minha esperança é que tais propostas possam nos ajudar a encontrar nosso caminho rumo ao novo mundo, em que a vocação e a contribuição de cada pessoa para o fado da humanidade e o bem-estar da Terra serão provavelmente muito diversas de qualquer coisa jamais imaginada.

Todas as nações se encontram às vésperas de um grande debate sobre o futuro dos empregos. Às voltas com o alto desemprego, com impostos elevados, com sistemas onerosos de bem-estar social e com confusos regimes regulamentares – que segundo alguns só fazem perpetuar a estagnação econômica –, críticos no governo, na indústria e na sociedade civil vêem-se presos em um acirrado embate ideológico sobre se as regras que governam os empregos e se o comércio e as transações devem ser reformados e, em caso positivo, de que maneira. Enquanto políticos, empresários e sindicalistas discutem veementemente sobre a criação de uma política de trabalho flexível, sobre a redução dos impostos e a reformulação das regras que determinam o bem-estar e a previdência social, a verdadeira causa do desemprego permanece intocada pelo debate que envolve a política pública.

Se a chave para criar novos empregos fosse questão meramente de efetuar as reformas há pouco listadas aqui, os Estados Unidos da América deviam gozar de um robusto nível de emprego. Afinal de contas, já foram feitas praticamente todas as reformas que os outros países vêm só agora tentando implementar. Todavia, os trabalhadores norte-americanos – e, aliás, os de praticamente todas as economias nacionais do mundo – estão enfrentando tempos difíceis.

Até recentemente, quando os números do desemprego oficial nos Estados Unidos começaram a subir, o restante do mundo costumava voltar-se para a América em busca de inspiração e direção. O que os outros países não sabiam é que o desemprego real nos Estados Unidos, mesmo nos anos de alta na segunda metade da década de 90, época em que o governo norte-americano difundia um índice de 4%, era na verdade muito maior. Um estudo da Universidade de Chicago descobriu que, se o desemprego camuflado fosse levado em conta, o índice real de desemprego estaria muito próximo, na época, ao da União Européia[8]. Isso ocorreu porque, embora alguns americanos encontrassem emprego após a recessão de 1989-1992, milhões de trabalhadores desalentados simplesmente desistiram e abandonaram o mercado de trabalho, fazendo com que deixassem de figurar nas estatísticas oficiais[9]. E, ainda, muitos outros foram encarcerados. Em 1980, a população presidiária era de 330 mil internos. No ano 2000, quase 2 milhões de pessoas estavam na cadeia[10]. Atualmente, 1,8% dos trabalhadores adultos do sexo masculino se encontra na prisão[11]. Mais importante: muitos dos trabalhadores que encontraram emprego durante a alta de mercado entre 1995 e 2000 eram funcionários temporários ou de meio período, sem benefícios, estando desempregados a maior parte do tempo. Uma grande proporção deles regressou às fileiras dos desempregados no final de 2003.

Ascensão e Queda do "Milagre Americano"

Grande parte do chamado milagre econômico americano do final dos anos 90, inclusive a temporária bolha de empregos, revela-se em retrospecto ilusória. A expansão comercial deveu-se menos a uma eventual superioridade dos Estados Unidos em habilidades administrativas, aptidões empresariais e ganhos de produtividade do que à extensão sem precedentes do crédito ao consumidor, que permitiu que os americanos incorressem em uma desenfreada onda de consumo. O milagre americano, em grande medida, foi comprado a crédito. Com efeito, é impossível compreender a redução temporária no desemprego americano no fim dos anos 90 sem examinar a estreita relação que se desenvolveu entre a geração de empregos e o acúmulo dos registros de dívidas por parte de consumidores.

O crédito ao consumidor vem crescendo há quase uma década. O surto de consumo devolveu o trabalho a muita gente durante alguns anos, para produzir os bens e prestar os serviços que vinham sendo comprados a crédito. O resultado foi que a média de poupança entre as famílias americanas, que era de 8% no início dos anos 90, caiu para 2% no ano de 2001.[12]

Uma situação similar sobreviera em meados e fins da década de 20. Como na atualidade, os anos 20 foram um período de transformadoras mudanças tecnológicas. A eletricidade substituiu a energia a vapor em todos os grandes setores, aumentando em muito a capacidade de produção dos Estados Unidos. Aos aumentos de produtividade, contudo, não correspondeu um aumento significativo na renda dos trabalhadores. Na verdade, os salários permaneceram relativamente baixos, ao passo que muitos trabalhadores marginais tiveram de deixar seus cargos em virtude do advento de sucedâneos tecnológicos mais econômicos. No final da década de 20, a indústria americana operava com apenas 75% de sua capacidade na maioria dos principais setores da economia. Os frutos do novo aumento de produtividade não eram distribuídos suficientemente entre os trabalhadores para sustentar o aumento de consumo e esvaziar os estoques. Preocupados com a baixa demanda, o setor bancário e os varejistas ampliaram o crédito acessível na forma de crediários, procurando incentivar os trabalhadores a comprar mais e a preservar o crescimento econômico. No final de 1929, a dívida dos consumidores se elevara a ponto de tornar-se insustentável. Mesmo as altas de mercado vinham sendo sufocadas pelo recorde de compras de ações na margem (que é a importância paga pelo comprador utilizando o crédito de uma corretora para adquirir ou vender títulos). O castelo de cartas acabou por vir abaixo.

O mesmo fenômeno está ocorrendo hoje. O aumento de produtividade gerado pelas revoluções da informática e das telecomunicações está finalmente se fazendo sentir. O problema é que praticamente todos os setores vêm se defrontando com uma subutilização global de capacidade e uma demanda insuficiente. Em outubro de 2003, as fábricas norte-americanas declararam estar usando menos de 73% de sua capacidade.[13] Mais uma vez, o crédito ao consumidor tornou-se, nos Estados Unidos, um paliativo ordinário, um meio de manter os motores econômicos em alta rotação, ao menos por algum tempo.

O crédito ao consumidor está crescendo no ritmo assombroso de 9% ao ano, e o número de insolvências vem inflando. Em 1994, 780 mil americanos abriram insolvência. Em 2002 esse número subira para 1.576.133.[14] Até recentemente, alguns economistas afirmavam que a média de poupança de quase 0% não era tão ruim como os números sugeriam, já que milhões de americanos vinham obtendo ganhos recordes no mercado de ações, de modo que seu portfólio de títulos servia como substituto para a tradicional poupança bancária. Como é óbvio, a recente baixa no mercado de ações emudeceu esse tipo de afirmação. De resto, cumpre notar que aproximadamente 90% dos ganhos nos mercados de ação fluíram para os 10% no topo da escala social, enquanto mais da metade dos americanos não obteve benefício algum da alta do mercado, pela razão de não possuir ações.[15]

O Reino Unido é o único outro país do G-8 a seguir o exemplo norte-americano, aumentando dramaticamente o crédito ao consumidor, em um esforço para aquecer sua economia. Em curto prazo, tal medida teve êxito. O desemprego do Reino Unido está entre os menores do mundo, e sua economia vem crescendo. O problema é que, como nos Estados Unidos, o milagre econômico do Reino Unido tem menos a ver com a perspicácia empresarial e a acuidade da visão do governo do que com a liberação do crédito e o acúmulo de dívidas. O débito familiar encontra-se hoje em um recorde de US$ 1,4 trilhão. O cidadão britânico médio vem gastando atualmente de 120% a 130% de sua renda anual, graças aos mesmos instrumentos de crédito a que tanto se afeiçoaram os americanos, incluindo cartões de crédito, o refinanciamento de hipotecas, empréstimos e saques a descoberto.[16] Os consumidores britânicos ostentam hoje a ambígua distinção de aumentar suas dívidas pessoais acima dos níveis americanos.

Se, no começo da década de 90, os países continentais da União Européia tivessem reduzido sua média de poupança familiar de 14,6% para 2% no ano 2001, como fizeram os Estados Unidos, eles poderiam ter reduzido significativamente seu nível de desemprego.[17] Milhões de pessoas gastando – a crédito – teriam sem dúvida devolvido o trabalho a milhões de trabalhadores europeus, para a produção dos bens e a prestação dos serviços então comprados a crédito. Todavia, imitar o exemplo dos Estados Unidos só teria servido de reparo provisório, gerando as condições para um período ainda mais profundo de instabilidade econômica, quando a extensão do crédito atingisse seus limites e arrastasse os consumidores à ruína, e a economia, a uma espiral decadente, como já havia feito no final dos anos 20 e início dos anos 30.

Agora, passado o estouro da bolha no mercado de ações, os americanos refrearam suas despesas, e o declínio temporário do desemprego deu lugar a uma alta sustentada, quase restabelecendo os níveis de uma década atrás. A economia dos Estados Unidos está passando pela pior baixa de contratações em mais de 20 anos.[18]

Recuperação Permanente sem Empregos

Há 2 anos, os Estados Unidos vêm se recobrando da última recessão, sem um aumento significativo no número de empregos (embora os últimos relatórios registrem o acréscimo de 126 mil empregos à folha de pagamento nacional, dando aos economistas alguma esperança de que a recuperação dos empregos possa estar finalmente a caminho, eles alertam que tal número precisaria dobrar e se manter por um período significativo para ter qualquer influência sobre o quadro geral do desemprego). A chamada recuperação sem empregos preocupa economistas e líderes políticos. Essa é a primeira vez desde a Segunda Guerra Mundial que os empregos deixam de apresentar crescimento – apesar de um longo período de aumento no produto interno bruto.[19] Aproximadamente 3 milhões de empregos foram perdidos entre março de 2001 e setembro de 2003.[20] Em apenas duas ocasiões no último meio século é que os Estados Unidos perderam tantos empregos – entre 1956 e 1958 e de 1980 a 1983.[21] A maioria dos empregos – 2,5 milhões – perdeu-se no setor manufatureiro.[22] O setor varejista também eliminou um grande número de funções no período que se estende de março de 2001 a maio de 2003.[23] Desapareceram 121 mil empregos no setor de serviços só no semestre entre outubro de 2002 e abril de 2003.[24] Entre junho de 2000 e junho de 2003, uma notável parcela de 18% dos trabalhadores americanos declarou ter sido dispensada.[25] "O que é exclusivo da atual economia", diz Lawrence Mishel, presidente do Economic Policy Institute (Instituto de Política Econômica), em Washington, D.C., "é que, embora a recessão (...) tenha findado aparentemente em novembro de 2001, aqui estamos, em agosto/setembro de 2003, com muito menos empregos do que quando iniciamos esse processo (...); isso é algo que não ocorria desde a Grande Depressão"[26].

Durante anos, economistas e líderes do governo exortaram os trabalhadores a atualizar sua educação de modo a se preparar para as novas e sofisticadas ocupações tecnológicas da "Era do Acesso". Ironicamente, trabalhadores mais instruídos e capacitados também estão sentindo o tranco nessa nova era sem empregos. Aproximadamente 44% dos desempregados de longa data em 2002 – trabalhadores sem ocupação por mais de seis meses – haviam cursado além do segundo grau. Impressionantes 22,7% dos graduados em universidades, 22% dos executivos, administradores e profissionais especializados demitidos e 25,6% de trabalhadores dispensados em meados da carreira vinham procurando emprego há mais de meio ano. Isso contrasta com os restantes 18% da força de trabalho ainda em busca de ocupação após seis meses de desemprego.[27]

As atuais tendências do desemprego são de mau agouro para os universitários dos Estados Unidos. Empresas declararam ter planos de contratar 36% menos graduados em 2002 do que em 2001.[28] O recrutamento de MBAs – a mais alta categoria profissional na segunda metade dos anos 90 – caiu 45%. Previa-se que somente 25% das pessoas com diploma universitário em 2002 encontrariam emprego.[29] A maioria voltou a viver com os pais.

Até recentemente, os ordenados por hora vinham declinando em praticamente todas as categorias salariais, com a exceção dos diretores executivos.

INTRODUÇÃO DE 2004 **xix**

Mesmo durante a rápida recuperação econômica do segundo semestre de 2003, a hora de salário média para cargos abaixo do nível de supervisão em escritórios e fábricas subiu somente 3 centavos de dólar, de acordo com o Bureau of Labor Statistics — o que não basta nem para acompanhar a inflação. Este é o menor crescimento salarial nos EUA em mais de 40 anos[30]. Além disso, os empregos perdidos pagavam cerca de 17 dólares por hora, enquanto os que vêm sendo criados pagam somente 14,50[31]. Ao mesmo tempo, os lucros corporativos, como porcentagem da renda nacional, atingiram seus mais altos níveis desde os anos 60[32].

Igualmente perturbador, a semana de trabalho para trabalhadores do escalão comum – aproximadamente 80% da força de trabalho dos Estados Unidos – consistia de 34 horas, o mais baixo nível desde que o governo deu início aos registros em 1964.[33] Isso quer dizer que grande parte dos empregados era, na verdade, subempregados. Em meados de 2003, mais de 4,8 milhões de americanos desejavam trabalho em tempo integral, mas só o conseguiam em meio período – o que representa um aumento de 50% no nível de subemprego com relação ao ano anterior, assinalando o ápice decenal.[34]

A maioria dos economistas não sabe o que pensar. Os quesitos convencionais para mensurar o estímulo econômico estão todos em alta. As reduções tributárias, a baixa taxa de juros, o refinanciamento hipotecário, o aumento dramático nos gastos militares, a alta nos lucros corporativos e os maiores investimentos em novos equipamentos de capital revigoraram o PIB norte-americano. Todavia, mesmo com a economia dos Estados Unidos crescendo 3,3% no segundo trimestre e notáveis 7,2% no terceiro trimestre de 2003, e com a produtividade alcançando robustos 6,8% e 9,4% nos mesmos períodos, as fileiras dos desempregados continuam numerosas.[35] Incrivelmente, no trimestre entre junho e setembro de 2003, os Estados Unidos perderam outros 146 mil empregos, apesar de a economia estar crescendo no ritmo mais acelerado desde o primeiro trimestre de 1984.[36]

Com um declínio nos salários reais e um nível diminuente de empregos, o que continua a sustentar a economia americana é a dívida dos consumidores. Embora a baixa do mercado em 2000[37] tenha reduzido significativamente o patrimônio dos 50% da população que possuía títulos, muitos norte-americanos conseguiram recuperar-se – apesar das demissões –, tirando vantagem das baixíssimas taxas de juros e refinanciando hipotecas. O refinanciamento hipotecário e o estímulo dos cortes tributários do governo lançaram anualmente na economia US$ 300 bilhões.[38] A infusão de moeda, contudo, logo se esgota. E, com as dívidas dos cartões de crédito e as insolvências se acumulando, a pergunta na mente de todo indivíduo em Wall Street é essa: de onde vem o dinheiro para manter os gastos de consumo? David Rosenberg, economista titular da Merrill Lynch, antevê com receios que "uma vez que os esteróides do refinanciamento e das reduções tributárias se esgotarem, a economia provavelmente estancará"[39]. Uma nova redução nos impostos é improvável, comenta-se em Washington, em decorrência da proliferação dos gastos militares no Oriente Médio e em outras partes e do crescimento do déficit do governo, estimado em US$ 370 bilhões só no ano de 2004.[40]

Ainda mais sinistro é o fato de que, para os milhões de americanos atolados em dívidas, mesmo uma dispensa temporária pode ser um desastre. De acordo com uma pesquisa do Gallup, em 2003, quatro em cada dez americanos dizem que poderiam sobreviver sem emprego por apenas um mês antes de "enfrentar problemas econômicos significativos"[41].

Em meados do verão de 2003, 9 milhões de americanos, ou 6,1% da força de trabalho, estavam procurando emprego. Todavia, se incluirmos os trabalhadores desalentados – outros 4,4 milhões de americanos – que desistiram de procurar emprego, deixando, com isso, de constar como inativos, o número de desempregados aproxima-se de 13,4 milhões. John A. Challenger, presidente da indústria de recolocação Challenger, Gray and Christmas, situa o índice real de desemprego em 9,1%.[42] A razão pela qual muitos trabalhadores estão deixando a força de trabalho é o fato de que leva atualmente cinco meses ou mais para que um candidato encontre ocupação, e, em geral, o emprego paga menos em ordenado e benefícios do que o anterior. O resultado, diz David Leonhardt, do *New York Times*, é que os Estados Unidos vêm experimentando "o mais longo período sustentado sem crescimento nos empregos desde a época que antecedeu a Segunda Guerra Mundial"[43].

O Dilema da Produtividade

Apesar do crescimento de 2,8% na economia em 2002, e de uma firme ascensão de 4,7% na produtividade da mão-de-obra – o maior aumento desde 1950 –, mais de um milhão de trabalhadores deixaram o mercado de trabalho no último ano.[44] Eles simplesmente desistiram de procurar emprego, e, com isso, já não contam como desempregados. Por que esses empregos desapareceram? Alguns críticos vêem a raiz do crescente desemprego na mão-de-obra barata e nas importações mais acessíveis, e condenam as empresas americanas por transferirem a produção e os serviços para países ao sul da fronteira ou para o além-mar. Embora haja certa verdade nessa afirmação, a causa mais profunda do desemprego epidêmico nos Estados Unidos e por todo o mundo consiste nos surtos dramáticos de produtividade.

A antiga lógica de que avanços tecnológicos e aumentos de produtividade destroem os velhos empregos criando outros novos já não vigora. A produtividade sempre foi vista como um motor para a criação de empregos e a prosperidade. Economistas há muito afirmam que ela permite às empresas produzir mais bens a um custo inferior. Bens mais baratos, por sua vez, estimulam a demanda. O aumento de demanda ocasiona maior produção e produtividade, que, por sua vez, voltam a aumentar a demanda, em um ciclo interminável. Assim, ainda que inovações tecnológicas privem algumas pessoas de trabalho em curto prazo, os picos na demanda por produtos mais baratos sem dúvida gerarão novas contratações na cadeia para atender aos surtos de produção. E, mesmo que os avanços tecnológicos resultem em demissões consideráveis, as fileiras de desempregados acabarão por inchar, reduzindo os salários a ponto de ser mais barato readmitir os trabalhadores do que investir em novas tecnologias que poupem mão-de-obra.

O problema é que esse princípio alicerçador da teoria econômica capitalista já não parece válido. A produtividade vem aumentando rapidamente nos Estados Unidos, e, a cada passo, mais trabalhadores são dispensados. De acordo com um relatório recém-lançado sobre a produtividade das 100 maiores empresas dos Estados Unidos, hoje são necessários apenas nove trabalhadores para fazer o que dez faziam em março de 2001.[45] William V. Sullivan, economista sênior da Morgan Stanley, diz que "mudanças estruturais no mercado de trabalho", avanços na produtividade e o surgimento de novas tecnologias que poupam mão-de-obra poderiam "impedir novas contratações"[46]. Richard D. Rippe, economista-chefe da Prudential Secutities, concorda, dizendo: "Podemos ter maior produtividade sem acrescentar multidões de trabalhadores"[47].

Edmund Andrews, do *New York Times*, resumiu a crise de mão-de-obra que vem se desenvolvendo nos Estados Unidos (e em todas as demais nações) ao observar que a razão para que as folhas de pagamento continuem a declinar – apesar do rápido crescimento econômico – "consiste sobretudo em um aumento extraordinário na produtividade, que permite às empresas produzir muito mais bens com muito menos gente"[48].

Em novembro de 2003 a Alliance Capital Management publicou um estudo revelador sobre os empregos em fábrica nas vinte maiores economias do mundo, demonstrando a co-relação entre aumentos na produtividade e o desaparecimento dramático de empregos nas indústrias relacionadas. De acordo com o estudo, 31 milhões de empregos em fábricas foram eliminados entre 1995 e 2002.[49] Os empregos no setor manufatureiro declinaram em todos os anos e em todas as regiões do mundo. Esse declínio se deu em um período em que a produtividade fabril subiu 4,3%, e a produção industrial do globo aumentou mais de 30%.[50] O incrível aumento de produtividade permitiu às fábricas produzir muito mais artigos com muito menos trabalhadores. Os empregos do setor caíram cerca de 16% em todo o mundo.[51] Os Estados Unidos perderam mais de 11% de seus empregos fabris.[52]

A maioria dos americanos e muitos europeus se queixam de que os empregos nacionais no setor fabril estão sendo perdidos para a crescente economia chinesa. Embora a China esteja produzindo e exportando uma parcela muito maior de bens manufaturados, o estudo descobriu que tais funções também estão sendo eliminadas em massa entre os chineses. Entre 1995 e 2002, a China perdeu mais de 15 milhões de empregos em fábricas, ou 15% de sua força de trabalho manufatureira.[53] A exemplo do que ocorre nas demais regiões, as fábricas chinesas estão aumentando a produtividade e, com isso, requerendo menos gente para a produção de bens. Se o atual ritmo de declínio persistir – e é mais do que provável que ele se acelere –, o nível global de empregos no setor manufatureiro minguará dos atuais 163 milhões de cargos para uns poucos milhões em 2040, encerrando virtualmente a era do trabalho fabril massificado neste mundo.[54]

A melhor maneira de compreender a enormidade dessa mudança no trabalho fabril é analisar um setor específico. A indústria siderúrgica nos Estados Unidos é emblemática da transição que vem tendo lugar. Nos últimos 20 anos, a produção de aço nos Estados Unidos subiu de 75 milhões para 102 milhões de toneladas.[55] No período entre 1982 e 2002, o número de trabalhadores siderúrgicos nos Estados Unidos declinou de 289 mil para 74 mil.[56] As siderúrgicas americanas, como as fábricas em todas as partes do mundo, estão tendo maior produção com muito menos operários, graças aos aumentos dramáticos na produtividade. "Mesmo que o setor manufatureiro preserve sua parcela do PIB", diz o economista da Universidade de Michigan, Donald Grimes, "é provável que continuemos a perder empregos devido ao aumento de produtividade"[57]. Grimes lamenta que haja pouca coisa a fazer quanto a isso. "É como lutar com um imenso vendaval"[58].

A classe dos colarinhos brancos e o setor de serviços estão sofrendo perdas similares em seus empregos, com tecnologias inteligentes aumentando a produtividade e substituindo números crescentes de trabalhadores. Os setores bancário, de seguros e de atacado e varejo estão adotando tecnologias inteligentes em toda faceta de suas operações de negócios, eliminando rapidamente o pessoal de apoio no processo. O grupo bancário online NetBank ilustra bem a tendência da alta tecnologia. O NetBank movimenta US$ 2,4 bilhões em contas. Um banco tradicional com esse porte emprega aproximadamente 2 mil pessoas. O NetBank executa todas as suas operações com apenas 180 funcionários[59].

INTRODUÇÃO DE 2004 **xxiii**

Analistas do mercado prevêem que o declínio nos empregos de colarinho branco superará o dos empregos fabris nas próximas quatro décadas, conforme empresas, setores inteiros e a economia mundial se integrarem em uma rede neural global. Sensores a custos irrisórios – pequenos processadores – estão sendo afixados a tudo, desde artigos de mercearia até órgãos humanos, conectando o mundo todo em uma rede ininterrupta de conversação e troca de informações contínuas. Paul Saffo, diretor do Institute for the Future, em Menlo Park, Califórnia, observa que "nos anos 80 os negócios consistiam em pessoas conversando com outras pessoas – hoje, consiste em máquinas falando com máquinas"[60].

As conversas entre máquinas são cada vez mais acompanhadas por conversas entre seres humanos e máquinas. As tecnologias de reconhecimento de voz já estão bem desenvolvidas e continuarão a substituir as conversas entre pessoas. Veja o caso da Sprint. Essa empresa telefônica vem substituindo progressivamente os operadores humanos por tecnologias de reconhecimento de voz. No ano de 2002, a produtividade da Sprint saltou 15% e sua receita aumentou em 4,3%, ao mesmo tempo que sua folha de pagamento foi reduzida em 11.500 funcionários[61]. Novos programas de computador estão aperfeiçoando a capacidade das máquinas de traduzir conversas de uma língua para outra, em tempo real. Como no setor manufatureiro, é de prever que tecnologias inteligentes reduzam as forças de trabalho dos setores de serviços e de colarinho branco para uma fração de seu tamanho atual, conforme a revolução na comunicação digital vai conectando todas as coisas do planeta em redes dialógicas inteligentes embutidas em uma grade global.

Aí é que está o dilema. Se avanços dramáticos na produtividade, na forma de tecnologias mais eficientes e baratas e de melhores métodos para a organização do trabalho, podem substituir proporções cada vez maiores da mão-de-obra humana, fazendo com que um número sempre crescente de profissionais seja excluído da força de trabalho, de onde virá a demanda para consumir todos os novos produtos e serviços que o aumento de produtividade potencialmente engendra? Como foi observado, por algum tempo o crédito ao consumidor, a bolha no mercado de ações e o refinanciamento hipotecário permitiram que trabalhadores desempregados e subempregados continuassem consumindo. Hoje que o crédito vem declinando, que a bolha do mercado acionário explodiu e que os juros sobre hipotecas estão subindo, somos forçados a encarar uma contradição inerente no âmago do sistema capitalista, que já existia desde os primórdios, mas que só agora vem se tornando incontestável.

O capitalismo de mercado se estrutura, em parte, na lógica de reduzir os custos de insumos, inclusive mão-de-obra, para aumentar as margens de lucros. Há uma procura contínua por tecnologias mais baratas e eficientes, que achatem os salários ou eliminem completamente o trabalho humano. Hoje, as novas tecnologias inteligentes podem substituir grande parte da mão-de-obra humana – tanto física como mental. Embora o advento de novas tecnologias para poupar mão-de-obra e tempo tenha aumentado em muito a produtividade, isso ocorreu à custa de marginalizar trabalhadores em ocupações de meio período ou puxar-lhes o carro de vez. Uma força de trabalho minguante, porém, significa diminuição de renda, demanda reduzida por parte dos consumidores e uma economia incapaz de crescer. Esta é a nova realidade estrutural que líderes governamentais e empresariais e grande número de economistas relutam em admitir.

A solução desse dilema coube tradicionalmente às organizações trabalhistas. Sindicatos e partidos políticos representando seus interesses serviram de contrapeso à administração, obrigando as empresas a compartilhar com os trabalhadores os frutos dos aumentos de produtividade, na forma de salários maiores, horários reduzidos e melhores benefícios e condições de trabalho. No entanto, em muitos países, os sindicatos foram debilitados pelas forças da globalização e especialmente pelo jogo do "empobreça seu vizinho".

Durante muito tempo, os sindicatos recorreram à única arma de que dispunham para reivindicar aumentos – a capacidade de suspender seu trabalho pelo veículo da greve. As greves, todavia, tornam-se menos eficazes quando os administradores podem simplesmente transferir a produção para fábricas em outros países ou confiá-la a terceiros anônimos. Além disso, com a crescente automação de fábricas e escritórios, a administração pode muitas vezes manter a produção e os serviços – pelo menos por períodos breves – com um pessoal mínimo. O resultado é que os aumentos de produtividade, em vez de serem compartilhados com os trabalhadores na forma de maiores salários e benefícios, redundam, sobretudo, em vantagem dos acionistas, na forma de maiores dividendos e de salários inchados para a alta administração. Evidentemente, o sistema inteiro acaba sofrendo quando a paga dos trabalhadores míngua ou desaparece de todo. Alguns economistas argumentam que, embora o salário e os benefícios dos trabalhadores estejam diminuindo, os aumentos na produtividade estão baratendo produtos e serviços, permitindo, por conseguinte, que as pessoas comprem mais com menor renda. Se fosse esse o caso, os trabalhadores não estariam contraindo dívidas cada vez maiores para sobreviver.

O que se tornou óbvio é que os ganhos de produtividade, por si, não arremessam automaticamente o barco dos operários. Para reacender a demanda de consumo, é necessário compartilhar parte dos ganhos de produtividade com os funcionários. Como a administração não fará isso voluntariamente, o único meio real de aumentar a demanda é rejuvenescer o movimento sindical e estender seu alcance geográfico para corresponder ao do capital financeiro. Sindicatos, partidos políticos e organizações da sociedade civil que representem consumidores e comunidades locais devem estabelecer redes pessoa a pessoa (P_2P) em um campo de atuação global, de modo a combater a política do "empobreça seu vizinho" com a "solidariedade trabalhista e comunitária". Um desafio e tanto, pode-se dizer; contudo, na análise final, somente pela organização de uma resposta trabalhista e comunitária de alcance global ao fluxo global de capital é que será possível aumentar por toda parte os níveis de renda disponível e fomentar os gastos de consumo.

Entretanto, muito embora a organização de uma nova força oposta à administração seja essencial para que parte dos dramáticos aumentos de produtividade ensejados pelas novas tecnologias seja partilhada de modo mais equânime com os trabalhadores, ela não basta para resolver o problema da crescente perda mundial de empregos. E isso se deve ao conceito mesmo de emprego, que vem se transformando.

O Fim dos Empregos

A economia global está atravessando uma mudança radical na natureza do trabalho, com profundas conseqüências para o futuro da sociedade. Na Era Industrial, o trabalho humano massificado coexistia com as máquinas para produzir bens e serviços básicos. Na Era do Acesso, máquinas inteligentes, na forma de programas de computador, da robótica, da nanotecnologia e da biotecnologia, substituíram rapidamente a mão-de-obra humana na agricultura, nas manufaturas e nos setores de serviços. Fazendas, fábricas e muitas áreas de colarinho branco estão rapidamente se automatizando. No século XXI, uma proporção crescente do trabalho físico e mental, englobando desde meras tarefas repetitivas até atividades profissionais altamente complexas, será desempenhada por máquinas inteligentes mais baratas e mais eficientes. Os trabalhadores mais baratos do mundo provavelmente não o serão tanto quanto a tecnologia que os há de substituir. Nas décadas centrais do século XXI, a esfera comercial disporá dos meios tecnológicos e da capacidade organizacional para oferecer bens e serviços básicos a uma expansiva população humana usando uma fração da força de trabalho atualmente empregada. Talvez meros 5% da população adulta seja necessária para administrar e operar a costumeira esfera industrial no ano de 2050. Fazendas, fábricas e escritórios quase despovoados serão a norma em todos os países.

Poucos executivos com quem converso acreditam que grandes proporções de mão-de-obra humana serão necessárias para produzir bens e serviços convencionais daqui a cinqüenta anos. Praticamente todos acreditam que a tecnologia inteligente será a força de trabalho do futuro.

Claro, a era vindoura trará consigo toda sorte de novos bens e serviços, que, por sua vez, exigirão novas habilidades profissionais, especialmente na arena mais sofisticada do conhecimento. Todavia, esses novos empregos, por natureza, serão elitistas e restritos em número. Nunca mais veremos, como no século XX, milhares de trabalhadores saindo dos portões de fábricas e centros de serviços.

Mesmo as ocupações mais especializadas estão cada vez mais vulneráveis a sucedâneos tecnológicos. Tecnologias sofisticadas de diagnose vêm substituindo os laboriosos diagnósticos feitos tradicionalmente por médicos, enfermeiras e técnicos. Projetos computadorizados eliminaram muitos desenhistas e engenheiros. Novos programas assumiram grande parte do trabalho corriqueiro feito antigamente por contadores. Ainda que os profissionais mais brilhantes continuem a ser necessários, uma imensa variedade de trabalhadores será provavelmente eliminada da força de trabalho na maioria dos ramos, conforme a tecnologia inteligente se mostrar uma alternativa mais apta, mais rápida e mais barata. A força de trabalho do futuro será progressivamente uma elite.

A Era Industrial pôs fim ao trabalho escravo. A Era do Acesso dará fim ao trabalho assalariado em massa. Essa é tanto a oportunidade como o desafio que se impõe hoje à economia mundial, conforme adentramos a nova era das tecnologias inteligentes. Libertar sucessivas gerações de longas horas de labuta no emprego poderá representar um segundo Renascimento para a raça humana, ou provocar grandes cisões e levantes sociais. A questão é: o que fazer com os milhões de jovens que serão quase ou totalmente desnecessários em uma economia global cada vez mais automatizada?

Temos à nossa frente várias opções para lidar com o futuro dos empregos. Cada uma requer um salto da imaginação humana – ou seja, a disposição tanto de repensar a natureza do trabalho como de explorar maneiras alternativas de definir o papel dos seres humanos e sua contribuição para a sociedade no novo século.

Criando Milhões de Empregos na Nova Era do Hidrogênio

Durante o próximo meio século, novas tecnologias "argutas" estarão distanciando a economia global do trabalho em massa e aproximando-a de forças de trabalho menores. Há, porém, uma nova área em que muitos empregos hão de surgir – ao menos temporariamente – dentro da indústria das manufaturas e da alta tecnologia. Estamos no limiar de um novo regime energético que alterará nosso modo de vida tão fundamentalmente quanto a adoção do carvão e da energia a vapor no século XIX e a conversão para o petróleo e o motor de combustão interna no século XX.

Saltos qualitativos no nível de empregos sempre ocorrem durante períodos da história em que novos regimes energéticos se estabelecem e novas infra-estruturas complementares são lançadas. A utilização do carvão e da energia a vapor e a construção de uma infra-estrutura ferroviária entre o final da Guerra Civil Americana e o início da Primeira Guerra Mundial nos Estados Unidos e na Europa geraram milhões de empregos, assim como a utilização do petróleo, o surgimento do motor de combustão interna, a construção de estradas e a eletrificação de fábricas e comunidades nos primeiros 60 anos do século XX. Uma vez em operação, esses novos regimes energéticos – a primeira e a segunda revolução industrial – acarretaram grandes saltos na produtividade e possibilitaram novos tipos de bens, serviços e mercados, que resultaram por sua vez na criação de maior número de empregos.

A energia do hidrogênio e a tecnologia das células combustíveis estão adentrando a arena comercial. Sua disseminação generalizada terá na economia global um impacto provavelmente maior do que qualquer outro fenômeno no futuro perscrutável. Reconfigurar a infra-estrutura energética enquanto a economia global faz a transição histórica da era dos combustíveis fósseis para a era do hidrogênio gerará milhões de novos empregos – empregos suficientes para absorver pelo menos uma parcela dos novos ingressantes na força de trabalho. E, uma vez que a instalação de tecnologias de recursos renováveis e o estabelecimento de uma infra-estrutura para o hidrogênio (assim como a reconfiguração e descentralização das redes de energia de todas as nações) são coisas geograficamente localizadas, os empregos gerados serão internos a cada país. E eles proporcionarão um tempo precioso enquanto outras soluções mais duradouras para o futuro do trabalho vão sendo desenvolvidas.

A aurora de novos regimes energéticos é sempre um indicador-chave do futuro êxito de países e economias. Vale lembrar que a Inglaterra conseguiu dominar a economia global no século XIX em grande medida por ter sido o primeiro país do mundo a explorar seus ricos depósitos de carvão e estabelecer uma tecnologia a vapor – deitando as bases para a primeira revolução industrial. De maneira similar, os Estados Unidos devem muito de seu sucesso no século XX a suas grandes reservas nacionais de petróleo, que lhe proporcionaram uma fonte abundante de energia barata com a qual abastecer automóveis e manter uma incomparável máquina militar, concedendo-lhe uma posição privilegiada no desenrolar da segunda revolução industrial.

Em outubro de 2002, a União Européia divulgou um ousado plano de longo prazo para efetuar a transição da era dos combustíveis fósseis para uma economia do hidrogênio totalmente integrada e renovável. Na época, eu atuava como conselheiro pessoal de Romano Prodi, presidente da Comissão Européia, órgão governante da União Européia. Nessa posição, apresentei ao presidente Prodi o memorando estratégico que originou a iniciativa da União Européia quanto à energia do hidrogênio. Ele disse que a transformação do regime energético da Europa seria o próximo grande desenvolvimento na integração européia após a introdução do euro, e comparou o esforço ao programa espacial americano dos anos 60 e 70, que promoveu a subseqüente revolução da alta tecnologia nas décadas de 80 e 90.[62]

O hidrogênio tem o potencial de encerrar a dependência do mundo do petróleo importado e de ajudar a suspender o perigoso jogo geopolítico entre militantes muçulmanos e nações ocidentais. Ele reduzirá dramaticamente as emissões de dióxido de carbono e mitigará os efeitos do aquecimento global. E, por ser o hidrogênio tão abundante, e existir por toda a Terra, todas as pessoas poderiam "assumir o poder", ocasionando assim o primeiro regime energético verdadeiramente democrático da história.

Células combustíveis comerciais abastecidas com hidrogênio estão agora mesmo sendo introduzidas no mercado para o uso doméstico, escriturário e industrial. As grandes montadoras de veículos investiram mais de US$ 2 bilhões desenvolvendo carros, ônibus e caminhões movidos a hidrogênio – e os primeiros veículos de produção em massa devem estar nas ruas dentro de poucos anos.

A economia do hidrogênio possibilita uma ampla redistribuição de poder, com conseqüências abrangentes e benéficas para a sociedade. O fluxo energético centralizado e hierárquico de hoje, controlado por companhias e instalações globais de petróleo, irá se tornar obsoleto. Na nova era, todo ser humano poderá tornar-se tanto produtor como consumidor de sua própria energia – a chamada "geração distributiva". Nessa era de células combustíveis a hidrogênio, mesmo os automóveis serão "usinas de força sobre rodas", com uma capacidade geradora de 20 quilowatts. Como o carro médio fica estacionado a maior parte do tempo, ele poderá ser conectado, durante as horas ociosas, à casa, ao escritório ou à rede geral e interativa de eletricidade, proporcionando energia extra à grade elétrica. Se apenas 25% dos motoristas usarem seus veículos como geradores e revenderem a energia à grade, todas as usinas de força do país poderiam ser eliminadas.

Quando milhões de usuários finais conectarem suas células combustíveis em redes de energia do hidrogênio (HEWs – *hydrogen energy webs*), usando os mesmos princípios estruturais e tecnologias inteligentes que possibilitaram a World Wide Web, eles poderão compartilhar tal energia – de igual para igual –, criando uma nova forma descentralizada de consumo.[63]

O Vale do Silício está apenas começando a compreender o papel fundamental que as revoluções nos programas de software e nas comunicações terão na criação de uma nova era energética. As mudanças determinantes na história do mundo ocorreram quando novos regimes energéticos convergiram com novos regimes comunicativos. Quando tal convergência se manifesta, a sociedade se reestrutura de várias maneiras totalmente novas. Por exemplo, a união da imprensa com a tecnologia a vapor alimentada por carvão deu nascimento à primeira revolução industrial. Teria sido impossível coordenar o aumento dramático de ritmo, velocidade, fluxo, densidade e conectividade que a máquina a vapor impôs à atividade econômica utilizando os antigos códigos e as formas orais de comunicação. No final do século XIX e início do XX, o telégrafo e o telefone convergiram com a adoção do petróleo e o surgimento do motor de combustão interna, tornando-se, assim, o mecanismo de comando e controle para organizar a segunda revolução industrial.

Uma grande revolução nas comunicações ocorreu nos anos 90. Computadores pessoais, a Internet, a World Wide Web e as tecnologias de comunicação sem fio conectaram o sistema nervoso central de mais de um bilhão de pessoas na Terra, à velocidade da luz. E, embora as revoluções em novos programas e nas comunicações tenham começado a aumentar a produtividade em todo mercado, seu verdadeiro potencial ainda está para se verificar plenamente. Esse potencial consiste em sua convergência com o novo regime de energia do hidrogênio. A revolução dos programas de informática e das comunicações é o mecanismo de comando e controle para reconfigurar todas as redes energéticas do mundo, fazendo com que a energia possa ser gerada e compartilhada mutuamente pelas pessoas, assim como as informações na World Wide Web. A confluência das tecnologias de comunicação descentralizada e da tecnologia de energia distributiva de hidrogênio assinala o grande ponto de transição no modo como as pessoas organizam a energia do planeta.

O maior beneficiário do novo regime descentralizado de energia do hidrogênio será o mundo em desenvolvimento. Hoje, mais de um bilhão de pessoas na Terra vivem com menos de um dólar por dia, e 3 bilhões – metade da raça humana – vivem com menos de dois.[64] A razão para que as pessoas passem por esse blecaute econômico é literal: elas não têm energia. Um terço da raça humana não tem acesso à eletricidade, e aproximadamente dois terços nunca deram um telefonema.[65]

Sem eletricidade, é impossível produzir bens e serviços ou gerar empregos. Na África do Sul, de acordo com um relatório recente, para cada cem casas eletrificadas criavam-se de dez a vinte novos negócios.[66] A eletricidade libera o trabalho humano das atividades cotidianas de subsistência. Ela oferece energia para alimentar equipamentos agrícolas, operar pequenas fábricas e oficinas e iluminar casas, escolas e empresas.

Embora as nações em desenvolvimento estejam passando por uma transição histórica das forças de trabalho massificadas para as elitizadas, o Terceiro Mundo ainda tem chance, ao menos no intervalo dos próximos 50 anos, de utilizar a eletricidade para gerar negócios e expandir o número de empregos para uma parcela da população. Implantar tecnologias renováveis, células combustíveis e minirredes de energia em toda vila, município e metrópole do Terceiro Mundo é fundamental para gerar novas oportunidades de emprego.

Lançar uma nova infra-estrutura energética nos países mais pobres do mundo exigirá uma considerável infusão de capital. Muito embora o custo das tecnologias renováveis, do armazenamento de hidrogênio e das células combustíveis deva continuar a cair conforme a tecnologia for amadurecendo e os negócios de grande porte forem sendo praticados nos países desenvolvidos, isso tudo continuará sendo caro para o uso no Terceiro Mundo. Os países em desenvolvimento terão de começar a alavancar seu micro e macrocrédito, mas mesmo isso não bastará para operar uma rede de energia do hidrogênio de última geração.

Há, contudo, uma outra fonte de capital que poderia vir a calhar para a tarefa. O economista sul-americano Hernando de Soto fez o sugestivo comentário de que já há grandes quantidades de capital no Terceiro Mundo, mas que elas não são utilizáveis por falta de um regime apropriado de direitos de propriedade que permita sua conversão em instrumentos de crédito. De Soto diz que o mero patrimônio imobiliário dos pobres no Terceiro Mundo excede US$ 9 trilhões. Ele afirma que "como os direitos sobre essas propriedades não estão adequadamente documentados, tais ativos não podem ser convertidos prontamente em capital nem podem ser comercializados fora de estritos círculos locais onde as pessoas se conheçam e confiem umas nas outras; eles também não podem ser utilizados como garantia para empréstimos nem tampouco como entrada em investimentos"[67]. O que separa os que têm dos que não têm, segundo De Soto, é o tipo de lei de propriedade formal que autoriza a conversão da propriedade em capital e sua utilização como ferramenta de investimento.

As nações em desenvolvimento, portanto, precisarão criar um regime formal de propriedade privada que permita que uma parte das propriedades de seus cidadãos possa ser utilizada como um instrumento de crédito que sustente a criação de uma infra-estrutura para a energia do hidrogênio. A grade energética, por seu turno, abrirá novas possibilidades de negócios e empregos.

A Semana de Trabalho de 35 Horas, e Mais Além

A transição para um novo regime energético e a fundação de uma grade energética complementar por todo o mundo criarão muitos empregos novos. Todavia, isso não bastará para acomodar a crescente população de jovens em busca de uma ocupação. Tradicionalmente, quando novas tecnologias aumentam a produtividade, o resultado tem sido uma redução no número de horas trabalhadas e um aumento nos salários e benefícios. (Lembre-se: a revolução industrial começou com uma semana de trabalho de 70 horas, salários de subsistência e um ambiente de trabalho extenuante.) As melhorias na produtividade significaram que mais bens e serviços podiam ser gerados com uma parcela menor de trabalho humano. Assim, a questão sempre foi esta: reduziremos a semana de trabalho ou o número de empregados para acomodar os avanços na produtividade? Em outras palavras, escolheremos maior tempo livre ou maiores filas de desempregados? Por mais de 100 anos a sociedade preferiu reduzir continuamente a semana de trabalho e aumentar o salário e os benefícios a cada avanço sucessivo na produtividade.

Todos os países precisam criar um mecanismo formal que associe os aumentos de produtividade à redução contínua das horas de trabalho. Uma semana de trabalho mais curta significa que mais gente pode ser mantida nas folhas de pagamento.

A França foi o primeiro país do mundo a adotar uma semana de trabalho de 35 horas. A publicação de *O Fim dos Empregos* na França ajudou a fomentar o debate sobre a semana reduzida. As propostas do livro foram adotadas, na época, por Philippe Séguin, presidente da Assembléia Nacional Francesa e membro da Coligação Vigente do Partido Republicano. Michel Rocard, o influente ex-premiê social-democrata, escreveu um longo elogio ao livro e promoveu publicamente a idéia da semana de trabalho de 35 horas. O apoio apartidário ajudou na aprovação dessa lei histórica.

Em janeiro de 2000, todas as empresas francesas com mais de vinte trabalhadores reduziram sua semana de trabalho para 35 horas, e, em janeiro de 2002, as empresas com menos de vinte trabalhadores fizeram igualmente a conversão. Sob a nova lei da semana de 35 horas, os trabalhadores continuavam a receber por 39 horas de trabalho. Para assegurar a competitividade das empresas francesas, o governo subsidiou a remuneração horária dos trabalhadores, reduzindo os encargos de seguridade social dos empregadores.[68] Além disso, o governo criou um incentivo para que as empresas gerassem novos empregos, concordando em subsidiar as despesas sociais (aposentadoria, saúde, indenizações e seguros-desemprego) de quaisquer novos trabalhadores com baixos salários. Os subsídios anuais montam a no mínimo US$ 3,3 bilhões por ano.[69] Grande parte dos fundos vem de impostos sobre o tabaco e o álcool.

À nova semana de 35 horas concede-se o crédito de ter gerado mais de 285 mil novos empregos e de ter reduzido a taxa de desemprego para 8,7% em 2001, a maior baixa em 18 anos.[70] Embora os empregadores franceses se mostrassem a princípio céticos quanto à nova semana de trabalho, muitos se tornaram adeptos entusiastas, já que a nova lei acompanhou provisões que deram maior flexibilidade à força de trabalho, algo que as empresas vinham buscando desesperadamente por anos, mas que os sindicatos haviam combatido. A adoção da semana mais curta foi acompanhada de uma nova disposição, por parte de trabalhadores e sindicatos, de aceitar agendas de trabalho mais flexíveis. Por exemplo, os trabalhadores da Samsonite concordaram com semanas de trabalho de 42 horas durante o verão, quando a demanda por malas é geralmente maior, em troca de uma semana de 32 horas no inverno, quando a demanda míngua. O Carrefour, a gigante francesa de varejo, fez um acordo com seus operadores de caixa para ajustar suas agendas de trabalho com os horários de pico de compras nas lojas.[71]

Em 2002, o governo francês aprovou uma lei adicional elevando o limite de horas extras de 130 para 180, procurando atender melhor à necessidade dos empregadores de flexibilidade no ajuste entre as cotas de produção e as horas necessárias à efetuação do trabalho.[72]

Em geral, os trabalhadores franceses mostraram-se animados com a semana de trabalho reduzida. Oitenta por cento dos trabalhadores entrevistados sentiam que suas vidas melhoraram com a redução de horário.[73] Alguns deles se queixaram de que a semana reduzida gerou um estresse adicional, ao obrigá-los a fazer mais coisas em menos tempo. A maioria, porém, afirma sentir-se mais relaxada e mais capaz de ser produtiva durante as horas efetivas de trabalho.

Muitos trabalhadores franceses iniciam hoje seu fim de semana na quinta-feira e retornam ao trabalho na terça. As mães que trabalham costumam tirar folga na quarta-feira, quando as crianças francesas não estão na escola. O maior tempo livre também aumentou os gastos. Cafés, cinemas e lojas de departamentos registraram um notável movimento de negócios.[74]

Economistas e empresários americanos ridicularizaram a semana francesa de 35 horas, julgando-a retrógrada e prevendo que ela arruinaria a economia da França. Na verdade, a semana reduzida aumentou a competitividade francesa. A produtividade da França é hoje maior que a de qualquer país industrializado do mundo. Em 2002, os trabalhadores franceses produziram US$ 41,85 por hora, ou US$ 3,02 a mais do que os trabalhadores americanos – o que representa uma produtividade 7% maior.[75] Os administradores franceses atribuem pelo menos parte desse sucesso à semana de 35 horas. Em uma pesquisa feita com diretores corporativos em 2001, 60% dos entrevistados disseram que a nova lei ajudava a melhorar a produtividade ao introduzir arranjos trabalhistas mais flexíveis e ao criar um novo diálogo com os trabalhadores, o que melhora o moral.[76]

Reduzir a semana de trabalho para 35 horas, mantendo a remuneração por 39 ou 40 horas, exigirá o tipo de assistência do governo proporcionada pela França. Em um mercado global cada vez mais competitivo, as empresas não têm como se manter aptas se seus custos com mão-de-obra se sobrelevarem. Portanto, os governos precisam recompensá-las, livrando-as de impostos sobre a folha de pagamento ou outras tributações corporativas, em proporção direta às despesas conseqüentes da redução da semana de trabalho. Os governos perderão receita no fronte, mas a recuperarão ao fim. Mais pessoas trabalhando significa menos gente no bem-estar social, mais pagamentos, mais consumo, maior poupança e investimento pessoal e maior número de pessoas empregadas pagando tanto o imposto de renda pessoal como taxas sobre transações – tudo isso aumentando a base de receita do governo.

Países por toda a Europa estão seguindo o exemplo da França. A Bélgica implementou uma semana de trabalho de 38 horas em janeiro de 2003. Uniões comerciais européias também fizeram da semana de 35 horas uma alta prioridade. A Confederação Européia dos Sindicatos do Comércio, a Federação dos Trabalhadores Metalúrgicos Europeus e a Federação Européia dos Sindicatos dos Servidores Públicos adotaram resoluções exigindo semanas de 35 horas em toda a Europa.[77]

Os esforços sindicais já resultaram em negociações coletivas que reduziram a semana de trabalho em uma série de setores. O resultado é que, mesmo sem iniciativas do governo, a semana de trabalho média nos países da União

Européia é hoje de 38,2 horas. Na Alemanha, no Reino Unido, na Holanda, na Dinamarca e na Noruega, a semana de trabalho média aproxima-se das 37 horas.[78] Governos por todo o mundo adotaram a meta de reduzir a semana de trabalho para 35 horas até 2010, e planejam uma semana de 34 horas, ou um dia de 6 horas, para até 2020. (A queda na extensão da semana de trabalho precisa estar associada a um aumento comensurado na produtividade.)

A redução das horas de trabalho também deve flexibilizar-se para acomodar as necessidades de recursos humanos das empresas e o estilo de vida dos trabalhadores. Os empregadores, se pudessem optar, prefeririam uma força de trabalho "instantânea", só empregando pessoas nos momentos de necessidade. Essa é a meta definitiva da chamada política de "mão-de-obra flexível". Do ponto de vista puramente mercadológico, empregar recursos humanos somente quando necessário é algo que faz sentido. O problema é que, do ponto de vista da sociedade em geral, tal política só geraria turbulência social. Os trabalhadores não são apenas outro fator na produção. Eles têm famílias a alimentar e futuros a planejar. Embora gurus da administração possam louvar a virtude de todo trabalhador tornar-se seu próprio contratante ou empregador, a economia real provavelmente viria abaixo se os trabalhadores não tivessem certeza de obter trabalho ou pagamento semana após semana.

Uma política de horas flexíveis também precisa levar em conta a segurança e as necessidades dos trabalhadores. A Bélgica abriu o caminho na criação de políticas flexíveis de trabalho. O governo criou uma nova lei chamada "créditos de tempo", que passou a vigorar em janeiro de 2002. A lei destina-se a criar um balanço mais flexível entre o trabalho e a vida pessoal do indivíduo, e atualiza uma lei anterior chamada "pausas na carreira"[79].

Sob a nova lei dos "créditos de tempo", o trabalhador pode tirar um máximo de um ano de folga durante toda a sua carreira, ou interromper seu trabalho, ou ainda reduzi-lo a um emprego em meio período, sem anular seu vínculo empregatício nem perder seus direitos à seguridade social. Para dar uma pausa geral na carreira, o funcionário precisa avisar seu empregador com três meses de antecedência, mas não lhe cumpre apresentar razão alguma para o pedido. O crédito de tempo pode estender-se até 5 anos, mediante um acordo com a empresa. Funcionários que trabalharam menos de 5 anos recebem do governo uma concessão mensal de 379 euros. A quantia sobe para 505 euros para os que estiveram empregados por mais tempo.[80] Os trabalhadores podem ainda requerer "licenças temáticas" para tratar um membro da família, prestar assistência médica a um parente ou cuidar de uma criança. Cada uma dessas pausas específicas na carreira vem com abonos e durações diferentes. O trabalhador também pode optar por uma redução de um quinto das horas durante um máximo de 5 anos em sua carreira. Ele ainda pode reduzir suas horas de trabalho em 20%, o que geralmente resulta em uma semana de quatro dias. Trabalhadores com mais de 50 anos podem reduzir suas horas de trabalho em um quinto ou até pela metade, durante um período indefinido.[81]

Os empregadores americanos provavelmente se mostrariam incrédulos ante a idéia de oferecer pausas na carreira e créditos de tempo, perguntando-se como as empresas belgas podem manter sua competitividade com esse tipo de agenda flexível, mas é interessante notar que, a exemplo da França, a força de trabalho belga tem maior produtividade em termos de horários do que a americana.[82]

Em uma era cada vez mais caracterizada pela redução da necessidade de trabalho humano, a capacidade de criar políticas flexíveis de trabalho, que acomodem as necessidades tanto de empregadores como de empregados, será essencial para manter uma economia saudável e sustentável.

Criando Vocações e Capital Social no Terceiro Setor

Finalmente, mesmo com novas oportunidades de trabalho surgindo com a conversão para um novo regime energético, com a redução da semana de trabalho e com a adoção de um esquema empregatício mais flexível, não é muito provável que haja empregos suficientes para abarcar todos os novos ingressantes da força de trabalho. E quanto aos empregos no governo? É provavelmente seguro presumir que os governos não aumentarão significativamente suas folhas de pagamento públicas, e que, na verdade, eles continuarão a reduzir seu papel histórico como empregadores de último recurso. Claro, o quarto setor, que inclui os mercados informal e negro, além do crime organizado, é uma área promissora para empregos. Em muitos países, esse é hoje o setor que mais cresce em empregos. A economia informal geralmente oferece apenas uma subsistência marginal. A economia do crime, por outro lado, é muitas vezes uma lucrativa fonte de emprego, mas, se deixarmos que cresça e prospere, ela poderá abalar ainda mais as relações sociais em todos os países, criando um mundo perigoso e desestabilizado.

Existe, porém, um outro setor onde os talentos e a perícia das pessoas podem ser utilizados – o terceiro setor, ou a sociedade civil. Esse setor inclui todas as atividades formais e informais sem fins lucrativos que compõem a vida cultural da sociedade. É o setor em que as pessoas criam os elos tanto da comunidade como da ordem social.

Os projetos comunitários incluem uma vasta gama de atividades, como serviços sociais, serviços de saúde, educação e pesquisa, artes, esportes, recreação, religião e advocacia. Na primeira edição de *O Fim dos Empregos*, sugeri a possibilidade de se criarem milhões de novos empregos no terceiro setor. Nos 9 anos que se passaram desde então, proliferaram empregos nesse nicho. Um estudo realizado pelo Projeto Comparativo do Setor Sem Fins Lucrativos da Universidade Johns Hopkins, envolvendo 21 nações, descobriu que o setor sem fins lucrativos é uma indústria de US$ 1,1 trilhão que emprega 19 milhões de trabalhadores em tempo integral. Os gastos do setor nesses países correspondem em média a 4,6% do produto interno bruto, e seus empregos constituem 5% de todos os empregos não-agrários, 10% dos empregos na área de serviços e 27% dos empregos públicos.[83]

Diversas nações européias exibem hoje níveis de emprego no setor sem fins lucrativos superiores aos dos Estados Unidos. Na Holanda, 12,6% do total dos empregos remunerados pertence a esse setor. Na Irlanda, 11,5% de todos os trabalhadores atuam em iniciativas sem fins lucrativos, enquanto, na Bélgica, são 10,5%. No Reino Unido, a porcentagem é de 6,2% da força de trabalho, enquanto, na França e na Alemanha, é de 4,9%. A Itália tem atualmente mais de 220 mil organizações sem fins lucrativos, e o setor emprega mais de 630 mil trabalhadores em tempo integral.[84]

O crescimento no nível de empregos no setor sem fins lucrativos foi maior na Europa durante a década de 90 do que em qualquer outra região do mundo, expandindo-se em média 24% na França, na Alemanha, na Holanda e no Reino Unido.[85] A expansão desse setor em tais países representou sozinha 40% do crescimento total de empregos, ou 3,8 milhões de vagas.[86]

É interessante notar que nos dez países europeus para os quais havia dados de receita disponíveis, as taxas sobre produtos e serviços responderam por cerca de um terço e metade da arrecadação do setor sem fins lucrativos entre 1990 e 1995. Globalmente, nos 21 países com dados disponíveis, 49% da receita do setor advinha de taxas sobre produtos e serviços. Nos Estados Unidos, o número é de 57%.[87] A proporção de fundos advindos dos setores público e filantrópico, porém, declinou em muitos países, desfazendo com isso o mito insistente de que o setor sem fins lucrativos depende virtualmente do governo ou da caridade privada para se sustentar.

O serviço comunitário é muito diferente do trabalho no mercado. A contribuição do indivíduo é livre, e nasce da simpatia pelos outros. Embora as atividades tenham conseqüências econômicas, essas são subordinadas ao intercâmbio social. A meta não é acumular riqueza, mas, sim, a coesão social.

Diversamente do capitalismo de mercado, que se funda na idéia de Adam Smith de que o bem comum é promovido se cada pessoa der curso a seu interesse individual, a sociedade civil parte da premissa oposta – a de que, se cada pessoa der de si aos outros e otimizar o bem social da comunidade como um todo, seu próprio bem-estar será promovido.

Em uma economia globalizada de forças impessoais de mercado, a sociedade civil tornou-se um importante refúgio social. Ela é o reduto no qual as pessoas desenvolvem um senso de intimidade e confiança, de propósito compartilhado e identidade coletiva. O terceiro setor é o antídoto para um mundo cada vez mais definido em termos estritamente comerciais.

Cada país terá de explorar novas oportunidades de educar e treinar seus jovens para a participação ativa – e a remuneração – no terceiro setor. Financiar o envolvimento de milhões de pessoas na criação de capital social em suas comunidades exigirá o investimento de fundos do governo. Embora, como ficou dito, as taxas sobre serviços já representem entre um terço e metade da receita do terceiro setor, grande parte dos fundos restantes terá de advir de gastos do governo. A filantropia privada compõe aproximadamente 11,7% da receita de organizações sem fins lucrativos por todo o mundo.[88]

Deve-se considerar seriamente o uso de "transferências tributárias" para fomentar oportunidades de emprego no terceiro setor. Tais esquemas vêm sendo usados efetivamente há mais de uma década – sobretudo na Europa – para promover uma abordagem mais sustentável para o desenvolvimento econômico. A idéia é tributar práticas e atividades ambientalmente danosas, e destinar a receita especificamente à redução dos impostos sobre lucros corporativos, mão-de-obra e renda pessoal. Na União Européia, 50% dos impostos recaem sobre a mão-de-obra, ao passo que menos de 10% recaem sobre recursos naturais.[89] Com isso, a mão-de-obra humana é penalizada e as atividades poluentes recebem carta branca. Muitas das indústrias que estão entre as principais poluentes são recompensadas ainda com grandes subsídios para suas atividades negativas. Transferindo a carga tributária da mão-de-obra para os recursos naturais e suspendendo os subsídios, os governos esperam eliminar iniqüidades e chegar a uma abordagem mais equilibrada e ambientalmente sensata para a atividade econômica e o estímulo aos empregos.

O aumento dos impostos sobre a gasolina, o óleo de aquecimento doméstico, a eletricidade, o uso de automóveis, e assim por diante, recaiu desproporcionalmente sobre os trabalhadores e os pobres, na forma de maiores despesas com energia e transporte. Os governos que adotaram medidas para a transferência tributária fizeram ajustes oferecendo maiores abatimentos no imposto de renda para os grupos de baixo rendimento e ampliando outros benefícios compensatórios – tais como auxílios à família, aumentos nas pensões, bolsas de estudo, auxílio para filhos menores e créditos tributários na forma de abonos. Esses benefícios compensatórios, segundo os arquitetos da transferência tributária, "devem ser planejados de tal modo que as famílias sejam motivadas a economizar energia". Na Holanda, parte da renda da "transferência tributária" é usada para aumentar a eficiência da energia doméstica.[90]

Essa Reforma Fiscal Ambiental (RFA), como é por vezes chamada, foi adotada por uma série de países, inclusive a Suécia, a Dinamarca, a Holanda, o Reino Unido, a Finlândia, a Noruega, a Itália e a Alemanha. Na Suécia, os impostos recolhidos sobre o óleo diesel, o óleo de aquecimento e a eletricidade, correspondendo a 6% do total da coleta de tributos, foram usados para reduzir o imposto de renda pessoal e financiar a educação continuada. O imposto sobre a poluição resultou em um declínio de 4% nas emissões de CO_2 no decênio entre 1990 e 2000.[91] Na Dinamarca, nos anos 90, um aumento nos impostos sobre a gasolina, a eletricidade, a água, o lixo, os veículos, o CO_2 e o SO_2, correspondendo a mais 6% do total da receita tributária, foi destinado a reduzir o imposto de renda pessoal e as contribuições para a seguridade social. A produção industrial cresceu 27% na mesma década, enquanto as emissões de CO_2 caíram 7% e as de SO_2, 24%. Na Holanda, um imposto sobre o CO_2 foi usado para reduzir os impostos de renda corporativos. A Alemanha, que está entre os mais convictos adeptos da "transferência tributária", adotou um aumento dos impostos sobre a gasolina, o óleo de aquecimento e a eletricidade, e empregou a renda na redução dos impostos sobre as folhas de pagamento. Ao reduzir as contribuições para a seguridade social igualmente entre empregadores e empregados, a "transferência tributária" obteve o apoio tanto da administração como do operariado. Os abates reduziram os custos de mão-de-obra para os empregadores e deram aos empregados uma renda adicional, que tanto lhes permitiu pagar as contas mais altas de energia como lhes proporcionou uma renda extra para outros fins. O imposto sobre a gasolina resultou em um declínio de 5% no uso de combustíveis para motores em 2001 (em comparação com 1999) e em um crescimento de 25% no compartilhamento de veículos.[92]

Na Europa, a maior parte da transferência tributária ambiental destinou-se à redução dos impostos sobre as folhas de pagamento, no intuito de promover o surgimento de empregos. A Comissão Européia, órgão governante da União Européia, recomendou a toda a União um imposto sobre as emissões de carbono e o consumo de energia, que poderia ser usado para reduzir a taxação sobre as folhas de pagamento em todo o continente. Economistas do governo estimam que uma transferência tributária desse tipo poderia gerar 1,5 milhão de novos empregos. Um estudo do Banco Mundial sobre os efeitos da RFA sobre os empregos constatou que em 73% dos casos avaliados a influência na geração de empregos era positiva.[93]

Atualmente, a transferência tributária ambiental compreende apenas cerca de 3% da receita tributária mundial, mas seu potencial é imenso.[94] Um relatório do World Watch sobre o assunto observa que 90% dos US$ 7,5 trilhões em renda governamental gerados anualmente por todo o mundo derivam de impostos sobre o trabalho e os investimentos, incluindo folhas de pagamento, renda pessoal, lucros corporativos, ganhos em capital, vendas a varejo, comércio e imóveis; ao passo que menos de 5% advêm de impostos sobre danos ambientais. Um imposto somente sobre os combustíveis fósseis poderia levantar mais de US$ 1 trilhão por ano. A renda, por seu turno, poderia ser utilizada para reduzir em 15% os atuais tributos sobre salários e lucros e estimular novas contratações, sem alterar a carga tributária geral.[95]

A suspensão de subsídios ambientalmente nocivos a indústrias poluentes poderia representar outros US$ 500 bilhões anuais em todo o globo, que poderiam ser usados para reduzir significativamente os impostos sobre a mão-de-obra, a renda e os lucros corporativos, estimulando tanto novos investimentos como o surgimento de novos empregos. De acordo com pesquisas realizadas tanto nos Estados Unidos como na Europa, 70% do público apóia tais práticas de "transferência tributária".[96]

É interessante dizer que, segundo as evidências, embora o aumento nos impostos sobre a poluição corporativa não seja muito bem recebido pelas empresas, ele as obriga a eliminar o desperdício de recursos e as torna mais competitivas nos mercados globais. Estudos demonstram que muitos dos países "que possuem os maiores níveis de impostos ambientais têm também as melhores indústrias em seus ramos na concorrência internacional"[97].

Os economistas chamam a "transferência tributária" de "duplo dividendo".[98] A transferência tributária ajuda a preservar recursos vitais e protege o meio ambiente, obrigando os empregadores a se tornarem mais eficientes e competitivos. Ao mesmo tempo, a renda gerada ajuda a reduzir os impostos sobre a mão-de-obra, o imposto de renda e os tributos sobre os lucros corporativos, lançando mais dinheiro na economia e, com isso, estimulando novos empregos.

Para assegurar que empresas nos setores com alto consumo energético não padeçam enquanto se tornam mais eficazes e competitivas, são oferecidos abatimentos sobre os impostos – mas somente se as empresas puderem demonstrar que necessitam de assistência e que estão comprometidas a implementar as mudanças necessárias para reduzir o uso de energia e a poluição. E, uma vez mais, deve-se enfatizar que em todos os países onde a RFA foi implementada, adotou-se uma estratégia gradativa, com os impostos crescendo pouco a pouco a cada ano, dando tempo para que as empresas façam as devidas mudanças em suas práticas comerciais, para mitigar o uso ineficaz de energia, reduzam o desperdício de recursos e minimizem as práticas poluentes.

Políticas de transferência tributária para promover o desenvolvimento sustentável e o nível de empregos provavelmente se tornarão cada vez mais populares em países por todo o mundo nos próximos anos. Há ainda outras idéias para a transferência de tributos sendo ativamente avaliadas por governos, incluindo iniciativas destinadas a desestimular comportamentos socialmente nocivos. Os chamados "impostos pecaminosos" sobre o consumo de cigarros, o uso de álcool e o jogo já são bastante difundidos e constituem uma crescente fonte de renda para os governos. Recentemente, a BMA, Associação Médica Britânica, apresentou uma polêmica proposta para aplicar um imposto de 17,5% sobre o valor agregado de alimentos com alto teor de gordura. O imposto, que traria milhões de libras em receita para o governo, vem sendo discutido seriamente, em decorrência da crescente preocupação com o aumento de obesidade no Reino Unido e o conseqüente aumento nas despesas médicas. Aproximadamente 20% dos homens e 25% das mulheres no Reino Unido são obesos, e prevê-se que esses números aumentarão bastante nos anos futuros. O aumento da obesidade, que se tornou um problema mundial, é uma das principais causas do diabetes, das doenças cardíacas, da pressão alta e de moléstias ligadas ao câncer. Muitos médicos britânicos dizem "apoiar enfaticamente a idéia de um imposto sobre a gordura saturada", como meio de refrear a tendência à obesidade.[99]

A transferência tributária voltada a comportamentos tanto social como ambientalmente nocivos pode ser destinada a ajudar no financiamento de organizações do terceiro setor, fomentando empregos na sociedade civil e promovendo o desenvolvimento de capital social por todo o mundo. Purificar o ambiente, criar métodos sustentáveis de praticar o comércio, tornar as empresas mais competitivas e mais eficazes em seu uso de energia e recursos, deixar de incentivar comportamentos sociais nocivos à saúde e à qualidade de vida do indivíduo, estimulando ao mesmo tempo a reconstrução do terceiro setor e criando milhões de empregos remunerados que sirvam ao bem social de bairros e comunidade: isso tudo é uma estratégia de tripla vitória – para o meio ambiente, a economia e a sociedade civil.

No século vindouro, a contribuição humana se trasladará cada vez mais da arena comercial para a sociedade civil. A transferência tributária é, assim, uma ferramenta importante para ajudar a fazer dessa transição uma realidade.

Moeda Paralela

Na pesquisa sobre as atividades do terceiro setor feita em 22 países pelo Centro de Estudos da Sociedade Civil da Universidade Johns Hopkins, os pesquisadores descobriram que, em média, 18% das populações pesquisadas dedicavam algum tempo a organizações da sociedade civil sem fins lucrativos.[100]

O terceiro setor é, com efeito, uma economia paralela. Sua missão, contudo, é gerar capital social, e não capital de mercado. Os defensores da sociedade civil afirmam, com certa justiça, que, sem a economia social, não haveria a economia de mercado. A economia social é o setor "central", o local onde as pessoas criam elos, relacionamentos e instituições formais e informais para tomar conta umas das outras. É onde os seres humanos desenvolvem a confiança social que lhes permite fazer contatos e envolver-se em relações comerciais. O capital social sempre precede o capital de mercado, em toda sociedade.

O problema é que, como a população humana cresceu e as relações sociais se tornaram tanto mais densas como mais difusas, o tipo de relação pessoal íntima que promove a criação de capital social tornou-se mais difícil de manter. Em comunidades menores e mais contraídas, a reciprocidade entre parentes e vizinhos é tradicionalmente alta. É comum que indivíduos ofereçam sua perícia, suas habilidades e seus conhecimentos para ajudar uns aos outros e estabelecer relações e instituições comunitárias. Conforme as comunidades humanas foram se tornando cidades gigantescas e se expandindo em subúrbios dispersos, a intimidade deu lugar ao anonimato, e a sensação de obrigações compartilhadas e auxílio mútuo teve seu fim.

Enquanto a economia social se debilitou, a economia de mercado se fortaleceu, em parte porque os mecanismos de troca entre indivíduos no universo comercial se baseiam em comportamentos distantes e contrários. O dinheiro, que é um meio impessoal, permite que as pessoas se dispersem no tempo e no espaço, trocando seu tempo e seu trabalho sem precisar estabelecer elos íntimos umas com as outras.

O que lamentavelmente falta à sociedade civil é o tipo de fungibilidade que permite às pessoas permutar seu tempo, suas habilidades e sua perícia em atividades sem fins lucrativos e que gerem capital social em suas comunidades. A moeda social é uma solução. Hoje já há tecnologia disponível, com os cartões de crédito e débito, os serviços de Internet, a World Wide Web e os recursos de comunicação móvel, para estabelecer uma moeda paralela na sociedade civil capaz de tornar fungível o capital humano inexplorado que existe em todo bairro e comunidade.

A criação de uma moeda social é a chave para desenvolver maneiras totalmente novas de as pessoas compartilharem entre si seus recursos pessoais. Para os milhões de pessoas que se encontram subempregadas ou desempregadas, e sem meios suficientes de assegurar sua sobrevivência, a moeda social preencherá cada vez mais o vácuo, podendo tornar-se finalmente um poderoso meio paralelo de obter-se qualidade de vida fora da economia de mercado.

A moeda social, sob uma variedade ou outra, remonta aos primeiros anos do século XX. Sua reencarnação recente, contudo, é creditada a Edgar Cahn, professor de direito na Faculdade de Direito David C. Clarke, da Universidade do Distrito de Columbia. Ele desenvolveu a idéia do "banco de tempo" na Faculdade de Economia de Londres, e fundou o primeiro banco operacional no final da década de 80.[101]

Trata-se de uma idéia simples, fundada no princípio de ajudar um vizinho para que um vizinho – não necessariamente o mesmo – o ajude em algum momento futuro. A inspiração é similar à das doações feitas a um banco de sangue.

Existem hoje nos Estados Unidos mais de 250 esquemas bancários para "dólares-tempo", envolvendo milhares de pessoas, e há projetos similares no Reino Unido, no Japão e em uma variedade de outros países, com nomes variados, como "cotas justas" e "créditos de serviços". Eis aqui como a coisa funciona.

O indivíduo cede voluntariamente uma hora de seu tempo e recebe um dólar-tempo. Diversamente do que ocorre na economia de mercado, em que o tempo horário das pessoas é recompensado em uma escala decrescente mensurada de acordo com a perícia que elas demonstram, a moeda social é mensurada de forma igualitária. Todos, a despeito de seu nível de especialização, de médicos a motoristas de táxi, recebem o crédito de uma hora por hora de comprometimento, refletindo a idéia de que a contribuição de todos é igualmente apreciada na produção do capital social da comunidade.

Os dólares-tempo acumulados podem ser usados para obter bens e serviços dos outros envolvidos no banco de tempo, incluindo-se alimentos, vestimentas, computadores, serviços legais, serviços de saúde, alojamento, transporte e mesmo o ingresso em programas escolares. Alguns críticos deploraram a idéia de recompensar o tempo que as pessoas dedicam a atividades sociais sem fins lucrativos. Seus defensores observam, contudo, que a idéia de gerar obrigações recíprocas entre iguais é uma forma de envolvimento muito superior à mera oferta de ajuda voluntária aos necessitados. Essa última gera muitas vezes uma relação injusta de dependência – a sensação de que se está recebendo caridade –, pois não oferece à pessoa necessitada um meio de retribuir. Os dólares-tempo reforçam a idéia do "auxílio mútuo": ou seja, reunir um número muito maior de pessoas em relações reciprocamente cooperativas.

A Elderplan, uma organização de manutenção da saúde (HMO – health maintenance organization) do Brooklyn, em Nova York, foi uma das primeiras instituições a utilizar o modelo do dólar-tempo. Como outras HMOs, ela estava ansiosa por reduzir o custo dos tratamentos médicos de emergência e das internações prolongadas, oferecendo cuidados médicos, aconselhamento e outros serviços de qualidade em domicílio. A companhia transformou receptores passivos de serviços médicos em provedores ativos de cuidados com a saúde, graças a seu programa de dólares-tempo.

Pelo programa, os membros da HMO ajudam outros membros com enfermidades crônicas e invalidez, preparando refeições, conduzindo-os a consultas e terapias e comprando os medicamentos receitados. Alguns foram até mesmo treinados para aconselhar os doentes. A maioria dos voluntários é idosa. De 1987 a 1998, eles podiam trocar seus dólares-tempo por um desconto de 25% nos planos de saúde. Hoje, seus dólares-tempo podem ser usados em uma Loja de Crédito para adquirir monitores digitais de pressão sangüínea, banheiras de hidromassagem e outros produtos relacionados à saúde.[102] Com os dólares-tempo, os membros da HMO se tornam parte de uma rede comunitária da saúde. E ajudam uns aos outros.

O assentamento de Grace Hill, em St. Louis, é um outro exemplo do uso bem-sucedido dos bancos de tempo. A organização dirige onze associações de bairro e quatro centros de saúde em áreas pobres da cidade. Oitocentas e vinte famílias com filhos em idade pré-escolar estão envolvidas no Programa de Iniciação e em outras atividades em Grace Hill. Alguns dos pais são treinados em pediatria e outras disciplinas. Eles são recompensados com dólares-tempo por suas contribuições, e esses podem ser utilizados para fazer compras em lojas especiais abastecidas com donativos e espalhadas pela cidade. Grace Hill também conta com um colégio de vizinhança, onde os residentes podem trocar dólares-tempo por instrução básica.[103]

Outros programas envolvendo os dólares-tempo permitem que as pessoas troquem as horas doadas à comunidade por uma variedade de serviços, incluindo reparos automotivos, carpintaria, encanamento, contabilidade, serviços legais e lições de dança. Mesmo os aluguéis podem ser pagos parcialmente com dólares-tempo.[104]

Deve-se enfatizar que os programas de dólar-tempo não são o mesmo que permutas. Não existe barganha. Todas as contribuições são igualmente valorizadas. Ou seja, todas as horas de trabalho valem o mesmo, independentemente da natureza e tipo da contribuição. O Serviço da Receita Nacional do governo dos Estados Unidos determinou que os dólares-tempo, diversamente das permutas, não são tributáveis.[105]

De acordo com uma pesquisa feita pelo Independent Sector em 2001, 44% da população adulta americana, ou 84 milhões de pessoas, dedicava em média 3,6 horas por semana a uma ou mais dentre a quantidade de um milhão e duzentas mil organizações sem fins lucrativos nos Estados Unidos. A maioria dos americanos acredita que tem o mais desenvolvido terceiro setor no mundo, mas a verdade é que diversas nações da Europa Ocidental têm setores ainda maiores em proporção a seu nível total de empregos.[106] O ponto aqui é que o terceiro setor representa uma força crescente em países por todo o mundo; todavia, apesar de suas dimensões e importância na vida de todas as nações, ele careceu, até o momento, de um elemento essencial que lhe permita conectar e mobilizar o imenso potencial humano existente em uma formidável força social paralela, comparável em pujança à economia de mercado. Uma moeda social, na forma de dólares tempo e outros esquemas similares, é o meio de começar a envolver grandes números de pessoas no processo de criar e trocar capital social. Para jovens desempregados e idosos aposentados, e para os milhões de pessoas subempregadas ou atualmente desempregadas, a moeda social representa um meio de utilizar seu pleno potencial humano para servir a comunidade e atender a suas próprias necessidades familiares.

Os programas de moeda social atualmente em operação no mundo são todos pequenos em escopo e escala. Eles sugerem, contudo, o grande potencial humano que pode ser liberado, caso programas mais ousados forem postos em prática. Deveria haver discussões sérias sobre como expandir esses esforços fragmentários em uma única moeda social válida nacionalmente em cada país – utilizando cartões de débito e outras tecnologias bancárias de última geração –, de modo que as pessoas possam oferecer seu tempo e suas habilidades à comunidade e utilizar seus dólares-tempo para ter acesso a bens e serviços em qualquer parte na região em que vivem. Expandir o conceito de dólar-tempo para toda uma região proporciona um maior campo de atuação para a troca de contribuições pessoais, mantendo ao mesmo tempo certo grau de localização geográfica. Concessões especiais poderiam ser feitas para que fossem feitas trocas de dólares-tempo nacionalmente, nos casos em que a perícia, os serviços e os bens necessários não estivessem disponíveis regionalmente. Uma moeda social e nacional paralela, que coexista com a moeda comercial vigente, ajudará a estabelecer o terceiro setor, ou a arena da sociedade civil, como uma alternativa viável para a utilização dos recursos humanos.

Por volta do século XXII, será possível conceber uma tecnologia inteligente que substitua grande parte do trabalho humano na esfera comercial, permitindo que a maioria dos seres humanos seja educada e treinada em vocações da arena cultural. Afinal, o trabalho é algo que deveria ser feito por máquinas. Ele não passa da produção de artigos úteis. As pessoas, por outro lado, deviam ser libertadas para gerar valores intrínsecos e revigorar o senso de comunidade compartilhada. Liberar as pessoas do trabalho, para que elas possam dar contribuições profundas para a geração de capital social na sociedade civil, representa potencialmente um grande salto adiante para a humanidade no próximo século. São necessárias agora a vontade e a determinação para iniciarmos essa decisiva jornada humana.

Jeremy Rifkin
Janeiro de 2004

Introdução

O desemprego global atingiu seu nível mais alto desde a Grande Depressão da década de 30. Mais de 800 milhões de seres humanos no mundo estão desempregados ou subempregados.[1] E esse número continua a subir, à medida que milhões de pessoas ingressantes na força de trabalho se descobriram sem emprego; muitos dessas, vítimas de uma revolução tecnológica que vem substituindo rapidamente seres humanos por máquinas em virtualmente todos os setores e indústrias da economia global. Após anos de previsões otimistas e alarmes falsos, as novas tecnologias de informática e de comunicações estão finalmente causando seu impacto, há tanto tempo prognosticado, no mercado de trabalho e na economia, lançando a comunidade mundial nas garras de uma Terceira Grande Revolução Industrial. Milhões de trabalhadores já foram definitivamente eliminados do processo econômico; funções e categorias de trabalho inteiras já foram reduzidas, reestruturadas ou desapareceram.

A Era da Informação chegou. Nos próximos anos, novas e mais sofisticadas tecnologias de software aproximarão cada vez mais a civilização de um mundo praticamente sem trabalhadores. Nos setores da agricultura, manufatura e serviços, as máquinas estão rapidamente substituindo o trabalho humano e prometem uma economia de produção quase totalmente automatizada, já nas primeiras décadas do século XXI. A maciça substituição do homem pela máquina forçará cada nação a repensar o papel a ser desempenhado pelos seres humanos no processo social. Redefinir oportunidades e responsabilidades para milhões de pessoas em uma sociedade, sem o emprego de massa formal, deverá ser a questão social mais premente do século XXI.

Enquanto o público continua ouvindo falar que tempos econômicos melhores estão por vir, trabalhadores em toda a parte permanecem perplexos diante do que parece ser uma "recuperação sem empregos". Todos os dias, corporações multinacionais anunciam que estão se tornando mais competitivas globalmente. Dizem-nos que os lucros aumentam continuamente. No entanto, e ao mesmo tempo, as empresas anunciam demissões em massa. Só no mês de janeiro de 1994, os maiores empregadores dos Estados Unidos demitiram mais de 108 mil trabalhadores. A maior parte das demissões ocorreu nas indústrias de serviços, nas quais a reestruturação administrativa e a introdução de novas tecnologias de racionalização do trabalho estão resultando em maior produtividade, maiores lucros e menos empregos.[2]

As reduções de porte e a reengenharia corporativas continuam a se acelerar, sem dar sinais de que terão fim. Em 15 de novembro de 1995, a AT&T anunciou que dispensaria mais de 77 mil gerentes, num esforço para reduzir os custos de mão-de-obra e aumentar as margens de lucro[3]. Outras empresas vêm adotando medidas igualmente agressivas para o corte de mão-de-obra. Em uma pesquisa feita em 1995 com 2 mil executivos corporativos das principais nações industrializadas do mundo, 94% dos entrevistados declararam que suas empresas haviam passado por uma reorganização nos dois anos anteriores, o que resultara numa redução permanente do quadro de funcionários. Mais de 66% dos empresários previam que o ritmo das reduções de porte e da reengenharia aumentaria nos anos seguintes. As empresas pesquisadas empregam 18 milhões de pessoas, mais de 6% da força de trabalho dos seis maiores países industrializados[4].

Estamos entrando em uma nova fase na história do mundo – em que cada vez menos trabalhadores serão necessários para produzir bens e serviços para a população global. *O Fim dos Empregos* examina as inovações tecnológicas e as forças de mercado que nos empurram para um mundo praticamente sem trabalhadores. Exploraremos as promessas e as ameaças da Terceira Revolução Industrial e abordaremos os complexos problemas que acompanharão a transição para uma era pós-mercado.

Na Parte 1 – As Duas Faces da Tecnologia, apresentaremos uma visão da atual revolução da tecnologia, objetivando compreender seu efeito sobre o emprego e a economia global. Para melhor avaliarmos tanto os impactos quanto as conseqüências potenciais da Terceira Revolução Industrial, analisaremos as duas visões concorrentes do progresso tecnológico, que incitaram o movimento para uma sociedade automatizada e perguntaremos de que forma cada uma deverá influenciar o curso definitivo que a sociedade tomará na busca do seu caminho para a aldeia global de alta tecnologia.

Como pano de fundo para o debate sobre tecnologia atual e o emprego, analisaremos, na Parte 2 – A Terceira Revolução Industrial, como as primeiras inovações na automação afetaram a subsistência dos trabalhadores afro-americanos e dos sindicalizados. Sua experiência poderia ser um prognóstico do que está por acontecer a milhões de trabalhadores prestadores de serviço e empregados de escritório, bem como a um número crescente de gerentes e profissionais da classe média em todo o mundo. Terminaremos essa parte com uma análise das mudanças revolucionárias que estão sendo feitas nas estruturas organizacionais das empresas e nas práticas gerenciais para acomodar as novas tecnologias do século XXI.

No passado, quando novas tecnologias substituíam trabalhadores em determinado setor, novos setores sempre surgiam para absorver os trabalhadores demitidos. Hoje, todos os três setores tradicionais da economia – agricultura, indústria e serviços – estão vivenciando deslocamento tecnológico, levando milhões de trabalhadores para as filas do desemprego. O único novo setor emergente é o setor do conhecimento, formado por uma pequena elite de empreendedores, cientistas, técnicos, programadores de computador, profissionais liberais, educadores e consultores. Embora esse setor esteja crescendo, não se espera que absorva mais do que uma fração das centenas de milhões que serão eliminados nas próximas décadas, no despertar dos avanços revolucionários em ciências da informação e das comunicações.

Na Parte 3 – O Declínio da Força de Trabalho Global, vamos explorar em profundidade as vastas mudanças tecnológicas e organizacionais que estão ocorrendo nos setores da agricultura, da indústria e de serviços e que estão reduzindo significativamente o número de trabalhadores necessários para produzir bens e serviços para o mundo.

A reestruturação das práticas de produção e a permanente substituição de trabalhadores humanos por máquinas começou a impor um trágico sacrifício às vidas de milhões de trabalhadores. Na Parte 4 – O Preço do Progresso, analisaremos detalhadamente como a Terceira Revolução Industrial está afetando a força de trabalho global. As tecnologias da informação e das comunicações e as forças de mercado globais estão polarizando rapidamente a população mundial em duas forças irreconciliáveis e potencialmente antagônicas – uma nova elite cosmopolita de "analistas simbólicos", que controlam as tecnologias e as forças de produção, e o crescente número de trabalhadores permanentemente demitidos que têm poucas esperanças e perspectivas ainda menores de empregos significativos na nova economia global da alta tecnologia. Vamos avaliar o impacto da nova revolução tecnológica tanto nas nações industrializadas quanto naquelas em desenvolvimento. Daremos atenção especial à inquietante relação entre o desemprego tecnológico intensificado e a crescente incidência do crime e da violência em todo o mundo. Às portas da nova aldeia global da alta tecnologia está um número cada vez maior de seres humanos carentes e desesperados, muitos dos quais voltando-se para uma vida de crime e criando uma nova e vasta subcultura da criminalidade. A nova cultura da ilegalidade começa a colocar uma ameaça real e séria à capacidade de os governos manterem a ordem e oferecerem segurança aos seus cidadãos. Estudaremos detalhadamente este novo fenômeno tão perigoso e o modo como os Estados Unidos e outros países estão tentando administrar suas implicações e conseqüências sociais.

A Terceira Revolução Industrial é uma poderosa força para o bem e para o mal. As novas tecnologias da informação e das telecomunicações têm potencial tanto para libertar quanto para desequilibrar a civilização no século XXI. Se as novas tecnologias vão nos libertar para uma vida de mais lazer ou resultarão em desemprego maciço e depressão global em potencial, dependerá em grande parte de como cada nação vai enfrentar a questão dos avanços da produtividade. Na Parte 5 – O Despontar da Era Pós-Mercado, vamos explorar várias etapas práticas para enfrentar os avanços da produtividade, na tentativa de mitigar os efeitos das demissões em massa como resultado da tecnologia, enquanto colhemos os benefícios da revolução tecnológica.

Durante toda a era moderna, o valor das pessoas tem sido medido pelo seu valor no mercado de trabalho. Agora que a mercadoria valor do trabalho humano está se tornando cada vez mais tangencial e irrelevante, em um mundo cada vez mais automatizado, novas maneiras de definir o valor humano e os relacionamentos sociais precisarão ser exploradas. Concluiremos o livro com a formulação de um novo paradigma pós-mercado e discutiremos as maneiras possíveis de fazer a transição de uma visão de mundo orientada para o mercado, para uma nova perspectiva de um terceiro setor.

Parte I

AS DUAS FACES DA TECNOLOGIA

CAPÍTULO 1

O Fim do Trabalho

Desde seu início, a civilização tem se estruturado, em grande parte, em função do conceito de trabalho. Do caçador/colhedor paleolítico e fazendeiro neolítico ao artesão medieval e operário da linha de montagem do século XX, o trabalho tem sido parte integral da existência diária. Agora, pela primeira vez, o trabalho humano está sendo sistematicamente eliminado do processo de produção. Em menos de um século, o trabalho "em massa" no setor do mercado será provavelmente eliminado em praticamente todas as nações industrializadas do mundo. Uma nova geração de sofisticadas tecnologias de informação e comunicação está sendo introduzida aceleradamente nas mais diversas situações de trabalho. Máquinas inteligentes estão substituindo seres humanos em incontáveis tarefas, forçando milhões de trabalhadores de escritório e operários para as filas do desemprego ou, pior, para as filas do auxílio desemprego.

Nossos líderes empresariais e principais economistas nos dizem que os números crescentes do desemprego representam "ajustes" de curto prazo às poderosas forças impulsionadas pelo mercado, que estão acelerando a economia global rumo à Terceira Revolução Industrial. Eles nos acenam com a promessa de um excitante novo mundo de produção automatizada de alta tecnologia, comércio global em franco desenvolvimento e abundância material sem precedentes.

Milhões de trabalhadores continuam céticos. A cada semana, mais trabalhadores são demitidos. Em escritórios e fábricas em todo o mundo as pessoas esperam, angustiadas, ser poupadas por mais um dia que seja.

Como uma epidemia mortal infiltrando-se inexoravelmente no mercado de trabalho, a estranha e aparentemente inexplicável nova doença econômica se espalha, destruindo vidas e desequilibrando comunidades inteiras no seu rastro. Nos Estados Unidos, as corporações estão eliminando anualmente mais de 2 milhões de empregos.[1] Em Los Angeles, o First Interstate Bankcorp, a décima terceira maior holding de bancos dos Estados Unidos, reestruturou recentemente suas operações, eliminando 9 mil empregos, mais de 25% de sua força de trabalho. Em Columbus, Indiana, a Arvin Industries modernizou sua fábrica de componentes automotivos e demitiu quase 10% de seus funcionários. Em Danbury, Connecticut, a Union Carbide fez a reengenharia de seus sistemas de produção, administração e distribuição para cortar excessos e economizar US$ 575 milhões em custos em 1995. Com essa medida, mais de 13.900 empregados, quase 22% de sua força de trabalho, foram cortados da folha de pagamentos da empresa. A empresa deve demitir ainda mais 25% de seus funcionários, antes de terminar de "reinventar" a si própria nos próximos dois anos.[2]

Centenas de outras empresas também anunciaram demissões. Recentemente, a GTE demitiu 17 mil funcionários. A NYNEX Corp. afirmou estar demitindo 16.800 funcionários. A Pacific Telesis despediu mais de 10 mil. "A maioria das demissões", noticia o *Wall Street Journal*, "é facilitada, de um modo ou de outro, por novos programas de software, melhores redes de computador e hardware mais potente", os quais permitem que as empresas realizem mais trabalho com menos trabalhadores.[3]

Embora alguns novos empregos estejam sendo criados na economia americana, eles estão em faixas de remuneração inferiores e, geralmente, são empregos temporários. Em abril de 1994, dois terços dos novos empregos criados no país estavam na faixa inferior da pirâmide de remuneração. Enquanto isso, a empresa de recolocação Challenger, Gray e Christmas relatou que, no primeiro trimestre de 1994, as demissões das grandes corporações eram 13% superiores às de 1993, e os analistas do setor previam cortes ainda maiores nos meses e anos que estavam por vir.[4]

A perda de empregos bem remunerados não se limita à economia americana. Na Alemanha, a Siemens, gigante da eletrônica e da engenharia, achatou sua estrutura administrativa, cortou custos entre 20% a 30% em apenas 3 anos, e demitiu mais de 16 mil funcionários em todo o mundo. Na Suécia, a ICA, cooperativa de alimentos com faturamento de US$ 7,9 bilhões, sediada em Estocolmo, aplicou a reengenharia em suas operações, instalando um sistema informatizado de controle de estoque de última geração. A nova tecnologia poupadora de mão-de-obra permitiu que a empresa de alimentos fechasse um terço de seus armazéns e centros de distribuição, reduzindo seus custos gerais para a metade. Com essa medida, a ICA conseguiu eliminar mais de 5 mil funcionários, ou seja, 30% de toda sua força de trabalho, em apenas 3 anos, enquanto a receita cresceu mais de 15%. No Japão, a empresa de telecomunicações NTT anunciou que cortaria 10 mil funcionários em 1993 e afirmou que, como parte de seu programa de reestruturação, as demissões chegariam a 30 mil, ou seja, 15% da sua força de trabalho.[5]

As filas de desempregados e subempregados crescem diariamente na América do Norte, na Europa e no Japão. Mesmo as nações em desenvolvimento estão enfrentando o desemprego tecnológico à medida que empresas multinacionais constroem instalações de produção com tecnologia de ponta em todo o mundo, dispensando milhões de trabalhadores de baixa remuneração, que não podem mais competir com a eficiência de custos, controle de qualidade e rapidez de entrega, alcançadas com a produção automatizada. Em um número cada vez maior de países, as notícias chegam repletas de novidades sobre produtividade enxuta, reengenharia, gerenciamento da qualidade total, pós-Fordismo, demissões e redução das estruturas. Em toda a parte, homens e mulheres estão preocupados quanto ao seu futuro. Os jovens estão mostrando sua frustração e sua raiva em um crescente comportamento anti-social. Trabalhadores mais velhos, presos entre um passado próspero e um futuro sombrio, parecem resignados, sentindo-se cada vez mais encurralados por forças sociais sobre as quais têm pouco ou nenhum controle. Em todo o mundo há uma percepção de mudanças significativas ocorrendo – mudanças tão grandes que mal podemos compreender seu derradeiro impacto. A vida como a conhecemos está sendo alterada de modo fundamental.

Substituindo Empregados por Software

Enquanto as primeiras tecnologias industriais substituíram a força física do trabalho humano, trocando a força muscular por máquinas, as novas tecnologias baseadas no computador prometem substituir a própria mente humana, colocando máquinas inteligentes no lugar dos seres humanos em toda a escala da atividade econômica. As implicações são profundas e de longo alcance. Mais de 75% da força de trabalho na maior parte das nações industrializadas está desempenhando funções que são pouco mais do que simples tarefas repetitivas. Máquinas automatizadas, robôs e computadores cada vez mais sofisticados podem desempenhar muitas, se não a maioria, dessas tarefas. Só nos Estados Unidos, isso significa que, nos próximos anos, mais de 90 milhões de empregos, de uma força de trabalho de 124 milhões de pessoas, estão seriamente ameaçados de ser substituídos pelas máquinas. Com as pesquisas recentes mostrando que menos de 5% das empresas em todo o mundo já começaram a fazer a transição para a nova cultura da máquina, o desemprego maciço, como jamais se viu, parece ser inevitável nas próximas décadas.[6] Refletindo sobre o significado da atual transição, o eminente prêmio Nobel, o economista Wassily Leontief advertiu que, com a introdução de computadores cada vez mais sofisticados, "o papel dos humanos, como o mais importante fator de produção, está fadado a diminuir, do mesmo modo que o papel dos cavalos na agricultura foi de início diminuindo e depois eliminado com a introdução dos tratores"[7].

Enfrentando o dilema entre a crescente concorrência global e encargos trabalhistas cada vez maiores, as multinacionais parecem determinadas a acelerar a transição entre trabalhadores humanos e seus substitutos mecanizados. Seu ardor revolucionário ultimamente tem sido incentivado por considerações irresistíveis sobre a linha de lucro. Na Europa, onde se atribui a culpa da estagnação da economia e da perda da competitividade nos mercados mundiais ao custo da mão-de-obra, as empresas estão se apressando em substituir sua força de trabalho por novas tecnologias de informação e de telecomunicações. Nos Estados Unidos, o custo da mão de obra mais do que triplicou nos últimos 8 anos em relação ao custo do investimento em equipamentos de capital (embora os salários reais não tenham conseguido acompanhar a inflação e, na verdade, estejam caindo, os custos dos benefícios, principalmente do seguro saúde, têm subido acentuadamente). Ansiosas por reduzir os custos e melhorar suas margens de lucros, as empresas têm substituído o trabalho humano por máquinas a um ritmo acelerado. Exemplo típico é a Lincoln Electric, fabricante de motores industriais em Cleveland, que anunciou seus planos de aumentar em 30% seus investimentos de capital em 1993 sobre os investimentos de 1992. O assessor do presidente da Lincoln, Richard Sobow, reflete o pensamento de vários outros da comunidade empresarial ao dizer: "Preferimos fazer um investimento de capital a contratar novos trabalhadores"[8].

Embora as corporações tenham gastado mais de um trilhão de dólares nos anos 80 em computadores, robôs e outros equipamentos automatizados, foi apenas nos últimos poucos anos que esses investimentos maciços começaram a dar o retorno em termos de maior produtividade, redução de custos de mão-de-obra e maiores lucros. Enquanto os administradores procuravam incorporar as novas tecnologias da informação às tradicionais estruturas e processos organizacionais, os novos computadores de última geração e os mecanismos da informação ficaram impedidos de render todo seu potencial. Mas, recentemente, as corporações começaram a reestruturar o ambiente de trabalho para torná-lo compatível com a nova cultura das máquinas de alta tecnologia.

A Reengenharia

A "reengenharia" está arrebatando a comunidade corporativa, transformando em crentes até mesmo os executivos mais céticos. As empresas estão reestruturando rapidamente suas organizações, tornando-as *computer friendly* (amigáveis ao computador). Com isso, estão eliminando níveis de gerência tradicionais, comprimindo categorias de cargos, criando equipes de trabalho, treinando funcionários em várias habilidades, reduzindo e simplificando os processos de produção e de distribuição e dinamizando a administração. Os resultados têm sido impressionantes. Nos Estados Unidos, a produtividade global saltou 2,8% em 1992, o maior aumento em duas décadas.[9] A vertiginosa escalada da produtividade significou demissões em massa da força de trabalho. Michael Hammer, ex-professor do MIT e pioneiro na reestruturação do ambiente de trabalho, diz que a reengenharia resulta na perda de mais de 40% dos empregos em uma empresa e pode levar a uma redução de até 75% dos funcionários. A gerência média está especialmente vulnerável à perda do cargo em função da reengenharia. Hammer estima que até 80% das pessoas envolvidas em funções de gerência intermediária são suscetíveis à demissão.[10]

Em toda a economia dos Estados Unidos, a reengenharia corporativa poderia eliminar entre 1 milhão e 2,5 milhões de empregos por ano "em um futuro previsível", segundo o *Wall Street Journal*.[11] Enquanto a primeira etapa da reengenharia estiver em seu curso, alguns estudos prevêem uma perda de até 25 milhões de empregos na força de trabalho do setor privado, que atualmente está na casa dos 90 milhões de trabalhadores. Na Europa e na Ásia, onde a reestruturação organizacional e as demissões em função da tecnologia estão começando a causar um impacto igualmente profundo, os analistas do setor esperam perdas de emprego equivalentes nos próximos anos. Consultores empresariais, tais como John C. Skerritt, estão preocupados com as conseqüências econômicas e sociais da reengenharia. "Podemos ver de muitas e muitas maneiras como os empregos podem ser destruídos", diz Skerritt, "mas não conseguimos ver onde serão criados". Outros, como John Sculley, que trabalhou na Apple Computer, acreditam que a "reorganização do trabalho" poderia ser tão maciça e desestabilizadora quanto o advento da Revolução Industrial. "Essa pode ser a maior questão social dos próximos 20 anos", diz Sculley.[12] Hans Olaf Henkel, presidente da IBM da Alemanha, disse: "Há uma revolução a caminho".[13]

Em nenhum lugar o efeito da revolução do computador e da reengenharia do ambiente de trabalho é tão acentuado quanto no setor industrial. Cento e cinqüenta anos depois que Karl Marx conclamou os trabalhadores do mundo a se unirem, Jacques Attali, ministro francês e consultor de tecnologia do presidente socialista François Mitterrand, proclamou confiante o fim da era do homem e da mulher trabalhadores. "As máquinas são o novo proletariado", afirmou Attali. "A classe trabalhadora está recebendo seu bilhete azul."[14]

O ritmo acelerado da automação está levando a economia global rapidamente para a era da fábrica sem trabalhadores. Entre 1981 e 1991, mais de 1,8 milhão de empregos na área industrial desapareceram nos Estados Unidos.[15] Na Alemanha, os fabricantes demitiram trabalhadores ainda mais rapidamente, e eliminaram mais de 500 mil empregos apenas em um período de 12 meses, entre 1992 e 1993.[16] O declínio dos empregos no setor da produção fez parte de uma tendência de longo prazo que foi crescentemente substituindo seres humanos por máquinas no local de trabalho. Na década de 50, 33% de todos os trabalhadores dos Estados Unidos estavam empregados no setor industrial. Nos anos 60, o número dos empregos nesse setor caiu para 30% e, na década de 80, para 20%. Atualmente, menos de 17% da força de trabalho está empregada no setor industrial. O consultor gerencial Peter Drucker estimou que, nessa década, o emprego no setor industrial continuaria caindo para menos de 12% da força de trabalho nos Estados Unidos.[17]

Durante quase toda a década de 80, era moda culpar a concorrência internacional e a mão-de-obra mais barata de outros países pela perda dos empregos no setor da produção nos Estados Unidos. Entretanto, os economistas reavaliaram suas opiniões à luz de novos estudos minuciosos sobre o setor industrial. Os renomados economistas Paul R. Krugman, do MIT, e Robert L. Lawrence, da Universidade de Harvard, com base em dados abrangentes, sugerem que "a preocupação, amplamente externada durante os anos 50 e 60, de que os trabalhadores industriais perderiam seus empregos por causa da automação, está mais próxima da verdade do que a atual preocupação com a suposta perda desses empregos devido à concorrência internacional"[18].

Embora o número de operários continue a declinar, a produtividade industrial está subindo aceleradamente. Nos Estados Unidos, a produtividade anual, que no início da década de 80 estava crescendo a pouco mais de 1% ao ano, pulou para mais de 3% com os novos avanços da automação informatizada e com a reestruturação do ambiente de trabalho. Entre 1979 e 1992, a produtividade no setor industrial aumentou em 35%, enquanto a força de trabalho foi reduzida para 15%.[19]

William Winpisinger, ex-presidente da Internacional Association of Machinists, um sindicato cujo número de filiações reduziu-se praticamente à metade em conseqüência dos avanços da automação, cita um estudo da Federação Internacional dos Metalúrgicos, em Genebra, que prevê que, dentro de 30 anos, menos de 2% da atual força de trabalho em todo o mundo "será suficiente para produzir todos os bens necessários para atender à demanda total"[20]. Yoneji Masuda, o principal arquiteto do plano japonês de tornar-se a primeira sociedade totalmente baseada na informação computadorizada, disse que, "no futuro próximo, a automação total de fábricas inteiras se concretizará e, durante os próximos 20 ou 30 anos, provavelmente surgirão... fábricas que dispensarão qualquer tipo de trabalho manual"[21].

Enquanto o trabalhador industrial está sendo excluído do processo econômico, muitos economistas e políticos continuam se apegando à esperança de que o setor de serviços e o trabalho administrativo serão capazes de absorver os milhões de trabalhadores desempregados à procura de um emprego. Suas esperanças serão provavelmente esmagadas. A automação e a reengenharia já estão tomando o lugar do trabalho humano em muitas áreas relacionadas, como a de prestação de serviços. As novas "máquinas inteligentes" são capazes de executar muitas das tarefas mentais atualmente realizadas por seres humanos, e em uma velocidade muito maior. A Andersen Consulting Company, uma das maiores empresas de reestruturação organizacional do mundo, estima que em um só setor de serviços, bancos comerciais e instituições de poupança, a reengenharia significará uma perda de 30% a 40% dos empregos nos próximos anos. Isto se traduz na eliminação de aproximadamente 700 mil empregos.[22]

Nos últimos anos, mais de 3 milhões de cargos administrativos foram eliminados nos Estados Unidos. Sem dúvida, algumas dessas perdas foram resultado da concorrência internacional. Mas, como David Churbuck e Jeffrey Young observaram na *Forbes*, "A tecnologia ajudou sobremaneira a torná-los redundantes". Mesmo quando a economia norte-americana recuperava-se em 1992, com uma respeitável taxa de crescimento de 2,6%, mais de 500 mil cargos adicionais, administrativos e técnicos, simplesmente desapareceram.[23] Avanços rápidos na tecnologia da informática, inclusive em processamento paralelo e inteligência artificial, provavelmente tornarão redundantes um grande número de trabalhadores administrativos nas primeiras décadas deste século.

Muitos analistas de diretrizes e políticas admitem que as empresas de grande porte estão dispensando números recordes de trabalhadores, mas argumentam que as empresas pequenas estão reavivando a oferta de empregos, contratando mais funcionários. David Birch, pesquisador no MIT, estava entre os primeiros a sugerir que o novo crescimento econômico na era da alta tecnologia está sendo liderado por empresas muito pequenas – empresas com menos de 100 funcionários. Birch opinou que mais de 88% de todos os novos empregos estavam sendo criados por pequenos negócios, muitos dos quais na fronteira da nova revolução tecnológica. Seus dados foram citados por economistas conservadores durante a era Reagan-Bush como prova incontestável de que as inovações tecnológicas estavam criando tantos empregos quanto os que estavam sendo perdidos em função dessas inovações. Entretanto, estudos mais recentes praticamente desacreditaram o mito de que as pequenas empresas têm sido poderosos mecanismos para o crescimento dos empregos na era da alta tecnologia. O economista político Bennett Harrison, da Escola de Política e Administração Pública H. J. Heinz III, da Carnagie-Mellon University, usando estatísticas reunidas das mais diversas fontes, inclusive da Organização Internacional do Trabalho das Nações Unidas e do U.S. Bureau of Census, diz que, nos Estados Unidos, "a proporção de americanos trabalhando para pequenas empresas e negócios individuais... continua praticamente inalterada desde o início da década de 1960". Ainda segundo Harrison, a afirmação permanece verdadeira tanto para o Japão quanto para a Alemanha Oriental, as duas outras principais superpotências econômicas.[24]

O fato é que, enquanto menos de 1% de todas as empresas americanas empregava 500 ou mais trabalhadores, no final da década de 80, essas grandes empresas ainda empregavam mais de 41% de todos os trabalhadores no setor privado. E são essas organizações gigantes que estão aplicando a reengenharia em suas operações e dispensando um número recorde de funcionários.[25]

A atual onda de demissões assume um significado político ainda maior à luz da tendência entre os economistas de atualizar incessantemente para cima o conceito do que seja um nível "aceitável" de desemprego. A exemplo de tantas outras coisas na vida, acabamos por adaptar nossas expectativas a respeito do futuro em função das circunstâncias atuais de mutação em que nos encontramos. No caso dos empregos, os economistas encontram-se em um perigoso jogo de acomodação, com números de desemprego que não param de crescer, ignorando as implicações de uma curva histórica que está levando inexoravelmente para um mundo com cada vez menos trabalhadores.

Uma pesquisa da atividade econômica nos últimos 50 anos revela uma tendência inquietante. Na década de 50, a média do desemprego para a década ficou em 4,5%. Na década de 60, essa média subiu para 4,8%. Nos anos 70 subiu novamente para 6,2% e, nos anos 80, subiu de novo, atingindo a média de 7,3%. Nos três primeiros anos da década de 90, o desemprego atingiu a média de 6,8%.[26]

À medida que a porcentagem de trabalhadores desempregados foi atingindo níveis cada vez mais altos ao longo do período pós-guerra, os economistas foram mudando seus conceitos sobre o que constitui emprego total. Na década de 50, 3% de desemprego era amplamente considerado como emprego total. Na década de 60, as administrações Kennedy e Johnson colocavam 4% como meta de emprego total. Nos anos 80, economistas da corrente predominante do pensamento econômico consideravam 5% ou até mesmo 5,5% de desemprego como próximo de emprego total.[27] Em meados dos anos 90, um número crescente de economistas e líderes empresariais estava novamente revendo seus conceitos do que consideravam "níveis aceitáveis" de desemprego. Embora relutassem em usar o termo "emprego total", muitos analistas de Wall Street afirmavam que os níveis de desemprego não deviam, sob quaisquer circunstâncias, ficar abaixo de 6%, para que a economia não corresse o risco de viver uma nova era de inflação.[28]

A cada década, a contínua escalada do desemprego torna-se ainda mais problemática quando acrescentamos o número cada vez maior de trabalhadores de meio período à procura de emprego em tempo integral e o número de trabalhadores desmotivados que já não procuram mais emprego. Em 1992, mais de 9,8 milhões de pessoas estavam desempregadas, 6,3 milhões de trabalhadores empregados em meio período, mas querendo emprego em período integral, e mais de um milhão sentindo-se tão desanimados que desistiram de procurar emprego. No total, mais de 17 milhões de trabalhadores americanos, ou 13,2% da força de trabalho, estavam desempregados ou subempregados em julho de 1992.[29]

O ponto a ser enfatizado é que, mesmo dando margem a quedas na taxa de desemprego em curto prazo, a tendência é para taxas de desemprego sempre crescentes. A introdução de tecnologias mais sofisticadas associadas a ganhos de produtividade significa que a economia global pode produzir um número cada vez maior de bens e serviços empregando uma porcentagem cada vez menor da força de trabalho disponível.

Um Mundo Sem Trabalhadores

Quando a primeira onda de automação atingiu o setor industrial ao final de 1950 e princípio de 1960, líderes trabalhistas, ativistas de direitos civis e um coro de críticos sociais não demoraram a soar o alarme. Entretanto, sua preocupação foi pouco compartilhada por líderes empresariais da época, que continuavam a acreditar que os aumentos de produtividade causados pela nova tecnologia da automação apenas intensificariam o crescimento econômico e aumentariam as oportunidades de emprego e o poder de compra. Hoje, entretanto, um pequeno – mas crescente – número de executivos está começando a se preocupar com o rumo para onde a nova revolução tecnológica está nos levando. Percy Barnevik é presidente da Asea Brown Bovery, construtora suíço-sueca de geradores elétricos e sistemas de transporte, com faturamento anual de US$ 29 bilhões e uma das maiores empresas de engenharia do mundo. Como outras empresas globais, a ABB reestruturou suas operações por meio da reengenharia, cortando quase 50 mil trabalhadores de sua folha de salários e aumentando ao mesmo tempo em 60% a rotatividade no mesmo período. Barnevik pergunta: "Para onde irão todas essas pessoas (desempregadas)?" Ele previu que, no final da década de 90, a proporção da força de trabalho da Europa, empregada na indústria e nos serviços diminuiria de 35% para 25% em 10 anos, com um declínio adicional de 15% em 20 anos. Barnevik estava profundamente pessimista quanto ao futuro da Europa: "Se alguém me disser para esperar 2 ou 3 anos, que haverá uma enorme demanda por mão-de-obra, direi: 'Onde? Que empregos? Em quais cidades? Quais empresas?' Quando coloco os fatos juntos, encontro um risco nítido de que os 10% de desempregados ou subempregados de hoje poderiam facilmente tornar-se 20 ou 25%".[30]

Peter Drucker, cujos livros e artigos ao longo dos anos têm ajudado a simplificar a nova realidade econômica, diz francamente que "o desaparecimento da mão-de-obra como fator-chave da produção" emergirá como o crítico "assunto pendente da sociedade capitalista".[31]

Para alguns, especialmente para os cientistas, engenheiros e empregadores, um mundo sem trabalho sinalizará o início de uma nova era na história, na qual os seres humanos serão libertados finalmente de uma vida de árduo trabalho e de tarefas repetitivas sem sentido. Para outros, a sociedade sem trabalhadores evoca a idéia de um futuro sombrio de desemprego em massa e pobreza generalizada, acentuada por tumultos sociais e revoluções. Em um ponto, virtualmente, todas as correntes em disputa concordam. Estamos, de maneira efetiva, entrando em um novo período na história – em que cada vez mais as máquinas tomarão o lugar dos seres humanos no processo de fabricação e de transporte de bens e fornecimento de serviços. Essa conscientização levou a *Newsweek* a considerar o impensável em um artigo dedicado ao desemprego tecnológico. "E se realmente não existissem mais empregos?", perguntou a *Newsweek*.[32] A idéia de uma sociedade não baseada no trabalho é tão completamente estranha a qualquer conceito que tenhamos sobre como organizar grandes quantidades de pessoas em um todo social, que nos defronta com a perspectiva de precisar repensar a própria base do contrato social.

A maioria dos trabalhadores sente-se totalmente despreparada para lutar com a enormidade da transição que está ocorrendo. Os avanços tecnológicos e as iniciativas de reestruturação econômica parecem ter se abatido sobre nós sem se fazer anunciar. Subitamente, em todo o mundo, homens e mulheres perguntam se existe, para eles, algum papel que possam desempenhar no novo futuro que se abre para a economia global. Trabalhadores com anos de estudo, habilidades e experiência enfrentam a perspectiva muito real de serem declarados excedentes pelas novas forças da automação e informação. O que há alguns anos nada mais era do que um debate esotérico entre intelectuais e um pequeno número de escritores sociais em torno do papel da tecnologia na sociedade, agora é o centro de discussões acirradas entre milhões de trabalhadores. Eles se perguntam se serão os próximos a ser substituídos pelas máquinas inteligentes. Em uma pesquisa realizada em 1994 pelo *New York Times*, 2 em cada 5 trabalhadores americanos externaram sua preocupação em serem demitidos, trabalharem em expediente reduzido ou serem forçados a aceitar redução de salário nos próximos 2 anos. Setenta e sete por cento dos entrevistados disseram que conheciam pessoalmente alguém que havia perdido seu emprego nos últimos anos, e 67% disseram que a falta de empregos estava tendo um efeito significativo em suas comunidades.[33]

Na Europa, a preocupação com o aumento do desemprego está levando a tumultos sociais e ao surgimento de movimentos políticos neofascistas. Eleitores amedrontados e zangados demonstraram sua frustração nas urnas, apoiando partidos de extrema direita na Itália, na Alemanha e na Rússia. No Japão, a crescente preocupação com o desemprego está forçando os principais partidos políticos a enfrentarem a questão dos empregos pela primeira vez em décadas.

Estamos sendo arrebatados por uma nova e poderosa revolução tecnológica que promete grandes transformações sociais, como jamais se viu antes na história. A nova revolução da alta tecnologia poderia significar menos horas de trabalho e maiores benefícios para milhões. Pela primeira vez na história moderna, um grande número de seres humanos poderia ser libertado de longas horas de tarefa no mercado de trabalho formal e ser livre para se dedicar a atividades de lazer. Entretanto, as mesmas forças tecnológicas poderiam levar facilmente ao crescente desemprego e a uma depressão global. Caso seja um futuro utópico ou não que nos aguarda, depende muito de como os ganhos de produtividade na Era da Informação serão distribuídos. Uma distribuição justa e igualitária dos ganhos de produtividade exigiria a redução da semana de trabalho em todo o mundo e um esforço concentrado por parte de governos centrais para proporcionar emprego alternativo no terceiro setor – a economia social – para aqueles cujo trabalho não fosse mais necessário no mercado de trabalho formal. No entanto, se os dramáticos ganhos de produtividade da revolução tecnológica não forem compartilhados, mas, sim, usados principalmente para melhorar os lucros da empresa, para o benefício exclusivo dos acionistas, dos altos executivos e da emergente elite dos trabalhadores com conhecimento da alta tecnologia, é bem provável que a lacuna cada vez maior entre os que têm e os que não têm levará a uma revolução social e política em escala global.

Atualmente, vemos à nossa volta a introdução de tecnologias surpreendentes capazes de feitos extraordinários. Fomos levados a acreditar que as maravilhas da moderna tecnologia seriam a nossa salvação. Milhões de pessoas colocaram suas esperanças de um futuro melhor no potencial libertador da revolução do computador. No entanto, a prosperidade econômica da maioria das pessoas continua a se deteriorar em meio ao constrangimento das riquezas tecnológicas. Em todo país industrializado, as pessoas estão começando a indagar por que o antigo sonho de abundância e de ociosidade, anunciada por gerações de seres humanos que trabalharam duramente, parece mais distante agora, no florescer da Era da Informação, do que em qualquer época nos últimos 50 anos. A resposta está na compreensão de um conceito econômico pouco conhecido, mas importante, que há muito tem dominado o pensamento tanto de líderes empresariais quanto governamentais em todo o mundo.

CAPÍTULO 2

A "Mágica" da Tecnologia e as Realidades de Mercado

Por mais de um século, a sabedoria econômica convencional tem ditado que novas tecnologias fomentam a produtividade, reduzem custos de produção e aumentam a oferta de produtos baratos, que, por sua vez, aumentam o poder aquisitivo, expandem mercados e geram mais empregos. Essa proposta fundamental tem sido a base racional da política econômica em cada nação industrializada do mundo. Porém, tal lógica está levando a níveis sem precedentes o desemprego na área tecnológica, acentuando o declínio do poder aquisitivo do consumidor, e acenando com o espectro de uma depressão mundial de magnitude e duração incalculáveis.

O conceito de que os dramáticos benefícios resultantes dos avanços da tecnologia e do aumento da produtividade acabam se filtrando para a massa de trabalhadores na forma de bens mais baratos, maior poder de compra e mais empregos é essencialmente uma teoria da "mágica" da tecnologia. Enquanto os entusiastas da tecnologia e os líderes empresariais usam o termo "mágica" para descrever o impacto da tecnologia sobre mercados e o emprego, suas pressuposições econômicas são equivalentes a uma aceitação implícita da idéia.

O argumento da mágica da tecnologia remonta aos escritos do economista francês Jean Baptiste Say, no início do século XIX, um dos primeiros a argumentar que a oferta cria sua própria demanda. Segundo Say, "no mesmo instante em que um produto é criado, ele possibilita um mercado para outros produtos na dimensão de seu próprio valor... A criação de um produto abre imediatamente uma passagem para outros produtos."[1] Mais tarde, durante esse mesmo século, os conceitos de Say a respeito de mercados, chamados de lei de Say, foram adotados pelos economistas neoclássicos que argumentavam que as novas tecnologias de racionalização do trabalho aumentavam a produtividade, permitindo que fornecedores produzissem mais bens a um custo menor por unidade. A maior oferta de bens mais baratos, segundo o argumento neoclássico, cria sua própria demanda. Por outro lado, preços em queda, resultantes dos avanços da produtividade, estimulam a demanda do consumidor pelos bens produzidos. Demanda maior estimula mais produção, alimentando novamente a demanda, em um interminável ciclo de produção e consumo em expansão. O volume maior de bens vendidos assegurará que qualquer perda inicial de emprego, resultante dos melhoramentos tecnológicos, será rapidamente compensada por contratações adicionais para atender aos níveis de produção aumentados. Além disso, preços menores, como resultado da inovação tecnológica e maior produtividade, significarão que os consumidores terão dinheiro sobrando para comprar outros produtos, estimulando ainda mais a produtividade e o aumento do emprego em outras áreas da economia.

Um corolário do argumento "mágico" diz que, mesmo que trabalhadores sejam deslocados pelas novas tecnologias, o problema do desemprego acabará sendo solucionado por si mesmo. O número crescente de desempregados forçará a redução dos salários. Salários menores incitam empregadores a contratar mais trabalhadores em vez de investir em equipamentos mais caros, amenizando, com isso, o impacto da tecnologia sobre o emprego.[2]

O conceito de que a inovação tecnológica estimula o crescimento permanente e o emprego tem enfrentado uma obstinada oposição ao longo dos anos. No primeiro volume de O Capital, publicado em 1867, Karl Marx argumenta que os produtores procuram continuamente reduzir os custos da mão-de-obra e obter maior controle sobre os meios de produção substituindo trabalhadores por bens de capital, sempre e onde for possível. Os capitalistas não lucram apenas com a maior produtividade, custos reduzidos e maior controle sobre o processo de produção, mas, paralelamente, com a criação de um imenso exército de trabalhadores desempregados, cujo poder de trabalho está prontamente disponível para exploração em algum outro lugar da economia.

Marx prognosticou que a maior automação da produção acabaria por eliminar completamente o trabalhador. O filósofo alemão previu o que ele eufemisticamente chamou de a "derradeira... metamorfose do trabalho", quando "um sistema automático de maquinaria" finalmente substituiria seres humanos no processo econômico. Marx previu uma progressão constante de substitutos mecânicos cada vez mais sofisticados para a mão-de-obra humana e afirmou que cada salto tecnológico "transforma as operações do trabalhador cada vez mais em operações mecanizadas, até que, em determinado ponto, o mecanismo pode tomar seu lugar. Assim, podemos ver diretamente como uma determinada forma de trabalho é transferida do trabalhador para o capital, na forma de máquina, e como seu poder de trabalho é desvalorizado como resultado dessa transposição. Portanto, temos a luta do trabalhador contra a máquina. O que costumava ser atividade do trabalhador, passa a ser atividade da máquina".[3]

Marx acreditava que o esforço constante dos produtores em continuar substituindo o trabalho humano por máquinas acabaria se mostrando contraproducente. Eliminando a mão-de-obra humana do processo produtivo e criando um exército de reserva de trabalhadores desempregados, cujos salários poderiam ser forçados cada vez mais para baixo, os capitalistas estavam cavando sua própria sepultura, pois haveria cada vez menos consumidores com suficiente poder aquisitivo para comprar seus produtos.

Muitos economistas ortodoxos concordaram parcialmente com a análise de Marx. E estavam dispostos a admitir que os ganhos em produtividade e a substituição de homens por máquinas criavam realmente um exército de reserva de desempregados. Mas, ao contrário de Marx, muitos entenderam a demissão tecnológica como um mal necessário para fomentar a prosperidade global da economia. "Liberando" trabalhadores, os capitalistas estavam fornecendo um contingente de mão-de-obra barata que poderia ser absorvida por novas indústrias que, por sua vez, poderiam usar a mão-de-obra excedente para aumentar seus próprios lucros. Os lucros poderiam ser reinvestidos em novas tecnologias economizadoras de mão-de-obra, que poderiam, mais uma vez, dispensar trabalhadores, reduzir custos unitários e aumentar as vendas, criando um ciclo perpétuo e ascendente de crescimento econômico e prosperidade. John Bates Clark, fundador da American Economic Association, observou que "um suprimento de mão-de-obra desempregada está sempre disponível e não seria nem possível nem normal que esse suprimento não existisse. O bem-estar dos trabalhadores exige que o progresso continue, e isso é impossível de ser alcançado sem causar a dispensa temporária de trabalhadores".[4]

Outro economista americano, William Leiserson, fez eco ao entusiasmo de Clark, sugerindo que "o exército de desempregados não está mais desempregado do que os bombeiros que, em seus postos, aguardam o alarme soar, ou a força policial de plantão, pronta para atender à próxima chamada".[5]

Os Tumultuosos Anos Vinte

A questão de que a moderna tecnologia das máquinas gera empregos e prosperidade – ou desemprego ou recessão ou até mesmo depressão – foi colocada à prova na década de 20. Assim como hoje, uma reestruturação fundamental do trabalho e uma torrente de novas tecnologias de racionalização estavam alterando o cenário econômico. A linha de montagem da Ford e a revolução organizacional da General Motors mudaram radicalmente o modo como as empresas produziam bens e serviços. O motor de combustão interna e o automóvel estavam acelerando o ritmo do transporte. A eletricidade forneceu energia barata e abundante para impulsionar o processo produtivo. A produtividade aumentava continuamente desde a virada para o século XX. Em 1904, eram necessárias 1.300 horas/homem para construir um carro. Em 1932 era possível construí-lo com menos de 19 horas.[6] Aumentos de produtividade semelhantes foram alcançados em várias outras indústrias.

Entre 1920 e 1927, a produtividade na indústria americana aumentou em 40%. Na manufatura, a produção homem/hora aumentou em uma surpreendente taxa de 5,6% ao ano, entre 1919 e 1929. Ao mesmo tempo, mais de 2,5 milhões de empregos desapareceram. Só no setor da manufatura foram demitidos mais de 825 mil operários.[7]

Em 1925, a Comissão do Senado para Educação e Trabalho dos Estados Unidos, presidida por Robert Wagner, realizou estudos sobre o crescente número de trabalhadores que estavam sendo demitidos em função das novas tecnologias e da maior produtividade. A comissão concluiu que a maioria dos trabalhadores que perdiam seus empregos em função de "aperfeiçoamentos tecnológicos" continuava desempregada por um período prolongado e, quando encontravam emprego, geralmente era em uma faixa salarial inferior.[8]

Como na década de 20 a produtividade subira aceleradamente e um grande número de trabalhadores fora demitido, as vendas caíram de forma dramática. A imprensa começou a noticiar "boicotes de compradores" e "mercados limitados". Com excesso de produção e falta de compradores, a comunidade empresarial começou a canalizar seus recursos de relações públicas para a recuperação do público consumidor. A Associação Nacional de Fabricantes dos Estados Unidos conclamou o público a "terminar o boicote de compradores". Em Nova York, empresários organizaram o Prosperity Bureau (Departamento da Prosperidade), exortando os consumidores a "comprar agora" e a "fazer o dinheiro circular novamente", lembrando ao público que "suas compras mantêm a América empregada". As câmaras de comércio locais abraçaram a causa e espalharam a mensagem empresarial em todos os Estados Unidos.[9] Convencendo os que ainda trabalhavam a comprar mais e a economizar menos, a comunidade empresarial esperava poder esvaziar seus armazéns e prateleiras e manter a economia americana em movimento. Sua cruzada para transformar os trabalhadores americanos em consumidores de "massa" ficou conhecida como o evangelho do consumo.

O Evangelho do Consumo de Massa

O termo "consumo" tem raízes tanto inglesas quanto francesas. Em sua forma original, consumir significava destruir, saquear, subjugar, exaurir. É uma palavra impregnada de violência, e, até o século passado, tinha apenas conotações negativas. Na década de 20, a palavra ainda era usada para se referir à mais fatal das doenças da época – a tuberculose. Hoje, o americano médio consome duas vezes mais do que consumia ao final da Segunda Guerra Mundial.[10] A metamorfose do consumo, de vício à virtude, é um dos fenômenos mais importantes e, no entanto, o menos analisado do século XX.

O fenômeno do consumo de massa não ocorreu espontaneamente, tampouco foi o subproduto inevitável de uma natureza humana insaciável. Ao contrário. No início do século XX, os economistas observaram que a maioria das pessoas se contentava em ganhar apenas o suficiente para prover suas necessidades básicas e alguns pequenos luxos e, após provê-los, preferia ter mais tempo livre para o lazer a horas adicionais de trabalho e rendimentos extras. Segundo os economistas da época, tais como Stanley Trevor e John Bates Clark, à medida que os rendimentos e a abundância crescem, estabelece-se uma utilidade decrescente de seus retornos, tornando cada incremento em fartura menos desejável. O fato de as pessoas preferirem trocar horas a mais de trabalho por horas a mais de ociosidade tornou-se uma preocupação crítica e a ruína de empresários cujos estoques de produtos acumulavam-se rapidamente nas fábricas e nos armazéns em todas as nações.

Com um crescente número de trabalhadores sendo dispensados pelas novas tecnologias de racionalização de trabalho e com o elevado nível de produção, a comunidade empresarial procurou desesperadamente novas maneiras de redirecionar a psicologia dos trabalhadores, convertendo-os para o que Edward Cowdrick, consultor de relações industriais da época, chamou de "o novo evangelho econômico do consumo"[11].

Converter os americanos da psicologia da parcimônia para a de perdulário provou ser uma tarefa desanimadora. A ética protestante do trabalho, que até então havia dominado a fronteira do *ethos americano*, estava profundamente enraizada. Parcimônia e poupança eram a base do modo de vida americano, parte da antiga tradição ianque que havia servido de marco a gerações inteiras de americanos, assim como uma âncora para os imigrantes recém-chegados, determinados a construir uma vida melhor para as gerações de seus filhos. Para a maioria dos americanos, a virtude do auto-sacrifício continuava a prevalecer sobre a tentação da gratificação imediata no mercado de consumo. A comunidade empresarial americana decidiu modificar radicalmente a psicologia que havia construído uma nação – transformar os trabalhadores americanos de investidores no futuro em consumidores do presente.

Os líderes empresariais não demoraram a perceber que, para fazer as pessoas "desejarem" coisas que jamais haviam desejado antes, era preciso criar o "consumidor insatisfeito". Charles Kettering, da General Motors, estava entre os primeiros a pregar o novo evangelho do consumo. A GM já havia começado a introduzir modificações anuais nos modelos de seus automóveis e lançara uma vigorosa campanha com a finalidade de deixar os consumidores descontentes com o carro que já possuíam. "A chave para a prosperidade econômica", disse Kettering, "é a criação organizada da insatisfação". Anos mais tarde, o economista John Kenneth Galbraith colocou a questão mais sucintamente, observando que a nova missão dos negócios era "criar o desejo que procuram satisfazer"[12].

A antiga ênfase na produção, que tanto havia preocupado os economistas no princípio do século, subitamente se equiparava ao recém-despertado interesse pelo consumo. Um novo subcampo da economia, "a economia do consumo", surgia nos anos 20, à medida que cada vez mais economistas voltavam sua atenção intelectual para o consumidor. O marketing, que até então havia desempenhado um papel secundário nos negócios, assumiu nova importância. Da noite para o dia, a cultura do produtor transformava-se na cultura do consumidor.[13]

O novo interesse pelo marketing refletia uma crescente conscientização por parte da comunidade empresarial da importância fundamental do consumidor na manutenção da economia. O historiador Frederick Lewis Allen resumiu a emergente conscientização: "Os negócios aprenderam, como jamais haviam aprendido antes, a importância do consumidor final. A não ser que ele pudesse ser persuadido a comprar, e comprar prodigamente, a sucessão de carros de seis cilindros, cigarros, batons e refrigeradores elétricos estaria encalhada nos seus pontos-de-vendas."[14]

Os anunciantes passaram a desviar rapidamente seus apelos de venda dos argumentos utilitários e informações descritivas do produto para apelos emocionais por status e diferenciação social. O homem e a mulher comuns eram estimulados a seguir o exemplo dos ricos, a adotar a aparência de riqueza e prosperidade até então restrita à aristocracia empresarial e à elite social. "Moda" tornou-se o lema da época, à medida que as empresas e indústrias procuravam identificar seus produtos com o que estava em voga e com o que era chique.

Os economistas do consumo, como Hazel Kyrk, foram rápidos em ressaltar as vantagens comerciais de transformar uma nação de pessoas trabalhadoras em consumidores conscientes de status. O crescimento, afirmava ela, exigia um novo nível de consumo. "Os luxos dos prósperos", Hazel defendia, precisavam ser "transformados em necessidades das classes mais pobres". A superprodução e o desemprego tecnológico podiam ser amenizados, e até mesmo eliminados, bastando, para isso, que a classe trabalhadora fosse conscientizada para o "consumo dinâmico do supérfluo".[15]

Transformar o trabalhador americano em consumidor preocupado com status era um empreendimento radical. A maioria dos americanos ainda fazia seus produtos em casa. Os anunciantes recorriam a todos os meios de que dispunham para denegrir os produtos "caseiros" e promover os itens "comprados na loja" e "fabricados". O principal alvo eram os jovens. Mensagens publicitárias eram criadas para fazer com que eles sentissem vergonha de usar e de vestir produtos feitos em casa. Cada vez mais, as linhas de batalha cerravam-se em torno da questão de ser "moderno" ou "antiquado". O receio de ficar para trás mostrou-se uma poderosa força motivadora para estimular o poder de compra. O historiador especialista em trabalho, Harry Braverman, captou o espírito comercial da época, comentando que "a fonte de status não é mais a capacidade de confeccionar coisas, mas, sim, de comprá-las".[16]

Novos conceitos de marketing e de propaganda, que vinham ganhando terreno lentamente durante várias décadas, deslancharam na década de 20, refletindo a determinação crescente da comunidade empresarial para esvaziar seus depósitos e acelerar o ritmo do consumo a fim de acompanhar a produtividade cada vez maior. Nomes de marcas, outrora uma excentricidade, tornaram-se uma característica permanente da economia americana. Após a Guerra Civil, o único produto que se podia ver com nome de marca era o chocolate Baker. Ainda em 1900, a maioria dos armazéns vendia gêneros de primeira necessidade, como açúcar, vinagre, farinha, pregos e alfinetes, sem marca ou etiqueta, em barris e granéis.

Os fabricantes, ansiosos por vender seus produtos e impacientes com o ritmo lento dos intermediários e atacadistas, passaram a vender diretamente ao público, sob nomes de marcas. Muitos dos produtos eram novidade e exigiam mudanças nos estilos de vida e hábitos alimentares dos consumidores. A escritora Susan Strasser narra os vários problemas de marketing enfrentados pelas empresas que tentavam vender produtos que antes não existiam e em criar necessidades que anteriormente as pessoas não percebiam: "Pessoas que jamais haviam comprado flocos de milho eram ensinadas a precisar deles; aqueles que antes se contentavam em comprar aveia a granel eram informados do porquê deveriam dar preferência a aveia em caixa da Quaker Oats. Ao mesmo tempo, aprendiam como os cereais matinais embalados condiziam com o estilo de vida urbano, atendendo às pessoas que procuravam a comodidade."[17]

Muitas empresas procuravam novas maneiras de redirecionar seus produtos para aumentar suas vendas. Originalmente, a Coca-Cola era comercializada como remédio contra dor de cabeça. Foi reapresentada como refrigerante popular. Asa Candler, que comprou a patente de processamento de um farmacêutico de Atlanta, argumentava que "o sofredor crônico talvez tenha uma dor de cabeça por semana. Muitas pessoas têm apenas uma vez por ano. Entretanto, havia um mal terrível que... afligia a todos com sofrimento diário... que durante seis ou oito meses do ano poderia ser tratado e aliviado, apenas para surgir novamente em menos de uma hora. Esse mal era a sede".[18]

Em 1919 a American Sugar Refining Company introduziu o Domino Golden Syrup, um produto novo que podia ser produzido o ano todo. Até então, a maioria dos americanos usava melado, que era produzido "no outono e usado sobre panquecas no inverno". Encontrando dificuldades para convencer os consumidores a comer panquecas o ano todo, a Domino apresentou um uso alternativo para seu novo xarope. Passou a vender o produto para "soda fountains"[19], que foi comercializado com o nome de Domino Syrup Nut Sundae e vendido durante os meses quentes do verão.[20]

As empresas também experimentaram vários esquemas de marketing direto para promover seus produtos e aumentar suas vendas. Prêmios e brindes eram comuns em meados da década de 20. Muitos grandes fabricantes de utilidades domésticas também recorriam fortemente aos esquemas de cupons e veiculavam grandes campanhas publicitárias nos jornais locais.

Mas nada mostrou ser mais bem-sucedido no redirecionamento dos hábitos de compras dos americanos assalariados do que a idéia do crédito ao consumidor. Comprar à prestação era tentador e, para muitos, tornou-se um vício. Em menos de uma década, uma nação de americanos esforçados e frugais foi transformada em uma cultura hedonista em busca dos caminhos sempre novos da gratificação imediata. Na época do grande colapso do mercado de ações, 60% dos rádios, automóveis e móveis vendidos nos Estados Unidos haviam sido comprados a prazo.[21]

Muitos fatores contribuíram nos anos 20 para a criação da psicologia do consumo de massa. Talvez a mais duradoura das mudanças que ocorreram naquela década de transição foi o surgimento do subúrbio. Aqui estava um novo tipo de moradia, projetada para imitar a tranqüila vida campestre dos ricos e famosos. O economista Walter Pitkin previu que "proprietário de uma residência suburbana iria se tornar o consumidor ideal"[22].

Na década de 20, mais de 7 milhões de famílias da classe média baixa migraram para os subúrbios.[23] Muitos viam a transição da cidade para o subúrbio como um ritual de passagem, uma declaração de que haviam chegado à sociedade americana. Uma propriedade suburbana conferia um novo tipo de status – que se refletia nos nomes aristocráticos das ruas e de suas subdivisões – Country Club Lane, Green Acre Estates. A residência suburbana tornou-se tanto uma exibição quanto uma moradia. "Ser como os Jones" tornara-se uma preocupação e, para muitos proprietários de residências suburbanas, quase uma obsessão. Os anunciantes concentravam suas atenções nos novos "aristocratas" suburbanos, determinados a encher seus castelos com uma coleção interminável de novos produtos e serviços.

Em 1929, a psicologia de massa do consumidor havia se apossado da América. As tradicionais virtudes americanas da frugalidade ianque e do auto-sacrifício estavam desaparecendo. Naquele ano, nos Estados Unidos, a Comissão das Mudanças Econômicas Recentes do Presidente Herbert Hoover publicava um relatório revelador sobre a profunda mudança na psicologia humana que havia ocorrido em menos de uma década. O relatório terminava com uma entusiástica previsão do que a América esperava:

> "A pesquisa provou de forma conclusiva o que teoricamente há muito já se sabia ser verdadeiro: que desejos são insaciáveis; que um desejo satisfeito dá lugar a outro. A conclusão é que economicamente temos um campo sem fronteiras diante de nós; que existem novos desejos que abrirão caminhos intermináveis para novos desejos tão rapidamente quanto são satisfeitos... Com a propaganda e outros dispositivos promocionais... criou-se um impulso mensurável na produção... quer nos parecer que podemos prosseguir com atividade crescente... nossa situação é favorável, nosso momento é extraordinário."[24]

Apenas poucos meses depois o mercado de ações quebrou, mergulhando a nação e o mundo na mais sinistra depressão da era moderna.

A Comissão Hoover – assim como muitos políticos e líderes empresariais da época – estava tão obstinada pela idéia de que a oferta cria a demanda, que foi incapaz de ver a dinâmica negativa que estava levando a economia para a maior depressão. Para compensar o crescente desemprego tecnológico causado pela introdução de novas tecnologias economizadoras de mão-de-obra, as corporações americanas investiram milhões de dólares em propaganda e campanhas publicitárias, na esperança de convencer a força de trabalho ainda empregada a participar de uma orgia de consumo. Infelizmente, a renda dos assalariados não crescia com rapidez suficiente para acompanhar os aumentos da produtividade e da produção. A maioria dos empregadores preferia embolsar o lucro extra obtido com o aumento da produtividade a transferi-lo para os trabalhadores na forma de aumentos salariais. Henry Ford, para seu próprio bem, sugeriu que os trabalhadores fossem suficientemente pagos para que pudessem comprar os produtos que eram produzidos nas empresas. "Caso contrário", dizia ele, "quem vai comprar meus carros?"[25] Seus parceiros preferiram ignorar seu conselho.

A comunidade empresarial continuava convencida de que poderia colher lucros inesperados, reduzir salários e ainda assim forçar o consumo para absorver a superprodução, mas a torneira estava secando. Os novos esquemas publicitários e de marketing estimularam uma nova psicologia de consumo em massa. Entretanto, sem os rendimentos suficientes para comprar todos os novos produtos que inundavam o mercado, os trabalhadores americanos continuaram a comprar a crédito. Alguns críticos da época advertiram que os "produtos estão sendo financiados mais rapidamente do que podem ser produzidos"[26]. As advertências foram ignoradas até ser tarde demais.

A comunidade empresarial fracassara em compreender que seu sucesso era a raiz da crescente crise econômica. Ao dispensar trabalhadores com tecnologias economizadoras de mão-de-obra, as empresas americanas aumentaram a produtividade, porém à custa de números cada vez maiores de trabalhadores desempregados e subempregados, a quem faltava o poder aquisitivo para comprar seus produtos. Mesmo durante os anos da Depressão, os ganhos de produtividade continuaram a resultar em demissões, maior desemprego e maior depressão da economia. Em um estudo do setor industrial publicado em 1938, Frederick Mills descobriu que, enquanto 51% da queda em homens/horas trabalhadas estavam diretamente relacionados a uma queda na produção, os outros surpreendentes 49% eram o resultado do aumento de produtividade e de demissões de trabalhadores.[27] O sistema econômico parecia preso a uma terrível e irônica contradição da qual aparentemente não havia como escapar. Sem saída para a Depressão que se agravava, muitas empresas continuavam a reduzir custos por meio da substituição de trabalhadores por máquinas, esperando impulsionar a produtividade – somente para colocar lenha na fogueira.

Em plena Depressão, o economista britânico John Maynard Keynes publicou *The General Theory of Employment, Interest and Money*, que alteraria fundamentalmente o modo como os governos regulariam a política econômica. Em uma passagem profética, ele advertia seus leitores para um novo e perigoso fenômeno cujo impacto poderia ser profundo nos anos seguintes: "Estamos sendo acometidos de uma nova doença da qual alguns leitores talvez ainda não tenham ouvido falar, mas sobre a qual ouvirão falar muito nos próximos anos – o ´desemprego tecnológico`. Isso significa desemprego como resultado da nossa descoberta de meios de economizar a mão-de-obra, superando a velocidade com a qual podemos encontrar novos usos para a mão-de-obra"[28].

Na década de 30, muitos economistas da corrente predominante do pensamento econômico sugeriam que a maior eficiência e uma produtividade crescente, resultados da tecnologia economizadora de mão-de-obra, estavam apenas exacerbando as dificuldades da situação econômica de cada nação industrializada. Sindicalistas, líderes empresariais, economistas e administradores públicos começaram a procurar uma saída para o que muitos passaram a considerar a derradeira contradição do capitalismo. Os trabalhadores organizados começaram a reivindicar reduções na semana de trabalho como uma solução justa para a crise, argumentando que os trabalhadores tinham o direito de compartilhar os ganhos de produtividades decorrentes das novas tecnologias economizadoras de mão-de-obra. Empregando mais trabalhadores durante menos horas, os líderes trabalhistas esperavam reduzir o desemprego, estimular o poder de compra e reaquecer a economia. Trabalhadores sindicalizados em todos os Estados Unidos se uniram sob a bandeira "compartilhar o trabalho".

O Movimento do Trabalho Compartilhado

Em outubro de 1929, pouco menos de um milhão de pessoas estavam desempregadas. Em dezembro de 1931, eram mais de 10 milhões de americanos sem trabalho. Seis meses depois, em junho de 1932, o número de desempregados havia crescido para 13 milhões. O desemprego atingiu seu ponto máximo, com mais de 15 milhões de desempregados, no auge da Depressão, em março de 1933.[29]

Um número cada vez maior de economistas atribuía a causa da depressão à revolução tecnológica dos anos 20, que havia aumentado a produtividade e a produção mais rapidamente do que a demanda por bens e serviços podia ser gerada. As advertências de Frederick Engels mais de meio século antes pairavam sobre a economia como um lamento ameaçador. Ele escreveu: "O crescente aperfeiçoamento da maquinaria moderna é [...] transformado em uma lei compulsória que força cada capitalista industrial a aperfeiçoar sempre suas máquinas, a aumentar sempre mais sua força produtiva [...] (mas) a ampliação dos mercados não consegue acompanhar a ampliação da produção. A colisão torna-se inevitável"[30].

As opiniões de Engels, outrora consideradas excessivamente pessimistas e até mesmo equivocadas, agora estavam sendo adotadas por economistas e engenheiros convencionais. Dexter Kimball, reitor da Faculdade de Engenharia da Universidade de Cornell, como tantos outros, passou a ver uma relação inextrincável entre as novas tecnologias economizadoras de mão-de-obra e de tempo, maior eficiência e o crescente desemprego. "Pela primeira vez", observou Kimball, "uma nova e aguda questão é levantada a respeito de nossos métodos e equipamentos industriais, e o medo é externado em termos de que nosso equipamento industrial seja tão eficiente que a superprodução permanente... tenha ocorrido e, conseqüentemente, o desemprego tecnológico tenha se tornado um fator permanente"[31].

Líderes trabsalhistas da época voltaram-se à questão de combinar ganhos de produtividade com uma redução nas horas trabalhadas, como um meio de colocar as pessoas de volta ao trabalho, aumentar o poder aquisitivo e reaquecer uma economia inativa. Embora ao longo da década de 20 os trabalhadores sustentassem que os ganhos de produtividade deveriam ser compartilhados com os trabalhadores na forma de redução das horas de trabalho, a discussão a respeito da semana de trabalho reduzida concentrou-se mais nos benefícios psicológicos e sociais do lugar do que dos benefícios econômicos. O historiador Benjamin Hunnicutt ressalta que, na Convenção da AFL-CIO (*American Federation of Labor and Congress of Industrial Organizations*) de 1929, o relatório final do Conselho Executivo sobre a redução das horas de trabalho "não mencionou desemprego ou aumentos salariais, apresentando, isso, sim, extensa exaltação do lazer do trabalhador, descrevendo-o como necessário para o desenvolvimento harmonioso do corpo, da mente e do espírito... a riqueza da vida... progresso social... e a própria civilização"[32].

Em 1932, a classe trabalhadora organizada havia mudado o argumento em favor da redução das horas de trabalho, da preocupação com a qualidade de vida, para o da justiça econômica. Líderes trabalhistas viam o desemprego tecnológico como o "resultado natural da maior eficiência, dos lucros econômicos e de mercados limitados"[33]. Eles argumentavam que, se a nação quisesse evitar a disseminação do desemprego permanente, seria necessário que a comunidade econômica dividisse os ganhos da produtividade com seus trabalhadores na forma de horas de trabalho reduzidas. A redistribuição das horas estava sendo vista, cada vez mais, como uma questão de sobrevivência. Se as novas tecnologias aumentavam a produtividade e levavam para um número menor de trabalhadores e para a superprodução, o único antídoto apropriado era reduzir o número de horas trabalhadas para que todos pudessem ter emprego, rendimento e poder aquisitivo suficientes para absorver o aumento da produção. Bertrand Russell, o grande matemático e filósofo inglês, defendeu a causa dos trabalhadores. "Não deveria haver oito horas diárias para alguns e zero para outros, mas quatro horas diárias para todos."[34]

Em 20 de julho de 1932, o Conselho Executivo da AFL, reunido em Atlantic City, redigiu um documento em que apelava ao então presidente Hoover para convocar uma conferência com líderes empresariais e trabalhistas com a finalidade de implementar uma semana de trabalho de 30 horas para "criar oportunidades de trabalho para milhões de homens e mulheres inativos"[35]. Ansiosos por estimular o poder de compra dos consumidores e não vislumbrando outra solução viável no horizonte, muitos líderes empresariais relutantemente uniram-se à campanha por uma semana de trabalho reduzida. Os principais empregadores, inclusive a Kellogg's, de Battle Creek; a Sears Roebuck; a Standard Oil, de New Jersey; e a Hudson Motors voluntariamente cortaram sua semana de trabalho para 30 horas, para manter seus funcionários empregados.[36]

A decisão da Kellogg's foi o plano mais ambicioso e inovador. W. K. Kellogg, o proprietário, ponderava que "se adotarmos quatro turnos de seis horas... em vez de três turnos de oito horas, isso dará trabalho e salários aos chefes de mais de 300 famílias em Battle Creek". Para assegurar um poder aquisitivo adequado a seus funcionários, a empresa aumentou o salário mínimo de seus trabalhadores do sexo masculino para US$ 4 por dia e aumentou em 12,5% o salário dos horistas, o que compensou a perda de duas horas de trabalho diário.[37]

A diretoria da Kellogg's sustentava que seus trabalhadores deveriam ser capazes de se beneficiar dos aumentos de produtividade, desfrutando maiores salários e semana de trabalho reduzida. A empresa preparou relatórios que mostravam que o programa de redução de horas aumentava o entusiasmo e a eficiência no trabalho. Em 1935, a empresa publicou um estudo detalhado mostrando que, após 5 anos no esquema da semana de seis horas por dia, o custo unitário das despesas operacionais fora reduzido em 25%... os custos unitários dos encargos trabalhistas foram reduzidos em 10%... os acidentes foram reduzidos em 41%... (e) 39% mais pessoas trabalhavam na Kellogg's do que em 1929.[38] A empresa estava orgulhosa de suas realizações e ansiosa por compartilhar sua experiência com outros na comunidade empresarial: "Para nós, isso não é apenas teoria. Nós a provamos com 5 anos de experiência concreta. Descobrimos que, com um dia de trabalho mais curto, a eficiência e o moral de nossos funcionários fica (sic) tão aumentada, que os acidentes e as taxas de seguro são tão melhorados, e que o custo unitário da produção é tão reduzido que podemos nos dar ao luxo de pagar por seis horas de trabalho o mesmo que costumávamos pagar por oito"[39].

A filosofia da Kellogg's ultrapassou os conceitos de maior eficiência do trabalhador e menor desemprego. O então presidente Lewis L. Brown falou em nome da família Kellogg, quando disse que o objetivo do aumento da produtividade não deveria ser apenas o lucro, mas também mais tempo livre para milhões de trabalhadores americanos, para que eles pudessem renovar seus compromissos com a família e com a comunidade e explorar sua própria liberdade pessoal. A empresa introduziu uma série de inovações na fábrica e na comunidade para desenvolver a ética do lazer, incluindo a construção de um ginásio de esportes e uma sala de recreação, um parque para a prática de esportes ao ar livre, jardins para os funcionários, creches e um clube de campo no qual os funcionários pudessem desfrutar as belezas naturais de Michigan.[40]

Uma pesquisa com 1.718 executivos realizada pela Industrial Conference Board, concluiu que mais da metade das indústrias americanas havia reduzido o número de horas trabalhadas em 1932, para salvar empregos e incentivar o consumo.[41] H. I. Harriman, presidente da Câmara de Comércio Nacional, na época, pronunciou-se a favor da distribuição mais justa do trabalho entre os trabalhadores americanos, dizendo[42]: "É melhor que todos nós estejamos trabalhando uma parte do tempo, do que alguns estarem no trabalho o tempo todo, enquanto outros não têm qualquer trabalho".

Em 31 de dezembro de 1932, o senador Hugo L. Black, do Alabama, apresentou um projeto de lei no Senado americano requerendo a semana de trabalho de 30 horas como "o único método prático e viável para administrar o emprego". Black dirigiu-se à nação pelo rádio, conclamando os americanos a apoiar o "Projeto de Lei da Semana de 30 Horas". Ele previu que sua aprovação levaria à imediata readmissão de mais de 6,5 milhões de americanos desempregados e beneficiaria a indústria com o aumento do poder aquisitivo de milhões de novos assalariados.[43]

Em audiências no Congresso americano sobre o projeto de lei de Black, em janeiro e fevereiro de 1933, William Green da AFL declarou que estava firmemente convencido de que "o dia e a semana de trabalho reduzidos deveriam ser adotados universalmente, se quisermos criar e dar oportunidades de trabalho para milhões de trabalhadores que estão inativos e ansiosos para trabalhar"[44].

Para surpresa dos Estados Unidos, o Senado aprovou o projeto de lei de Black em 6 de abril de 1933, em uma votação de 53 a 30, determinando a semana de 30 horas de trabalho para todos os negócios envolvidos em comércio interestadual e exterior. A votação do Senado entusiasmou o público e estremeceu Wall Street. *Labor*, uma publicação americana sindical, saiu com a manchete GRANDE VITÓRIA. Seus editores, tão incrédulos quanto o resto dos Estados Unidos, no que dizia respeito ao que havia ocorrido no Senado, refletiam sobre importância do evento. Eles escreveram: "Há 10 anos, tal projeto de lei teria sido esmagado. Na semana passada, uma esmagadora maioria de senadores, tanto progressistas quanto conservadores, esteve a favor do projeto. Isso marca a mais surpreendente mudança de opinião pública na história recente."[45]

O projeto de lei de Black foi enviado imediatamente para a Câmara dos Deputados, onde William P. Connery Jr., de Massachusetts, presidente da Comissão do Trabalho, previu sua rápida aprovação. O projeto foi votado fora da comissão, com a recomendação para sua rápida aprovação. A legislação parecia garantida. A maioria dos americanos achava que estavam prestes a ser a primeira força de trabalho no mundo a trabalhar 30 horas na semana. O entusiasmo daquele país estava com as horas contadas. O presidente Roosevelt – juntamente com os líderes empresariais da nação – imediatamente tomou providências para acabar com o projeto. Mesmo reconhecendo que, em curto prazo, uma redução no número de horas de trabalho abriria mais oportunidades de emprego e estimularia o poder aquisitivo, Roosevelt preocupava-se com um impacto negativo em longo prazo, reduzindo o ritmo de crescimento e afetando a capacidade dos Estados Unidos de competir eficazmente no nível internacional. A comunidade empresarial, embora a favor de estratégias voluntárias para reduzir o número de horas de trabalho, opunha-se à legislação federal que institucionalizaria a semana de 30 horas, tornando-a uma característica permanente da economia americana.

Roosevelt convenceu a Comissão de Estatutos da Câmara a afundar o projeto Black-Connery, em troca da aprovação do National Industrial Recovery Act (NIRA – Lei de Recuperação da Indústria Nacional), que continha cláusulas que permitiam ao governo estabelecer o tamanho da semana de trabalho para determinadas indústrias. Tanto o Congresso quanto a força de trabalho organizada capitularam, em grande parte, porque a legislação NIRA garantia aos trabalhadores o direito de se organizarem e negociarem coletivamente com os empresários, uma reivindicação que os sindicatos desejavam há muito tempo incluir na legislação federal. Na essência, a demanda pela redução das horas de trabalho foi sacrificada pelo direito de os trabalhadores terem proteção total da lei federal em seus esforços de organizar o ambiente de trabalho americano.

Mais tarde, Roosevelt "externou seu arrependimento por não ter apoiado a aprovação do Projeto de Lei Black-Connery pela Semana de 30 Horas no Congresso"[46]. Em 1937, ele discursou durante sessão especial no Congresso, convocada para tratar do agravamento do quadro do desemprego naquele ano. Fez então uma pergunta aos seus colegas, que é tão apropriada e significativa hoje quanto o foi na época em que se pronunciou diante do Congresso, há mais de meio século: "O que o país realmente ganha se encorajarmos o empresariado a ampliar a capacidade de produção da indústria americana, se não fizermos nada para que os rendimentos da nossa população trabalhadora efetivamente aumentem para criar mercados e absorver a produção aumentada?"[47]

Com a cruzada do "evangelho do consumo" protelada pelo colapso do crédito ao consumidor e o movimento pelo "trabalho compartilhado" entravado pela inércia do Congresso, os Estados Unidos finalmente recorreram ao governo federal para salvar a economia doente. E a salvação veio sob a forma do New Deal[48] e de uma nova abordagem à solução de dois problemas gê- meos, o desemprego tecnológico que se espalhava e a ineficaz demanda do consumidor nos Estados Unidos.

O New Deal

Poucos meses após ser eleito, o presidente Franklin Delano Roosevelt decretou o primeiro de uma série de programas legislativos projetados para recolocar os Estados Unidos no trabalho. A Lei de Recuperação da Indústria Nacional (NIRA), de 1933, fazia esse país assumir o compromisso de empregar milhões de trabalhadores em um programa de expansão de obras públicas. Apresentando o novo programa ao povo americano, Roosevelt deixou claro que "nosso principal objetivo é criar empregos tão rapidamente quanto pudermos". A administração do *New Deal* definiu seu papel como um empregador de último recurso, um tipo de último mecanismo para reativar uma economia enfraquecida. Roosevelt enfatizou o novo papel do governo, dizendo que "a meta de todo esse esforço é restaurar nosso rico mercado interno por meio do aumento da sua imensa capacidade de consumo... A demanda reprimida das pessoas é muito grande e, se pudermos libertá-la em uma frente ampla, não precisaremos temer uma recuperação defasada"[49].

Ao NIRA seguiu-se o Programa de Obras Civis (Civil Works Administration) em 1933 e 1934, que conseguiu empregar mais de 4 milhões de trabalhadores desempregados.[50] Em 1935, Roosevelt lançou um esforço ainda mais ambicioso de criação de empregos – o Programa para o Progresso do Trabalho (WPA – Works Progress Administration). O objetivo do WPA era estimular de imediato o poder aquisitivo do consumidor, iniciando o que a administração Roosevelt chamou de "projetos leves", programas de uso intensivo do trabalho, com baixo custo de implementação e que podiam ser concluídos rapidamente. A idéia era utilizar mais mão-de-obra do que materiais e máquinas e fazer com que o maior número possível de trabalhadores, e o mais rapidamente possível, recebessem seus contracheques. Dando maior ênfase ao trabalho não qualificado e semiqualificado e deliberadamente desprezando grandes investimentos de capital, a Casa Branca esperava colocar dinheiro diretamente nas mãos de um grupo que com certeza o gastaria de imediato, o que estimularia os negócios varejistas.[51] Harry Hopkins, que presidia o programa do WPA para Roosevelt, argumentava persuasivamente que a prioridade do governo era "aumentar a receita nacional (para que) os menos favorecidos – um terço da população americana – pudessem tornar-se consumidores e, dessa forma, participar da economia". Para Hopkins e outros seguidores das idéias de Roosevelt, tornara-se mais do que evidente que a principal causa da Depressão estava no fato de que "a renda dos consumidores não havia aumentado rapidamente o bastante para tirar os produtos do mercado"[52]. A tarefa do governo era dar empregos, renda e maior poder de compra, para reativar a máquina econômica.

Além do WPA, a administração Roosevelt lançou o Tennesse Valley Authority (TVA) e construiu as represas de Boulder e Grand Cooley, bem como outras usinas de geração de energia elétrica para fomentar o ritmo das obras do governo e levar energia elétrica barata às comunidades rurais e às empresas. A National Youth Administration foi criada em 1935, para treinar e empregar os jovens da nação. O Federal Theater Project e o Federal Writer's Project colocaram muitos dos artistas da nação de volta ao trabalho. O Federal Housing Administration (FHA) e o Homeowner's Loan Association foram criados para estimular o emprego no setor da construção civil e auxiliar financeiramente os proprietários de imóveis em dificuldades. Por fim, o Agriculture Adjustment Act, de 1933, e o Soil Conservation Act, de 1936, foram aprovados para ajudar os fazendeiros a sobreviver durante a Depressão.

Para ajudar os americanos mais velhos e estimular o consumo, a administração Roosevelt aprovou o Social Security Act, em 1935. O auxílio desemprego foi criado para amenizar o fardo dos trabalhadores temporariamente desempregados. A Administração também aprovou o Fair Labor Standards Act, para garantir padrões de salário mínimo, e o National Labor Relations Act, para ajudar os sindicatos a se organizarem. Acreditava-se que um movimento sindical forte pudesse negociar melhores salários mais eficazmente, propiciar maior poder de compra aos consumidores e manter a engrenagem da economia lubrificada.

A Administração do "New Deal" também procurou controlar o poder de compra com sua política de impostos. Alguns economistas, como Marriner Eccles, lutaram tenazmente por uma política que estimulasse a economia, pela redução dos impostos sobre o consumo – o que representava quase 60% da arrecadação federal em impostos –, e que aumentasse os impostos sobre rendimentos, bonificações, lucros das empresas e propriedade. A idéia era tirar dinheiro dos ricos, que tenderiam mais a "acumulá-lo" e dar mais dinheiro à classe média, à classe operária e aos pobres, cuja tendência seria maior em gastá-lo, estimulando, com isso, as vendas e o crescimento econômico.[53]

O *New Deal* foi, no máximo, um sucesso parcial. Em 1940, o desemprego nos Estados Unidos ainda estava em torno de 15%. Embora o índice fosse consideravelmente menor do que em 1933, quando havia atingido um pico de 24,9%, a economia continuava em depressão.[54] Mesmo assim, muitos programas de reforma do FDR estabeleceram um novo papel para o governo federal americano –, que, desde então, ficou firmemente arraigado na política governamental. A partir daí, o governo desempenharia um papel vital na regulamentação da atividade econômica dos Estados Unidos com a tentativa de assegurar níveis adequados de emprego e renda para evitar que a economia vacilasse.

Apesar dos vários novos programas do governo levados a termo na década de 30 nos Estados Unidos e em outros países, a fraqueza endêmica do sistema industrial que havia desencadeado a crise econômica em âmbito mundial continuava a afligir a comunidade econômica internacional. Foi somente a guerra mundial que salvou a economia americana. Um ano depois que os Estados Unidos entraram na Segunda Guerra Mundial, os gastos do governo subiram de US$ 16,9 bilhões para mais de US$ 51,9 bilhões. Em 1943, os gastos federais com a guerra totalizavam mais de US$ 81,1 bilhões. O desemprego ficou reduzido para a metade em 1942 e, novamente, para a metade em 1943.[55]

O Mundo Pós-guerra

A economia de guerra continuou mesmo depois do dia da vitória sobre o Japão, na forma de um vasto complexo industrial e –militar – um labirinto de empreendimentos financiados pelo Pentágono que veio a dominar a economia americana. Ao final da década de 80, mais de 20 mil das principais empresas contratadas pelo setor de defesa e 100 mil subcontratadas trabalhavam em projetos do Pentágono.[56] A participação militar no consumo total de bens foi de mais de 10% nas administrações Reagan-Bush. O complexo industrial e militar havia inchado a proporções tão monumentais que, se essa fosse uma nação separada, seria a décima terceira potência no ranking mundial. Na década de 80, os Estados Unidos gastaram mais de US$ 2,3 trilhões em segurança militar. Aproximadamente, US$ 46 de cada US$ 100 em novos capitais foram para a economia militar.[57]

Mesmo com o acréscimo de um complexo industrial e militar novo, a exploração de desenvolvimento no pós-guerra ficou marcada por um contínuo desemprego tecnológico nos anos 50 e 60, em função dos avanços na automação. Novos produtos – principalmente televisão e produtos eletrônicos de consumo – ajudaram a amenizar o desastre e a proporcionar empregos para trabalhadores deslocados pelas máquinas em outros setores industriais. O setor de serviços também cresceu significativamente, em parte para preencher a lacuna aberta por milhões de mulheres que deixavam seus lares para trabalhar na economia. Os gastos do governo também continuaram a proporcionar empregos, reduzindo o efeito do desemprego tecnológico. Em 1929, os gastos do governo eram apenas de 12% do Produto Interno Bruto. Em 1975, os gastos totais do governo eram superiores a 33,2% do PIB.[58]

O National Defense Highway Act, da década de 50, o mais caro projeto de obras públicas da história, gerou um novo caminho e uma nova cultura suburbana e abriu novas oportunidades de emprego em cada região dos Estados Unidos. Os programas Great Society dos anos 60 proporcionaram empregos para muitos pobres dessa nação, novamente mitigando o impacto do aumento da produtividade e do desemprego tecnológico. A Guerra Fria e a Guerra do Vietnã aceleraram o fluxo de dólares do governo para a indústria de defesa, assegurando expansão da economia e emprego para muitos que, de outra forma, poderiam ter sido demitidos como resultado da introdução de novas tecnologias. Finalmente, em meados dos anos 70, mais de 19% de todos os trabalhadores americanos tinham empregos no setor público, transformando o governo no maior empregador dos Estados Unidos.[59]

As Novas Realidades

As novas realidades econômicas do século XXI distanciam-se igualmente das probabilidades de que tanto o mercado como o setor público serão capazes novamente de resgatar a economia do crescente desemprego tecnológico e do enfraquecimento da demanda do consumidor. As tecnologias da informação e das comunicações ameaçam uma perda de dezenas de milhões de empregos nos anos seguintes e o declínio uniforme em muitas indústrias e categorias profissionais. Os otimistas tecnológicos contestam, afirmando que os novos produtos e serviços da revolução da alta tecnologia gerarão empregos adicionais, e apontam para o fato de que, no início do século XX, o automóvel tornou o cavalo e a charrete obsoletos, mas gerou milhões de novos empregos no processo. Embora seja verdade que muitos dos produtos e serviços da Era da Informação estejam tornando obsoletos produtos e serviços mais antigos, eles requerem muito menos trabalhadores para produzir e operar. Tome, como exemplo, a super-rodovia da informação – uma nova forma revolucionária de comunicação bilateral, que pode trazer uma grande variedade de informações e serviços diretamente ao consumidor, dispensando os canais tradicionais de transporte e distribuição. A nova super-rodovia de dados empregará um número cada vez maior de cientistas de computação, engenheiros, produtores, escritores e profissionais do entretenimento para programar, monitorar e dirigir as redes. Ainda assim, seu número será insignificante comparado aos milhões de empregados nos setores de atacado e de varejo cujos cargos irão se tornar redundantes e irrelevantes pelo novo meio.

Dennis Chamot, que trabalhava para o Departamento de Empregados Profissionais da AFL-CIO, cita outro exemplo igualmente contundente: a emergente indústria da biotecnologia, um dos novos setores industriais em crescimento na revolução da alta tecnologia. A administração Clinton e, principalmente, o então vice-presidente Al Gore, freqüentemente destacavam a biotecnologia como o tipo de nova indústria que está criando funções totalmente novas, muitas das quais inconcebíveis há apenas duas décadas. Embora os tipos de funções fossem novos, o número de empregos foi reduzido, pela natureza de aplicação intensiva de capital do setor. A indústria da biotecnologia gerou menos de 97 mil empregos nos anos entre 1985 e 1995. Chamot lembra que "o dobro desse número em empregos foi eliminado como o resultado de *downsizing* só no ano de 1993". Para reduzir o desemprego em um único ponto percentual, diz Chamot, "teríamos de criar da noite para o dia algo em torno de onze indústrias de biotecnologia", um feito muito além da atual capacidade da nossa sociedade científica, tecnológica e econômica.[60]

Muitos na comunidade empresarial reconhecem que o número de empregos gerados por algumas das inovações e setores de alta tecnologia é bem menor do que aqueles que eliminam. Continuam a acreditar, no entanto, que as perdas no mercado interno serão compensadas por um aumento na demanda internacional e pela abertura de novos mercados internacionais. Atualmente as multinacionais estão envolvidas em uma batalha feroz pela redução de barreiras comerciais e invadindo novas regiões ainda não penetradas, em busca de mercados para expandir a produção de bens e serviços. Esperam que os novos mercados possam ser criados a um ritmo suficientemente rápido para absorver o potencial de crescimento da produção da nova revolução tecnológica. Murray Weidenbaum, ex-presidente do Conselho de Assessores Econômicos na administração do presidente Reagan, entre outros, sustenta que os novos mercados que estão se abrindo na Ásia e no Pacífico provavelmente proporcionarão o surgimento de um poder de compra de consumidores para os bens de fabricação americana.[61]

Entretanto, os esforços das empresas para criar novos mercados estão encontrando apenas um sucesso periférico, pela simples razão de que as mesmas forças tecnológicas e econômicas em ação nos Estados Unidos estão afetando grande parte da economia global. Na Europa, Japão e em um crescente número de nações em desenvolvimento, a reengenharia e a automação estão substituindo o trabalho humano em um ritmo cada vez mais acelerado, reduzindo a demanda efetiva em inúmeros países.

Enfrentando mercados anêmicos, nacionais e estrangeiros, muitas empresas tiveram de adotar novas tecnologias de racionalização do trabalho como forma de cortar custos, extraindo maiores lucros de uma fonte de receita cada vez mais escassa. "Empresas americanas, muito atentas a custos, estão realmente tentando substituir mão-de-obra por máquinas, em vez de investir em mais máquinas e mão-de-obra"[62], diz David Wyss, então economista-chefe da empresa de consultoria da DRS/Mc Graw-Hill. Enquanto, em 1993, as empresas americanas gastaram mais de US$ 592 bilhões em novos capitais, o Departamento de Comércio registrou que menos de US$ 120 bilhões foram aplicados na construção de novas indústrias e edifícios que requereriam mais trabalhadores. O restante foi gasto para aumentar a eficiência dos recursos existentes, permitindo às empresas produzir o mesmo volume, com menores custos e menos trabalhadores. É claro que essa economia acabou sendo temporária. Menos trabalhadores ativos resultam em menos poder aquisitivo para a economia como um todo, reduzindo ainda mais mercados e rendas potenciais.

Com a demanda seriamente enfraquecida pelo crescente desemprego e pelo subemprego na maior parte do mundo industrializado, a comunidade empresarial recorreu à concessão do crédito facilitado ao consumidor, em um esforço de estimular o poder aquisitivo. Compras a prazo, empréstimos e cartões de crédito tornaram-se um meio de vida em muitos países industrializados. Só nos Estados Unidos, as dívidas dos consumidores aumentaram em 210%, na década de 60, e 268% durante a década de 70. No ano de 1994 estava em mais de US$ 4 trilhões.[63] Segundo um relatório de 1994 do Federal Reserve Board, as famílias de classe média estavam pagando aproximadamente um quarto de seus rendimentos aos credores, um índice substancialmente mais alto do que em períodos anteriores à recuperação econômica. Os números preocupantes levaram um dos membros do Reserve Board, Lawrence B. Lindsey, a comentar que "o que parece ser, financeiramente, um dos melhores tempos para o nosso país como um todo contrasta com um dos períodos mais arriscados que grande parte do setor de utilidades domésticas já enfrentou em muitos anos"[64]. O relatório prosseguia afirmando que os assalariados de classe média podiam estar chegando ao limite de sua capacidade de endividamento.

No passado, quando uma revolução tecnológica ameaçava a perda em massa dos empregos em determinado setor econômico, um novo setor surgia para absorver a mão-de-obra excedente. No início do século XX, o setor industrial emergente conseguia absorver grande parte dos milhões de trabalhadores agrícolas e fazendeiros que foram deslocados pela rápida mecanização da agricultura. Entre meados da década de 50 e o início da década de 80, o setor de serviços, que crescia rapidamente, foi capaz de reempregar muitos dos operários demitidos em função da automação. Atualmente, no entanto, à medida que todos esses setores vão sucumbindo, vítimas da rápida reestruturação e da automação, nenhum novo setor "significativo" foi desenvolvido para absorver os milhões que estão sendo demitidos. O único novo setor no horizonte é o do conhecimento – e um grupo de indústrias e de especialistas de elite serão responsáveis pela condução da nova economia automatizada da alta tecnologia do futuro. Os novos profissionais, os chamados analistas simbólicos ou trabalhadores do conhecimento, vêm de áreas da ciência, engenharia, administração, consultoria, ensino, marketing, mídia e entretenimento. Embora seu número continue a crescer, ele permanecerá pequeno se comparado com o número de trabalhadores que serão deslocados pela nova geração de "máquinas inteligentes".

Retreinar para Quê?

A administração Clinton depositou suas esperanças no retreinamento profissional de milhões de americanos para empregos em alta tecnologia, como o único meio viável de reduzir o desemprego e melhorar o bem-estar econômico dos trabalhadores americanos. A Casa Branca estava tentando conseguir mais de US$ 3,4 bilhões em recursos federais para atualizar os programas de treinamento existentes e iniciar novos projetos para o retreinamento dos mais de 2 milhões de americanos que perdiam seus empregos anualmente.[65] Robert Reich, secretário do Trabalho da administração Clinton, percorreu o país em busca de apoio para um esforço maciço de retreinamento. Em discursos sucessivos, Reich alertava suas platéias para o fato de os Estados Unidos estarem entrando em uma nova economia global, altamente competitiva, e que, para "serem bem-sucedidos nesta nova economia, nossos trabalhadores precisam ser mais bem educados, altamente capacitados e adaptáveis, bem como treinados para padrões de classe mundial"[66]. Enquanto a Casa Branca pleiteava mais retreinamento, um número crescente de críticos começou a perguntar "Retreinar para quê?" Com os setores agrícola, industrial e de serviços automatizando suas operações e tirando milhões de americanos de seus empregos como resultado da reengenharia, a questão sobre onde esses trabalhadores desempregados encontrariam emprego alternativo, uma vez concluído seu retreinamento, tornava-se soberana. Um estudo realizado em 1993 pelo Departamento do Trabalho concluiu que menos de 20% dos trabalhadores americanos demitidos que haviam sido retreinados pelos programas federais conseguiram encontrar novos empregos com salários equivalentes a pelo menos 80% de seus anteriores.[67]

Os poucos bons empregos disponíveis na nova economia global da alta tecnologia estão no setor do conhecimento. É ingenuidade acreditar que grandes números de trabalhadores sem qualificação e semiqualificados, trabalhadores administrativos e operários possam ser treinados para tornarem-se físicos, cientistas da computação, técnicos de alto nível, biólogos moleculares, consultores empresariais, advogados, auditores etc. Para começar, a lacuna nos níveis educacionais entre aqueles que precisam de emprego e o tipo de cargos de alta tecnologia disponíveis é tão grande que nenhum programa de retreinamento poderia esperar atualizar de forma adequada o desempenho profissional de trabalhadores, para que estivessem à altura do número limitado de oportunidades de cargos especializados que existem. Charles F. Albrecht Jr., quando presidente da Drake Beam Morris Human Resource Consulting, disse que "a grande maioria de pessoas (sendo demitidas como resultado das novas tecnologias da informação e das telecomunicações) não terá o conjunto de habilidades ou a capacidade para ser retreinada". A dura realidade, disse Albrecht, é que "os processos e as iniciativas de raciocínio necessários para administrar essas máquinas e fazê-las funcionar estão além do seu alcance"[68].

Segundo um estudo sobre "Alfabetização Adulta na América", patrocinado pelo Departamento do Trabalho, o nível de instrução de mais de 90 milhões de americanos é tão fraco que sequer eles sabem "escrever uma carta simples explicando um erro no extrato do cartão de crédito, decifrar os horários de partida do ônibus aos sábados ou usar a calculadora para determinar a diferença entre um preço de liquidação e o preço normal"[69]. Nos anos 90, um em cada três adultos nos Estados Unidos era funcional, marginal ou completamente analfabeto. Mais de 20 milhões de americanos ou eram incapazes de ler ou não tinham mais do que o nível de leitura da quinta série. Além disso, 35 milhões tinham menos que o nível de leitura da primeira série do ensino médio. Como o educador Jonathan Kozol ressalta: "as qualificações para o emprego, com exceção dos trabalhos domésticos, começam no nível da primeira série do ensino médio.[70] Para esses americanos, a esperança de serem retreinados ou instruídos para uma nova função no setor da elite do conhecimento estava dolorosamente fora do seu alcance. E, mesmo que a reeducação e o retreinamento fossem implementados em uma escala maciça, não haveria disponibilidade suficiente de empregos de alta tecnologia na economia automatizada do século XXI para absorver o grande número de trabalhadores demitidos.

O Setor Público Enfraquecido

Nos últimos 70 anos, os gastos crescentes do governo têm sido o único meio viável para "ludibriar o demônio da demanda ineficaz", disse o economista Paul Samuelson.[71] A inovação tecnológica, a produtividade crescente, o aumento do desemprego tecnológico e a demanda ineficaz têm conduzido a economia americana desde a década de 50, forçando o governo federal a adotar a estratégia de gastar além da arrecadação para criar empregos, estimular o poder aquisitivo e fomentar o crescimento econômico. Como resultado, desde a administração Kennedy, que se iniciou em 1961, o orçamento federal tem estado no vermelho todos os anos, com exceção de um.[72]

Em 1960, o déficit federal americano superou US$ 59 bilhões, e a dívida interna chegou a US$ 914,3 bilhões. Em 1991, o déficit superava US$ 300 bilhões e a dívida chegava a assombrosos US$ 4 trilhões. O déficit em 1993 superou US$ 255 bilhões. Em 1995, o governo americano tomou emprestado um dólar para cada quatro dólares que gastava. O pagamento dos juros da dívida interna excedia US$ 300 bilhões por ano, ou 15% dos gastos do governo.[73]

Déficits federais crescentes e um aumento astronômico da dívida interna concentraram a atenção pública na necessidade de cortar gastos. A preocupação com gastos superiores à arrecadação e o rápido crescimento da dívida estão sendo registrados em outros países também. Em todo o mundo, as nações estão começando a fazer cortes em seus orçamentos, para administrar o problema dos déficits e das dívidas internas.

Nos Estados Unidos, muitos dos cortes ocorreram no setor da defesa. O complexo industrial e militar, que desempenhou papel crítico na manutenção da prosperidade econômica do país durante mais de meio século, estava sendo reduzido depois da Guerra Fria. O desmantelamento ocorreu subitamente, grande parte em resposta à dissolução da União Soviética.

Durante a década de 80, o orçamento do Pentágono ainda crescia 5% ao ano, atingindo o máximo de US$ 371 bilhões em 1986. Durante os anos da administração Reagan, o número de trabalhadores nas indústrias da defesa ou empregados diretamente nas Forças Armadas totalizava 6,7 milhões, ou 5,6% da força de trabalho. Só no período de 1993-1998, no entanto, os gastos militares caíram 26%, ou seja, US$ 276 bilhões em despesas.[74]

Entre 1989 e 1993, mais de 440 mil trabalhadores no setor de defesa foram demitidos. Além disso, 300 mil empregados fardados das Forças Armadas e mais de 100 mil civis trabalhando no setor da defesa também foram demitidos. Havia uma estimativa de que, em 1997, o orçamento do Pentágono ficaria reduzido para menos de US$ 234 bilhões, ou 3% do Produto Interno Bruto. Isso representaria a menor parcela de recursos internos gastos em defesa desde Pearl Harbor. Um estudo do Federal Reserve indica que os cortes na defesa entre 1987 e 1997 podem ter resultado na perda global de 2,6 milhões de empregos.[75]

Cortes equivalentes aos da defesa ocorreram em outros programas governamentais. No início da década de 80, o emprego no governo era responsável por 17,9% do emprego total nos Estados Unidos. No final da década, havia declinado para 16,4%.[76] O número total de funcionários públicos foi reduzido ainda mais no final da década, à medida que os governos federal, estadual e municipais diminuíram suas operações e automatizaram seus serviços.

A administração Clinton anunciou sua intenção de aplicar a "reengenharia" no governo, utilizando muitas das mesmas práticas gerenciais e das novas tecnologias de informação que aumentaram acentuadamente a produtividade no setor privado. A meta, em uma primeira etapa de reestruturação, era a de eliminar quase 252 mil trabalhadores, ou mais de 12% da sua força de trabalho federal. O plano incluía também a introdução de novos e sofisticados sistemas de computador para dinamizar as práticas administrativas e melhor servir às necessidades dos contribuintes. A administração enfatizou particularmente a redução de cargos na faixa de gerência média e esperava que o esforço de reengenharia economizasse para o governo e os contribuintes mais de US$ 108 bilhões.[77] Não querendo ficar atrás, os governos estaduais e municipais anunciaram sua intenção de seguir o exemplo do governo federal, prometendo aumento de produtividade e cortes significativos de pessoal nos anos seguintes.

Boa parte desse fervor em reduzir gastos governamentais e reduzir o déficit resultou da convicção de que a redução do déficit ajudaria a reduzir as taxas de juros, o que, por sua vez, estimularia novamente o consumo e os investimentos. Se, por um lado, a redução nas taxas de juros deveria estimular um pouco a construção de residências e o aumento nas vendas de automóveis, por outro lado, esse efeito talvez fosse refreado pelo aumento do desemprego e pela perda do poder aquisitivo, como conseqüência dos acentuados cortes nos gastos do governo. Quanto à expectativa de que as taxas menores de juros estimulariam os investimentos nos negócios, muitos acreditavam que "o investimento criador de empregos seria influenciado mais pela demanda do mercado e por expectativas de lucro do que por taxas de juros"[78]. Porém, taxas baixas de juros tornam-se cada vez mais insignificantes quando há consumidores insuficientes para comprar os produtos.

Poucos economistas continuam a contestar o bom senso convencional, alertando que cortes adicionais nos gastos do governo podem lançar a economia em dificuldades ainda maiores, das quais talvez não se recupere. Eles concordam com um estudo sobre crescimento econômico em longo prazo que conclui que "não houve períodos duradouros de rápida recuperação econômica no século XX sem o rápido crescimento nos gastos do governo"[79]. Gar Alperovitz, economista e então presidente do Centro Nacional de Alternativas Econômicas, observou que, embora o déficit dos Estados Unidos em 1995 fosse de aproximadamente 4,8% do PIB, a Grã-Bretanha, em 1983, apresentou um déficit de 4,4% no PIB, enquanto o do Japão foi de 5,6%, em 1979. Nas duas guerras mundiais, o déficit dos Estados Unidos cresceu vertiginosamente, atingindo um pico de 27,7% do PIB em 1919 e 39% do PIB no final da Segunda Guerra Mundial. A questão de Alperovitz é que o déficit não deve ser tão temido quanto a retórica política quer fazer crer. Ao contrário, examinando os surtos de desenvolvimento em períodos de guerra, ele sustenta que "um aumento bastante substancial (em vez de simbólico) no déficit em curto prazo, que estimula o crescimento vigoroso, pode ser compensado nos outros anos com o aumento de impostos, quando os negócios estão prosperando e as pessoas trabalhando em período integral". Alperovitz reconhece que embora "tal política tenha muitos defensores especialistas no assunto, atualmente tem pouca viabilidade política"[80].

Apesar dos crescentes indícios dos impactos desestabilizadores causados pela nova revolução da alta tecnologia, os líderes governamentais continuam a defender os conceitos da "mágica" da tecnologia acreditando, contra todas as evidências, que inovações tecnológicas, avanços na produtividade e quedas nos preços gerarão demanda suficiente e levarão à criação de mais empregos do que estão sendo perdidos. Durante a era Reagan-Bush, economistas que adotam a análise pelo lado da oferta, tais como George Gilder e David Stockman, não demoraram a defender os argumentos da "magia" da tecnologia, afirmando que a chave para o crescimento estava nas políticas criadas para estimular a produção. Em 1987, a Academia Nacional de Ciências publicou um relatório sobre o futuro da "Tecnologia e Emprego", reiterando os mesmos argumentos.

> Com a redução dos custos da produção e, conseqüentemente, com a redução do preço de determinado produto em um mercado competitivo, freqüentemente a mudança tecnológica leva a aumentos na demanda da produção; maior demanda resulta em aumento de produção, o que requer mais mão-de-obra, contrabalançando os impactos causados pela diminuição da mão-de-obra por unidade produzida, decorrente da mudança tecnológica. Mesmo que a demanda por um bem, cujo processo de produção tenha sido transformado, não aumente significativamente quando seu preço é reduzido, os benefícios ainda ocorrem,

porque os consumidores podem utilizar o que economizaram nas reduções de preços na compra de outros bens e serviços. Portanto, no conjunto, o nível de emprego com freqüência expande... Historicamente e, acreditamos, em um futuro previsível, a redução na quantidade de mão-de-obra por unidade produzida, resultante de novas tecnologias de processo, tem sido e continuará sendo superada pelos efeitos benéficos da expansão da produção total, que geralmente ocorre.[81]

Embora a administração Clinton não usasse abertamente o termo "mágica" da tecnologia, ela continuava a buscar um programa econômico baseado exatamente em suas pressuposições fundamentais. Essas pressuposições estão se tornando cada vez mais suspeitas e até mesmo perigosas. Em um mundo em que os avanços tecnológicos prometem aumentar dramaticamente a produtividade e a produção de bens, ao mesmo tempo em que marginalizará ou eliminará milhões de trabalhadores do processo econômico, a "mágica" da tecnologia parece ingênua, até mesmo insensata. Insistir em um modelo econômico antiquado em uma nova era pós-industrial e pós-serviço poderia mostrar-se desastroso para a economia global e para a civilização no século XXI.

Se o conceito da "mágica" da tecnologia dominou o raciocínio dos líderes empresariais e políticos durante um longo período do século, outra perspectiva bem diferente do papel da tecnologia conquistou a imaginação do público. Se o empresariado sempre viu as novas tecnologias como meio de gerar mais produção, maiores lucros e cada vez mais trabalho, há muito o povo tem se entretido com uma visão alternativa – a de que um dia a tecnologia substituirá o trabalho humano e proporcionará uma vida com cada vez mais lazer. Sua inspiração não tem sido os áridos escritos dos economistas políticos, mas os tratados milenares dos escritores populares e ensaístas. Suas descrições brilhantes de um futuro paraíso tecnológico, livre de trabalho e de exaustão, tem tido o efeito de um ímã visionário, atraindo sucessivas gerações de peregrinos para o que, esperavam, fosse um novo paraíso na Terra.

Agora, no começo de uma nova revolução da alta tecnologia, essas duas idéias muito diferentes sobre a relação da tecnologia com o trabalho estão conflitando cada vez mais. A questão é saber se as tecnologias da Terceira Revolução Industrial concretizarão o sonho dos economistas de uma produção e lucros intermináveis ou se prevalecerá o sonho do povo de maior lazer. A resposta a essa pergunta depende em grande parte de qual dessas duas visões do futuro da humanidade está se fortalecendo o suficiente para arregimentar energia, talento e paixão da próxima geração. A visão dos empreendedores nos mantém presos a um mundo de relações de mercado e considerações comerciais. A segunda visão, defendida por muitos dos mais conhecidos pensadores americanos utópicos, nos leva a uma nova era, quando as forças comerciais do mercado serão substituídas por forças comunitárias de uma sociedade esclarecida.

Hoje, muitas pessoas se sentem confusas, sem conseguir compreender como o computador e outras novas tecnologias da Revolução da Informação, que elas tanto esperavam, vão poder libertá-las, pois esses parecem ter se transformado em monstros mecânicos – reduzindo salários, consumindo empregos e ameaçando seu meio de sustento. Os trabalhadores americanos foram levados a acreditar que, sendo cada vez mais produtivos, finalmente conseguiriam livrar-se do seu trabalho interminável. Agora, pela primeira vez, estão começando a perceber que, muitas vezes, ganhos de produtividade não levam a mais lazer, mas às filas do desemprego. Para compreender como um sonho de um amanhã melhor pode se transformar em um pesadelo tecnológico, é necessário revisitar as raízes utópicas da outra visão tecnológica, aquela que prometia um futuro isento de necessidades, de exaustão e das exigências implacáveis do mercado.

CAPÍTULO 3

Visões do Paraíso Tecnológico

Cada sociedade cria uma imagem idealizada do futuro – uma visão tal que serve de guia para conduzir a imaginação e a energia de seu povo. A antiga nação judaica rezava pelo salvamento na terra prometida de leite e mel. Mais tarde, o clero cristão acenava com a promessa da salvação eterna no reino dos céus. Na Idade Moderna, a idéia de uma futura utopia tecnológica tem servido como visão orientadora da sociedade industrial. Durante mais de um século, sonhadores utópicos e homens e mulheres das ciências e letras vislumbraram um mundo futuro em que as máquinas substituiriam o trabalho humano, criando uma sociedade praticamente sem trabalho, de abundância e de lazer.

Em nenhum outro lugar a visão tecno-utópica tem sido mais ardentemente acalentada do que nos Estados Unidos. Foi no solo intelectual fértil da jovem América que duas grandes correntes filosóficas uniram-se para criar uma nova e singular imagem do futuro. A primeira dessas correntes enfocou os céus e a redenção eterna; a segunda, as forças da natureza e a atração do mercado. A partir do primeiro século dos Estados Unidos como nação, essas duas poderosas forças filosóficas trabalharam unidas para conquistar um continente. Com o fechamento oficial da fronteira em 1890, as energias milenares e utilitárias que tanto haviam marcado o caráter da fronteira foram redirecionadas para uma nova fronteira – a da ciência e da tecnologia modernas. O novo enfoque coincidiu com as imensas mudanças que ocorreram após a Guerra Civil e que estavam transformando os Estados

Unidos tanto de uma sociedade rural para uma sociedade urbana quanto de uma economia agrícola para uma industrial.

Os últimos 25 anos do século XIX viram o rápido desenvolvimento de uma torrente de novas descobertas científicas que transformariam a paisagem e a consciência americanas. Nenhuma se mostrou mais importante do que o aproveitamento da eletricidade. Se as grandes realizações dos pioneiros rumo ao oeste estavam em atravessar um continente e converter regiões selvagens em planícies civilizadas, os novos pioneiros – os cientistas e os engenheiros – pretendiam domar uma força ainda mais primordial da natureza: a eletricidade. Cem anos depois de Benjamin Franklin enfrentar pela primeira vez as forças primitivas da eletricidade, Alexander Graham Bell e seus discípulos foram bem-sucedidos em aproveitar a poderosa e enigmática corrente e a colonizaram para o avanço da nova fronteira tecnológica. Com a eletricidade, as distâncias podiam ser atravessadas em segundos. O tempo podia ser comprimido à quase simultaneidade. O telégrafo e o telefone, o dínamo elétrico, o cinema e, mais tarde, o rádio eram extensões ousadas, conferindo aos seres humanos poderes divinos sobre o tempo, o espaço e a natureza.

Em 1886, a eletricidade iluminou as primeiras vitrines nas lojas de departamentos de Nova York. O efeito sobre o público foi hipnotizante. A *Electrical Review* noticiou a reação dos transeuntes à iluminação brilhante: "Eles se aglomeravam e alvoroçavam ao seu redor como mariposas em torno de um lampião... a demanda por luz difundiu-se a passos largos e, até agora, sempre que uma luz elétrica surge em uma localidade de uma cidade americana, ela se espalha de loja em loja e de rua em rua"[1].

Tão poderoso foi o novo meio, que os cientistas e engenheiros da época predisseram que seu uso difundido poderia tornar as cidades verdes, cicatrizar as rupturas entre as classes, criar uma abundância de novos bens, estender a duração do dia, curar antigas doenças e trazer paz e harmonia ao mundo.[2] Seu otimismo indisfarçado refletia o sentido da época. Os Estados Unidos estavam se tornando rapidamente um líder da Revolução Industrial emergente. Em pequenas e improvisadas lojas de ferramentas em todo o país, funileiros, muitos sem qualquer instrução formal, faziam experiências com inúmeras engenhocas elétricas, na esperança de acelerar o comércio e melhorar o desempenho de fabricação. Máquinas, outrora uma novidade, estavam se tornando um componente onipresente e essencial ao novo modo de vida "moderno".

A máquina, já uma significativa força comercial, foi transformada em um ícone cultural nos últimos 25 anos do século XIX. A visão do mundo mecânico há muito já havia sido exaltada pelos homens da ciência como a metáfora cósmica essencial. René Descartes, matemático e filósofo francês, foi o primeiro a promover a idéia radical da natureza como uma máquina. No mundo utilitário de Descartes, Deus, o pastor benevolente e zeloso da cristandade, foi substituído por um Deus técnico, distante e frio, que criou e colocou em movimento um universo mecanizado, ordenado, previsível e auto-imortalizável. Descartes despojou a natureza de sua vida, reduzindo tanto a criação quanto as criaturas a análogos matemáticos e mecânicos. Ele até mesmo descreveu os animais como "autômatos sem alma", cujos movimentos não eram muito diferentes dos fantoches mecanizados que dançavam sobre o relógio de Estrasburgo.[3]

Apesar de ser uma metáfora científica popular, a visão do mundo mecânico não exerceu muita influência sobre o público americano durante os primeiros três quartos do século XIX. Bem mais populares eram as metáforas orgânicas que falavam de um passado agrícola romantizado e metáforas religiosas que falavam de seu tão esperado futuro milenar. A transição de um modo de vida rural para o modo de vida industrial favoreceu o novo contexto social para o desenvolvimento de uma visão mecânica do mundo.

A tecnologia tornou-se o novo Deus secular, e a sociedade americana não demorou a reformular seu próprio senso de individualidade à imagem de suas poderosas novas armas. Cientistas, educadores, escritores, políticos e empresários começaram a remodelar a imagem humana e a natureza em termos mecanicistas, pensando sobre o corpo humano e toda criação em termos de máquinas complexas, cujos princípios de operação e desempenho espelhavam aqueles das máquinas mais sofisticadas do comércio moderno. Sem dúvida, muitos americanos compartilhavam a visão do crítico social inglês Thomas Carlyle que, quase 100 anos antes, havia escrito sobre a nova cultura da máquina, "Se tivéssemos de caracterizar essa nossa era por qualquer epíteto, seríamos tentados a chamá-la não de uma era heróica, filosófica ou moral, mas, sobretudo, de uma era mecânica. É a era da maquinaria em cada sentido intrínseco e extrínseco da palavra... Os homens tornaram-se mecânicos em suas mentes e em seus corações, bem como em suas mãos".[4]

O "sistema de referência tecnológico" tornou-se uma característica permanente da vida americana, prendendo gerações sucessivas a uma visão do mundo que glorificava a cultura da máquina e fazendo tudo o que era vivo e parte do mundo orgânico parecer tecnológico por natureza. Na nova era, os seres humanos começaram a pensar em si mesmos como ferramentas – meras ferramentas de produção. A nova auto-imagem reforçou o *modus operandi* de uma ordem industrial emergente, cuja primeira regra nos negócios era ser produtivo. Em menos de meio século, a visão tecnológica foi bem-sucedida em converter as massas americanas de infantes do Senhor em fatores de produção; e, de seres criados à imagem e semelhança de Deus, em ferramentas criadas à imagem de máquinas.

Utopia da Engenharia

Os convertidos à nova visão tecnológica do mundo eram os escritores populares de ficção científica da época. Entre 1883 e 1933, dezenas de autores americanos despejavam no mercado romances sem mérito literário, exaltando as virtudes de um futuro reino na Terra, uma utopia tecnológica de prazeres materiais e infindável ociosidade. Da noite para o dia, um povo ávido abraçou a nova tecnologia secular. A antiga visão cristã da salvação eterna foi abrandada pela nova crença em um paraíso terrestre. Os novos deuses eram cientistas e técnicos que, pela sua engenhosidade e habilidade, podiam operar milagres e ajudar a fundar um reino milenar governado por rigorosos cálculos matemáticos e experiências científicas. Como recompensa pelo seu árduo trabalho e fé inabalável nos princípios da ciência e nos milagrosos poderes da tecnologia da máquina, o povo podia esperar pelo dia, em um futuro não muito distante, quando teriam acesso à nova utopia – um mundo mediado pela tecnologia em que suas esperanças e sonhos finalmente se concretizariam.

O principal apóstolo do novo reino tecnológico foi Edward Bellamy, cujo livro *Looking Backward: 2000-1887*, publicado em 1888, tornou-se um *best-seller*, e, sozinho, converteu milhões de americanos ao novo evangelho da salvação tecnológica. Entre outros escritores populares de ficção científica incluíam-se George Morrison e Robert Thurston, ambos engenheiros civis. O fabricante de carruagens Charney Thomas e o proeminente inventor King Camp Gillette também estavam entre os escritores mais populares do novo gênero de ficção científica. Muitos dos títulos desses novos livros tinham um toque milenar, sugerindo uma intimidade com a tradição evangélica cristã que havia inspirado duas grandes conscientizações religiosas na história americana e ajudaram a suprir a energia para a colonização de um grande continente. Os livros *Perfecting the Earth*, de Charles Woolridge, *The New Epoch*, de George Morrison, *The Great Awakening*, de Albert Mervill, e *The Golden Age*, de Fred Clough, estão entre os títulos que eram mais celebrados. Outros títulos pendiam mais para a linha comercial, sugerindo um elo com outra grande tradição da América, o utilitarismo. Incluíam aí *The Milltillionaire*, de Albert Howard, *The Day of Prosperity*, de Paul Devinne, e *Life in a Technocracy*, de Harold Loeb.[5]

Os utopistas tecnológicos combinaram com êxito o conceito cristão da salvação eterna e o ethos utilitário americano em uma nova e poderosa síntese cultural. A idéia de que a ciência e a tecnologia – utilizadas por uma nação de trabalhadores dedicados e fiéis impregnados da moderna ética do trabalho – nos levariam a um reino terrestre de grande prosperidade e ociosidade continua a servir de modelo social e econômico predominante até os dias de hoje.

As imagens do futuro apresentadas pelos primeiros escritores de ficção científica permanecem irresistíveis e surpreendentemente intocadas pela passagem de quase um século. Muitos dos escritores vislumbraram o novo paraíso terrestre como uma série de megalópoles – maciças áreas urbanas/ suburbanas que, a partir de um núcleo central, iriam se propagar em grandes círculos concêntricos, abrangendo até 700 milhas. No livro *The Milltillionaire*, Albert Howard dividiu os Estados Unidos em 20 dessas megalópoles, cada uma operada "pela toda-poderosa força da eletricidade"[6].

No centro dessas grandes cidades, centenas de gigantescos arranha-céus tocariam os céus, como tantas torres de catedrais. Um visitante da utopia relata ter visto uma cidade com 36 mil prédios, palácios de mármore rodeados por largas avenidas enfeitadas com bonitas flores e folhagens. "Você pode imaginar a beleza infinita de uma concepção assim?"[7], pergunta ele.

Essas grandes megalópoles foram imaginadas por seus criadores como máquinas sociais, planejadas metodicamente, organizadas racionalmente e administradas eficientemente para uma maior comodidade a todos os seus habitantes. Como os princípios matemáticos sobre os quais foram construídas, as megalópoles eram regulares e ordenadas. O ambiente era limpo, até mesmo anti-séptico, como convinha a uma natureza sintética do novo ambiente artificial delimitado. A eletricidade – a fonte limpa, silenciosa e invisível de toda a força – animaria a máquina social. Um habitante da utopia descreve as condições: "Nossas organizações sanitárias e laboratórios são os melhores e mais facilmente acessíveis; nossas estradas são bem pavimentadas; fumaça, borralho e cinzas são desconhecidos, porque a eletricidade agora é usada para todas as finalidades para as quais antes era preciso acender o fogo; nossas construções e mobília, feitas de alumínio laqueado e de vidro, são limpas por máquinas delicadamente construídas que funcionam automaticamente. Os germes da matéria impura são eliminados pelo mais poderoso de todos os desinfetantes, água eletrificada, que é borrifada sobre nossas paredes e penetra em cada fenda e fissura"[8].

Tudo na nova utopia tecnológica é submetido à minuciosa inspeção da ciência. Mesmo o clima é controlado tecnologicamente por máquinas poderosas. "Temos o controle absoluto do tempo"[9], afirma, orgulhoso, um utopista.

A produção foi automatizada nas novas utopias. Em *The Golden Age*, Fred Clough descreve uma visita a uma fábrica praticamente sem trabalhadores. "Durante a ronda de inspeção, as imagens que eles (visitantes da utopia) viram era algo maravilhoso de se contemplar; imensas áreas com máquinas maravilhosas funcionando silenciosas e realizando um trabalho perfeito."[10] Nesses mundos futuros "praticamente toda vocação... é industrial"[11]. Desde a mais tenra idade, as crianças são treinadas nas artes práticas e educadas para serem cientistas, engenheiros e técnicos da nova ordem tecnológica.

Os utopistas tecnológicos escreveram sobre como seria a vida cotidiana no novo Éden. Virtualmente, todos os seus relatos incluem descrições das inúmeras novas máquinas economizadoras de trabalho e de tempo, que libertariam as pessoas para uma vida de crescente ociosidade. E, é claro, todas movidas pelo milagre da eletricidade. Eles previram corretamente lavadoras e secadoras de roupas, aspiradores de pó, condicionadores de ar, refrigeradores, trituradores de lixo, e até mesmo barbeadores elétricos. Tubos pneumáticos subterrâneos ligariam fábricas, atacadistas, distribuidores e clientes e forneceriam um canal ininterrupto para a distribuição de bens a cada residência e aos locais mais distantes das megalópoles. O subterrâneo pneumático, diz um cidadão da utopia, provavelmente "será como uma usina gigantesca, em cuja tremonha os bens são constantemente despejados por carregamentos de trens ou navios e, na outra extremidade, transformados em pacotes de quilogramas, metros, centímetros, litros e galões, de acordo com as necessidades individuais infinitamente complexas de meio milhão de pessoas"[12].

Todas essas invenções, afirmaram os novos utopistas tecnológicos, significariam a liberdade de "todos os aborrecimentos" que envolvem a organização doméstica e do trabalho. A meta da nova ordem era usar cada vez mais as tecnologias sofisticadas para proporcionar "tudo para o conforto, a economia, a conveniência e a liberdade que uma inteligência corporativa pudesse conceber"[13].

A maioria dos utopistas tecnológicos pensava que sua visão do futuro seria concretizada nos Estados Unidos e em outros lugares dentro de 100 anos. Estavam convencidos de que a ciência e a tecnologia substituiriam a inspiração e a intervenção divina, criando uma nova tecnologia secular mais poderosa do que qualquer outra já concebida pelos homens da Igreja. Em um dos romances, o protagonista afirma: "A eternidade está aqui. Estamos vivendo no meio dela." Outro cidadão da utopia proclama ousadamente: "O paraíso será na Terra"[14].

Embora os escritores de romances baratos tivessem contribuído muito para difundir a "boa palavra", convertendo inúmeros leitores à sua visão tecnológica, foi a realização de elaboradas feiras mundiais o que mais excitou as massas de americanos. Várias exposições mundiais foram realizadas nos Estados Unidos, começando com a Columbia Exposition em

Chicago, em 1893, e culminando com a New York World's Fair na cidade de Nova York em 1939-1940. As feiras atraíam milhões de visitantes. Todas enfatizavam os temas propostos pelos escritores de ficção científica da época. A principal mensagem era de que a ciência e a tecnologia estavam avançando continuamente rumo a novas fronteiras, domando o selvagem, domesticando as forças da natureza, redirecionando os talentos dos seres humanos e reformulando a cultura de acordo com os exigentes padrões das crenças da engenharia. Exposições patrocinadas pelas empresas e pelo governo deram às pessoas uma idéia em terceira dimensão do fantástico futuro tecnológico que as aguardava. As visões e a perspectiva cativaram várias gerações de americanos, transformando-as em crentes na *Era do Progresso*.

Durante os anos da Depressão, na década de 30, as feiras desempenharam um papel ainda mais importante. Preocupados com o crescente desemprego e com tumultos sociais, os organizadores das feiras estavam ansiosos por reanimar o espírito dos americanos e as usavam para vender a idéia de que a nova utopia estava ao seu alcance. Na Feira Mundial de Nova York, os organizadores escolheram o tema "O Mundo de Amanhã", para ressaltar a iminência da nova sociedade tecnológica. As várias exposições apresentavam protótipos de novas utilidades domésticas, modernos meios de transporte, e novos meios de comunicação, inclusive a televisão, os quais, em breve, estariam disponíveis no mercado. Seu objetivo era renovar as esperanças dos visitantes, despertar seus anseios por um futuro melhor e revigorá-los com o espírito do progresso tecnológico, que serviria tão bem como instrumento motivador e catequismo secular para mais de duas gerações.

Na arcada com vista para o portão frontal da Feira Mundial de Nova York estavam os dizeres A CIÊNCIA EXPLORA, A TECNOLOGIA REALIZA, O HOMEM CUMPRE. Pelo preço do ingresso, os visitantes podiam se deslumbrar com a visão tecnológica à sua frente. Sua fé e sua crença na ciência e na tecnologia seriam recompensadas com uma futura sociedade de abundância e ociosidade – a tecnologia seria o novo escravo, libertando a humanidade para brincar, desperdiçar tempo ou perseguir uma vocação maior.

Prevendo a revolução na automação dos anos 50 e 60, a Chrysler brindou os visitantes da feira com um filme experimental intitulado *In Tune with Tomorrow*, mostrando um automóvel Plymouth que se automontava. Realizado em animação e 3-D, o filme mostrava molas e válvulas dançando, um virabrequim que se autoencaixava no bloco do motor e "quatro pneus que, aos requebros, cantavam 'minha carroceria está em algum lugar da fábrica' ao som da música "My Bonnie Lies Over the Ocean"[15]. Criado para ser engraçado e divertido, a mensagem era clara ao afirmar que a automação da linha de montagem brevemente seria uma realidade, mudando para sempre o modo como víamos o trabalho.

Para os americanos, nas primeiras décadas do século XX, a nova visão da utopia tecnológica mostrou-se um brado arregimentador poderoso. Tanto os imigrantes quanto os americanos natos estavam ansiosos por se unir à marcha rumo à nova terra prometida, a utopia que os aguardava não muito além do horizonte científico. Na década de 20, Walter Lippmann escrevia que "os milagres da ciência parecem ser inesgotáveis". O novo Moisés que resgataria o povo escolhido para a terra prometida não seria um homem de Deus, mas, sim, um homem da ciência. "Não é de estranhar", disse Lippmann, "que os homens da ciência tenham alcançado tanta autoridade intelectual quanto aquela que outrora apenas os clérigos exerciam. É claro que os cientistas não falam de suas descobertas como milagres. Mas, para o homem comum, elas acabam tendo esse caráter."[16]

O Culto da Eficiência

Todos os utopistas tecnológicos compartilhavam a mesma obsessão pelo poder criativo. Assim, a redenção da eficiência, outrora um obscuro valor temporal inglês dissimulado em significado religioso, transformou-se em poderoso e novo valor secular na nova cultura da máquina. Máquinas mais eficientes e o uso mais eficiente do tempo, eles acreditavam, levariam a um futuro sem trabalho, de enorme abundância material e tempo livre sem limites.

O moderno conceito da eficiência surgiu no século XIX, como resultado das experiências no novo campo científico da termodinâmica. Os engenheiros que faziam experiências com as máquinas movidas a motor começaram a usar o termo "eficiência" para medir fluxos de energia e perdas de entropia. "Eficiência" passou a significar o máximo rendimento que podia ser produzido no menor tempo possível, despendendo a menor quantidade de energia, trabalho e capital no processo.

O principal responsável pela popularização do conceito da eficiência no processo econômico foi Frederick W. Taylor. Seus princípios de "administração científica", publicados em 1895, tornaram-se a referência-padrão para organizar o local de trabalho – e não demoraram a ser empregados para organizar a sociedade. O historiador econômico Daniel Bell fala assim de Taylor: "Se algum progresso social pode ser atribuído a alguém, a lógica da eficiência como um modo de vida é devida a Taylor"[17].

Usando um cronômetro, Taylor dividiu a tarefa de cada trabalhador nos menores componentes operacionais visivelmente identificáveis e mediu cada um para apurar o melhor tempo atingível sob condições de desempenho ideais. Seus estudos aferiam o desempenho de trabalhadores em frações de segundo. Calculando os tempos médios e os melhores tempos atingidos em cada componente da tarefa do trabalhador, Taylor podia fazer recomendações sobre como mudar aspectos mínimos de desempenho, para economizar segundos preciosos e, até mesmo, milissegundos. A administração científica, diz Harry Braverman, "é o estudo organizado do trabalho, a análise do trabalho em seus elementos mais simples e o aperfeiçoamento sistemático do desempenho do trabalhador em cada um desses elementos"[18].

A eficiência passou a dominar o ambiente de trabalho e a vida da sociedade moderna, em grande parte por causa de sua adaptabilidade à cultura tanto da máquina quanto humana. Aqui estava um valor de tempo planejado para medir a relação entrada/saída de energia e de velocidades em máquinas, o qual poderia ser facilmente aplicado ao trabalho de seres humanos e ao trabalho de toda a sociedade. Dentro de seu alcance, cada força e cada atividade tornaram-se instrumento para metas utilitárias e produtivas. De agora em diante, seres humanos e máquinas poderiam ser medidos e valorizados de acordo com suas eficiências relativas. Em 1912, os editores do *Harper's Magazine* escreveram: "Grandes fatos estão acontecendo no desenvolvimento deste país. Com a expansão do movimento em direção a uma maior eficiência, começou uma era nova e altamente aperfeiçoada na vida nacional"[19].

A mania de eficiência tomou conta dos Estados Unidos na segunda e terceira décadas do século XX. Muitos acreditavam que, tornando-se mais eficientes, poderiam reduzir a quantidade de trabalho individual necessário para realizar uma tarefa e, com isso, alcançar mais riqueza e mais tempo livre. Sociedades da eficiência foram estabelecidas em escritórios, fábricas, escolas e instituições cívicas em todo o país.

Reformistas insistiam em uma abordagem mais racional às atividades do mercado, fundamentada nos princípios da administração científica. Os economistas da época passaram a considerar a missão empresarial tanto em termos de progresso tecnológico e metas de eficiência, quanto na geração de lucros para os acionistas. Anos mais tarde, John Kenneth Galbraith cristalizaria a nova tendência para a competência e a eficiência produtiva em seu livro *The New Industrial State*. Ele anunciou que o poder nas corporações gigantescas havia passado dos acionistas para a "tecno-estrutura". Galbraith afirmava que a crescente complexidade de corporação moderna, aliada à introdução de tecnologias cada vez mais sofisticadas, exigia "talento especializado" e uma nova linhagem de gerentes com orientação científica que pudessem dirigir as instituições mais como máquinas eficientes em que estavam se transformando.[20]

Progressistas daquele período clamavam pela despolitização do governo e pela introdução de princípios gerenciais científicos nos programas dos governos municipais, estaduais e federais. Novos órgãos reguladores, inclusive a Comissão Federal de Comunicações e a Comissão de Títulos, Ações e Câmbio, foram criados na década de 30, na tentativa de proteger o que muitos reformistas consideravam meros assuntos administrativos, da manipulação e das intrigas da política tradicional. Os reformistas esperavam que uma nova geração de gerentes profissionais substituísse nomeações políticas em toda a estrutura administrativa, tornando o governo mais científico e mais eficiente. Novas escolas profissionais foram criadas para ensinar aos alunos como aplicar os princípios da administração científica ao governo, com a finalidade de substituir a arte da política pela ciência da administração.

No nível municipal, o planejamento de cidades tornou-se popular. Centenas de cidades criaram agências e comissões de planejamento para coordenar mais eficientemente o desenvolvimento comercial e residencial e operar os serviços públicos municipais.[21] Muitas cidades substituíram prefeitos por planejadores urbanos – em geral arquitetos, engenheiros e outros especialistas, cuja função era substituir o antigo sistema do clientelismo político e os fundos destinados a melhoramentos com fins políticos por uma administração ágil e eficiente dos serviços.

A cruzada da eficiência alcançou todos os setores da vida americana, reformulando a sociedade nos mesmos padrões vigentes na cultura da máquina industrial. Revistas populares e jornais não demoraram a intensificar suas críticas contra o sistema educacional americano, acusando os professores e os administradores da nação de ineficiência e de desperdiçarem a contribuição produtiva potencial da próxima geração de trabalhadores. O *Saturday Evening Post* advertia que "existe uma ineficiência na administração das escolas, a qual no mundo dos escritórios e do comércio não seria tolerada"[22].

No verão de 1912, o *Ladies' Home Journal* publicou um artigo sarcástico intitulado "A Escola Pública é um Fracasso?", atribuindo a culpa pelo aumento do desemprego, da fome, do incesto e da libertinagem aos ineficientes métodos de instrução, que foram incapazes de preparar a juventude da nação para ser cidadãos produtivos e eficientes.[23] Naquele mesmo ano, no encontro anual de superintendentes das escolas norte-americanas, os participantes foram informados de que "a necessidade de eficiência é sentida em todas as dimensões por todo o país e a exigência torna-se mais premente a cada dia". Eles foram advertidos de que "as escolas, bem como outras instituições empresariais, precisam sujeitar-se ao teste da eficiência"[24].

O dogma da eficiência foi levado até mesmo às áreas mais íntimas da vida cotidiana. Em 1912, a mania chegou ao lar, com a publicação de um artigo no *Ladies' Home Journal* intitulado "A Nova Dona de Casa". A autora, Christine Frederick, informava às donas de casa de todos os Estados Unidos que estava na hora de tornar os afazeres domésticos mais eficientes e produtivos. Frederick confidenciava às suas leitoras que havia inconscientemente desperdiçado tempo precioso com o uso contínuo de abordagens ineficientes às tarefas do lar. "Durante anos, jamais percebi que fazia oitenta movimentos errados só na lavagem, sem contar outros durante a arrumação, esfregação e guardando coisas."[25] A autora perguntava às suas leitoras: "Não é verdade que desperdiçamos tempo andando em cozinhas mal organizadas?... Não poderia o trem do trabalho doméstico ser despachado de uma estação para outra, de tarefa para tarefa?"[26]

Da Democracia à Tecnocracia

Os valores da engenharia invadiram e refizeram a cultura dos Estados Unidos nas primeiras décadas do século XX. O fechamento da fronteira do Oeste e a abertura da fronteira tecnológica foram recebidos com entusiasmo e expectativa pelos mocinhos da nação, que rapidamente trocaram suas armas de brinquedo e chapéus de caubói pelos *Erector Sets* (Jogos da Construção). O manual de instrução do *Erector*, de 1915, afirmava que "*Erector* é o único construtor com viga mestra que imita o verdadeiro material estrutural usado nos grandes arranha-céus, escritórios, fábricas e prédios públicos". O fabricante convidava os jovens da nação a "construir vigas mestras, oficinas mecânicas, navios de guerra, aeroplanos, duplicatas de pontes famosas, arcos etc., os quais podem ser operados com motor elétrico"[27].

  O caubói, herói do país do Pós-guerra Civil, agora tinha a companhia de outro herói – o engenheiro civil da era tecnológica. O engenheiro apareceu como herói em mais de 100 filmes mudos, bem como em inúmeros romances de sucesso. Os romances de Tom Swift, cujo alvo eram os jovens da nação, faziam muitas referências à magia da ciência e às maravilhas das novas tecnologias. Em 1922, uma pesquisa nacional entre 6 mil jovens na última série do ensino médio mostrava que mais de 31% dos rapazes optavam pela engenharia como escolha vocacional.[28]

  O engenheiro, equipado com as ferramentas da eficiência, era o novo construtor do império. Sua habilidade majestosa estava em toda parte. Grandes arranha-céus, imensas pontes e barragens eram construídos em todos os cantos do país. A autora Cecília Tichi escreve: "O engenheiro renovou a missão espiritual incorporada há mais de dois séculos e meio na experiência nacional. Ele prometeu, é o que parece, liderar a nação industrial diretamente pelo milênio"[29].

A paixão da nação pela engenharia e pela ideologia da eficiência chamou a atenção de vários críticos sociais. H. L. Mencken gracejou a respeito, afirmando que todos no país estavam virando engenheiros. Os fabricantes de colchões estavam se tornando "engenheiros do sono", esteticistas haviam se transformado em "engenheiros da aparência", os coletores de lixo agora se autodenominavam "engenheiros sanitários"[30]. Se independência arrebatadora, ousadia e bom senso foram os valores mais prezados na fronteira americana, capacidade organizacional e eficiência eram os novos valores ambicionados em uma América cada vez mais industrializada e urbana. Em 1928, os americanos estavam prontos para eleger seu primeiro engenheiro para a Casa Branca: Herbert Hoover.

Tão eficaz foi a conversão em massa para os novos valores da engenharia que, mesmo quando a Depressão se abateu sobre os Estados Unidos em 1929, os americanos continuaram defendendo a visão tecnológica. Preferiam extravasar sua raiva e seu medo contra empresários gananciosos, os quais, segundo eles acreditavam, haviam minado e frustrado as grandiosas metas e objetivos dos novos heróis do país – os engenheiros. De modo geral, os americanos concordavam com as críticas feitas anteriormente pelo economista e teórico social Thorstein Veblen, que, em 1921, atacou dura e frontalmente os empresários do país. Veblen argumentava que a ganância comercial e a irracionalidade do mercado estavam abalando a ordem tecnológica e criando desperdício e ineficiências em escala monumental. Afirmava que somente confiando a economia da nação aos engenheiros profissionais – cujos nobres padrões estavam acima de questões pecuniárias e paroquiais – é que a economia poderia ser salva e o país transformado em um novo Éden. Veblen acreditava que "se a indústria produtiva do país fosse organizada de modo competente como um todo sistemático e fosse então administrada por técnicos competentes que visassem... à máxima produção de bens e serviços em vez de, como agora, ser mal administrada por empresários ignorantes que visavam... ao máximo de lucros, sem sombra de dúvida, a produção de bens e serviços resultante excederia a produção atual em muitos 100%"[31].

Veblen imaginou um país dirigido por engenheiros profissionais que, empregando os mais rigorosos padrões de eficiência, eliminariam as ineficiências e o administrariam como uma megamáquina perfeitamente afinada. Mais tarde, durante o período mais grave da Depressão, um grupo de pretensos reformistas que se autodenominavam Tecnocratas aliou-se a Veblen e conclamou os Estados Unidos a concederem poderes quase ditatoriais aos engenheiros. Os tecnocratas eram impudentes em seu desdém pela democracia popular, afirmando que "todos os conceitos filosóficos da democracia humana e da economia política foram... considerados totalmente deficientes e incapazes de contribuir com quaisquer fatores de planejamento para o controle tecnológico continental"[32]. Os proponentes da tecnocracia eram a favor do "governo pela ciência", e não a favor do "governo pelo homem", e defendiam a criação de um corpo nacional – um "tecnado" – com poderes para administrar os recursos do país e tomar decisões a respeito da produção e da distribuição de bens e serviços, com o objetivo de assegurar a máxima eficiência no uso do capital natural, humano e das máquinas.

Os tecnocratas foram os que mais se aproximaram de todos os movimentos políticos da época, na tentativa de integrar a visão de uma utopia tecnológica diretamente ao processo político. Os líderes do novo movimento pediam ao povo americano que transformasse seu sonho de um futuro melhor em realidade concreta aqui e agora: "Na tecnocracia, vemos a ciência banindo o desperdício, o desemprego, a fome e a insegurança da subsistência para sempre... vemos a ciência substituindo uma economia de escassez por uma era de abundância... (e) vemos a competência funcional deslocando a incompetência grotesca e perdulária, fatos no lugar de suposições, ordem ao invés da desordem, planejamento industrial em vez do caos industrial"[33].

O movimento tecnocrata conquistou a imaginação dos Estados Unidos em 1932. O *Literary Digest* proclamou que: "A tecnocracia é a nova onda do momento. Em todo o país é comentada, explicada, admirada, elogiada, condenada."[34] Seu sucesso não duraria muito. Conflitos internos entre seus líderes levaram o movimento a se desintegrar em facções antagônicas. Além disso, a meteórica ascensão de Hitler ao poder e a obsessão fanática do Terceiro Reich com a eficiência tecnológica fizeram com que muitos pensadores sociais, não apenas alguns poucos eleitores, repensassem o apelo dos tecnocratas por uma ditadura tecnológica nos Estados Unidos. A visão tecnológica do mundo sofreu um revés crítico ainda maior em 1945, quando os bombardeiros americanos lançaram a bomba atômica em cidades japonesas: subitamente o mundo todo era forçado a encarar o lado sombrio da visão tecno-utópica. A geração pós-guerra foi a primeira a conviver com a lembrança constante do apavorante poder que a moderna tecnologia tinha – tanto para destruir quanto para construir o futuro.

O lançamento do satélite espacial russo e a corrida da Guerra Fria rumo ao espaço nas décadas de 50 e 60 propiciaram o impulso para o renascer da visão tecnológica. Jovens em todo o mundo começaram a seguir os exemplos dos novos heróis da era espacial. Meninos e meninas sonhavam tornar-se astronautas para comandar uma nave espacial, viajando pelos mais longínquos pontos do Universo. Quando a tripulação da Challenger mergulhou para a morte em uma explosão, diante do olhar incrédulo de milhões de estudantes, a grande promessa da ciência e da tecnologia moderna foi questionada como nunca e, com ela, algumas das esperanças e dos sonhos de uma geração que, até então, havia acreditado sinceramente na visão de um futuro paraíso tecnológico.

Outros fracassos tecnológicos em anos recentes alimentaram ainda mais o ceticismo reinante, diminuindo o antigo entusiasmo irrestrito da visão de um mundo tecno-utópico. A energia nuclear, há tanto anunciada como a resposta à procura da humanidade por uma fonte de energia eficiente e barata, tornou-se uma ameaça após o acidente na usina de energia nuclear em Three Mile Island e no catastrófico vazamento e explosão da usina nuclear de Chernobyl. A crescente ameaça de poluição global enfraqueceu ainda mais a visão tecnológica, à medida que as pessoas em todo o mundo foram se conscientizando do terrível sacrifício ambiental que as tecnologias modernas impuseram em nome do progresso.

Embora as ameaças e as decepções resultantes da moderna tecnologia tenham aumentado em anos recentes, empanando a imagem outrora invencível de um futuro mediado pela tecnologia, o sonho de que um dia a ciência e a tecnologia libertariam a humanidade de uma vida de dificuldades e trabalho árduo e criaria um paraíso terrestre de abundância e ociosidade, permanece vivo e surpreendentemente vibrante entre muitas das gerações mais jovens. Nossos filhos sonham viajar a velocidades de nanossegundos em meio a potentes super-rodovias da informação, entrando em mundos de realidade virtual e de ciberespaço, nos quais possam transcender as fronteiras tradicionais e as limitações terrenas e se tornarem senhores de um universo circundado pela tecnologia. Para eles, o sonho tecno-utópico é tão real e irresistível quanto o foi para a geração de seus bisavós, que, há mais de um século, vislumbraram um futuro de confortos e facilidades construído tecnologicamente.

Hoje, o centenário sonho utópico de um futuro paraíso tecnológico está próximo. As tecnologias da revolução da informação e das comunicações acenam com a tão esperada promessa de um mundo praticamente sem trabalho no século XXI. Ironicamente, quanto mais próximos parecemos estar da concretização tecnológica do sonho utópico, menos utópico parece ser esse futuro. Isso porque as forças do mercado continuam a gerar produção e lucro, com pouco interesse na geração de maior lazer para milhões de trabalhadores cujos serviços estão sendo dispensados.

A Era da Informação de alta tecnologia está às nossas portas. Sua chegada levará à repetição perigosa dos pressupostos operacionais da "magia" da tecnologia, com a mesma ênfase no ciclo interminável de produção, consumo e trabalho? Ou a revolução da alta tecnologia levará à concretização do antigo sonho de substituir o trabalho humano por máquinas, libertando finalmente a humanidade rumo a uma era pós-mercado? Essa é a grande questão que se apresenta para um mundo que se debate para fazer a transição para uma nova era da história.

Parte II

A TERCEIRA REVOLUÇÃO INDUSTRIAL

CAPÍTULO 4

Atravessando a Fronteira da Alta Tecnologia

A transição para uma sociedade quase sem trabalhadores, a sociedade da informação, é o terceiro e derradeiro estágio de uma grande mudança nos paradigmas econômicos, sendo marcado pela transição de recursos energéticos renováveis para os não-renováveis e de fontes de energia biológicas para as mecânicas. Ao longo de extensos períodos da história, a sobrevivência humana esteve intimamente vinculada à fecundidade do solo e às mudanças de estações. O fluxo solar, o clima e a sucessão ecológica condicionaram cada economia na Terra. O ritmo da atividade econômica foi estabelecido com o aproveitamento da força do vento, da água, do animal e da capacidade humana.

Vários desenvolvimentos ao final da Era Medieval estabeleceram a base para a conversão total da vida econômica para a energia mecânica. Na Inglaterra, a abertura de novas rotas comerciais, uma população crescente, o surgimento de cidades e a economia de mercado aumentaram o fluxo da atividade econômica, impondo restrições à capacidade reprodutora das reservas ecológicas do país. O corte de grande quantidade de árvores para a construção de navios para a marinha real e para o fornecimento de carbonato de potássio, materiais de construção e aquecimento para uma população em crescimento, deixou as florestas desmatadas, acelerando uma crise de energia em toda a Inglaterra. A escassez de energia forçou a transição para uma força de energia disponível – o carvão. Nessa mesma época, um inglês chamado Thomas Savory inventou uma bomba movida a vapor para bombear o excesso de água das minas subterrâneas. A união do carvão e das máquinas para produzir "vapor" marcou o início da Era Econômica Moderna e sinalizou a primeira etapa de uma longa jornada para substituir o trabalho humano pela força mecânica.

Na Primeira Revolução Industrial, a energia movida a vapor foi usada para a extração de minério, na indústria têxtil e na fabricação de uma grande variedade de bens que anteriormente eram feitos à mão. O navio a vapor substituiu a escuna, e a locomotiva a vapor substituiu os vagões puxados a cavalo, melhorando significativamente o processo de transporte de matéria-prima e de produtos acabados. A máquina a vapor era uma nova espécie de escravo – uma máquina cuja habilidade física excedia grandemente o poder, tanto dos animais quanto dos seres humanos.

A Segunda Revolução Industrial ocorreu entre 1860 e a Primeira Guerra Mundial. O petróleo passou a competir com o carvão, e a eletricidade foi efetivamente utilizada pela primeira vez, criando uma nova fonte de energia para operar motores, iluminar cidades e proporcionar comunicação instantânea entre as pessoas. A exemplo da revolução do vapor, o petróleo, a eletricidade e as invenções que os acompanharam na Segunda Revolução Indus- trial continuaram a transferir a carga da atividade econômica do homem para a máquina. Na mineração, na agricultura, no transporte e na industrialização, fontes inanimadas de energia eram combinadas a máquinas para acrescentar, ampliar e, eventualmente, substituir mais e mais tarefas humanas e animais no processo econômico.

A Terceira Revolução Industrial surgiu imediatamente após a Segunda Guerra Mundial, e somente agora está começando a ter um impacto significativo no modo como a sociedade organiza sua atividade econômica. Robôs com controle numérico, computadores e softwares avançados estão invadindo a última esfera humana – os domínios da mente. Adequadamente programadas, essas novas "máquinas inteligentes" são capazes de realizar funções conceituais, gerenciais e administrativas e de coordenar o fluxo da produção, desde a extração da matéria-prima ao marketing e à distribuição do produto final e de serviços.

Máquinas Que Pensam

Muitos cientistas da computação passaram a considerar suas novas criações mecânicas quase em termos míticos. Edward Fredkin, eminente cientista da computação, vai a ponto de afirmar que a nova tecnologia representa o terceiro grande evento de toda a história cósmica. Fredkin é efusivo em sua afirmação: "O evento um é a criação do Universo... O evento dois é o surgimento da vida... E o terceiro, o aparecimento da inteligência artificial"[1].

O termo *inteligência artificial* foi cunhado na primeira conferência de Inteligência Artificial, realizada na Faculdade de Dartmouth, em 1956. Hoje, quando cientistas falam de inteligência artificial, em geral eles estão se referindo à "arte de criar máquinas que executam funções que requerem inteligência quando executadas por pessoas"[2]. Embora cientistas, filósofos e críticos sociais muitas vezes discordem a respeito do que constitua a "verdadeira" inteligência, ao contrário de simples computação mecânica, não há dúvida de que os computadores estão assumindo tarefas cada vez mais complexas e, no processo, mudando fundamentalmente nossos conceitos de individualidade e de sociedade.

Embora a maioria dos cientistas da computação hesitasse em colocar a inteligência artificial no mesmo nível que a criação do Universo e o surgimento da vida na Terra, eles são quase unânimes em sua crença de que, algum dia, no século XXI, essa poderosa nova força tecnológica será capaz de superar o raciocínio da mente humana média. Alguns tempo atrás, governo japonês lançou um projeto de pesquisa com duração prevista de 10 anos para o desenvolvimento de computadores que possam imitar as mais sutis funções do cérebro humano. O ambicioso empreendimento, que foi apelidado de *Real-World Program* (Programa do Mundo Real), vai tentar desenvolver o que os japoneses denominam "processamento flexível da informação", ou *Soft Logic*, o tipo de pensamento intuitivo que as pessoas usam ao tomar decisões.[3] Usando novos computadores equipados com possante processamento paralelo, redes neurais e sinais ópticos, os japoneses esperam criar uma nova geração de máquinas inteligentes capazes de ler textos, compreender uma conversação complexa, interpretar gestos e expressões faciais e até mesmo prever comportamento.

Máquinas inteligentes, equipadas com um reconhecimento rudimentar de voz, já existem. Empresas como a BBN Systems and Technologies, de Cambridge, Massachusetts, e a Dragon Systems, de Newton, Massachusetts, desenvolveram computadores com vocabulários de até 30 mil palavras.[4] Algumas dessas máquinas inteligentes podem reconhecer a linguagem trivial, manter conversações com sentido e até mesmo solicitar informações adicionais para poder tomar decisões, fazer recomendações e responder a perguntas.

Com mais de 100 milhões de computadores no mundo, em 1995, as empresas de computadores já previam que esse número subiria para mais de um bilhão de máquinas na virada do século XX para o século XXI.[5] Muitos cientistas da computação anseiam pelo dia em que máquinas inteligentes serão suficientemente sofisticadas para evoluírem por si mesmas – criando, com efeito, sua autopercepção –, sem a necessidade da constante intervenção humana. Daniel Hillis, da Thinking Machines Corporation, disse que "as máquinas irão se tornar suficientemente aptas a lidar com a complexidade, a ponto de lidarem com sua própria complexidade, e teremos sistemas que evoluirão"[6]. Nicholas Negroponte, da MIT Media Lab, prevê uma nova geração de computadores, tão humanos em seu comportamento e em sua inteligência, que serão considerados mais como companheiros e colegas do que como auxílios mecânicos. Em seu livro *The Architecture Machine*, Negroponte escreve: "Imagine uma máquina que consegue acompanhar metodologicamente o design de seu usuário e, ao mesmo tempo, discernir e assimilar suas idiossincrasias coloquiais. A mesma máquina, depois de observar seu comportamento, poderia construir um modelo previsível de sua conversação... O diálogo seria tão íntimo – até mesmo restrito –, que somente a mútua persuasão e o compromisso é que gerariam idéias; idéias irrealizáveis por apenas uma das partes"[7].

No futuro, os cientistas esperam humanizar suas máquinas, criando computadores com imagens reais de rostos humanos, imagens essas geradas por computador, que podem conversar com o usuário de uma tela de vídeo. Ao final da primeira metade do século XXI, os cientistas acreditam que será possível criar imagens holográficas em tamanho natural de seres humanos, geradas por computador, capazes de interagir com seres humanos em tempo e espaço reais. "Essas imagens tridimensionais", diz Raymond Kurzweil, presidente da Kurzweil Applied Intelligence, "serão tão naturais que serão indistinguíveis de pessoas reais"[8].

Várias das sumidades no campo dinâmico da computação vêem suas criações menos como máquinas, no antigo sentido de acessórios mecânicos, e mais como seres inteligentes recém-evoluídos, merecedores de respeito e de deferência. Negroponte diz que a parceria entre seres humanos e computadores "não é de senhor e escravo, mas, sim, de dois sócios que têm um potencial e um desejo de auto-realização"[9]. Hillis personaliza ainda mais seu relacionamento com o computador, afirmando: "Eu gostaria de construir uma máquina que pudesse sentir orgulho de mim"[10].

A Espécie Ligada na Tomada

O sonho de criar uma máquina substituta dos seres humanos remonta à Antigüidade. Há mais de 2 mil anos, Hero de Alexandria descreveu máquinas que podiam imitar animais, pássaros e seres humanos. No início da Era Industrial, quando as noções sobre os princípios do mecanismo e das máquinas cativaram a imaginação tanto de filósofos quanto de artesãos, a construção de máquinas tornou-se popular em toda a Europa. Engenheiros construíam pequenos meninos mecânicos, que escreviam poesia e prosa; delicadas donzelas mecânicas, que dançavam ao som de música; e animais de toda a espécie, os quais realizavam feitos notáveis. Os brinquedos, que se tornaram os favoritos entre príncipes e reis, eram exibidos em toda a Europa. Os mais esmerados eram frutos da imaginação de um brilhante e criativo engenheiro, o francês Jacques de Vaucanson. Em 1738, Vaucanson surpreendeu seus compatriotas com a introdução de um flautista totalmente automatizado. Tratava-se da miniatura mecanizada de um ser humano que "possuía lábios que se mexiam, uma língua móvel que servia como válvula para o fluxo do ar e dedos móveis cujas pontas de couro se abriam e fechavam nos registros da flauta". Voltaire ficou tão impressionado com a fantástica criatura, imitação de um ser vivo, que apelidou Vaucanson de "rival de Prometeu". A maior obra de Vaucanson, porém, foi um pato mecânico – um autômato de tamanha versatilidade que até hoje não foi superado em termos de design. Com seu bico, o pato podia beber água da poça, comer pedaços de grãos e, dentro de uma câmara especial, visível aos espectadores admirados, reproduzir o processo de digestão. "Cada asa continha 400 peças móveis e se abria e fechava como a de um pato vivo."[11]

Enquanto mais artesãos brincavam com autômatos naturais, tentando imitar os movimentos e as características físicas de seres vivos, outros entusiastas das máquinas debatiam-se com a idéia de criar mecanismos intricados que pudessem imitar a mente humana e até mesmo solucionar problemas complexos que exigissem inteligência. A primeira máquina de calcular automática foi inventada por Blaise Pascal, em 1642. Rapidamente, sua máquina tornou-se o assunto da Europa, e levou Pascal a comentar que "a máquina aritmética produz efeitos que mais se parecem com pensamentos do que com todas as ações de animais". O filósofo e inventor refreou seu entusiasmo ao observar que sua invenção "não faz nada que nos permita atribuir-lhe vontade, como nos animais"[12].

Gottfried Wilhelm Leibniz ampliou o feito de Pascal ao acrescentar a multiplicação ao repertório da máquina de calcular. Então, em 1821, Charles Babbage escreveu um trabalho intitulado "Observations on the Application of Machinery to the Computation of Mathematical Tables" (Observações sobre a Aplicação da Máquina às Tabelas de Computação Matemática), que ainda hoje é considerado como o primeiro trabalho teórico sobre a moderna computação. Mais tarde, Babbage concebeu um novo tipo de máquina, uma Máquina Analítica, que podia ser programada para resolver problemas lógicos ou computacionais. Embora as máquinas de Babbage jamais tenham sido totalmente operacionalizadas, em parte porque ainda não existia tecnologia que pudesse concretizar seu sonho, sua visão de várias das principais características da moderna computação foi incomum. Babbage inclui cartões perfurados no seu projeto e até mesmo uma impressora – 50 anos antes que a composição tipográfica e as máquinas de escrever tivessem sido inventadas. Babbage chegou a incluir uma unidade de armazenamento para guardar programas e desenvolveu uma linguagem de máquina não muito diferente das usadas atualmente nos computadores modernos.[13]

A primeira máquina de calcular moderna completamente operável foi inventada por William Burroughs ao final do século XIX. Embora a máquina de Burroughs não fosse programável, seu sucesso comercial ajudou a estabelecer a base para a introdução de máquinas de computação na vida empresarial dos Estados Unidos.

Em 1890, o U.S. Census Bureau (Departamento Americano de Recenseamento) promoveu um concurso para encontrar novas maneiras, mais inovadoras, de tabular o censo nacional. Naquela época, o país se tornara tão grande, com uma demografia tão difícil de administrar, que foram necessários 7 ou 8 anos apenas para tabular os dados do recenseamento anterior. O vencedor do concurso foi o engenheiro Herman Hollerith, que trabalhava para a Census Bureau. O jovem inventor usou cartões perfurados semelhantes àqueles imaginados por Babbage. Ele também criou uma máquina perfuradora para codificar a informação e uma leitora de cartões denominada prensa de pinos. A máquina de informação eletromecânica de Hollerith concluiu o recenseamento de 1890 em menos de dois anos e meio, reduzindo em dois terços o tempo necessário para a tabulação dos dados. O inventor montou sua própria empresa, a Tabulating Machine Company, para comercializar sua espantosa máquina. Em 1924, o nome da empresa foi mudado para International Business Machine, ou IBM.[14]

O primeiro computador digital programável foi inventado em 1941, pelo engenheiro civil alemão Konrad Zuse. Sua máquina fora projetada para facilitar a tarefa dos engenheiros civis com seus cálculos. Nessa mesma época, o British Intelligence (serviço secreto britânico) inventou seu próprio computador – um modelo não-programável – para ajudá-los a decodificar as mensagens militares dos alemães. A máquina, denominada Robinson, tornou-se a peça principal de uma gigantesca operação de coleta de informações secretas que envolvia mais de 10 mil pessoas. A "Superequipe", como era chamada, decifrou com êxito o código alemão, dando aos Aliados informações vitais sobre os planos estratégicos e a movimentação das tropas alemãs durante a guerra.[15]

Em 1944, cientistas de Harvard e do MIT inventaram seu próprio computador programável, o Mark I. A máquina tinha mais de 15 metros de comprimento por 2,5 metros de altura e foi apelidada de "o monstro" por seus inventores.[16] Dois anos mais tarde, cientistas da Faculdade de

Engenharia da Universidade da Pensilvânia desenvolveram outra máquina de computação ainda mais avançada. O Electric Numerical Integrator and Computer, ou ENIAC, composto de 18 mil válvulas, 70 mil resistores, 10 mil capacitores, 6 mil chaves, tinha 12 metros de comprimento, mais de 6 metros de altura e pesava mais de 30 toneladas.[17] Embora complexa e desengonçada, a máquina era a maravilha da moderna tecnologia. O ENIAC foi o primeiro computador digital de uso geral (programável). Dizia-se que a gigantesca máquina pensante era tão potente que as luzes da Filadélfia enfraqueceram quando seus criadores a ligaram pela primeira vez.[18] Yoneji Masuda, o sábio da computação japonesa, resumiu a importância histórica da nova invenção, observando que "pela primeira vez era feita uma máquina para criar e fornecer informações"[19].

Os inventores do ENIAC, J. Presper Eckert e John W. Mauchly, venderam sua máquina para a Remington-Rand que, por sua vez, rebatizou-a para Universal Automatic Computer, ou UNIVAC. O Census Bureau tornou-se o primeiro cliente comercial, comprando o UNIVAC para ajudar a calcular o censo de 1950.[20] Em 1951, 6 computadores eletrônicos estavam em operação. Quando a televisão CBS usou o UNIVAC para prognosticar, com sucesso, a esmagadora vitória do presidente Eisenhower sobre o senador Adlai Stevenson, os Estados Unidos tomaram conhecimento da estranha nova máquina.[21]

A IBM, que dois anos antes havia subestimado o potencial comercial dos computadores – prognosticando um mercado mundial de não mais de 25 máquinas –, subitamente abraçou a nova tecnologia. Em 1953, a IBM lançou o modelo 650, um equipamento que podia ser alugado por US$ 3 mil por mês. Novamente, a empresa subestimou o potencial do mercado, acreditando que não seriam construídas mais do que algumas centenas de máquinas. Os negócios americanos estavam em alta, consumindo milhares de computadores IBM nos anos seguintes.[22]

Os primeiros computadores eram desajeitados, exigiam dispositivos de entrada de alta voltagem e geravam grande quantidade de calor. Complexos e com altos custos de fabricação, eles quebravam constantemente. No entanto, não demorou muito para que os cientistas fossem capazes de substituir os componentes mais caros, as válvulas a vácuo, por pequenos semicondutores em estado sólido ou transistores. Esses computadores de segunda geração revolucionaram a indústria, reduzindo drasticamente o tamanho e o custo dos computadores e aumentando, ao mesmo tempo, sua eficiência e sua capacidade. Uma terceira geração de computadores surgiu ao final da década de 50, com a introdução dos circuitos integrados em um único processo de fabricação. No princípio da década de 70, surgiram os computadores de quarta geração, baseados na microtecnologia e nos microchips – mais uma vez reduzindo custos e revolucionando processos, tornando o computador onipresente na vida cotidiana de cada país industrializado.[23]

Pondo os Computadores para Trabalhar

O surgimento do computador programável na década de 1950 mostrou-se oportuno. A indústria já estava envolvida em uma reestruturação radical das operações, projetadas para automatizar tanto quanto fosse possível o processo de produção. Em abril de 1947, Del Harder, vice-presidente da Ford Motor Company, criou um "departamento de automação". Foi a primeira vez que o substantivo "automação" foi usado.[24] Harder não havia previsto os desenvolvimentos na indústria do computador que em breve fariam da automação e da computação sinônimos na mente da maioria das pessoas. Ou melhor, sua nova unidade esperava aumentar o uso das tecnologias existentes – hidráulica, eletromecânica e pneumática – para acelerar as operações e melhorar a produtividade na linha de montagem.

Começava-se a falar da "fábrica automática". Apenas seis meses antes, a revista *Fortune* anunciava que "a ameaça e a promessa de máquinas operadas sem trabalhadores estão mais próximas do que nunca"[25]. A revista veiculava um artigo provocante escrito por dois canadenses intitulado "Máquinas Sem Homens", no qual os autores, J. J. Brown e E. W. Leaver, concebiam fábricas sem trabalhadores no futuro, operadas automaticamente. Os autores ressaltavam os diversos avanços na mecanização e o potencial inovador da revolução eletrônica, concluindo que o dia da fábrica sem trabalhadores estava próximo. Descreviam depreciativamente o trabalho humano, na melhor das hipóteses, como um "artifício" e afirmavam que as novas tecnologias de controle em desenvolvimento "não estão sujeitas a quaisquer limitações humanas. Não se importam em trabalhar ininterruptamente. Jamais sentem fome ou cansaço. Estão sempre satisfeitas com as condições de trabalho e nunca exigem aumento de salário com base na capacidade da empresa de pagar. Não apenas causam menos dificuldades do que seres humanos executando trabalho equivalente, como também podem ser construídas para soar alarmes na sala de controle central sempre que não estiverem funcionando adequadamente."[26]

O artigo, assim como outros que se seguiram, oferecia uma nova visão grandiosa – a perspectiva de uma Terceira Revolução Industrial. O tema da fábrica automática teve ouvidos receptivos. O fim da Segunda Guerra Mundial suscitou uma onda de inquietação trabalhista. Zangados com os congelamentos salariais impostos durante a guerra e ansiosos por compensar as perdas em negociações coletivas, por causa do pacto antigreve durante o conflito, os trabalhadores começaram a se organizar e a desafiar os empregadores em uma frente ampla. Entre 1945 e 1955, os Estados Unidos tiveram mais de 43 mil greves, na mais concentrada onda de confrontos entre empregados e empregadores na história industrial.[27]

Os empresários estavam ficando preocupados com o que consideravam uma invasão dos trabalhadores organizados em seu domínio tradicional. Questões de contratação e demissão, promoções, ações disciplinares, benefícios de saúde e assuntos de segurança no trabalho foram introduzidos no processo de negociação coletiva em cada setor da indústria. O *Business Week* advertia que "chegou o momento de assumir uma posição... contra mais invasões à província dos empresários".[28]

Ameaçados pela crescente intensidade das exigências dos trabalhadores e determinados a manter seu controle de longa data sobre os meios de produção, os gigantes industriais dos Estados Unidos voltaram-se à nova tecnologia da automação, tanto para se livrarem dos trabalhadores rebeldes, quanto para melhorar sua produtividade e seu lucro. A nova estratégia corporativa teve êxito. Em 1961, uma subcomissão da Câmara dos Deputados publicou estatísticas sobre o impacto da automação nos empregos nos cinco anos anteriores. O Sindicato dos Trabalhadores Metalúrgicos apresentou uma perda de 95 mil empregos, enquanto a produção aumentou em 121%. O Sindicato dos Trabalhadores da Indústria Automobilística (UAW) relatou mais de 160 mil membros demitidos em função da automação. O Sindicato Internacional dos Eletricitários (IUE) apontava uma perda de 80 mil empregos na indústria elétrica, enquanto a produtividade aumentara mais de 20%.[29]

Entre 1956 e 1962, mais de 1,5 milhão de trabalhadores perderam seus empregos no setor industrial dos Estados Unidos.[30]

O sonho dos empresários de uma fábrica sem trabalhadores aproximou-se mais um pouco da realidade no início da década de 1960, com a introdução dos computadores na fábrica. As novas máquinas "pensantes" eram capazes de administrar uma quantidade muito maior de tarefas do que poderiam ter sido concebidas por Del Harder, quando, após a guerra, ele criou a primeira divisão de automação na Ford Motor Company. A nova abordagem à automação auxiliada por computador foi chamada de controle numérico – CN (N/C – Numerical Control). Com o controle numérico, instruções sobre como uma peça de metal deveria ser laminada, torneada, soldada, parafusada ou pintada ficam armazenadas em um programa de computador. O programa do computador instrui a ferramenta a fabricar uma peça e instrui robôs da linha de montagem a modelar ou a montar peças de um produto. O controle numérico tem sido chamado de "provavelmente o novo desenvolvimento mais significativo na tecnologia industrial, desde que Henry Ford introduziu o conceito da linha de montagem móvel".[31] Da perspectiva gerencial, o controle numérico aumentou significativamente a eficiência e a produtividade, e, ao mesmo tempo, diminuiu a necessidade de mão-de-obra humana na fábrica.

Todas as habilidades, os conhecimentos e as especializações que até então estavam arraigados nas mentes dos trabalhadores foram efetivamente transferidos para uma fita, permitindo que o processo de fabricação fosse controlado a distância, com necessidade muito menor de supervisão ou intervenção direta no ponto de produção. Com o controle numérico, muitas das decisões que afetam a fábrica e o processo de manufatura passaram dos trabalhadores para os programadores e gerentes. As vantagens da nova tecnologia de automação não passaram despercebidas aos empresários. Já era possível exercer um controle mais rígido sobre cada aspecto da produção, incluindo o próprio espaço do processo de produção. Líderes empresa- riais, principalmente do setor industrial, estavam alvoroçados com a nova revolução da automação. A empresa de consultoria Cox and Cox, de Chicago, publicou seu relatório sobre máquinas de controle numérico, declarando: "Aqui está uma revolução gerencial... o gerenciamento de máquinas em vez do gerenciamento de homens"[32]. Alan A. Smith, da Arthur D. Little Inc., resumiu os sentimentos de muitos colegas seus. Pouco depois da primeira demonstração do controle numérico realizada no MIT, ele escreveu a James McDonough, um dos coordenadores do projeto, para externar seu entusiasmo. Smith afirmou que a nova geração de ferramentas numericamente controladas por computador marca nossa "emancipação dos trabalhadores humanos"[33].

À medida que a automação estendeu-se a indústrias inteiras e infiltrou-se por todo os Estados Unidos, seu efeito nas pessoas e nas comunidades começou a ser sentido. O primeiro grupo a sofrer o impacto foi o negro americano. A história do efeito da automação nos afro-americanos é das menos conhecidas, ainda que seja um dos episódios mais marcantes da história social do século XX. A experiência da comunidade negra precisa ser adequadamente analisada, porque fornece um pano de fundo histórico extremamente importante para a compreensão do provável impacto que a reengenharia e as novas tecnologias da automação terão nas vidas dos trabalhadores em todo o mundo.

CAPÍTULO 5

Tecnologia e Experiência Afro-americana

No início do século XX, ainda vivia abaixo da linha Mason-Dixon[1] mais de 90% da população negra dos Estados Unidos.[2] A grande maioria de negros estava presa a uma forma de agricultura que pouco havia mudado desde que os primeiros escravos foram trazidos para a América. Embora a Guerra Civil tivesse dado aos negros americanos sua emancipação política, eles ainda permaneciam sob o jugo de um sistema econômico que os mantinha em estado de servidão.

Após a Guerra Civil e de um breve período de reconstrução, no qual os negros tiveram vitórias políticas significativas, os fazendeiros brancos conseguiram reconquistar o controle sobre seus antigos escravos com a instituição do sistema meeiro. Quase famintos, sem terra e desesperados por trabalho, os negros americanos tornaram-se joguetes relutantes no novo esquema meeiro. Pelo novo sistema, o meeiros recebiam terras, moradia, sementes, ferramentas agrícolas e mulas. Em troca, 40% da sua colheita tinha que ser dada ao proprietário da terra. Embora, em princípio, o restante da colheita devesse ficar para o meeiro, raramente as coisas funcionavam dessa maneira. A remuneração mensal que os meeiros recebiam para cobrir as despesas mensais era sempre insuficiente, forçando-os a se abastecer a crédito no armazém-geral da fazenda. A mercadoria era freqüentemente anotada com preços maiores, e os juros cobrados eram exorbitantes. Como resultado, na época da colheita, os meeiros descobriam que deviam mais ao proprietário do que o valor de sua parte da colheita, forçando-os a novas dívidas e mais dependência. Não era incomum que os proprietários falsificassem os livros, enganando ainda mais os colonos. Um sistema de leis de segregação rígidas, apoiado por um reinado de terror, assegurava a supremacia branca e uma força de trabalho dócil.

A maioria dos meeiros negros plantava algodão, uma das culturas mais árduas que havia. A colheita dos casulos era um exercício desgastante. Os trabalhadores precisavam arrastar-se de joelhos ou inclinar-se enquanto trabalhavam os campos de algodão. O macio tufo de algodão era circundado por um talo rijo que freqüentemente espetava as mãos. O algodão era colhido, colocado em sacos de 35 quilos, que eram arrastados com uma correia presa ao ombro. O algodão era colhido desde o nascer até o pôr-do-sol e, nesse período, um colhedor experiente podia colher mais de 90 quilos.[3]

A habitação dos colonos era primitiva, sem aquecimento nem encanamento. As crianças pouco freqüentavam a escola e costumavam ajudar nos campos. O sistema meeiro resumia-se a pouco mais do que escravidão, sob outra denominação.

Para fugir ao empobrecimento do Sul rural, durante e logo após a Primeira Guerra Mundial, um número crescente de negros começou a migrar para o Norte. Com a interrupção da imigração estrangeira durante os anos da guerra, os fabricantes nortistas precisavam desesperadamente de mão-de-obra não qualificada e começaram a contratar um grande número de negros sulistas. Para muitos afro-americanos, a perspectiva de ganhar o sustento em fábricas nortistas era estímulo suficiente para eles deixarem família e amigos e irem em busca de uma vida melhor. Entretanto, a maioria dos negros preferiu permanecer a arriscar uma vida de incertezas nas cidades do Norte.

Porém, em outubro de 1944, ocorreu um fato no Delta do Mississipi rural que mudaria para sempre a situação dos afro-americanos. No dia 2 de outubro, uma multidão de 3 mil pessoas aglomerava-se em um campo de algodão próximo de Clarksdale, Mississipi, para ver a primeira demonstração bem-sucedida de uma colheitadeira mecânica de algodão. Em seu livro *The Promised Land*, Nicholas Lemann descreve o que aconteceu. "As colheitadeiras, de um vermelho vivo, passavam pelas fileiras brancas de algodão. Cada uma tinha montada na parte da frente uma fileira de fusos, parecendo uma grande boca, cheia de dentes de metal, que haviam sido virados verticalmente. Os fusos, do tamanho de dedos humanos, giravam de forma a arrancar o algodão da planta e, depois, um aspirador puxava-o para um tubo e para dentro de um grande cesto de metal, encaixado em cima da colheitadeira."

A multidão estava estupefata diante daquela visão. Em uma hora, um trabalhador podia colher 9 quilos de algodão. Nesse mesmo tempo, as colheitadeiras mecânicas podiam colher 450 quilos. Cada máquina era capaz de fazer o trabalho de 50 pessoas.[4]

O surgimento da colheitadeira mecânica de algodão no Sul foi oportuno. Muitos soldados negros, recém-chegados da guerra, começavam a desafiar as leis de Jim Crow[5] e os estatutos segregacionistas que os haviam mantido em virtual servidão desde a Reconstrução. Tendo lutado por seu país e conhecido regiões nos Estados Unidos e na Europa nas quais as leis segregacionistas não existiam, muitos veteranos não estavam mais dispostos a aceitar o status quo. Alguns começaram a questionar sua situação; outros começaram a agir. Em Greenville, Mississipi, quatro veteranos negros foram até o tribunal da cidade para obter seus títulos de eleitor. Após serem rejeitados várias vezes, registraram queixa no FBI, que mandou agentes federais a Greenville para ajudar os quatros homens a obter seus títulos de eleitor.[6]

Os brancos, tanto no Mississipi, quanto em outras localidades no Sul, ficaram horrorizados. Os rumores de mudanças aumentavam, ameaçando abalar o precário sistema que havia mantido a economia agrícola por tanto tempo. Um importante fazendeiro no Delta escreveu uma carta à Associação Algodoeira local, oferecendo uma sugestão que, pouco tempo depois, seria colocada em prática pelos fazendeiros em todo o Sul. Seu nome era Richard Hopson, irmão de Howard Hopson, cujas terras haviam sido usadas para demonstrar as maravilhas da nova colheitadeira mecânica de algodão. Em sua carta, Hopson discorria sobre a crescente tensão racial no Delta: "Estou certo de que V.S[as]. têm conhecimento do sério problema racial que estamos enfrentando neste momento e que poderá agravar-se com o passar do tempo... Sugiro veementemente que os fazendeiros do Delta do Mississipi passem, quanto antes, do sistema de arrendamento para a agricultura totalmente mecanizada... A agricultura mecanizada exigirá apenas uma fração da mão-de-obra necessária pelo sistema meeiro, equilibrando, dessa forma, a população branca e negra, o que automaticamente tornará nosso problema racial mais fácil de administrar"[7].

Em 1949, apenas 6% do algodão no Sul foi colhido mecanicamente; em 1964, 78%. Oito anos mais tarde, 100% do algodão foi colhido por máquinas.[8]

Pela primeira vez, desde que havia sido trazida para trabalhar como escrava nas lavouras do Sul, a mão-de-obra negra não era mais necessária. Da noite para o dia, a tecnologia tornara o sistema meeiro obsoleto. Os fazendeiros expulsaram milhões de arrendatários de suas terras, deixando-os desabrigados e desempregados. Outros desenvolvimentos aceleraram o processo. Programas federais forçaram uma redução de 40% na extensão das plantações de algodão na década de 50.[9] Grande parte da terra foi convertida em área madeireira ou em pastagens, o que exigia pouca mão-de-obra. As restrições sobre a produção de tratores foram suspensas após a guerra, acelerando a substituição da mão-de-obra por tratores no campo. A introdução de produtos químicos para a eliminação de ervas daninhas reduziu ainda mais a força de trabalho – os trabalhadores negros tradicionalmente eram usados para a erradicação de ervas daninhas. Quando o governo federal americano estendeu o salário mínimo para os trabalhadores rurais, a maioria dos fazendeiros sulistas achou mais econômico adotar os desfolhantes químicos para substituir o trabalho manual, deixando os negros sem fontes de emprego.[10]

O impulso da mecanização na agricultura sulista coincidiu com o atrativo de salários mais altos nas cidades industriais do Norte, para criar o que Nicholas Lemann chamou de "um dos maiores e o mais rápido movimento interno em massa de pessoas na história". Entre 1940 e 1970, mais de 5 milhões de homens, mulheres e crianças negras migraram para o Norte em busca de trabalho.[11] As rotas de migração iam desde a Geórgia, a Carolina do Norte e a Carolina do Sul e a Virgínia, ao longo da Costa Atlântica, até as cidades de Nova York e Boston; do Mississipi, Arkansas e Alabama rumo ao norte até Chicago e Detroit; e do Texas e Lousiana para o oeste, rumo à Califórnia. Quando a migração terminou, mais da metade de todos os negros americanos havia deixado o Sul – e um modo de vida tradicionalmente rural –, para tornar-se um proletariado industrial urbano nas cidades do Norte.[12]

A mecanização das lavouras afetou profundamente toda a agricultura, expulsando milhões de agricultores e de trabalhadores rurais. Entretanto, seu efeito sobre os afro-americanos foi mais dramático e imediato, por causa de sua maior concentração na região algodoeira do Sul, cuja mecanização espalhou-se mais rápida e forçadamente do que ocorrera às outras tecnologias agrícolas. Igualmente importante, e ao contrário dos outros agricultores, a grande maioria dos negros não possuía a terra na qual trabalhava. Como a maioria era de meeiros, à mercê dos proprietários das terras, sobrevivendo à margem da economia do dinheiro, eles não tinham disponibilidade de capital e, portanto, sem meios para resistir à tempestade tecnológica que se abatera sobre suas comunidades. O reverendo Martin Luther King falou de sua surpresa, ao visitar uma fazenda no Alabama, em 1965, e encontrar meeiros que jamais haviam visto a moeda americana antes.[13]

A colheitadeira mecânica de algodão mostrou-se muito mais eficaz do que a Proclamação da Emancipação, ao libertar os negros da economia agrícola. Mas o fez a um preço terrível. A expulsão de milhões de negros americanos e sua subseqüente migração para o Norte não demoraria a desencadear forças sociais e políticas de proporções inimagináveis – forças que colocariam à prova a verdadeira alma do povo americano. Escrevendo em 1947, o advogado e empresário sulista David Cohn implorava à nação para que tomasse consciência das nuvens que pressagiavam uma tormenta no horizonte político. Ele alertava:

> O país está à beira de um processo de mudança tão grande como nenhum outro que tenha ocorrido desde a Revolução Industrial... Cinco milhões de pessoas serão removidas da zona rural nos próximos anos. Elas precisam ir para algum lugar. Mas, para onde? Precisam fazer alguma coisa. Mas, o quê? Precisam de moradia. Mas, onde estão as casas?
>
> A maioria desse grupo é de lavradores negros, totalmente despreparados para a vida industrial urbana. Como serão absorvidos industrialmente? Qual será o efeito de lançá-los no mercado de trabalho? Qual será o efeito sobre o relacionamento racial nos Estados Unidos? Será que as vítimas da mecanização agrícola irão se tornar vítimas de conflitos raciais?
>
> Uma enorme tragédia se aproxima, a menos que os Estados Unidos ajam, e ajam imediatamente, sobre um problema que afeta milhões de pessoas e toda a estrutura de uma nação.[14]

Apanhados por Duas Tecnologias

Embora os afro-americanos não se tenham dado conta, na época de sua migração para o Norte, uma segunda revolução tecnológica já havia começado nas indústrias manufatureiras em Chicago, Detroit, Cleveland e Nova York que, mais uma vez, lhes negaria oportunidades de emprego lucrativo. Dessa vez, o desemprego econômico criara em sua onda uma subclasse nova e permanente no âmago das cidades, assim como condições para distúrbios sociais e violência crescentes que atingiriam todo o restante do século XX.

No começo, os negros tiveram acesso limitado aos cargos que não exigiam qualificação nas indústrias automobilística, metalúrgica, da borracha, química e frigorífica. Os industriais nortistas freqüentemente os usavam para substituir grevistas ou para preencher as lacunas deixadas pela diminuição do afluxo de trabalhadores imigrantes de outros países. A sorte dos trabalhadores negros no Norte foi melhorando até 1954, para, depois, começar um declínio histórico de 40 anos.

Em meados da década de 50, a automação começou a cobrar seu preço do setor industrial da nação. Os mais duramente atingidos foram os trabalhadores não qualificados, exatamente nas indústrias nas quais os trabalhadores negros estavam concentrados. Entre 1953 e 1962, 1,6 milhão de operários perderam seus empregos no setor industrial.[15] Embora, entre 1947 e 1953, a taxa de desemprego para os americanos negros jamais tivesse ultrapassado os 8,5%, e a taxa de desemprego dos brancos jamais tivesse ido além dos 4,6%, foi em 1964 que os negros experimentaram uma taxa de desemprego de 12,4%, enquanto, entre a população branca, o desemprego era de apenas 5,9%. Desde 1954, o desemprego entre os negros nos Estados Unidos continuou sendo o dobro do atribuído aos brancos.[16] Ao escrever *The Problem of the Negro Movement* em 1964, o ativista de direitos civis Tom Kahn ironizava: "É como se o racismo, tendo colocado o negro em seu devido lugar econômico, tivesse se retirado de cena, para assistir à tecnologia destruir aquele lugar"[17].

A partir da metade dos anos 50, as empresas começaram a construir mais instalações industriais automatizadas nos então emergentes parques industriais suburbanos. A automação e a mudança para os subúrbios criaram uma crise de dimensões trágicas para os trabalhadores negros não qualificados. As antigas fábricas dos grandes centros, com vários andares, começaram a dar lugar a novas fábricas térreas, mais compatíveis com as novas tecnologias da automação. A limitada disponibilidade de terras e o aumento dos impostos nas cidades foram um desestímulo poderoso, impelindo os empreendimentos industriais para os subúrbios emergentes. O recém-instalado sistema rodoviário interestadual e o anel metropolitano de vias expressas sendo construído em torno das cidades nortistas favoreciam cada vez mais o transporte de produtos por caminhão em prejuízo da ferrovia, incentivando ainda mais a transferência das fábricas para os subúrbios.[18] Finalmente, ansiosos por reduzir encargos trabalhistas e enfraquecer o poder dos sindicatos, os empresários viram a mudança como um meio de aumentar a distância entre as fábricas e as concentrações da militância sindical. Provavelmente, foi esse mesmo sentimento anti-sindicalista que acabou levando as empresas a estabelecer suas fábricas no sul, no México e em outros continentes.

A nova estratégia empresarial de automação e de suburbanização tornou-se imediatamente visível na indústria automotiva. O Complexo de River Rouge da Ford, em Detroit, era a locomotiva das extensas operações da empresa. A fábrica de River Rouge era também o centro do UAW (United Auto, Aircraft and Agricultural Implements Workers of America – Sindicato dos Trabalhadores nas Indústrias Automotiva, de Aviões e de Implementos Agrícolas dos Estados Unidos), o mais forte e ativo sindicato local, cujo quadro de associados negros era superior a 30%. Tão poderosos eram os 600 filiados do UAW local que eles eram bem capazes de paralisar toda a operação da Ford com uma única ação grevista.[19]

Embora o Complexo de River Rouge tivesse espaço suficiente para ampliação, a direção da Ford decidiu transferir grande parte de sua produção para novas instalações automatizadas nos subúrbios, em grande parte para enfraquecer o sindicato e recuperar o controle sobre suas operações de produção. Em 1945, a fábrica de Rouge tinha 85 mil trabalhadores. Apenas 15 anos mais tarde, a lista de empregados havia caído para menos de 30 mil. O historiador Thomas J. Sugrue relata que, a partir do fim da década de 40 até 57, a Ford gastou mais de US$ 2,5 bilhões em automação e expansão de instalações industriais. As iniciativas da Ford foram acompanhadas pela General Motors e pela Chrysler. Juntas, as três grandes empresas automotivas construíram 25 novas instalações, mais automatizadas, nos subúrbios dos arredores de Detroit.[20]

Empreendimentos satélites que atendiam à indústria automotiva também começaram a automatizar sua produção na década de 50 – principalmente empresas fabricantes de máquinas operatrizes, fios, peças automotivas e outros produtos de metal. Muitos fabricantes de autopeças, como a Briggs Manufacturing e a Murray Auto Body de Detroit, foram forçados a fechar suas instalações de meados até o final da década de 50, à medida que os grandes fabricantes de automóveis começavam a integrar seus processos de produção, assumindo cada vez mais a fabricação dos componentes em novas linhas de produção automatizadas.[21]

Como resultado da automação e da suburbanização da produção, em meados da década de 50, o número de empregos no setor industrial de Detroit caiu dramaticamente. Mais uma vez, os trabalhadores negros, que poucos anos antes haviam sido deslocados pela colheitadeira de algodão mecânica no Sul rural, eram as vítimas da mecanização. Na década de 50, 25,7% dos operários da Chrysler e 23% dos operários da General Motors eram afro-americanos. Igualmente importante, porque formavam a grande massa da força de trabalho não qualificada, os trabalhadores negros foram os primeiros a ser demitidos em função da automação. Em 1960, apenas 24 trabalhadores negros foram contados entre os 7.425 operários qualificados da Chrysler. Na General Motors, apenas 67 negros estavam entre mais de 11 mil operários qualificados na folha de pagamento.[22] Os índices de produtividade e do desemprego contam o resto da história. Entre 1957 e 1964, a produção industrial dobrou nos Estados Unidos, enquanto o número de operários caiu 3%.[23] Novamente, muitas das primeiras baixas do novo impulso na automação foram os trabalhadores negros, que estavam desproporcionalmente representados nas funções não qualificadas e que eram os primeiros a ser substituídos pelas novas máquinas. Nas operações industriais em todo o cinturão industrial ao norte e a oeste dos Estados Unidos, as forças da automação e da suburbanização continuavam a cobrar seu tributo dos trabalhadores negros não qualificados, deixando um rastro de dezenas de milhares de homens e mulheres desempregados.

A introdução dos computadores e da tecnologia do controle numérico na fábrica, na década de 60, acelerou o processo do desemprego tecnológico. Nas quatro maiores cidades do país, Nova York, Chicago, Filadélfia e Detroit, cidades nas quais os negros constituíram uma grande maioria da mão-de-obra não qualificada, mais de um milhão de empregos nos setores industrial, atacadista e varejista foram perdidos, muitos como resultado do progresso tecnológico. O escritor James Boggs exprimiu a preocupação de muitos da comunidade negra, ao declarar que "a cibernética... está eliminando os 'empregos negros'"[24].

À medida que as empresas se mudavam para os subúrbios, milhões de famílias brancas das classes média e assalariada faziam o mesmo, mudando-se para as novas subdivisões suburbanas. Nas décadas de 60 e 70, as zonas centrais das cidades tornaram-se cada vez mais negras e empobrecidas. O sociólogo William Julius Wilson observa que "a proporção de negros vivendo nas regiões centrais aumentou de 52%, em 1960, para 60%, em 1973, enquanto a proporção de brancos residindo nas regiões centrais diminuiu de 31% para 26%". Wilson culpa o êxodo pelo rápido declínio na arrecadação de impostos nas regiões centrais, pela queda bruta dos serviços públicos e pelo envolvimento de milhões de americanos negros em um ciclo autoperpetuado de desemprego e de assistência pública. Em 1975, na cidade de Nova York, mais de 15% dos residentes dependiam de alguma forma de assistência do governo. Em Chicago, esse número chegava a quase 19%.[25]

Na década de 80, muitas das cidades do norte dos Estados Unidos renasceram parcialmente, tornando-se os eixos da nova economia da informação. Inúmeras áreas centrais fizeram a transição de "centros de produção e distribuição de produtos para centros de administração, intercâmbio de informação e fornecimento de serviços de alto nível"[26]. As indústrias emergentes baseadas no conhecimento significavam – e ainda significam – mais empregos para trabalhadores altamente qualificados e prestadores de serviços. Para um grande número de afro-americanos, no entanto, a nova renascença urbana serviu apenas para acentuar ainda mais a diferença de emprego e de renda entre brancos altamente escolarizados e negros pobres não qualificados.

O único aumento significativo de emprego entre americanos negros nos últimos 35 anos tem sido no setor público: mais de 55% do aumento real no emprego para os negros nas décadas de 60 e 70 ocorreram nessa área.[27] Muitos profissionais negros encontraram emprego nos programas federais gerados pelas iniciativas do presidente Lyndon Johnson. Outros encontraram emprego em repartições públicas municipais e estaduais, administrando o serviço social e programas de previdência social, programas esses direcionados em grande parte para a comunidade negra que estava sendo deslocada pelas novas forças da automação e de suburbanização. Em 1960, 13,3% da força negra total de trabalho com emprego trabalhavam no setor público. Uma década depois, mais de 21% de todos os trabalhadores negros dos Estados Unidos estavam na folha de pagamento do governo.[28] Por volta de 1970, o governo empregava 57% de todos os homens negros graduados nas universidades e 72% das mulheres negras graduadas nas universidades.[29]

A Automação e a Formação da Subclasse Urbana

As metas empresariais de automatizar e realocar os cargos no setor industrial dividiram a comunidade negra em dois grupos econômicos distintos. Milhões de trabalhadores não qualificados e suas famílias tornaram-se parte do que historiadores sociais agora chamam de subclasse – uma parte da população permanentemente desempregada, cuja mão-de-obra não qualificada já não é mais necessária e que subsiste ao "deus-dará", de geração a geração, sob a proteção do governo. Um segundo grupo menor de profissionais negros de classe média tem sido colocado na folha de pagamento do governo para administrar os vários programas de assistência pública, implantados para auxiliar essa nova subclasse urbana. Segundo os autores Michael Brown e Steven Erie, o sistema representa uma espécie de "colonialismo da previdência social, em que os negros foram convocados a administrar seu próprio estado de dependência".[30]

Talvez os Estados Unidos tivessem se preocupado mais com o impacto da automação na América negra nas décadas de 60 e 70, caso um número significativo de afro-americanos não tivesse sido absorvido pelos empregos no setor público. Já no início da década de 70, o sociólogo Sidney Willhelm observou que "à medida que o governo torna-se o principal empregador para a classe assalariada durante a transição para a automação, ele se torna ainda mais para o trabalhador negro. De fato, não fosse pelo governo, os negros que haviam perdido seus empregos na iniciativa privada teriam elevado os índices do desemprego a níveis assombrosos."[31]

Nessas circunstâncias, a imagem pública de uma classe média negra próspera e crescente era suficiente para desviar parcialmente a atenção da difícil situação de uma nova e crescente subclasse negra que se tornara a primeira vítima da automação e das novas tecnologias.

O desemprego tecnológico alterou fundamentalmente a sociologia da comunidade negra americana. O desemprego permanente levou a uma onda de escalada do crime nas ruas das cidades americanas e à total desintegração da vida familiar negra. As estatísticas são assustadoras. Ao final da década de 80, um entre quatro adolescentes afro-americanos do sexo masculino estava na prisão ou em liberdade condicional. Na capital do país, Washington, D.C., 42% dos homens negros, entre os 18 e 25 anos de idade, estavam na prisão, em liberdade condicional, aguardando julgamento ou sendo procurados pela polícia. A principal causa de morte entre os jovens negros era o assassinato.[32]

Em 1965, Daniel Patrick Moynihan, então senador dos Estados Unidos, publicou um relatório polêmico sobre "Emprego, Renda e a Provação da Família Negra", no qual ele argumentava enfaticamente que o "subemprego do pai negro tem levado à desintegração da família negra"[33]. Quando esse relatório foi escrito, 25% de todos os nascimentos negros eram fora do casamento e quase 25% de todas as famílias negras eram chefiadas por mulheres. Lares com pais solteiros, encabeçados por mulheres, estão tipicamente vinculados a um ciclo de dependência da previdência social, que se autoperpetua, geração após geração, com um alto índice de gravidez entre adolescentes solteiras, um número desproporcional de evasão escolar e dependência continuada da assistência social. Em 1995, 62% de todas as famílias negras eram lares de pais solteiros.[34]

E essas estatísticas devem subir à medida que um número crescente de trabalhadores negros não qualificados forem sendo demitidos na onda de reengenharia e downsizing. Em 1990 e 1991, segundo um relatório preparado pela Comissão de Igualdade de Oportunidades de Emprego, os assalariados negros constituíam quase um terço dos 180 mil empregos perdidos no setor industrial.[35] Os negros também sofreram desproporcionalmente com a perda de cargos administrativos e de prestação de serviços no início da década de 90. A razão para essas expressivas perdas de emprego entre os negros, segundo o *Wall Street Journal*, é que "os negros estavam concentrados nos empregos mais dispensáveis. Mais da metade de todos os trabalhadores negros ocupava funções nas quatro categorias de cargos nas quais as empresas fizeram os grandes cortes: funcionários de escritório e administrativos, qualificados, semiqualificados e operários."[36] John Johnson, diretor de recursos humanos da *National Association for the Advancement of Colored People* (Associação Nacional para o Progresso das Pessoas de Cor), diz que "o que os brancos nem sempre percebem é que, enquanto eles estão em uma recessão, os negros estão em uma depressão"[37].

Há mais de 40 anos, no despontar da era do computador, o pai da cibernética, Norbert Weiner, alertou para as prováveis conseqüências adversas das novas tecnologias da automação. "Devemos nos lembrar", disse ele, "de que a máquina automática... é exatamente o equivalente econômico do trabalho escravo. Qualquer trabalho que dispute com o trabalho escravo deve aceitar as conseqüências econômicas do trabalho escravo."[38] Não é de estranhar que a primeira comunidade a ser devastada pela revolução cibernética tenha sido a América negra. Com a introdução das máquinas automatizadas, foi possível substituir, a um custo menor e por formas inanimadas, milhões de afro-americanos que, durante muito tempo, permaneceram na base da pirâmide econômica, primeiro como escravos nas lavouras, depois como meeiros e, finalmente, como operários não qualificados nas fábricas e forjarias do norte.

Pela primeira vez na história americana, os afro-americanos não eram mais necessários no sistema econômico. Em seu livro Who Needs the Negro?, Sidney Willhelm resumiu a importância histórica do que havia ocorrido: "Com o advento da automação, o negro passa do seu estado histórico de opressão para o de inutilidade. Cada vez mais, ele não é tão explorado economicamente, quanto é irrelevante... Os brancos dominantes não precisam mais explorar a minoria negra. À medida que prossegue a automação, será mais fácil para o branco ignorar o negro. Ou seja, a América Branca, pela mais perfeita aplicação da mecanização e por uma forte aposta na automação, desfaz-se do negro; e conseqüentemente, o negro transforma-se de uma força de trabalho explorada em um pária"[39].

Ao escrever de sua cela na prisão de Birmingham, o reverendo Martin Luther King lamentou a contínua degradação da auto-imagem dos negros americanos que "lutavam permanentemente contra um sentimento depreciativo de 'joão-ninguém'"[40]. O exército de reserva de trabalhadores explorados de Marx havia sido reduzido ao espectro do "homem invisível" de Ralph Ellison. A automação havia tornado obsoletos grandes números de trabalhadores negros. Desapareceram as restrições econômicas que tradicionalmente haviam mantido os americanos negros "na linha" e passivamente dependentes da estrutura de poder branca para suas subsistências. Derrotados e esquecidos, milhares de americanos negros urbanos extravasavam sua frustração e raiva tomando as ruas dos guetos urbanos em todo o país. Os tumultos começaram em 1965 em Watts e se espalharam, até o final da década, ao leste para Detroit e outras cidades industriais do norte. Após os tumultos de Watts, um dos habitantes locais fez uma advertência lacônica que exprimia a ira há tanto tempo reprimida e que havia desencadeado o tumulto. "Os brancos", declarou, "pensam que podem simplesmente encurralar as pessoas em uma área como Watts e depois esquecê-las. Não funcionou."[41]

É preciso ressaltar que nem todos os líderes dos direitos civis da época diagnosticaram corretamente o problema. Muitos líderes tradicionais das principais organizações negras continuaram a perceber a difícil situação em termos estritamente políticos, argumentando que a discriminação social era a raiz da crise e que leis antidiscriminatórias seriam a solução apropriada. Alguns, no entanto, perceberam o que estava ocorrendo na economia como um precursor de mudanças fundamentais no relacionamento negro-branco, com conseqüências sinistras para o futuro do país. Na conclusão de seu pungente trabalho sobre o assunto, Sidney Willhelm escreveu que "subestimar a revolução tecnológica só pode levar a subestimar a revolução racial concomitante, da exploração para a inutilidade; avaliar erroneamente o presente como uma continuação da industrialização, em vez do despontar de uma nova era tecnológica, assegura uma incapacidade de prever o sistema acentuadamente diferente de relacionamento racial à espera do negro deslocado"[42].

A previsão de Willhem mostrou-se correta. Hoje, milhões de afro-americanos encontram-se amarrados irremediável e permanentemente a uma subclasse. Despreparados e desnecessários, o valor de mercado de seu trabalho foi virtualmente inutilizado pelas tecnologias da automação que os deslocaram na nova economia global da alta tecnologia.

CAPÍTULO 6

O Grande Debate da Automação

Enquanto os líderes dos movimentos de direitos civis, já na década de 60, começavam a alertar para as conseqüências da automação sobre a comunidade afro-americana, outros começavam a inferir implicações mais amplas para a sociedade em geral. Um debate em todo o território dos Estados Unidos sobre os efeitos prováveis da automação na economia e no emprego aflorou no início da década de 60, alimentado, em grande parte, pelas crescentes perdas de emprego na comunidade negra.

Em março de 1963, um grupo de eminentes cientistas, economistas e acadêmicos, liderados por J. Robert Oppenheimer, diretor do Instituto para Estudos Avançados da Universidade de Princeton, publicou, no *New York Times*, uma carta aberta ao presidente do país, alertando para os perigos da automação no futuro da economia americana e conclamando para um diálogo nacional sobre o assunto. O Comitê Ad Hoc sobre a Tripla Revolução – cujo nome deriva de sua análise das três novas mudanças revolucionárias em curso na sociedade – A Revolução da Cibernética, a Revolução do Armamentismo e a Revolução dos Direitos Humanos – afirmava que as novas tecnologias da cibernética estavam forçando uma mudança fundamental no relacionamento entre renda e trabalho. Os autores ressaltavam que até o presente momento na história "recursos econômicos sempre haviam sido distribuídos de acordo com as contribuições à produção". Essa relação histórica estava sendo agora ameaçada pelas novas tecnologias baseadas no computador.

Eles advertiam que "uma nova era de produção havia começado. Seus princípios de organização são tão diferentes dos da Era Industrial quanto esses eram dos princípios agrícolas. A revolução cibernética foi ocasionada pela combinação do computador e da máquina auto-regulável automatizada. Isso resulta em um sistema de capacidade produtiva quase ilimitada, que requer progressivamente menos mão-de-obra humana."[1]

O Comitê reconhecia que "os negros são os mais duramente atingidos entre os vários grupos sendo exilados da economia pela cibernética", mas prognosticava que, com o tempo, a nova revolução do computador assumiria cada vez mais as tarefas produtivas na economia, deixando milhões de trabalhadores desempregados.[2] O Comitê exortava o presidente e o Congresso americanos a considerarem a garantia a cada cidadão de "rendimentos adequados como uma questão de direito", como forma de distribuir recursos a milhões de pessoas que ficaram desempregadas em função das tecnologias economizadoras de mão-de-obra.[3]

A exortação do Comitê Ad Hoc chamou a atenção da Casa Branca. Em julho de 1963, o presidente Kennedy pedia a criação de uma Comissão Nacional de Automação.[4] Seis meses depois, em sua mensagem *State of the Union*, o presidente Lyndon Johnson propôs a criação de uma Comissão de Progresso Econômico, Automação e Tecnologia. Naquela primavera, foram realizadas audiências públicas no Congresso e sancionada a lei para o estabelecimento da comissão.[5]

O Governo Adota o Meio-termo

O relatório da comissão, publicado em 1965, procurava um meio-termo entre aqueles que afirmavam que a revolução cibernética exigia uma resposta imediata do governo e aqueles, principalmente da comunidade empresarial, que defendiam que o desemprego tecnológico era uma decorrência normal do progresso econômico e acabaria sendo absorvido por uma economia robusta: "Segundo uma visão extremista, o mundo – ou pelo menos os Estados Unidos – está à beira de uma superabundância de produtividade, suficiente para tornar nossas instituições econômicas e o conceito de emprego lucrativo obsoletos. Discordamos dessa visão... Entretanto, também discordamos da outra visão extrema da complacência que nega a existência de sérios problemas sociais e econômicos relacionados ao impacto da mudança tecnológica"[6].

Curiosamente, embora os autores do relatório do governo procurassem manter distância entre eles e os críticos e estabelecer uma abordagem de centro à questão, várias de suas conclusões reforçavam os argumentos apre-

sentados pelo Comitê Oppenheimer sobre a Tripla Revolução. Por exemplo, eles reconheciam o impacto destrutivo da nova revolução tecnológica sobre a América negra. O relatório dizia:

> A moderna tecnologia agrícola – desde a colheitadeira de algodão e as imensas máquinas de ceifar e debulhar aos fertilizantes químicos e inseticidas – resultou em uma migração rápida de trabalhadores para as cidades e contribuiu para sérios problemas urbanos.
>
> A revolução tecnológica na agricultura combinou as dificuldades de uma grande parte da nossa população negra. Expulsos das áreas rurais, muitos migraram para as cidades em busca de subsistência. Mas, muitos chegaram exatamente quando... avanços da tecnologia estavam reduzindo os números das funções industriais semiqualificadas e não qualificadas para as quais eles poderiam se qualificar. Apesar das melhorias nos últimos dois anos, existem 700 mil empregos a menos nas fábricas para cargos de produção e manutenção do que ao final da Guerra da Coréia.[7]

A comissão do governo sustentava que "a tecnologia elimina cargos, não trabalho", apresentando o mesmo argumento que Oppenheimer e que os autores da Tripla Revolução haviam dado. Se a economia estava gerando trabalho sem trabalhadores, como ambos os lados pareciam sugerir, então alguma forma de intervenção governamental seria necessária para prover uma fonte de renda e de poder aquisitivo para os crescentes números de trabalhadores deslocados pelas tecnologias poupadoras de mão-de-obra e de maior produtividade. A comissão admitia que: "É obrigação permanente da política econômica combinar os aumentos do potencial produtivo com os aumentos do poder aquisitivo e da demanda. De outro modo, o potencial criado pelo progresso técnico é desperdiçado na forma de capacidade ociosa, desemprego e privação"[8].

A comissão presidencial acabou recuando nas questões levantadas pela automação, concluindo que o desemprego tecnológico é uma condição necessária e temporária, gerada ao longo do caminho rumo ao progresso econômico. Seu otimismo contido foi estimulado por um reaquecimento da economia e pela diminuição dos índices de desemprego, em grande parte decorrentes da preparação para o conflito no Vietnã. A comissão admitia isso. "Com a intensificação da guerra no Vietnã, tudo indica que haverá uma diminuição ainda maior nos níveis do desemprego."[9] Em uma previsão à parte, os autores do relatório advertiam que, "a nação não deve se deixar iludir por uma necessidade de curto prazo de aumento nos gastos com a defesa"[10]. A advertência foi abafada pelos tambores de guerra e por preparativos maciços da economia militar.

A Rendição dos Trabalhadores

Após anos de preocupação crescente com o desemprego tecnológico, o tão esperado debate arrefeceu em meados da década de 60. Charles Silberman, que escrevia para a revista *Fortune*, declarou que "os efeitos da automação sobre o emprego têm sido amplos e irresponsavelmente exagerados, principalmente por cientistas sociais que parecem estar disputando uma competição de maus agouros"[11].

O fracasso em tratar adequadamente a questão do desemprego tecnológico é, em parte, culpa dos sindicatos. O movimento trabalhista, voz de milhões de trabalhadores americanos, insistia na questão da automação para, no final, unir-se aos empresários em prejuízo de seus próprios representados.

O pai da cibernética, Norbert Weiner, que, talvez mais do que qualquer outro ser humano, estava em posição de perceber claramente as implicações em longo prazo das novas tecnologias da automação, alertou para os perigos do desemprego tecnológico amplo e permanente. Ele escreveu: "Se essas mudanças na demanda de mão-de-obra nos atingirem de forma fortuita e mal organizada, estaremos sob a ameaça do maior período de desemprego jamais visto"[12].

Weiner tornou-se tão temeroso do futuro da alta tecnologia, que ele e seus colegas estavam criando, que escreveu uma carta a Walter Reuther, presidente da United Auto Workers, solicitando uma reunião. Ele alertou Reuther que a revolução cibernética "sem dúvida resultará na fábrica sem trabalhadores". Weiner previa que, "nas mãos do atual cenário industrial, o desemprego produzido por essas fábricas só pode ser desastroso", e prometeu a Reuther seu total apoio e lealdade pessoal em qualquer campanha nacional organizada pelo movimento trabalhista para tratar da questão.[13]

Inicialmente Reuther mostrou-se solidário e começou a ecoar timidamente as preocupações de Weiner diante de comissões do Congresso e em discursos públicos. Ele advertia que "a economia falhou em gerar o poder aquisitivo necessário para absorver o volume de bens e serviços dos quais temos a tecnologia... para produzir", e exortava o governo federal a "criar a demanda necessária"[14].

Outros líderes sindicais pronunciaram-se com cautela contra as novas forças tecnológicas que ameaçavam milhões de empregos. George Meany, o poderoso presidente da AFL-CIO, advertia que as novas tecnologias economizadoras de mão-de-obra estavam "tornando-se rapidamente uma praga para esta sociedade... em uma investida insensata para produzir sempre mais com cada vez menos mão-de-obra e insensível ao que poderia significar à economia como um todo"[15].

No entanto, a despeito de toda a retórica pública, os sindicatos mostraram-se bem mais conciliatórios durante as negociações de bastidores. Como o historiador David Noble documenta em *The Forces of Production*, os sindicatos renderam-se em sua maioria às empresas nas questões referentes à automação. Receosos de serem estigmatizados como *ludditas*[16] modernos e entraves ao progresso, os líderes trabalhistas foram forçados à defensiva. Muitos, incluindo o próprio sindicato de Reuther, defenderam abertamente as novas tecnologias economizadoras de mão-de-obra. Em 1955, em sua convenção anual, o UAW publicou uma resolução que equivalia a um sonoro endosso das próprias forças da automação que começavam a corroer os números das filiações do sindicato: "O UAW é favorável à automação e ao progresso tecnológico... Oferecemos nossa cooperação... na busca conjunta de políticas e de programas... que assegurarão que maior progresso tecnológico resulte em maior progresso humano."[17]

Tendo aceitado tanto a inevitabilidade quanto a necessidade da tecnologia de racionalização do trabalho, o movimento trabalhista começou a perder a força de que desfrutava desde o fim da Segunda Guerra Mundial. Encurralados, os sindicatos recuaram, precipitadamente transferindo suas exigências nas negociações coletivas da questão do controle sobre a produção e os processos de trabalho para o apelo do retreinamento profissional. Às vésperas de uma transição histórica da mecanização para a automação da produção, o movimento trabalhista tomou uma decisão calculada de insistir no retreinamento, acreditando que, enquanto muitas funções não qualificadas seriam eliminadas pelas novas tecnologias da informática, o número de cargos qualificados e técnicos aumentaria. O CIO expunha a nova estratégia em um panfleto publicado em 1955, intitulado "Automação".

> A introdução de máquinas automatizadas e computadores eletrônicos certamente resultará em demissões e na ampliação dos requisitos nos níveis de qualificações exigidas da mão-de-obra... A perspectiva de cortes de empregados pode ser amenizada, em parte, com consultas mútuas entre empresas e sindicatos e por planejamento gerencial que programe a introdução da automação em períodos de altos níveis de emprego, para permitir acomodação, reduzir o tamanho da força de trabalho e dar tempo para o retreinamento de empregados.[18]

O AFL-CIO aprovou várias resoluções em sua convenção anual nos anos 60, reivindicando cláusulas de retreinamento profissional, nos acordos de negociações coletivas. Os empregadores estavam mais que ansiosos por aceitar as exigências dos sindicatos. Os custos para a introdução de programas de retreinamento eram bem menores do que a perspectiva de uma disputa demorada com os sindicatos sobre a introdução de novas tecnologias de automação nas fábricas. Entre 1960 e 1967, a porcentagem de acordos de negociações coletivas contendo cláusulas de retreinamento profissional aumentou de 12% para mais de 40%.[19] O movimento trabalhista também emprestou sua força política à legislação federal para promover o retreinamento profissional. Em 1962, o AFL-CIO mobilizou um exército para apoiar a aprovação do Projeto de Treinamento e Desenvolvimento de Recursos Humanos, criado para proporcionar treinamento a trabalhadores demitidos em função da automação.

Com o abandono da questão do controle sobre a tecnologia em favor das reivindicações de retreinamento, os sindicatos perderam muito do seu poder real de barganha. Se as questões de controle tivessem permanecido como prioridade, os trabalhadores poderiam ter negociado com êxito acordos coletivos, que teriam garantido aos trabalhadores a participação em ganhos de produtividade decorrentes da automação. Semanas de trabalho menores e salários maiores poderiam ter sido vinculados aos aumentos de produtividade. Em vez disso, os trabalhadores capitularam, contentando-se com acordos defensivos que proporcionavam estabilidade para trabalhadores mais antigos, fases de acomodação para uma força de trabalho existente e oportunidades limitadas de retreinamento para seus associados, como meios de mediar a automação.

Embora os sindicatos estivessem corretos em sua crença de que a automação reduziria a quantidade de funções para a mão-de-obra não qualificada, eles superestimaram grosseiramente o número de cargos de alta qualificação que poderiam ser criados pelas novas tecnologias. Foram incapazes de enfrentar a principal dinâmica da revolução da automação – a firme determinação do empresariado de substituir trabalhadores por máquinas tanto quanto possível, e com isso, reduzir encargos trabalhistas, aumentar o controle sobre a produção e melhorar as margens de lucro. Alguns trabalhadores foram retreinados e encontraram empregos melhores em funções altamente qualificadas; a maioria, porém, não conseguiu. Havia, simplesmente, trabalhadores demitidos demais e muito poucos novos empregos especializados sendo criados. Como resultado, os sindicatos começaram a perder associados e prestígio. Pode-se dizer que a automação acabou destruindo sua mais importante arma – a greve. As novas tecnologias permitiam que as fábricas funcionassem com um mínimo de empregados durante as greves, minando a capacidade dos sindicatos de conquistar concessões significativas na mesa coletiva de negociação.

Para melhorar sua imagem, muitos sindicatos lutaram procurando adiar "o inevitável" e conquistar tantas concessões quantas fossem possíveis para seu exército. Os sindicatos dos estivadores, dos trabalhadores nas refinarias, dos gráficos e outros usaram greves, "operações tartaruga" e demais meios de que dispunham para proteger seus associados da investida da automação. O International Typographers Union (Sindicato Internacional dos Tipógrafos) – ITU – foi um dos sindicatos mais militantes com relação à automação. Em 1966, seu setor de Nova York conseguiu garantir um acordo trabalhista com os editores de jornais que "dava aos sindicatos autoridade absoluta sobre os tipos de tecnologia que poderiam ser introduzidos na sala de composição". Durante oito anos, o ITU foi capaz de protelar a transição da impressão a quente para impressão a frio e a automação na composição. Os três grandes jornais – *New York Times, Daily News* e *New York Post* – haviam concordado com o contrato de 1966, que dava ao ITU controle sobre a introdução da nova tecnologia, na esperança de que a resistência ao tipo frio acabaria arruinando seus concorrentes. Foi exatamente isso o que aconteceu. Naquela época, os seis menores jornais faliram, em parte porque não puderam mais arcar com os crescentes encargos trabalhistas relacionados à impressão a quente. Em 1974, os sindicatos eram considerados responsáveis pela falência dos jornais menores e pela perda de centenas de empregos. A mídia nacional e a comunidade empresarial acusavam o ITU de ser antiprogressista e, pior ainda, culpado pela perda dos empregos que o próprio sindicato tanto havia lutado para proteger.[20]

A pressão pública sobre o sindicato aumentou e, em 1974, seus líderes renderam-se às empresas e à opinião pública, assinando um acordo em que abdicavam do poder de vetar a introdução de novas tecnologias na composição. Em troca, era garantida ao sindicato a estabilidade vitalícia dos tipógrafos empregados e um atraente programa de antecipação da aposentadoria. O acordo exigia também reduções sistemáticas na força de trabalho, escalonado em um determinado período de tempo. Os editores estavam dispostos a fazer concessões de prazo reduzido nos salários e benefícios, conscientes de que o acordo histórico significaria a sentença de morte para o sindicato no decorrer do tempo. O sindicato, por sua vez, sentia-se em um beco sem saída com as crescentes pressões da automação e da opinião pública e estava determinado a negociar as melhores condições possíveis para o restante de seus associados, ao mesmo tempo em que se resignava a uma possível extinção. Alguns anos depois, o ex-repórter trabalhista do *New York Times*, A. H. Raskin refletia sobre os acontecimentos. Ele escreveu: "A boa vontade dos editores de Nova York de se mostrar tão generosos na negociação do contrato de 1974 decorria de uma percepção de ambas as partes de que o pacote representava a derradeira vitória do sindicato dos tipógrafos. O sindicato tinha força suficiente para cobrar um alto preço para abdicar do seu poder de veto sobre os processos de automação, mas o advento da automação o despojava de qualquer poder futuro. Tudo o que o sindicato agora pode esperar é um declínio precipitado, à medida que os mais velhos forem se aposentando ou morrerem e a tradicional sala de composição desaparecer"[21].

No final, as forças tecnológicas que se espalharam sobre a economia mostraram-se um inimigo muito poderoso. Enfraquecidos por sucessivas ondas de inovações tecnológicas, bem como por prejuízos causados pela concorrência internacional, os sindicatos de trabalhadores começaram sua retirada histórica e agora sobrevivem como pouco mais do que uma tênue lembrança do seu papel proeminente na vida econômica americana de outrora.

Em 1995, as preocupações com a automação foram manifestadas novamente. Mas, dessa vez, o campo de batalha da tecnologia crescera dramaticamente, abrangendo toda a economia dos Estados Unidos e boa parte do mercado global. Questões em torno do desemprego tecnológico, que há uma geração referiam-se basicamente ao setor industrial da economia, e que afetavam trabalhadores negros pobres e operários, eram agora levantadas em cada setor da economia e virtualmente por cada grupo e classe de trabalhadores.

A amarga experiência dos trabalhadores negros e dos operários nas indústrias tradicionais nos últimos três quartos de século é um prenúncio do que está por vir, à medida que milhões de trabalhadores adicionais forem demitidos em função dos avanços tecnológicos. A subclasse da América, que, em sua maioria, ainda é negra e urbana, provavelmente deverá se tornar cada vez mais branca e suburbana, à medida que, implacáveis, as novas máquinas inteligentes forem abrindo caminho acima na pirâmide econômica, absorvendo mais cargos e funções qualificadas em sua escalada.

O mundo mudou dramaticamente nessas quatro décadas, desde que a Comissão Presidencial sobre o Progresso Econômico, Automação e Tecnologia publicou seu relatório. A premonição de Norbert Weiner de um mundo sem trabalhadores está se tornando rapidamente uma preocupação pública nas nações industrializadas. A Terceira Revolução Industrial está provocando uma crise econômica mundial de proporções monumentais, com a perda de milhões de empregos para a inovação tecnológica e o declínio vertiginoso do poder aquisitivo global. Assim como na década de 20, encontramo-nos perigosamente próximos de outra grande Depressão e, no entanto, nem um único líder mundial parece disposto a considerar a possibilidade de que a economia global esteja caminhando inexoravelmente rumo a uma era praticamente sem trabalhadores, com conseqüências potencialmente profundas para a civilização.

Os políticos, em toda a parte, fracassaram em compreender a natureza fundamental das mudanças que estão ocorrendo na comunidade empresarial global. Em reuniões de diretorias de empresas, nas fábricas e em lojas

CAPÍTULO 7

O Pós-Fordismo

Em meados da década de 60, poucos americanos percebiam as mudanças radicais que estavam ocorrendo nas práticas gerenciais das empresas japonesas que, em menos de uma geração, forçariam os Estados Unidos e o mundo a repensar o próprio modo de fazer negócios. Em 1965, os Estados Unidos eram a nação mais poderosa sobre a face da Terra. Seu poder militar, embora abalado pelos avanços russos com o armamento nuclear e espacial, ainda era invencível. A tecnologia americana causava inveja ao mundo.

As empresas americanas dominavam o comércio internacional em meados dos anos 60. Milhões em todo o mundo procuravam pelo selo "Made in USA" ao comprar produtos, convencidos de que os produtos americanos eram sinônimo da melhor qualidade. Internamente, os salários aumentavam, e milhões de americanos desfrutavam dos benefícios compatíveis com o status de classe média.

O ano de 1965 foi também o ano em que as corporações americanas viram aumentar seus lucros líquidos para um patamar pós-guerra de 10%. Embora ninguém pudesse ter previsto na época, aquele seria o ponto culminante para os negócios americanos – o último grande ano de lucros crescentes para a comunidade empresarial. Nos anos 70, os lucros das empresas haviam encolhido para menos de 6%. Uma combinação de fatores internos e internacionais contribuíram para o declínio.[1]

O mercado consumidor americano tornara-se saturado com bens de consumo. Por volta de 1979, havia um carro para cada dois americanos e mais de 90% dos lares americanos estavam equipados com geladeiras, máquinas de varejo em todo o mundo, uma revolução silenciosa está se desenrolando. As empresas têm estado ocupadas reestruturando suas organizações, na verdade reinventando a si mesmas, para criar estruturas administrativas e de marketing novas e eficazes que permitam acompanhar a gama extraordinária de novas tecnologias de informação e de telecomunicações que está surgindo. O resultado é uma transformação radical no modo como o mundo faz negócios, que ameaça colocar em discussão o papel real do operariado nesse século.

O emergente mundo da gerência racionalizada, da produção com alta tecnologia e do comércio global teve seu início em meados da década de 60. A tinta mal teve tempo de secar sobre o relatório da Comissão de Automação do Presidente, quando a economia mundial começou a fazer sua histórica transição para a era pós-Fordismo, colocando a pedra fundamental em um futuro sem trabalhadores.

de lavar roupa, aspiradores de pó, rádios, ferros elétricos e tostadeiras. Ao mesmo tempo em que a demanda diminuía, aumentava a concorrência estrangeira pelos mercados americanos. Produtos estrangeiros baratos inundavam os Estados Unidos, reduzindo dramaticamente a fatia de mercado das empresas americanas. Entre 1969 e 1979, o valor dos manufaturados importados em relação aos produtos nacionais aumentou de 14% para 38%. Em meados dos anos 80, para cada dólar gasto em produtos fabricados nos Estados Unidos, as famílias americanas e o comércio gastavam 45 centavos em produtos importados.[2]

Os aumentos, tanto em impostos empresariais quanto em benefícios salariais para os trabalhadores americanos, reduziram ainda mais os lucros. O embargo ao petróleo da OPEP aumentou o custo da energia, reduzindo os lucros de 1970 e início de 1980. A decisão de desregulamentar as indústrias americanas protegidas durante os anos da administração Reagan – principalmente as empresas aéreas, de telecomunicações e o transporte por caminhões – aumentou a concorrência pela fatia de mercado entre os tradicionais gigantes corporativos e empresas recém-chegadas, ansiosas por expandir seu nicho. Novamente os lucros declinaram.

Empresas tradicionais, que haviam se acomodado durante os anos de desenvolvimento, começaram a inventariar as novas circunstâncias com as quais se defrontavam. Enfrentando a crescente concorrência internacional e interna, as empresas procuraram novas maneiras de cortar custos e aumentar a fatia de mercado e os lucros. Para isso, elas recorreram às novas tecnologias do computador e da informação, na esperança de aumentar a produtividade em tempos de escassez. Nos anos 80, os negócios americanos investiram mais de um trilhão de dólares em tecnologia da informação.[3] Mais de 88% do investimento total foi feito no setor de serviços, para ajudar a melhorar a eficiência e reduzir custos. Em 1992, cada trabalhador na área administrativa podia gabar-se de ter acesso a um equipamento de processamento da informação de US$ 10 mil.[4] A despeito dos investimentos maciços, a produtividade continuava a capengar, aumentando 1% ao ano. Os economistas começaram a falar sobre o "paradoxo da produtividade". Alguns, como Gary Loveman, de Harvard, falaram abertamente sobre o fracasso total da tão festejada revolução tecnológica, à qual tantos haviam recorrido como se fosse a salvação. "Simplesmente não conseguimos encontrar evidências de que tenha havido um aumento substancial na produtividade – e, em alguns casos, qualquer aumento de produtividade – em função do crescimento substancial da tecnologia da informação"[5], afirmou Loveman aos seus parceiros.

No momento em que os presidentes das corporações começavam a desiludir-se com as novas tecnologias da informação, o paradoxo da produtividade subitamente desaparece. Em 1991, a produtividade/hora aumentou

2,3%. Em 1992, a produtividade saltou para quase 3%, o melhor desempenho anual em mais de duas décadas.[6] A Sloan School of Management, do MIT, publicou dados sobre produtividade, coletados em um período de cinco anos, de 1987 a 1991, em mais de 380 empresas gigantes, que, juntas, geraram uma produção de quase US$ 2 trilhões por ano. Os ganhos em produtividade eram impressionantes, sugerindo que o grande volume de dinheiro investido na tecnologia da informação durante mais de uma década começava a ser pago.

Os autores do estudo, Erik Brynjolfsson e Lorin Hitt, descobriram que, entre 1987 e 1991, o retorno sobre o investimento de capital em computadores dava uma média de 54% no setor industrial e 68% para o setor industrial e de serviços juntos. Brynjolfsson disse que os computadores não somente "contribuíram muito para a produtividade", como também contribuíram significativamente para a reestruturação e redução no tamanho das empresas.[7] Stephen Roach, da Morgan Stanley, que, juntamente com outros em Wall Street, havia levantado a questão de um paradoxo da produtividade, recuou em suas restrições anteriores, afirmando que "a economia dos Estados Unidos está agora entrando em sua primeira recuperação dirigida pela produtividade desde 1960, como resultado dos ganhos em eficiência obtidos com a utilização da tecnologia da informação". Grande parte dos ganhos em produtividade, diz Roach, está vindo das áreas administrativas e das indústrias de serviços.[8]

Tornou-se cada vez mais óbvio para Roach, e para qualquer outro indivíduo preocupado com a questão, que o fracasso em alcançar ganhos de produtividade mais rapidamente não devia ser atribuído às novas tecnologias da informação economizadoras de trabalho e tempo, mas, sim, às antiquadas estruturas organizacionais que não eram capazes de acomodar as novas tecnologias. Em Berkeley, Michael Borrus, da Mesa Redonda sobre Economia Internacional, foi direto ao cerne da questão, afirmando: "Não adianta gastar dinheiro com novas tecnologias e usá-las à maneira antiga". Borrus opinou que "para cada empresa usando adequadamente os computadores, há uma usando-os de modo errado – e uma anula a outra"[9].

Corporações e empresas americanas em todo o mundo foram estruturadas há um século para produzir e distribuir bens e serviços em uma era de transporte ferroviário e de comunicação telefônica e postal. Seu aparato organizacional mostrou-se totalmente inadequado para lidar com velocidade, agilidade e habilidade de coleta de informação da era da tecnologia do computador.

Administração Antiquada

A moderna administração teve seu nascimento na indústria da ferrovia na década de 1850. Naquela época, as ferrovias moviam seus trens sobre uma linha férrea única. Não perder de vista a movimentação dos trens tornou-se essencial para manter a segurança no percurso. Quando a Western Railroad sofreu uma série de acidentes na sua via férrea Hudson River, culminando com a colisão de 4 de outubro de 1841, que matou um passageiro e o condutor, a empresa respondeu ao seu problema crescente de segurança com a instituição de mudanças elaboradas na sua gerência organizacional, incluindo, aí, um processo mais sistemático de coleta de dados de seus chefes de linha e divulgação mais rápida das informações vitais dos horários aos condutores de seus trens. As inovações gerenciais, diz o historiador Alfred Chandler, fez da Western Railroad "a primeira estrutura organizacional moderna, cuidadosamente definida, a ser utilizada por uma empresa americana"[10].

A invenção do telégrafo, em 1844, facilitou muito as comunicações, permitindo que as ferrovias se expandissem pelo continente. Juntos, a ferrovia e o telégrafo proporcionaram a infra-estrutura essencial para o transporte e as comunicações para atender a um mercado nacional que se estendia ao longo de três mil milhas. Para atender às necessidades desse novo mercado, outros negócios começaram a adotar esquemas administrativos próprios, cada vez mais sofisticados. Quando Alfred Sloan, da General Motors, introduziu o modelo de organização multidivisional na década de 20, a moderna administração empresarial havia atingido sua maioridade e era a força motriz que impulsionava a economia americana.

A característica que define a corporação moderna é sua estrutura administrativa hierárquica. Virtualmente, qualquer organograma moderno de uma corporação se parece com uma pirâmide, com a equipe de campo e os operários na parte inferior da hierarquia e uma equipe ascendente de gerentes profissionais subindo na hierarquia, com um presidente no alto da pirâmide. Os funcionários, em cada degrau da escada corporativa, têm atribuições específicas e prestam contas de seu trabalho àqueles imediatamente acima na pirâmide corporativa. Informações vitais referentes à produção, à distribuição e ao marketing sobem na cadeia de comando, são processadas em cada nível e depois levadas para o próximo nível acima até eventualmente alcançar o mais alto nível gerencial que, por sua vez, usa as informações para tomar decisões de comando, que vão sendo transmitidas para a hierarquia abaixo e implementadas em cada nível descendente da estrutura organizacional. O organograma de uma corporação moderna gigantesca contém hierarquias dentro de hierarquias. Departamentos como financeiro e contábil, pesquisa e desenvolvimento, marketing e propaganda, cada um tem sua própria cadeia de comando embutida na estrutura maior.

Na base da hierarquia corporativa está a mão-de-obra não qualificada e semiqualificada, cuja função é fazer e movimentar coisas ou executar os serviços que são a marca registrada da empresa. Suas tarefas são, para todos os fins e propósitos, rigorosamente rotinizadas de acordo com as linhas clássicas da administração científica, primeiramente adotada pelo especialista em eficiência Frederick Taylor na virada do século XIX para o século XX.

Durante a maior parte do século XX, esse modo de administração capitalista dominou as economias americana e européia. Esse arranjo organizacional dependia e muito de quantidades crescentemente infladas de gerência média, tanto para processar o fluxo de informações para cima e para baixo na hierarquia corporativa, como para coordenar e controlar as várias funções da empresa.

Robert Reich, secretário do Trabalho, comparou a corporação moderna à burocracia militar. Em ambos os casos, a cadeia de comando corre de cima para baixo, sempre com menos espaço para a tomada de decisões independentes nos níveis mais baixos da estrutura de comando. Na era da produção e da distribuição em massa, com sua ênfase na crescente divisão do trabalho e em produtos padronizados, a necessidade de "controle absoluto era necessária", diz Reich, "caso os planos tivessem que ser implementados com exatidão".[11]

O sistema gerencial da organização corporativa era como um gigante, movendo-se pesada e desajeitadamente, um poderoso produtor capaz de fabricar grande quantidade de produtos padronizados, mas sem flexibilidade para mudanças rápidas, tão necessárias para uma adptação às oscilações repentinas no mercado doméstico ou mundial. No auge do seu poder, ao final da década de 50 e início dos anos 60, 500 corporações gigantes produziram a metade de todo produto industrial dos Estados Unidos e quase um quarto da produção industrial do mundo não comunista. Elas empregavam mais de 12% da força de trabalho do país. A General Motors, a maior corporação do mundo, teve um faturamento equivalente a 3% do PIB americano em 1955.[12]

Entretanto, na década de 80, o poder corporativo americano estava sendo desafiado por novos concorrentes globais, armados com uma estrutura organizacional muito diferente, melhor equipada para tirar proveito das novas tecnologias da revolução da informação. A nova forma de administração surgiu na indústria automobilística japonesa após a Segunda Guerra Mundial.

A nova abordagem na fabricação de carros divergia tão radicalmente do tipo de administração empregada em Detroit que observadores do setor industrial começaram a referir-se ao método japonês como produção pós-Fordismo.

Em seu livro *The Machine That Changed the World*, James Womack, Daniel Jones e Daniel Roos analisam as mudanças revolucionárias na fabricação de automóveis que ocorreram durante o último século. Eles contam a história do honorável Evelyn Henry Ellis, um abastado membro do parlamento britânico, que, em 1894, estando em Paris, fez uma visita à empresa de máquinas operatrizes de Panhard e Levassor, para "encomendar" um automóvel. Então, os proprietários da empresa, Panhard e Levassor, durante uma reunião com Ellis, pediram-lhe que ele expusesse suas idéias sobre o tipo de automóvel que desejava. Seus artesãos habilidosos dedicaram-se assim à tarefa de desenhar o automóvel e encomendar os materiais a serem produzidos por outras fábricas de peças e equipamentos de Paris. As peças e os componentes sob medida foram enviados à fábrica de Panhard e Levassor, onde foram montados manualmente. O carro de Ellis, como as outras poucas centenas de carros fabricados a cada ano por Panhard e Levassor, era exclusivo e desenhado para atender aos exigentes e precisos padrões de um único cliente. Ellis tornou-se o primeiro inglês a possuir um automóvel.[13]

Pouco menos de 20 anos depois, Henry Ford produzia milhares de carros idênticos a cada dia, a uma fração do preço que Ellis pagara pelo seu carro fabricado artesanalmente. Ford foi o primeiro fabricante a produzir em massa um produto padronizado, usando peças intercambiáveis. Como os componentes individuais eram sempre cortados e moldados exatamente da mesma forma, eles podiam ser rápida e facilmente interconectados, sem exigir um artesão habilidoso para montá-los. Para acelerar o processo, Ford introduziu uma linha de montagem móvel na fábrica – uma inovação que ele havia observado nos gigantescos abatedouros de Chicago. Levando o carro diretamente ao operário, ele economizava tempo precioso no processo de produção e era capaz de controlar o ritmo de movimento na fábrica.

Nos anos 20, Ford estava fabricando em massa mais de 2 milhões de automóveis por ano, cada um idêntico nos mínimos detalhes ao anterior e ao próximo da linha de montagem.[14] Certa vez, Ford comentou ironicamente que seus clientes podiam escolher qualquer cor que quisessem para seu modelo T, contanto que fosse preto. Por mais de meio século, foi esse o princípio de produtos padronizados fabricados em massa que definiu a regra para a industrialização.

Como outros gigantescos empreendimentos industriais, Ford e os fabricantes de automóveis de Detroit estavam organizados em rígidas linhas hierárquicas, com uma estrutura de comando partindo da alta direção, descendo até a fábrica. No mais estrito estilo de Taylor, os operários que montavam os carros não tinham qualquer tipo de conhecimento especializado e lhes era negado o controle independente do ritmo de produção. O design, a engenharia e todas as decisões referentes à produção e sua programação eram colocados nas mãos da direção. A hierarquia organizacional era dividida em departamentos, cada qual com responsabilidades sobre uma determinada função ou atividade, todos subordinados a um nível acima na cadeia de comando, com a derradeira autoridade residindo nas mãos do alto comando.

A Transição para a Produção Enxuta

O sistema da produção em massa disseminou-se da indústria automotiva para outras indústrias e tornou-se o padrão incontestado em todo o mundo como a melhor maneira de conduzir os assuntos empresariais e comerciais. Enquanto o "método americano" desfrutava de um sucesso irrestrito nos mercados mundiais nos anos 50, uma empresa automobilística japonesa, lutando para recuperar-se da Segunda Guerra Mundial, experimentava uma nova abordagem à produção – cujas práticas operacionais eram tão diferentes daquelas da produção em massa, quanto essa era dos primeiros métodos artesanais de produção. A empresa era a Toyota, e seu novo processo gerencial era denominado *produção enxuta*.

O princípio básico da produção enxuta é combinar novas técnicas gerenciais com máquinas cada vez mais sofisticadas para produzir mais com menos recursos e menos mão-de-obra. A produção enxuta difere radicalmente tanto da produção artesanal quanto da produção industrial. Na produção artesanal, trabalhadores altamente qualificados, usando ferramentas manuais, fabricam cada produto de acordo com as especificações do comprador. Os produtos são feitos um de cada vez. Na produção em massa, "profissionais especializados... projetam produtos que são fabricados por trabalhadores não qualificados ou semiqualificados, operando equipamentos caros e de finalidades específicas. Esses produzem artigos padronizados em grandes quantidades."[15] Na produção em massa, a maquinaria é tão cara que o tempo ocioso precisa ser evitado a todo custo. Como resultado, a gerência acrescenta uma "reserva" na forma de estoque extra e de trabalhadores para garantir a disponibilidade de insumos ou para que o fluxo de produção não seja desacelerado. Finalmente, o alto custo do investimento em máquinas impede a sua rápida adaptação para a fabricação de novos produtos. O consumidor beneficia-se de preços baixos em prejuízo da variedade.

A produção enxuta, ao contrário, "além de combinar a vantagem da produção artesanal e de massa, evita o alto custo da primeira e a inflexibilidade da última"[16]. Para alcançar esses objetivos de produção, a gerência reúne equipes de trabalhadores com várias habilidades em cada nível da organização, para trabalharem ao lado de máquinas automatizadas, produzindo grandes quantidades de bens com uma variedade de escolha. A produção enxuta é "enxuta", dizem Womack, Jones e Roos, porque "usa menos de tudo se comparada com a produção em massa – a metade do esforço humano na fábrica, metade do espaço físico, metade do investimento em ferramentas, metade do tempo de engenharia para desenvolver um novo produto. Além disso, requer a manutenção de menos da metade dos níveis de estoque, resulta em significativa redução de defeitos e produz uma variedade muito maior e uma quantidade sempre crescente de produtos"[17].

O modo japonês da produção enxuta começa com a eliminação da tradicional hierarquia gerencial, substituindo-a por equipes multiqualificadas que trabalham em conjunto, diretamente no ponto da produção. Na fábrica enxuta japonesa, engenheiros de projeto, programadores de computadores e operários interagem face a face, compartilhando idéias e implementando decisões conjuntas diretamente na fábrica. O modelo clássico de Taylor de administração científica, que defendia a separação do trabalho mental do trabalho físico e a retenção de todo o poder de decisão nas mãos da gerência, é abandonado em favor de uma abordagem de equipe cooperativa, projetada para aproveitar a capacidade mental total e a experiência prática de todos os envolvidos no processo da fabricação do automóvel.

Por exemplo, no antigo modelo da produção em massa, pesquisa e desenvolvimento são separados da fábrica e colocados em um laboratório. Cientistas e engenheiros projetam no laboratório os novos modelos e as máquinas para produzi-los e, então, introduzem as modificações na fábrica, ao lado de um conjunto completo de instruções detalhadas e cronogramas para a produção em massa do produto. Sob o novo sistema da produção enxuta, a fábrica torna-se efetivamente o laboratório de pesquisa e desenvolvimento, um lugar no qual a combinação da experiência de cada um é utilizada para fazer "aperfeiçoamentos contínuos" no processo de produção e no produto final.

Trabalhadores de todos os departamentos são até mesmo convidados a participar do projeto de novos carros, um processo sempre sob o controle rígido de uma elite da engenharia nas empresas automobilísticas americanas mais antigas. A engenharia cooperativa, como se tornou conhecida, baseia-se no conceito de que todos os envolvidos em projeto, produção, distribuição, marketing e vendas de um novo automóvel devem participar quanto antes no desenvolvimento de um novo carro, para assegurar que as necessidades específicas de um departamento sejam levadas em consideração e para ajudar a identificar dificuldades potenciais antes do início da produção em larga escala. Estudos realizados durante anos seguidos sugerem que até 75% do custo de um produto é determinado no estágio de criação conceitual. Um atraso de apenas seis meses no lançamento de um produto no mercado pode reduzir os lucros em até 33%.[18] As empresas japonesas descobriram que, com a inclusão de todos no estágio de design, os custos básicos cruciais podem ser reduzidos ao mínimo.

O conceito de aperfeiçoamento contínuo é chamado de *kaizen*, e é considerado a chave do sucesso dos métodos japoneses de produção. Ao contrário do antigo modelo americano, no qual as inovações são feitas raramente e, em geral, de uma só vez, o sistema de produção japonês é construído para encorajar mudanças e aperfeiçoamentos constantes, como parte das operações diárias. Para alcançar o *kaizen*, a gerência aproveita a experiência coletiva de todos os seus trabalhadores e valoriza a solução de problemas em conjunto.

Equipes de trabalho na fábrica têm mais liberdade sobre o processo de produção. Se uma máquina quebra ou a linha de montagem reduz o ritmo, os próprios trabalhadores consertam o equipamento e desobstruem os gargalos do processo – uma abordagem muito diferente daquela dos fabricantes de automóveis de Detroit, em que quebras de máquinas requerem notificação ao supervisor, que, por sua vez, convoca os técnicos para consertar o equipamento. O resultado é um número muito menor de paralisações e um fluxo mais uniforme da linha de produção, porque os trabalhadores mais próximos ao processo de produção estão mais bem preparados para prever problemas e, quando eles ocorrem, para solucioná-los rápida e eficientemente. Novamente, os dados são reveladores. Segundo um estudo realizado por James Harbour sobre a indústria automotiva, os equipamentos americanos ficam inoperantes mais de 50% do tempo, enquanto as máquinas nas fábricas de automóveis japonesas ficam paralisadas menos de 15% do tempo.[19]

O modelo de trabalho baseado em equipes cria maior eficiência pelo estímulo ao desenvolvimento de trabalhadores multiqualificados. A versatilidade em várias tarefas no processo de produção dá a cada trabalhador uma maior compreensão do processo de fabricação global – conhecimento que pode ser utilizado eficazmente nas equipes, na identificação de problemas e na apresentação de sugestões para aperfeiçoamentos. Para ajudar os trabalhadores a perceber como seu trabalho se encaixa no processo de produção global, as empresas japonesas dão aos seus funcionários acesso a todas as informações computadorizadas geradas na empresa. Um gerente japonês explicou a importância que sua empresa dava ao compartilhamento das informações com os funcionários: "Uma de nossas tarefas mais impor-

tantes é fazer com que nossos funcionários estejam dispostos a cooperar totalmente e, assim, fazer com que queiram se aperfeiçoar constantemente. Para conseguir isso, é necessário que providenciemos todo tipo de informação, igualmente a todos... Cada funcionário tem o direito de acesso a 'toda' informação computadorizada dentro da empresa"[20].

Ao contrário do antigo modelo corporativo de gerência, em que a tomada de decisão é constantemente empurrada para cima na pirâmide administrativa, o modelo japonês de equipe procura empurrar o poder da decisão cada vez mais para baixo na escala hierárquica, tão próxima quanto possível do ponto de produção. Isso cria uma atmosfera mais igualitária dentro da fábrica e muito menos atritos entre a gerência e os operários. Na maioria das fábricas de automóveis japonesas, operários e gerência compartilham refeitório e estacionamento comuns. Tanto gerentes quanto operários usam uniformes da empresa. Para estimular uma abertura maior e um relacionamento de trabalho mais íntimo, as mesas dos gerentes ficam na própria fábrica, em locais abertos e próximos ao pessoal da produção. Como os gerentes, em sua maioria, são recrutados diretamente da força de trabalho, eles estão mais propensos a entender as necessidades especiais dos funcionários em suas equipes, e mais bem preparados para consolidar estreitos laços pessoais com os membros de suas equipes de trabalho. No sistema japonês, os trabalhadores até se reúnem em "círculos de qualidade" especiais, antes ou depois do expediente, para discutir melhorias no processo de produção. Em uma pesquisa recente, descobriu-se que 76% dos trabalhadores japoneses participavam de círculos de qualidade.[21]

O modelo de produção japonês coloca também uma alta prioridade no que é chamado de produção *just-in-time*, ou produção sem estoques. O conceito do *just-in-time* surgiu de uma visita de Taiichi Ohno, da Toyota Motors, aos Estados Unidos, nos anos 50. Ohno ficou muito mais impressionado com os gigantescos supermercados americanos do que com suas fábricas de automóveis. Mais tarde, descreveu sua surpresa diante da velocidade e da eficiência com que os supermercados mantinham as prateleiras abastecidas com os produtos que os clientes desejavam, nas exatas quantidades necessárias: "Um supermercado é onde o cliente pode conseguir (1) o que é necessário; (2) no momento em que é necessário; (3) na quantidade necessária... Esperávamos que isso pudesse nos ajudar na abordagem de nossa meta *just-in-time* e, em 1953, efetivamente aplicamos o sistema em nossa oficinas mecânicas na fábrica principal"[22].

Womack, Jones e Roos contam sua surpresa ante a diferença na aparência física entre a fábrica da General Motors, que eles haviam visitado em Framingham, Massachusetts, e uma fábrica da Toyota, no Japão. Nas instalações da General Motors, partes da linha de produção estavam paradas, operários à espera e sem ter o que fazer, grandes quantidades de estoque de várias semanas empilhadas nos corredores e latas de lixo cheias de peças defeituosas. Em violento contraste, na fábrica da Toyota, os corredores da fábrica estavam vazios e "os operários estavam todos em seus postos de trabalho, executando suas tarefas. Nenhum posto de trabalho tinha estoque para mais do que uma hora de produção. Assim que peças defeituosas eram encontradas, elas eram imediatamente etiquetadas e enviadas para um centro de controle de qualidade para substituição"[23].

A filosofia de fabricação americana baseia-se na produção *just-in-case* (por precaução). Os fabricantes de automóveis estocam quantidade grande e redundante de materiais e equipamentos em toda a linha de produção, para o caso de precisarem substituir peças ou equipamentos defeituosos. Esse processo é visto pela administração japonesa como oneroso e desnecessário. O sistema japonês da produção *just-in-time* baseia-se nos rigorosos padrões de controle de qualidade e administração de crise, projetados para evitar problemas potenciais antes que forcem uma paralisação maior no processo de produção.

As diferenças radicais na filosofia de produção entre a General Motors e a Toyota evidenciaram-se com estatísticas de produção de ambas as empresas. Em um estudo sobre as duas fábricas, realizado pelo MIT, os pesquisadores descobriram que, na fábrica da Toyota, "a construção de um carro demorou 16 horas, em um espaço de trabalho de 0,45 m² por veículo por ano, com 0,45 defeito por carro. Na GM-Framingham demorou quase 31 horas em 0,75 m² com 1,3 defeito"[24]. A Toyota foi capaz de construir um carro mais rapidamente, em um espaço menor, com menos defeitos e com a metade da mão-de-obra.

Em anos recentes, os fabricantes japoneses têm combinado as novas técnicas da produção enxuta com tecnologias de computador cada vez mais sofisticadas, para criar "a fábrica do futuro" – instalações fabris automatizadas com poucos trabalhadores, que mais se parecem com um laboratório do que com uma fábrica. Os cientistas sociais Martin Kenny e Richard Florida falam das novas fábricas "enxutas" com aparência mais cerebral do que física: "Sob as formas anteriores de produção industrial, incluindo a produção em massa do Fordismo, grande parte do trabalho era físico... O surgimento da digitalização aumenta a importância da inteligência abstrata na produção e requer, portanto, que os operários assumam ativamente o que antes eram consideradas atividades intelectuais. Nesse novo ambiente, os trabalhadores não estão mais cobertos de graxa e de suor, porque cada vez mais a fábrica se assemelha a um laboratório para experiências e avanços tecnológicos"[25].

Os princípios operacionais da administração enxuta, com sua forte ênfase no "processo", e não na "estrutura e função", tornaram-se especialmente adequados ao aproveitamento das novas tecnologias da informação baseadas em computador.

Aplicando a Reengenharia ao Local de Trabalho

Womack, Jones e Roos previram que o método da produção enxuta desenvolvido pelos japoneses se estenderia além da indústria automotiva e "mudaria tudo em praticamente cada indústria"[26]. Sua previsão otimista está se tornando uma realidade agora. Emprestando o modelo da produção enxuta dos japoneses, as empresas americanas e européias começaram a introduzir suas próprias modificações na estrutura organizacional, para acomodar as novas tecnologias da informática. Sob o título amplo de reengenharia, as empresas estão achatando suas tradicionais pirâmides organizacionais e delegando, cada vez mais, a responsabilidade pela tomada de decisões às equipes de trabalho. O fenômeno da reengenharia está forçando uma revisão fundamental no modo como os negócios são conduzidos e, com o corte profundo na folha de pagamento e no processo, acaba eliminando milhões de empregos e centenas de categorias de trabalho. Enquanto os trabalhos não qualificados e semiqualificados continuam a ser cortados com a introdução de novas tecnologias de informação e de comunicação, outras posições da hierarquia corporativa também estão sendo ameaçadas de extinção. Nenhum grupo está sendo mais duramente atingido do que a gerência média. Tradicionalmente, os gerentes médios têm sido responsáveis pela coordenação do fluxo para cima e para baixo na escada organizacional. Com a introdução de novas e sofisticadas tecnologias de computador, esses cargos tornam-se cada vez mais desnecessários e caros.

As novas tecnologias da informação e da comunicação têm tanto aumentado o volume quanto acelerado o fluxo de atividade em cada nível da sociedade. A compressão do tempo requer respostas e decisões mais rápidas para continuar competitivo. Na emergente cultura do nanossegundo, as funções tradicionais de controle e de coordenação da administração são lamentavelmente lentas e completamente incapazes de reagir, em tempo real, à velocidade e ao volume de informações que chegam à organização. Na Era da Informação, "tempo" é uma mercadoria crítica e as corporações, atoladas nos antiquados esquemas gerenciais hierárquicos, não podem esperar tomar decisões com rapidez suficiente para acompanhar o fluxo de informações que requerem resolução.

Hoje, um número crescente de empresas está desfazendo suas hierarquias organizacionais e eliminando cada vez mais a gerência média com a compressão de várias funções em um processo único. Elas também estão usando o computador para desempenhar as funções de coordenação anteriormente executadas por muitas pessoas que, em geral, trabalham em departamentos e locais separados na empresa. Gary Loveman afirma que a reestruturação da corporação está eliminando rapidamente a gerência média do organograma. Ele ressalta que, embora cargos melhores estejam sendo criados para alguns poucos afortunados em níveis mais altos de gerência, homens e mulheres nos mais "diversos cargos de gerência média estão sendo crucificados"[27] pela reengenharia organizacional e pela introdução de novas e sofisticadas tecnologias de informação e comunicação.

Os departamentos criam divisões e fronteiras que inevitavelmente reduzem o ritmo do processo decisório. As empresas estão eliminando essas fronteiras com a reorganização dos funcionários em redes ou equipes de trabalho que podem trabalhar juntas no processamento da informação e coordenar decisões vitais, e, com isso, deixando para trás os longos atrasos que invariavelmente acompanham os trâmites burocráticos de relatórios e memorandos entre várias divisões e níveis de autoridade. O computador tornou tudo isso possível. Agora, qualquer funcionário, em qualquer ponto dentro da empresa, pode acessar todas as informações geradas e dirigidas por meio da organização.

Acesso instantâneo à informação significa que o controle e a coordenação da atividade podem ser exercidos rapidamente e em níveis mais baixos de comando que estão "mais próximos dos acontecimentos". A introdução das tecnologias baseadas em computador permite que a informação seja processada horizontalmente ao invés de verticalmente, derrubando a tradicional pirâmide corporativa em favor de redes operando ao longo de um plano comum. Com a eliminação da lenta subida e descida na antiquada pirâmide decisória, a informação pode ser processada a uma velocidade comensurável com as capacidades dos novos equipamentos de informática.

Michael Hammer e James Champy, cujo livro *Re-engineering the Corporation* ajudou a chamar a atenção da opinião pública para o atual fenômeno da reestruturação, usam o exemplo da IBM Credit para explicar como a reengenharia funciona na prática. A IBM Credit financia o computador comprado pelos clientes da IBM. Antes da reengenharia, os pedidos de financiamento dos clientes precisavam passar por vários departamentos e níveis de decisão, e seu processamento costumava demorar vários dias até a aprovação. Um vendedor da IBM ligava para passar um pedido de financiamento. Um dos 14 funcionários anotava o pedido em uma folha de papel. Esse papel era então entregue ao departamento de crédito, um andar acima, onde um segundo funcionário registrava a informação em um computador e fazia uma verificação no cadastro de crédito do cliente. O relatório do cadastro de crédito era anexado ao formulário original do departamento de vendas e então entregue ao departamento comercial. Usando seu próprio computador, o departamento modificava os termos do contrato para se adaptar ao pedido do cliente e, a seguir, anexava os termos especiais ao formulário de solicitação de crédito. O formulário ia para outro funcionário que, por sua vez, usava seu próprio computador para determinar a taxa de juros a ser cobrada do cliente. A informação era anotada no formulário e esse era enviado a um grupo de auxiliares de escritório. Naquele departamento, toda a informação que havia sido coletada ao longo do caminho era processada novamente e anotada em uma carta de cotação de preço que era enviada ao representante de vendas da IBM pelo Federal Express.[28]

Os representantes de vendas ficavam frustrados com a lentidão do processamento das solicitações de financiamento dos clientes e reclamavam sobre o cancelamento de pedidos porque os clientes encontravam outras alternativas de financiamento em outras empresas. Preocupados com os atrasos, dois gerentes seniores da IBM acompanharam pessoalmente o pedido de um cliente, passando pelos cinco departamentos, pedindo a cada um que processasse a informação sem o atraso usual, porque o documento ficava esquecido nas mesas durante vários dias. Eles descobriram que o tempo real para o processamento do pedido demorava menos de 90 minutos. O resto dos sete dias era usado na "passagem do documento de um departamento para outro"[29]. A gerência da IBM eliminou os cinco departamentos e entregou a tarefa a um único *case worker*[30] denominado "estruturador de negócio". Um funcionário generalista, equipado com um computador, agora administra todo o processo. Segundo Hammer e Champy, quando a IBM analisou melhor o antigo esquema administrativo, "descobriu que a maior parte das funções era administrativa: procurar um cadastro de crédito em um banco de dados, registrar números em um formulário padronizado e puxar cláusulas de um arquivo-padrão. Todas essas funções enquadram-se nas habilidades de um único indivíduo, quando ele (ou ela) é auxiliado por um sistema de computador fácil de usar que lhe dá o acesso a todos os dados e mecanismos que um especialista usaria"[31].

A IBM Credit reduziu de sete dias para menos de quatro horas o tempo de processamento de um pedido de financiamento usando menos mão-de-obra no processo. Hammer e Champy relatam que a abordagem *case worker* ou *case team* à produção funciona dez vezes mais rapidamente do que a antiga abordagem hierárquica de administrar a atividade, com sua dependência de departamentos distintos e cadeias de comando verticais.[32]

Hammer acredita que "a reengenharia terá um impacto maciço nos empregos nas próximas décadas". O ex-professor do MIT diz que "uma grande quantidade de ganhos de produtividade ainda permanece para serem alcançados" durante essa primeira onda de reengenharia. "Na verdade, não acredito que tenhamos chegado perto de extrair tudo o que pode ser extraído", diz ele. A aplicação da reengenharia à economia, segundo Hammer, poderia resultar em um número de desemprego não oficial de até 20%, enquanto o atual fenômeno da reengenharia estiver em curso.[33]

A revolução da reengenharia atingiu alguns de seus sucessos mais marcantes no setor varejista. Sistemas de resposta rápida estão reduzindo tanto o tempo quanto a mão-de-obra de todo o processo de distribuição. O código de barras permite que os varejistas mantenham um registro atualizado e minucioso de quais itens estão sendo vendidos e em que quantidade. Os dados no ponto-de-venda (POS, point of sale) eliminam erros na definição dos preços e no caixa, além de reduzir significativamente o tempo gasto no etiquetamento dos produtos. A marcação de contêineres (SCM, shipping containers) usa o etiquetamento por código de barras para o embarque deles, permitindo que o cliente registre e verifique o conteúdo dos pacotes sem precisar abri-los para inspeção. O intercâmbio eletrônico de dados (EDI, electronic transmission of information) permite que as empresas substituam a correspondência no papel pela transmissão eletrônica de informações, como, por exemplo, pedidos de compra, faturas e pagamento, reduzindo a necessidade tanto de transporte quanto de manuseio administrativo. Juntos, todos esses mecanismos de informação permitem às empresas eliminar os canais tradicionais de distribuição e de comunicação e negociar direta e instantaneamente com armazéns e fornecedores, assegurando estoques *just-in-time* para atender às necessidades dos clientes.

A gigantesca cadeia de descontos Wal-Mart deve boa parte de seu sucesso ao seu papel pioneiro de tirar partido dessas novas tecnologias da informação. A Wal-Mart utiliza as informações coletadas por scanners no ponto-de-venda e as transmite pelo intercâmbio eletrônico de dados diretamente aos seus fornecedores, tais como a Procter & Gamble, que, por sua vez, decidem quais itens devem embarcar e em que quantidades. Os fornecedores enviam diretamente para as lojas, sem passar pelo depósito. O processo elimina pedidos de compra, conhecimentos de embarque, grandes estoques e reduz custos administrativos com a eliminação da mão-de-obra necessária em cada etapa do processo tradicional para manusear pedidos, despachos e armazenagem.[34]

A revendedora de automóveis Saturn usa terminais de computadores em salas de exposições para digitar cores e opções específicas que o cliente gostaria de ter em seu carro e transmite eletronicamente a informação diretamente à fábrica. O fabricante faz, então, o automóvel de acordo com as solicitações do cliente. "Feito sob encomenda", em vez de "feito de acordo com o estoque", está se tornando cada vez mais comum, à medida que os negócios disputam a lealdade de cada um dos clientes, ao mesmo tempo em que procuram limitar os custos com a manutenção de estoques volumosos.[35]

A National Bicycle Company, do Japão, está ainda mais avançada em suas operações de respostas rápidas e operações sob encomenda. Na sala de exposição, o cliente é medido em uma máquina; assim, o tamanho e a forma adequados da bicicleta são determinados com o auxílio de um sistema de desenho assistido por computador (CAD, computer aided design). O cliente, então, escolhe o modelo de breque, correia, pneu, pedal e cor. Ele pode até mesmo personalizar ainda mais sua bicicleta, escolhendo um nome para ser colocado nela. A informação é transmitida eletronicamente para a empresa fabricante, e a bicicleta sob encomenda pode ser fabricada, montada e embarcada em menos de três horas. Ironicamente, a empresa descobriu, por meio de seus estudos de marketing, que sua resposta é rápida demais e diminui o entusiasmo de seus clientes e, por isso, atrasa propositadamente a entrega em uma semana, para que o cliente possa sentir "a alegria da expectativa".[36]

Em todos os Estados Unidos, as empresas estão descobrindo inúmeras maneiras novas de utilizar a reengenharia para comprimir tempo e reduzir custos de mão-de-obra. Cada vez mais os computadores estão fornecendo a informação necessária e ajudando a estruturar a coordenação do fluxo da atividade no processo econômico, eliminando a necessidade de vendedores, gerentes de contas, motoristas de caminhão, operadores de armazéns, funcionários dos departamentos de embarque e faturamento. Embora as novas tecnologias da informação e das telecomunicações estejam eliminando cargos e funções em todos os níveis hierárquicos da corporação, o impacto na gerência média tem sido especialmente desestabilizador para muitos na comunidade empresarial. Os autores William Davidow e Michael Malone resumem o consenso crescente: "Os computadores conseguem coletar muitas informações mais corretamente e com custos menores do que pessoas. Eles podem produzir resumos a velocidades eletrônicas e, ainda, transmitir a informação aos tomadores de decisões na velocidade da luz. O mais interessante... é que, freqüentemente, essas informações são tão boas e a análise é tão precisa que a decisão de um executivo já não é mais necessária. Agora, um funcionário bem treinado, que trabalhe diretamente com a situação, pode tomar a decisão mais rapidamente e de modo mais direto do que o gerente remoto a quilômetros de distância"[37].

Franklin Mint reduziu de seis para quatro seus níveis de gerência e duplicou suas vendas. A Eastman Kodak reduziu seus níveis gerenciais de 13 para quatro. A Intel cortou sua hierarquia gerencial em algumas de suas operações de dez para cinco níveis.[38] John D. O'Brien, então vice-presidente de recursos humanos na Borg-Warner, previu que o termo "'função de assessoria' seria extinto em algum momento na década de 90"[39].

A reengenharia do trabalho está eliminando cargos de todos os tipos e em quantidades maiores do que em qualquer época de que se tenha notícia. No Japão, a NIKKO Research estima que exista mais de um milhão de funcionários "não mais necessários" em empresas japonesas que poderiam ser substituídos por meio da reengenharia e das novas tecnologias da informação.[40]

O processo da reengenharia nas corporações está apenas começando e o desemprego já está aumentando; o poder aquisitivo dos consumidores está caindo e as economias domésticas estão cambaleando em conseqüência do impacto do achatamento das gigantescas burocracias corporativas. Todos esses problemas devem se agravar dramaticamente nos próximos anos, à medida que as empresas, enfrentando a crescente e acirrada concorrência global, usem tecnologias de informação e telecomunicações progressivamente mais sofisticadas para aumentar a produtividade e reduzir os requisitos da mão-de-obra.

A perspectiva de fazendas, fábricas, escritórios e lojas de varejo produzindo, comercializando e vendendo bens com cada vez menos trabalhadores já não é mais inconcebível. Um levantamento recente de desenvolvimentos e de tendências tecnológicos nos setores agrícolas, industrial e de serviços sugere que o mundo quase sem trabalhadores está se aproximando rapidamente e pode chegar muito antes de a sociedade ter tempo suficiente tanto para discutir a abrangência de suas implicações quanto para se preparar para seu impacto total.

Parte III

O DECLÍNIO DA FORÇA DE TRABALHO GLOBAL

CAPÍTULO 8

O Fim do Agricultor

A revolução da alta tecnologia não é normalmente associada à agricultura. Entretanto, alguns dos avanços mais impressionantes na automação estão ocorrendo na agricultura. Embora ultimamente a atenção pública tenha se voltado para os efeitos do desemprego tecnológico nos setores industrial e de serviços, uma revolução tecnológica igualmente profunda está mudando a natureza da agricultura moderna e, em seu processo, levantando sérias questões sobre o futuro da mão-de-obra agrícola nos países em todo o mundo.

Quase a metade dos seres humanos no planeta ainda lavra a terra. Agora, no entanto, novos avanços nas ciências da informação e nas ciências humanas ameaçam acabar com a agricultura ao ar livre, por volta da metade do século XXI. As mudanças tecnológicas na produção de alimentos estão levando a um mundo sem agricultores, com conseqüências imprevisíveis para 2,4 bilhões de pessoas que dependem da terra para sua sobrevivência.[1]

A mecanização da agricultura começou há mais de cem anos. Em 1880, eram necessários mais de 20 homens/hora para colher um acre de trigo. Em 1916, o número de homens/hora foi reduzido para 12,7. Vinte anos depois, somente 6,1 homens/hora eram necessários.[2] Os ganhos de produtividade na agricultura têm sido tão súbitos e efetivos que, ao final da década de 20, a instabilidade econômica não era mais alimentada pela quebra de safras, mas, sim, pela superprodução. A mecanização do setor agrícola foi anunciada como um triunfo da sociedade industrial. Um importante agricultor da época vangloriou-se: "Já não plantamos o trigo aqui, nós o fabricamos...

Não somos cultivadores, não somos agricultores. Estamos produzindo um artigo para vender"[3].

Em pouco mais de 100 anos, as mudanças tecnológicas na agricultura americana transformaram o país de uma sociedade essencialmente agrícola para uma nação urbana, industrializada. Em 1850, 60% da população trabalhadora estava empregada na agricultura. Hoje, menos de 2,7% da mão-de-obra está diretamente envolvida com a agricultura. Desde a Segunda Guerra Mundial, mais de 15 milhões de homens e mulheres abandonaram a lavoura nos Estados Unidos.[4]

O declínio na população agrícola diminuiu o número das fazendas e aumentou seus tamanhos. Entre 1935 e 1987, a área média das fazendas cresceu de 139 acres para 462 acres.[5] O alto preço das máquinas e os aumentos de produtividade resultantes de economias de escala têm favorecido o grande produtor em prejuízo do pequeno. Em 1995, 32.023 grandes fazendas eram responsáveis por mais de 38% das vendas totais de produtos nos Estados Unidos.[6] Embora a população das fazendas fosse de menos de 3 milhões de habitantes, sustentava uma indústria de alimentos que empregava mais de 20 milhões de pessoas.[7] Em nossa cultura urbana altamente industrializada, a maioria das pessoas talvez se surpreendesse ao saber que a indústria alimentícia e de fibras é a maior dos Estados Unidos. Mais de 20% do PIB e 22% da força de trabalho dependem das culturas que crescem em terras agrícolas e de animais criados em pastagens e fazendas industriais.[8]

A mecanização das fazendas, que começou com o arado de aço puxado a cavalo em meados da década de 1850, está praticamente concluída com a introdução de sofisticados robôs computadorizados nos campos. A breve história da mecanização das fazendas proporciona uma demonstração prática do enorme potencial da tecnologia moderna para substituir e, eventualmente, eliminar seres humanos do processo produtivo.

A substituição dos arados de madeira feitos manualmente por arados de ferro fundido fabricados em larga escala no século XIX melhorou significativamente a produtividade agrícola. John Deere, de Illinois, produziu o primeiro arado de ferro com fio de aço em 1837. Era tão eficaz para cortar o solo pesado e pegajoso das terras aráveis de Illinois que se tornou conhecido como o "arado cantante". Em meados da década de 1850, a John Deere Company produzia mais de 10 mil arados de ferro por ano. Os mais leves permitiam que os lavradores passassem do boi para o cavalo, aumentando a velocidade da lavragem dos campos e reduzindo o tempo do preparo da terra para a semeadura.[9]

Ao mesmo tempo em que os novos arados de ferro e aço aceleravam a semeadura na primavera, a introdução das colheitadeiras mecânicas, praticamente na mesma época, aumentava muito a velocidade das colheitas. Por volta de 1840, os fazendeiros ainda usavam foices e ceifeiras manuais para a colheita da safra do outono. A ceifeira mecânica puxada a cavalo reduziu em mais da metade o tempo de trabalho necessário para colher o grão. A ceifeira de Cyrus McCormick ganhou larga aceitação na década de 1850 e tornou-se sinônimo de implemento agrícola ao longo das últimas décadas do século XIX. Máquinas de debulhar grãos também se tornaram populares. No Oeste, gigantescas máquinas de ceifar e debulhar combinadas, pesando até 15 toneladas e puxadas por 40 cavalos, cortavam retalhos da plantação de quase 11 metros de largura.[10]

O primeiro trator movido a gasolina foi construído em 1892 por John Froehlick, em Iowa. Em 1920, 25 mil tratores estavam em uso nos Estados Unidos. Em 1917, Henry Ford introduziu o Fordson, um trator barato produzido em larga escala. Da noite para o dia, as vendas de tratores cresceram vertiginosamente. Em 1920, 246 mil tratores estavam em uso nas fazendas dos Estados Unidos.[11] Duas décadas depois, mais de 1,6 milhão estava sendo usado para uma ampla variedade de tarefas na fazenda e, por volta de 1960, mais de 4,7 milhões trabalhavam os campos agrícolas.[12] O cavalo, a mula e o boi, outrora as principais fontes de energia na fazenda, haviam sido ofuscados e virtualmente eliminados pelo motor de combustão interna. O cavalo de carga desapareceu das fazendas americanas no início da década de 50.

Durante esse mesmo período, o número dos caminhões também aumentou nas fazendas. Em 1915, havia 25 mil caminhões para o trabalho nas fazendas. Em 1980, eram mais de 3,5 milhões de caminhões em uso nas fazendas do país. O motor a gasolina, atrelado aos tratores, caminhões e máquinas agrícolas agora fazem todo o trabalho pesado na fazenda.[13]

A mecanização da agricultura caminhava de mãos dadas com novas técnicas de cultura desenvolvidas para introduzir variedades e linhagens que fossem mais uniformes e fáceis de serem manipuladas pelas máquinas. Já descrevemos a colheitadeira mecânica de algodão. A primeira colheitadeira mecânica mostrou-se ineficaz porque os casulos do algodão abriam-se irregularmente ao longo de um período de várias semanas, tornando difícil dirigir o equipamento por campos parcialmente prontos para a colheita. Os produtores finalmente foram capazes de desenvolver uma espécie de algodão em que os casulos cresciam mais alto nos galhos e abriam-se mais rapidamente, viabilizando pela primeira vez a ceifeira.[14]

Os tomates são mais um exemplo da relação simbiótica que se desenvolveu entre os cultivadores e os engenheiros da agricultura. Em 1960 foi introduzida uma nova variedade de tomates que podiam amadurecer ao mesmo tempo e eram suficientemente fortes para suportar o manuseio mecânico. Uma nova máquina colheitadeira foi desenvolvida especificamente para a colheita da nova variedade, e, em menos de 24 anos – de 1963 a 1987 –, a colheita de tomates na Califórnia passou de manual, feita por trabalhadores imigrantes mexicanos, para o manuseio mecânico.[15]

Além de serem mais uniformes e de manuseio mais simples, virtualmente todas as novas variedades desenvolvidas pelos agrônomos geravam safras de alto rendimento. As primeiras variedades de milho híbrido triplicavam o rendimento por acre.[16] A introdução de quantidades industriais de fertilizante à base de nitrogênio aumentou as safras significativamente e permitiu práticas agrícolas mais intensificadas. Os campos não precisavam mais descansar para recuperar a fertilidade, pois podiam ser usados ininterruptamente, com a introdução de quantidades cada vez maiores de produtos químicos. Maior produtividade significativa que menos trabalhadores e terras eram necessários para um maior rendimento da produção.

A introdução de monoculturas de alto rendimento também levou ao uso de pesticidas e herbicidas químicos. As monoculturas são mais suscetíveis a infestações e doenças e mais vulneráveis às ervas daninhas. O uso de inseticidas, herbicidas e fungicidas reduziu o número de lavradores necessários para cuidar das plantações.

As práticas de reprodução animal também se tornaram cada vez mais mecanizadas e industrializadas no decorrer do século XX. Tecnologias inovadoras de reprodução, rações especiais e novos produtos veterinários aperfeiçoaram muito o crescimento e a produtividade das fazendas pecuaristas. Fábricas de alimentação de gado, suínos e as granjas avícolas permitiram aos grandes operadores produzir carne, laticínios e outros produtos derivados em volumes recordes, com mão-de-obra expressivamente reduzida. Na década de 80, gigantescas fábricas de alimentação de gado no Meio-oeste administravam mais de 50 mil cabeças de gado ao mesmo tempo. Em 1995, 15 empresas produziam mais de 3,7 bilhões de frangos por ano, usando modernos métodos industriais que pouco difeririam daqueles utilizados na fabricação de produtos inanimados.[17]

As revoluções mecânica, biológica e química na agricultura deixaram milhões de trabalhadores desempregados. Entre 1940 e 1950, a mão-de-obra humana caiu em 26%. Na década seguinte, caiu novamente, dessa vez em mais de 35%. A queda foi ainda mais dramática em 1960. Quase 40% da força de trabalho restante foi substituída por máquinas, só naquela década.[18] Ao mesmo tempo, a produtividade agrícola aumentou mais nos últimos 100 anos do que em qualquer época desde o início da Revolução Neolítica. Em 1850, um único trabalhador rural produzia alimento suficiente para quatro pessoas. Em 1995, nos Estados Unidos, um único agricultor produzia alimento suficiente para alimentar 78 pessoas.[19] A produtividade agrícola tem registrado ganhos surpreendentes no decorrer do último meio século. A produção aumentou 25% na década de 40, 20% em 1950 e 17% nos anos 60. Na década de 80, a produtividade agrícola aumentou mais de 28%.[20]

Os fantásticos ganhos em produtividade tiveram um impacto devastador nas fazendas familiares. Safras mais produtivas criaram uma crise de superoferta durante a maior parte do século XX, forçando a queda constante nos preços para os agricultores. Preços comprimidos, por sua vez, forçaram os agricultores a produzir ainda mais para cobrir custos fixos e indiretos, perpetuando o ciclo da superprodução e de queda de preços. Desde os anos da Depressão, na década de 30, recursos de sustentação de preços e commodities agrícolas têm sido usados para escorar artificialmente os preços dos produtos e pagar aos agricultores para não produzirem, visando a restringir a produção. Novamente, a lei de Say, de que a oferta cria sua própria demanda, provou estar errada. A produção agrícola – muito mais do que a produção industrial e os serviços – tem sido prejudicada pela crescente produção final, forçada a enfrentar uma demanda não efetiva, com terríveis conseqüências para as famílias de agricultores e para as comunidades rurais.

O deslocamento maciço da mão-de-obra agrícola no decorrer do século XX privou milhões de pessoas de um salário de subsistência. Em 1995, havia mais de 9 milhões de pessoas vivendo abaixo da linha de pobreza em áreas rurais decadentes nos Estados Unidos – todas vítimas dos grandes avanços na tecnologia agrícola, que tornaram os Estados Unidos o maior produtor de alimentos do mundo e a agricultura americana, motivo de inveja de toda nação.[21]

Solo e Software

O declínio no número de fazendas deverá acelerar-se nos próximos anos, como resultado dos avanços dos softwares e da robótica aplicados à agricultura. O software agrícola vem se desenvolvendo mais e mais para ajudar os agricultores a monitorar o meio ambiente, identificar áreas problemáticas, delinear estratégias de intervenção e implementar planos de ação. Como já ocorre, "sistemas especializados" informatizados coletam dados sobre as mudanças meteorológicas, condições do solo e outras variáveis, a partir de sensores computadorizados posicionados na terra e usam as informações para fazer recomendações específicas ao agricultor. Logo, robôs altamente especializados, por sua vez, serão instruídos a executar os mais diversos planos de ação gerados pelo computador.

Muitos sistemas específicos vêm sendo testados há algum tempo em todos os Estados Unidos. A Virginia Tech desenvolveu o CROPS (Crop Rotation Planning System, sistema de planejamento de rodízio de safra), para auxiliar os agricultores a avaliar o risco de erosão do solo, a lixiviação e o escoamento de nutrientes e pesticidas. O agricultor registra os dados referentes ao tipo de solo, topografia, uso e área da terra no computador. O computador usa a informação para desenvolver um programa de produção agrícola global, equilibrando metas de áreas e objetivos de lucro com a necessidade de reduzir riscos ambientais a níveis aceitáveis.[22] Em 1995, os sistemas especialistas estavam sendo desenvolvidos para auxiliar os produtores em uma grande variedade de decisões administrativas integradas que abrangiam irrigação, fertilização nutrição, controle de ervas daninhas e de insetos e aplicação de herbicidas.

O Departamento de Agricultura Americano tem um sistema especializado on-line para o gerenciamento do algodão. Denominado GOSSYM/COMAX, ele usa um modelo de simulação que coleta dados meteorológicos e depois faz previsões sobre "quando irrigar e fertilizar para alcançar metas agronômicas ideais". O sistema já está sendo usado por mais de 500 fazendas algodoeiras em 15 Estados. O Serviço de Pesquisa Agrícola do USDA desenvolveu seu próprio sistema especializado para determinar "se os insetos irão se tornar um problema (no trigo armazenado) e ajuda a determinar as ações profiláticas ou corretivas mais apropriadas". A Universidade Estadual da Pensilvânia desenvolveu um sistema similar denominado GRAPES para ajudar os agricultores a avaliar o risco de insetos e de doenças em parreirais e fazer recomendações para a solução do problema. A Universidade de Manitoba criou um sistema especialista que atua como Consultor de Seleção de Fertilização e ajuda os agricultores na escolha da mistura adequada de fertilizantes para as diversas bases de solo e de teor de umidade.[23]

Sistemas especializados também estão sendo desenvolvidos e utilizados na pecuária. A Universidade de Minnesota criou um software específico para o diagnóstico da mastite (infecção do úbere). Analisando os dados das células somáticas DHI, o computador pode fazer avaliações específicas e sugerir a medicação adequada. A universidade desenvolveu vários outros sistemas especializados para o gado leiteiro, inclusive um que ajuda no gerenciamento do esterco animal. Outros sistemas informam aos produtores quando manter ou abater o gado de corte e como administrar carneiros e porcos. O XLAYER, um sistema especialista usado na produção de aves, pode diagnosticar e fazer recomendações para mais de oito problemas de gerenciamento de produção que afetam a lucratividade das granjas.[24]

Além dos sistemas especialistas individuais, as empresas de software agrícola começaram a desenvolver há alguns anos sistemas de recuperação de textos na íntegra, permitindo aos produtores o acesso imediato a artigos de periódicos e outros dados pertinentes, de qualquer parte do mundo. Ao final da década de 90, os analistas do setor esperavam integrar muitos desses sistemas, fornecendo ao produtor as informações necessárias para a tomada de decisões complexas sobre uma extensa variedade de problemas de produção e assuntos financeiros.

Em 1995, apenas entre 15% e 27% de administradores de fazendas estavam utilizando computadores como mecanismos de gerenciamento. Ainda assim, os cientistas estavam prognosticando que em menos de 20 anos virtualmente cada aspecto da agropecuária estaria sob o controle dos computadores – monitoramento, análise e recomendações em cada área concebível da administração agropecuária.[25]

Em breve, uma nova geração de sofisticados robôs computadorizados substituirá muitas das tarefas manuais restantes no campo, transformando a fazenda moderna em fábricas automatizadas ao ar livre. Os agricultores de Israel já estão bastante adiantados na agricultura robotizada. Preocupados com os riscos potenciais de segurança que envolvem o emprego da mão-de-obra migratória palestina, os israelenses recorreram ao Instituto de Agronomia para ajudá-los no desenvolvimento de mão-de-obra agrícola mecanizada. Em um número crescente de *kibutzim*[26], não é incomum ver máquinas autoguiadas percorrendo as trilhas entre as fileiras de plantas, aspergindo pesticidas nas plantações. "Ligamos as máquinas e depois vamos almoçar"[27], diz um fazendeiro israelense.

Há uns 9 anos, os israelenses faziam experiências com um colhedor de melões robotizado, desenvolvido em conjunto por pesquisadores do Instituto de Engenharia Agrícola de Israel e da Universidade de Purdue. O colhedor robotizado pode ser usado para transplantar, cultivar e colher produtos redondos ou em "cabeças", como, por exemplo, melões, abóboras, repolhos e alfaces. Batizado de ROMPER (Robotic Melon Picker, colhedor de melão robotizado), o robô é montado sobre um reboque e equipado com câmeras que fazem a varredura das fileiras de plantas, enquanto um ventilador sopra as folhas "para expor o fruto escondido". Um computador de bordo "analisa as imagens, procurando um ponto redondo e brilhante, identificando-o como o fruto a ser colhido". Ainda mais impressionante, o ROMPER é capaz de confirmar se o fruto está maduro pelo "cheiro". Sensores especiais medem os níveis de etileno – hormônio natural que provoca o amadurecimento da fruta – e conseguem "julgar" seu amadurecimento em até um dia.[28]

Durante o período da colheita, mais de 30 mil palestinos eram empregados por agricultores israelenses. A introdução do ROMPER e outros equipamentos automatizados afetará dramaticamente sua perspectiva econômica. "Se mecanizarmos", diz Ezra Sadan, chefe do Centro de Pesquisa Volcani, que supervisiona o Instituto de Engenharia Agrícola, "deveremos aceitar o fato de que muitos palestinos passarão fome".[29] Nos Estados Unidos, cientistas da Universidade de Purdue diziam que esperam ver o ROMPER em uso em "cada condado de Indiana até o final de 2000"[30]. Esforços de pesquisa e desenvolvimento semelhantes há alguns anos vêm sendo realizados na Europa Ocidental, onde os cientistas esperam introduzir robôs automatizados, equipados com inteligência artificial e sensores sofisticados para arar e semear os campos.[31]

Os robôs também estão sendo preparados há tempos para o gerenciamento de rebanhos. A Australian Wool Corporation tem feito experiências com uma máquina de tosquia robotizada, que pode substituir o alto custo dos tosquiadores profissionais. O carneiro é erguido do chão e colocado em um aparelho semelhante a uma gaiola de ferro. O robô é equipado com um computador e um programa de software para a tosquia de um carneiro "genérico". Uma vez na gaiola, o carneiro é examinado pelo robô e os dados são alimentados no programa genérico, que cria então um programa específico para aquele carneiro, para assegurar que o tosquiador robotizado corte exatamente na medida da circunferência do animal sendo tosquiado. O tosquiador automatizado é programado para "tosquiar até meio centímetro do corpo trêmulo do carneiro". Um observador explica o que se passa a seguir: "Nesse ponto, o carneiro está um tanto agitado, ofegante e debatendo-se. Há um padrão preferido de tosquia que envolve dois movimentos descendentes nas costas do carneiro e, em seguida, as laterais do corpo, até o abdômen. Os braços do robô precisam posicionar as lâminas sobre um alvo em movimento e fazer cortes perfeitos próximo à pele do carneiro, sem feri-lo ou deixar o animal com um corte de roqueiro punk"[32]. Previa-se que o tosquiador de carneiros robotizado estaria aperfeiçoado e operacionalizado antes do final da década de 90.

Sistemas computadorizados com extensões robotizadas já estão sendo empregados para alimentar vacas leiteiras. Cada vaca usa uma coleira de identificação no pescoço. Um funcionário registra no computador o número da ração de cada vaca e a quantidade de grãos a ser dada diariamente. A vaca vai até a estação alimentadora. O pendente em sua coleira faz contato com uma placa de metal no alimentador, permitindo que o computador identifique a vaca. O computador verifica se ela já comeu sua parcela de ração. Se não comeu, o computador ativa uma chave que controla uma broca. A broca vira, despejando a ração para a vaca.[33]

Os cientistas estão trabalhando em sistemas de monitoramento e de manuseio ainda mais avançados, controlados por computador. Os pesquisadores dizem que não está longe o dia em que sensores serão implantados na pele dos animais, para o monitoramento das condições ambientais externas. Por exemplo, quaisquer alterações no ambiente externo captadas pelos sensores poderiam disparar sistemas automáticos para ligar e desligar luzes, ventiladores, sistemas de água etc. Alterações no teor de sangue, leite e urina também poderiam ser automaticamente monitoradas e analisadas por um computador que, por sua vez, ministraria a medicação apropriada na ração, na próxima visita do animal à estação alimentadora automatizada.[34]

Escrevendo para o periódico *Science*, Donald A. Holt, reitor da Faculdade de Agricultura da Universidade de Illinois, imaginou uma fazenda do futuro, totalmente automatizada, virtualmente operada por computadores e robôs, como as novas fábricas sem trabalhadores que estão surgindo no Japão. O cenário é uma fazenda do Meio-oeste em uma manhã de junho.

> Durante a noite, o computador da fazenda discou automaticamente para várias bases de dados locais e nacionais, para obter informações sobre os últimos lançamentos e os preços de fertilizantes, sementes, combustível, estoque e preço de pesticidas, condições meteorológicas, mercado, previsões de pragas e doenças e de ofertas de compradores... Informações coletadas e processadas pelo computador durante a noite aparecem no monitor do dormitório.
>
> Sensores nos anéis do nariz, nas etiquetas das orelhas e outros dispositivos implantados foram escaneados para avaliar as condições fisiológicas dos animais da fazenda.
>
> Os moedores e misturadores automáticos de ração funcionaram satisfatoriamente durante a noite. Todos os animais haviam recebido automaticamente suas rações e água, as quantidades de ração foram distribuídas e registradas, e as quantidades consumidas por cada animal foram estimadas e registradas... As condições ambientais em cada prédio e instalações da fazenda... foram ininterruptamente monitoradas durante a noite e automaticamente comparadas com padrões aceitáveis e com o agendamento... As ações para iluminar, escurecer, aquecer, resfriar, secar, umedecer, ventilar e remover excrementos dos animais para digestores foram iniciadas pelo computador... O computador fez a varredura telemétrica de várias estações meteorológicas portáteis colocadas nos campos... Nesse dia específico, ele previu baixa umidade do solo na areia próxima do rio e ativou o sistema de irrigação pivô naquele campo... Um simulador identificou esse dia como o ideal em termos de condições climáticas e estágio de crescimento das plantas para o combate à infestação do capim rabo-de-raposa nos campos de soja... tratando-o com aplicação fotoativada de um herbicida. O herbicida será aplicado... por equipamento com controle preciso de solo com microprocessadores que controlam e monitoram a direção, a velocidade, a pressão da bomba... e o índice de aplicação do ingrediente ativo.[35]

Holt prossegue, detalhando outros processos de produção automatizados na fazenda, inclusive o uso de equipamento de colheita computadorizado e sistemas específicos para ajudar o agricultor com dados financeiros atualizados e recomendações. Muitas das tecnologias nesse cenário já existem e outras estão em estágio de protótipos. Os pesquisadores prevêem que a fazenda-fábrica totalmente automatizada está a menos de 10 anos de distância.

Agricultura Molecular

Enquanto as novas tecnologias da informação e a robótica estão mudando a natureza do gerenciamento agrícola, substituindo a mão-de-obra humana por máquinas em virtualmente cada área de atividade, as novas tecnologias de cruzamento genético estão mudando o próprio modo como plantas e animais são produzidos. A engenharia genética é a aplicação de padrões de engenharia à manipulação dos genes. Esses padrões de engenharia incluem controles de qualidade, padrões de mensuração quantificáveis, precisão, eficiência e utilidade. Os impactos de longo prazo das novas biotecnologias provavelmente serão tão significativos quanto o impacto das "pirotecnologias" no decorrer dos primeiros cinco milênios de história registrada. Durante milhares de anos, os seres humanos têm usado o fogo para queimar, soldar, forjar e derreter minérios, criando uma grande variedade de materiais úteis. Agora, pela primeira vez, biólogos moleculares conseguem acrescentar, eliminar, reorganizar, inserir, juntar e organizar materiais genéticos, ultrapassando fronteiras biológicas, criando novos microorganismos, linhagens de plantas e cruzamentos de animais que jamais antes existiram na natureza. A transição das pirotecnologias para as biotecnologias é memorável, com conseqüências potencialmente profundas para o modo como as futuras gerações reformularão seu relacionamento com a biosfera.

Embora alguns na comunidade científica continuem vendo a tecnologia de cruzamento genético apenas como uma extensão sofisticada das técnicas clássicas de reprodução, outros reconhecem seu rompimento qualitativo com quaisquer outros procedimentos conhecidos para a manipulação da natureza. Basta citar apenas três exemplos para ilustrar as enormes diferenças que existem entre a reprodução clássica e as novas técnicas de cruzamento genético.

Na Universidade da Pensilvânia, o Dr. Ralph Brinster e uma equipe de pesquisadores inseriram genes de hormônios de crescimento humano no código genético de embriões de camundongos in vitro. Os embriões foram implantados em um camundongo fêmea e gestados. Ao nascer, os camundongos continham genes humanos funcionando completamente em sua composição biológica. Os camundongos com genes de hormônios de crescimento humano cresceram quase duas vezes mais do que os camundongos comuns, e passaram o gene humano a gerações sucessivas. Em uma segunda experiência, os cientistas introduziram o gene emissor de luz de um vagalume no código genético de uma planta de fumo, forçando a planta a brilhar 24 horas por dia... Em uma terceira experiência, cientistas da Universidade da Califórnia, em Davis, usando a tecnologia da fusão celular, combinaram as células embrionárias de uma ovelha e um bode – duas espécies não relacionadas – e transplantaram o embrião para uma ovelha que deu à luz um "borneiro". A estranha nova quimera animal tem a cabeça de um bode e o corpo de um carneiro.[36]

Nenhuma dessas experiências poderia ter sido realizada pelas tecnologias de reprodução clássicas. Embora seja possível usar a reprodução tradicional para cruzar algumas fronteiras biológicas – por exemplo, cruzar um cavalo e um asno para criar uma mula –, a natureza impõe limites ao que é possível. As novas técnicas de cruzamento de genes e a fusão celular permitem aos cientistas superar virtualmente todas as fronteiras biológicas, recombinando genes de espécies não relacionadas. As espécies já não são mais vistas em termos de organismos como entidades indivisíveis, e, sim, como computadores de grande porte que contêm "fitas cassetes" genéticas programáveis que podem ser reeditadas, reorganizadas em novas seqüências e combinadas de novas maneiras, por meio da manipulação adequada no laboratório.

Da perspectiva da produção, a importância do cruzamento genético reside na capacidade de manipular entidades vivas, pela primeira vez, em nível de suas partes componentes – para tratar a vida como uma montagem de traços genéticos individuais. Eliminando as restrições impostas pelos limites biológicos e reduzindo microorganismos, plantas e animais aos seus blocos de construção constituintes, os cientistas podem organizar a vida como um processo de fabricação.

O enorme potencial econômico da biotecnologia tem reunido as empresas químicas, farmacêuticas, agropecuárias e médicas em um novo complexo vida-ciência, cujo impacto econômico provavelmente igualará ou superará o do complexo petroquímico do século XIX. Em 1980, a Suprema Corte dos Estados Unidos concedeu a primeira patente para uma criatura criada geneticamente – um microorganismo criado nos laboratórios da General Electric, que foi projetado e desenvolvido com a finalidade de absorver os derramamentos de petróleo em alto-mar. Em 1987, o Departamento de Marcas e Patentes estendeu a proteção de patente a qualquer criatura "fabricada pelo homem", reconhecendo a vida, pela primeira vez, como um produto manufaturado. Em 1995, milhares de microorganismos e de plantas foram patenteados, bem como seis animais. Mais de 200 animais de criação genética aguardavam a aprovação de patentes no Departamento de Marcas e Patentes. Concedendo ampla proteção por meio de patentes a formas de vida criadas pela engenharia genética, o governo norte-americano está dando o seu *imprimatur* ao conceito de que criaturas vivas podem ser reduzidas ao status de invenções manufaturadas, sujeitas aos mesmos padrões de engenharia e de exploração comercial dos objetos inanimados.

O complexo agrocomercial global espera fazer no século XXI a transição da agricultura baseada na petroquímica para a agricultura baseada na genética. Nesse sentido, os pesquisadores e as empresas estão desenvolvendo milhares de novas variedades de plantas e cruzamentos de animais em laboratório. Como qualquer outro processo industrial, o objetivo principal é aumentar a produtividade e diminuir os requisitos de mão-de-obra.

Para eliminar os custos de mão-de-obra e inseticidas necessários para monitorar e aspergir as culturas, os cientistas estão desenvolvendo genes resistentes a pragas, diretamente nos códigos genéticos das plantas. Os pesquisadores isolaram e clonaram o gene que codifica a toxina em uma bactéria formadora de esporo denominada *Bacillus thuringiensis* (BT) e o inseriram na constituição genética de fumo, tomate, algodão e outras culturas. As plantas transgênicas produzem um suprimento contínuo de toxina BT que mata os insetos invasores.[37]

Os cientistas também introduziram com êxito genes em plantas que as tornam resistentes aos herbicidas comuns. A Monsanto criou plantas desenvolvidas geneticamente que são resistentes ao seu próprio herbicida – Roundup. A empresa patenteou as novas linhagens genéticas e espera comercializar as sementes e o herbicida patenteado juntos em um único pacote.[38]

Outras empresas estão fazendo experiências com a transferência de genes em plantas, para torná-las mais resistentes à estiagem ou ao calor e ao frio extremos. Os cientistas implantaram um gene de um peixe resistente ao congelamento no código genético de um tomate, na esperança de torná-lo resistente ao congelamento. A capacidade de inserir genes específicos em plantas para melhorar sua tolerância à estiagem, ao calor e ao frio poderia economizar bilhões de dólares em equipamento e custos de mão-de-obra, pela redução da necessidade de construir, instalar e administrar dispendiosos sistemas de irrigação e equipamentos de proteção contra geadas. Os pesquisadores até mesmo transferiram genes de fixação de nitrogênio a culturas não-fixadoras de nitrogênio. Biólogos moleculares esperam ansiosos pelo dia em que tais culturas criadas geneticamente reduzirão substancialmente a necessidade de fertilizantes à base de nitrogênio, bem como o trabalho necessário para fabricar, transportar e aplicar os produtos químicos ao solo.[39]

A engenharia genética também está sendo usada para aumentar a produtividade animal e reduzir os requisitos de mão-de-obra na reprodução animal. O Hormônio de Crescimento Bovino – BGH (também conhecido como Somatotropina Bovina) é um hormônio de ocorrência natural que estimula a produção do leite nas vacas. Os cientistas conseguiram isolar o principal gene estimulador do crescimento e clonaram frações industriais no laboratório. O hormônio do crescimento geneticamente criado é então injetado na vaca, forçando o animal a produzir entre 10% e 20% a mais de leite. Quatro empresas, Monsanto, Cyanamid, Eli Lilly e Upjohn, gastaram mais de um bilhão de dólares em pesquisa e desenvolvimento para trazer o produto polêmico ao mercado.

Aumentando significativamente a produtividade das vacas leiteiras, o BGH geneticamente criado ameaça a subsistência de milhões de pecuaristas na América do Norte, Europa e em outros lugares. A maioria das nações industrializadas já tem superabundância de leite. Enfrentando um excesso de produção de leite, preços achatados e demanda insuficiente, os Estados Unidos e outras nações industrializadas há muito vêm adotando uma política de apoio aos preços e subsídios para manter os pecuaristas operando. Agora, com a introdução comercial do BGH nos Estados Unidos, ainda mais leite será produzido, exigindo maior sustentação dos preços. Segundo um relatório preparado pelo Departamento de Administração e Orçamento (OMB) da administração Clinton, o programa governamental de apoio ao leite previa um aumento de mais de US$ 116 milhões ao ano em 1995, devido à introdução do BGH no mercado.[40] Outro estudo realizado há vários anos, previa que dentro de um prazo de três anos após a introdução do BGH no mercado, mais de um terço de todos os pecuaristas de leite restantes nos Estados Unidos seriam forçados a fechar seus negócios em função de superprodução, queda nos preços e o encolhimento da demanda.[41]

Muitos analistas do setor afirmam que o BGH beneficiará as gigantescas fazendas leiteiras na Califórnia, à custa das pequenas fazendas familiares em Estados como Wisconsin e Minnesota. As grandes operações são automatizadas e podem produzir mais leite com menos vacas, reduzindo significativamente a mão-de-obra necessária para levar o leite ao mercado. Para aumentar ainda mais a produtividade, atualmente os pesquisadores estão fazendo experiências com a introdução de um gene do hormônio de crescimento diretamente no código genético do animal no estágio embrionário do desenvolvimento para que esse, na fase adulta, produza mais leite sem a necessidade de injeções.

Os produtores de suínos estão fazendo experiências com um hormônio de crescimento suíno (PST) desenvolvido para aumentar a eficiência da ração e o ganho de peso nos porcos. Segundo um relatório publicado pelo Departamento de Avaliação Tecnológica (OTA), "os porcos aos quais é administrada a somatotropina suína (PST) por um período de 30 a 77 dias mostram uma média diária de ganhos de peso de aproximadamente 10% a 20%, aumento de 15% a 35% na eficiência da ração, redução entre 50% a 80% na massa de tecido adiposo (gordura) e índices de formação de lipídios de 50% a 80%... sem prejudicar a qualidade da carne"[42].

Na Universidade de Adelaide, na Austrália, os cientistas conseguiram produzir porcos geneticamente desenvolvidos que são 30% mais eficientes e comercializados sete semanas antes dos porcos normais. Um cronograma de produção mais rápida significará menos mão-de-obra necessária por quilo de carne. A Organização de Pesquisa Científica e Industrial da Comunidade Australiana produziu geneticamente carneiros que crescem 30% mais rapidamente do que os comuns e vem trabalhando na transferência de genes no código genético de carneiros para fazer sua lã crescer mais rapidamente.[43] Os cientistas transferiram até mesmo genes humanos e bovinos para peixes, a fim de criar salmões, carpas e trutas transgênicas de crescimento mais rápido. Em um estudo, o gene somatotropina da truta foi transferido para outro peixe, aumentando em 22% seu crescimento.[44]

Em 1993, pesquisadores da Universidade de Wisconsin anunciaram uma experiência bem-sucedida para aumentar a produtividade de galinhas chocadeiras, eliminando o gene que codifica a proteína prolactina. Os cientistas estavam preocupados com o tempo que as galinhas passavam chocando seus ovos. Galinhas chocadeiras põem entre um quarto e um terço a menos de ovos do que as outras. Visto que 20% da criação compõe-se de galinhas chocadeiras, "o tempo que as galinhas passam chocando custa muito dinheiro aos produtores, porque interrompe a produção de ovos". Com a eliminação do hormônio prolactina, os pesquisadores conseguiram cercear o instinto natural de chocar nas galinhas. As novas galinhas geneticamente criadas já não mostram o instinto materno. Porém, elas produzem mais ovos.[45]

Animais transgênicos também estão sendo criados no laboratório para servir como fábricas químicas, produzindo drogas úteis em seu leite e em seu sangue. Um novo campo, *pharming*[46] surgiu no decorrer da última década e promete revolucionar o modo como as drogas são feitas. Os pesquisadores transferiram com êxito genes humanos para embriões de carneiros que farão com que o carneiro adulto produza a proteína humana alpha-1-antitripsina. A antitripsina é usada para o tratamento do enfisema e normalmente é extraída do soro sanguíneo humano, mas em quantidades tão ínfimas que não atendem às necessidades. Na Pharmaceutical Proteins Limited (PPL) em Edimburgo, Escócia, os cientistas criaram o carneiro transgênico, capaz de produzir a antitripsina em níveis 15 vezes superiores ao que poderia ser produzido pelo plasma sanguíneo. Os ganhos de produtividade são tão fantásticos que um rebanho de mil ovelhas "poderia produzir tanto quanto toda a produção mundial de proteína"[47].

Cientistas na Faculdade Politécnica da Universidade Estadual da Virgínia (Virginia Tech) criaram porcos transgênicos que produzem a proteína C em seu leite – a proteína C é um anticoagulante que tem a promessa médica de, como produto farmacêutico, ajudar vítimas de derrames e infartos.[48]

Outros animais estão sendo criados em laboratórios em todo o mundo. As empresas farmacêuticas esperam aumentar a produtividade, elevar suas margens de lucros e reduzir significativamente sua mão-de-obra nos laboratórios, adotando, onde possível, a nova tecnologia de 'cultura farmacêutica'.

Todos esses avanços genéticos dependem dos esforços de computadores e sofisticadas tecnologias da informação. O computador e seu software são os meios usados para decifrar, isolar e analisar a informação genética e são indispensáveis na criação dos novos animais e plantas transgênicos. Portanto, o computador é a ferramenta essencial para manipular "sistemas vivos" tanto no nível macro quanto no micro, e eles serão cada vez mais utilizados para ajudar no gerenciamento da agricultura, bem como na engenharia de novas espécies vegetais e na reprodução animal.

O Fim da Agricultura ao Ar Livre

A união da revolução do computador e da revolução da biotecnologia em um complexo tecnológico único prenuncia uma nova era na produção de alimentos – dissociada da terra, do clima e de mudanças de estação, agentes que sempre foram condicionadores da produção agrícola. Nos próximos 50 anos, a agricultura tradicional deverá declinar, vítima das forças tecnológicas que rapidamente estão substituindo a agricultura ao ar livre, pela manipulação de moléculas no laboratório. Enquanto a primeira revolução tecnológica na agricultura substituiu a força animal e o trabalho humano por máquinas e produtos químicos, agora uma emergente revolução biotecnológica não demorará a substituir o cultivo da terra por culturas de laboratório, mudando para sempre o modo como o mundo vê a produção de alimentos. Os autores David Goodman, Bernardo Sorj e John Wilkinson resumem o significado histórico das mudanças que estão ocorrendo na produção agrícola em todo o mundo:

> O vínculo emergente entre a biotecnologia e a automação transformará cada vez mais a indústria alimentícia em um setor de alta tecnologia, facilitando sua incorporação dentro de um grupo industrial genérico que transforma matéria-prima... O agricultor dará lugar ao "biogerente", e a observação será substituída por 'software'. Portanto, a biotecnologia e a tecnologia da informação caminham juntas na criação de um novo processo de produção na agricultura. Nessa perspectiva, a biotecnologia e a microeletrônica marcam o fim da pré-história da indústria alimentícia e sua incorporação ao sistema industrial de dinâmicas mais amplas e da sociedade pós-industrial.[49]

As empresas químicas já estão investindo expressivamente na produção em laboratório de culturas de tecidos, na expectativa de acabar com o cultivo do solo nas primeiras décadas do século XXI. Nos anos 90, duas empresas de biotecnologia com sede nos Estados Unidos anunciaram que ha- viam produzido baunilha em laboratório com sucesso. A baunilha é o sabor mais popular na América. Um terço de todo o sorvete vendido nos Estados Unidos é de baunilha. Mais de 98% da safra mundial de baunilha é cultivada nas pequenas nações insulares de Madagascar, Reunião e Comores. Só em Madagascar, que produz mais de 70% da safra mundial, 70 mil colonos dependem dessa única cultura para a sua subsistência.[50] Entretanto, a produção de baunilha é cara. O pomar da baunilha precisa ser polinizado à mão e requer atenção especial nos processos de colheita e secagem. Agora, as tecnologias de inserção de seqüências de genes permitem aos pesquisadores produzirem a baunilha em quantidades comerciais em cubas de laboratório – isolando o gene que codifica a proteína da baunilha e clonando-o em um banho bacteriano – eliminando a fava, a planta, o solo, o cultivo, a colheita e o agricultor.

Pat Mooney, do Fundo Internacional para o Avanço Rural (RAFI), e Cary Fowler, da Organização de Alimento e Agricultura das Nações Unidas (FAO), que têm escrito extensivamente sobre o impacto potencial que as novas biotecnologias terão sobre as economias do Terceiro Mundo, explicam como funciona o processo de tecido celular: "A técnica básica utilizada para produzir o sabor da baunilha por meio da tecnologia da cultura do tecido envolve a seleção de um tecido celular de alto rendimento da planta da baunilha. A seguir, os tecidos celulares são propagados em culturas suspensas. Uma cuidadosa regulagem das condições da cultura e dos meios nutrientes, além de regulagens metabólicas, é utilizada para induzir a produção do composto aromatizado quimicamente que se deseja – a baunilha."[51]

A Escagenetics, uma empresa de tecnologia iniciante, com sede em San Carlos, na Califórnia, produziu baunilha por cultura de tecido a uma fração do custo de produção da baunilha natural. Enquanto a baunilha natural é vendida no mercado mundial por cerca de US$ 1.200 a libra, a Escagenetics afirma que pode vender sua versão geneticamente produzida por menos de US$ 25 a libra. Recentemente, a empresa entrou com pedido de patente para sua baunilha fabricada em laboratório. Com um mercado mundial de baunilha de quase US$ 200 milhões, empresas como a Escagenetics estão ávidas para lançar seu produto no mercado, convencidas de que podem tirar do mercado a baunilha cultivada pelos métodos tradicionais.[52]

Para as minúsculas nações insulares do Oceano Índico, o cultivo da baunilha em laboratório certamente significará uma catástrofe econômica. A exportação da fava de baunilha é responsável por mais de 10% da receita anual de toda a exportação de Madagascar. Em Comores, a baunilha representa dois terços da receita de exportação do país. Ao todo, a previsão é de que mais de cem mil agricultores nos três países produtores de baunilha percam seu meio de subsistência nas próximas décadas.[53]

A baunilha é apenas o começo. O mercado global de aromas de alimentícios é de quase US$ 3 bilhões e espera-se um crescimento anual de 30% ou mais. Ansiosas por capitalizar as novas biotecnologias que prometem reduzir expressivamente os custos e aumentar a produtividade e os lucros, outras empresas estão recorrendo ao laboratório para a produção de alimentos.[54] Várias empresas de biotecnologia há alguns anos vêm se concentrando na produção em laboratório do "thaumatin" – um adoçante derivado da fruta da planta "thaumatin", que cresce na África Ocidental. O "thaumatin" é a substância mais doce já descoberta na natureza e, em sua forma pura, é cem mil vezes mais doce do que o açúcar. Em meados da década de 1980, o gene que codifica a proteína do "thaumatin" foi clonado com êxito por cientistas na Unilever, na Holanda, e na Ingene, de Santa Mônica, na Califórnia.[55]

A produção do "thaumatin" e outros adoçantes em laboratório deve enfraquecer ainda mais o mercado de açúcar, que já foi prejudicado pelos adoçantes à base de milho e substitutos do açúcar, tais como o NutraSweet. As importações de açúcar nos Estados Unidos declinaram de US$ 686 milhões, em 1981, para US$ 250 milhões, em 1985[56]. Segundo um estudo realizado na Holanda, mais de 10 milhões de agricultores no Terceiro Mundo poderão ficar sem o seu sustento, à medida que os adoçantes fabricados em laboratório começarem a invadir mais intensamente os mercados mundiais nos próximos anos.[57]

Os cientistas estão apenas começando a explorar o grande potencial da produção da cultura de tecido em laboratório. Eles cultivaram com sucesso vesículas de laranja e limão por meio da cultura de tecidos; e alguns analistas do setor acreditam até que não está longe o dia em que o suco de laranja será produzido em cubas, eliminando a necessidade de plantar a laranja em pomares.[58]

Nos anos 90, pesquisadores do Departamento de Agricultura induziram o crescimento de células soltas de algodão, imergindo-as em uma cuba com nutrientes. Como o algodão é cultivado sob condições assépticas, isentas de contaminação microbiana, os cientistas afirmam que ele poderia ser utilizado para a fabricação da gaze esterilizada.[59] Embora a produção de algodão *in vitro* não use a tecnologia da inserção de genes, é mais um exemplo do potencial da redução de produtos agrícolas às suas partes componentes, para, então, ser produzido em larga escala.

A cultura de tecidos é vista por muitos como o próximo estágio inevitável de um processo que vem reduzindo a parcela do mercado agrícola no sistema de produção de alimentos. Em grande parte do século XX, a importância da agricultura diminuiu à medida que um número crescente de suas atividades foi eliminado pelo setor de insumos, em uma extremidade, e pelo setor de marketing, do outro. Por exemplo, os fertilizantes químicos substituíram a adubação animal na lavoura. Os pesticidas comerciais substituíram a rotatividade de culturas, o cultivo mecânico e a limpeza manual de ervas daninhas. Os tratores substituíram os cavalos e a mão-de-obra humana. Já faz alguns anos que apenas alguns poucos agricultores é que embalam sua própria safra ou a transportam aos mercados varejistas: essas funções têm sido assumidas cada vez mais por empresas agrocomerciais.

Agora as empresas químicas e farmacêuticas esperam utilizar a engenharia genética para eliminar totalmente o agricultor. A meta é converter a produção de alimentos em um processo totalmente industrializado, sem qualquer utilização do organismo e do ar livre, e "cultivar" em nível molecular na fábrica. Martin H. Rogoff e Stephen L. Rawlins, biólogos e administradores de pesquisa no Departamento de Agricultura, nos Estados Unidos, concebem um sistema de produção de alimentos no qual os campos seriam plantados apenas com safras perenes de biomassa. Utilizando enzimas, as safras seriam colhidas e convertidas em solução de açúcar. Essa solução seria canalizada para fábricas urbanas e usadas como fonte nutriente para a produção de grandes quantidades de polpa a partir da cultura de tecido. A polpa seria reconstituída e transformada em várias formas e texturas para copiar as formas tradicionais associadas às safras 'cultivadas' no solo. Rawlins diz que as novas fábricas seriam altamente automatizadas e exigiriam poucos trabalhadores.[60]

A produção de alimentos por meio da cultura de tecidos eliminará milhões de empregos ao longo de toda a rede agrícola. Além de deixar a maioria dos agricultores sem função – apenas uma pequena porcentagem deles será necessária para gerenciar as safras de biomassa –, a produção de alimentos por processo contínuo eliminará empregos nas indústrias auxiliares relacionadas ao setor agrícola, inclusive os fabricantes de implementos agrícolas e os de transporte de longa distância.

As vantagens, defendem os proponentes da agricultura por meio da cultura de tecidos, incluem o uso reduzido da terra, menos erosão do solo, menos agroquímicos e custos reduzidos de transporte e energia. A produção pelos processos contínuos no laboratório também significa que a produção pode ser regulada de acordo com a demanda diária do mercado, sem depender das incertezas climáticas ou sazonais e incertezas políticas. Com os novos processos de laboratório, as multinacionais serão capazes de exercer maior controle econômico sobre os mercados mundiais, com menos riscos para si próprias. Controlar genes no laboratório é menos trabalhoso do que controlar o clima, a terra e os trabalhadores em um país de Terceiro Mundo.

A revista *Food Technology* resumiu as vantagens econômicas e políticas da nova e revolucionária abordagem à produção de alimentos: "Muitos dos sabores preferidos dos americanos e outros produtos vêm de partes longínquas do mundo, onde a instabilidade política dos governos ou os caprichos do tempo resultam em oferta, custos e qualidade do produto inconstantes de uma safra para outra. Em um processo de cultura de tecido, todos os parâmetros... podem ser controlados"[61].

A era da produção de alimentos básicos deverá declinar nas próximas décadas, à medida que empresas químicas, farmacêuticas e de biotecnologia forem capazes de produzir por meio da cultura de tecido, reduzindo expressivamente o preço dos alimentos nos mercados mundiais. O impacto econômico sobre os agricultores, principalmente no Terceiro Mundo, poderia ser catastrófico. Muitas nações do Terceiro Mundo dependem da venda de uma ou duas safras principais para exportação. A sua substituição pelo cultivo em laboratório poderia significar o colapso de economias nacionais, desemprego sem precedentes e a inadimplência de empréstimos internacionais, o que, por sua vez, poderia levar à desestabilização do sistema bancário comercial em nações do Primeiro Mundo.[62]

Os recentes avanços tecnológicos na agricultura mundial prometem maior produtividade e redução nas necessidades de mão-de-obra mais impressionantes do que qualquer revolução tecnológica equivalente na história do mundo. O preço humano do progresso comercial provavelmente será assombroso. Centenas de milhões de agricultores em todo o planeta enfrentam a perspectiva de sua eliminação permanente do processo econômico. Sua marginalização poderia levar a convulsões sociais em escala global e à reorganização da vida social e política em linhas radicalmente novas no próximo século.

O temor de os agricultores em todo o mundo perderem seus empregos em função do computador e da revolução da biotecnologia é profundamente perturbador. Ainda mais grave, os setores industrial e de serviços, que tradicionalmente têm absorvido trabalhadores rurais desempregados, estão vivendo sua própria revolução tecnológica, eliminando milhões de cargos para dar lugar à reengenharia e a ambientes de trabalho altamente automatizados. As multinacionais estão entrando em uma nova era de comunicações rápidas, práticas de produção "enxutas" e operações de marketing e distribuição *just-in-time* que dependem cada vez mais de uma nova geração de trabalhadores "colarinhos de silício"[63]. Grande parte da mão-de-obra humana está sendo deixada para trás e provavelmente jamais cruzará a fronteira da economia global de alta tecnologia.

CAPÍTULO 9

Aposentando o Operário

Em sua autobiografia, o primeiro grande líder trabalhista americano, Samuel Gompers, rememorou uma experiência de infância que teria um efeito profundo na formação de seus esforços, ao longo de sua vida, em benefício de homens e mulheres trabalhadores: "Uma das primeiras lembranças mais vívidas de minha infância foi a grande dificuldade com que se defrontaram os tecelões de seda quando a máquina foi inventada para substituir a sua habilidade e tomar seus empregos. Ninguém pensou nesses homens aos quais fora tirado seu meio de subsistência. Angústia e incerteza permeavam a vizinhança com um clima deprimente de apreensão. As ruas estreitas ecoavam com os passos de homens que perambulavam em grupos sem ter o que fazer"[1].

Desde o início da Revolução Industrial, máquinas e formas inanimadas de energia têm sido usadas para impulsionar a produção e reduzir a quantidade de mão-de-obra necessária para fabricar um produto. Já no início da década de 1880, fabricantes como a American Tobacco Company, Quaker Oats, Pillsbury, Diamond Match, Campbell Soup, Procter & Gamble, H. J. Heinz e Eastman Kodak começaram a fazer experiências com máquinas de "processo contínuo" na industrialização. Essas máquinas exigiam pouca atenção humana e produziam quantidades maciças de produtos, mais ou menos automaticamente. Os operários apenas as alimentavam com materiais e deixavam o equipamento moldar e embalar o produto.

Em 1881, James Bonsack patenteou uma máquina que enrolava automaticamente os cigarros, sem qualquer mão-de-obra humana. A máquina "arrastava o fumo para a 'fita sem fim', comprimia-o dando-lhe forma arredondada, embalava-o com o papel, levava-o a um 'tubo de cobertura' que moldava o cigarro, colava o papel e cortava o bastão resultante no comprimento desejado". Ao final da década de 1880, a máquina de processo contínuo produzia 120 mil cigarros por dia. A maioria dos operários especializados conseguia fazer no máximo 3 mil cigarros por dia. Tão produtivo era o novo equipamento que menos de 30 máquinas conseguiam atender toda a demanda nacional de cigarros em 1885, usando apenas alguns operários.[2]

A Diamond Match Company introduziu equipamentos de processo contínuo em 1881 e logo estava produzindo bilhões de fósforos automaticamente. Nessa mesma época, a Procter & Gamble introduzia a fabricação contínua de sabonete e, em menos de uma década, tornava seu novo produto, o Ivory, um nome consagrado nos lares. George Eastman inventou um método de processo contínuo para fazer negativos fotográficos, impulsionando sua empresa à proeminência nacional. A Pillsbury e outras empresas de grãos introduziram a maquinaria de processo contínuo na moagem, produzindo farinha de alta qualidade em grande quantidade e a baixo custo, novamente utilizando bem menos mão-de-obra no processo.[3]

As tecnologias de processo contínuo introduziram uma nova abordagem radical à industrialização. O conceito da maquinaria automática produzindo bens com pouco ou nenhum esforço humano já não era apenas um sonho utópico. Hoje, as novas tecnologias da informação e da comunicação estão tornando possível a utilização de processos contínuos muito mais sofisticados.

Automatizando o Automóvel

Alguns dos avanços mais dramáticos na reengenharia e no deslocamento tecnológico estão ocorrendo na indústria automotiva. Como já mencionado anteriormente, o pós-Fordismo está transformando rapidamente a indústria automobilística em todo o mundo. Ao mesmo tempo, a reestruturação pós-Fordismo está resultando em demissões maciças de operários na linha de montagem. Maior atividade fabril do mundo, os fabricantes de automóveis produzem mais de 50 milhões de novos veículos por ano. Certa vez, Peter Drucker apelidou a fabricação de automóveis de "a indústria das indústrias"[4]. O automóvel e seus empreendimentos industriais paralelos são responsáveis pela geração de um em cada 12 empregos na área industrial nos Estados Unidos e são servidos por mais de 50 mil fornecedores satélites. Nos anos 30, um defensor entusiasta exclamou: "Pense nos resultados para o mundo industrial, ao colocar no mercado um produto que duplica o consumo do ferro maleável, triplica o consumo do vidro laminado e quadruplica o uso da borracha... Como consumidor de matéria-prima, o automóvel não tem igual na história do mundo"[5].

A importância do automóvel para a economia global e para a oferta de empregos é inquestionável. Desde a época em que Henry Ford instalou a primeira linha de montagem móvel, os fabricantes de automóveis experimentaram milhares de inovações para aumentar a produção e reduzir a mão-de-obra no processo de produção. O próprio Ford orgulhava-se da capacidade de sua empresa em substituir a mão-de-obra física pela tecnologia, e pesquisava constantemente novas maneiras de reduzir as tarefas a operações simples, sem esforço. Em sua autobiografia, *My Life and Work*, ele se vangloriava de, enquanto produzir um modelo-T exigia 7.882 tarefas distintas, apenas 949 dessas tarefas exigiam "homens fortes e fisicamente quase perfeitos". Quanto às demais tarefas, Ford afirmava que "670 podiam ser realizadas por homens sem pernas, 2.637 por homens pernetas, 2 por homens sem braços, 715 por homens manetas e 10 por homens cegos"[6].

A visão de Ford de uma linha de montagem está avançando rapidamente, e os japoneses estão liderando o processo. Especialistas do setor previam que, ao final da década de 90, as fábricas japonesas seriam capazes de produzir um automóvel completo em menos de 8 horas.[7] A redução do tempo de fabricação significa que bem menos trabalhadores são necessários na linha de montagem.[8]

Seguindo o exemplo do Japão, os fabricantes americanos já começaram a aplicar a reengenharia às suas próprias operações, na esperança de aumentar a produtividade, reduzir a folha de pagamento, melhorar sua fatia de mercado e sua margem de lucro. Em 1993, o presidente da General Motors, John F. Smith Jr., anunciou os planos de implementar reformas muito necessárias nas fábricas da GM e estimava que as mudanças nas práticas de produção poderiam eliminar até 90 mil empregos, ou um terço de sua força de trabalho até o final da década de 90. Esses novos cortes viriam em cima dos 250 mil empregos que a GM já havia eliminado desde 1978.[9]

Outros fabricantes de automóveis internacionais também estão aplicando a reengenharia em suas operações e eliminando grandes números de funcionários. Em setembro de 1993, a Mercedes-Benz anunciou que em 1994 procuraria aumentar em 15% a eficiência em suas instalações e que cortaria mais de 14 mil empregos. Para 1995, analistas do setor previam que os fabricantes alemães de automóveis poderiam eliminar um em cada sete empregos. Isso em um país em que 10% de toda a força de trabalho industrial ou está na indústria automotiva ou lhe presta serviços.[10]

Os fabricantes de automóveis consideram a tecnologia de deslocamento da mão-de-obra como sua melhor opção para reduzir custos e melhorar o desempenho dos lucros. Embora o custo da mão-de-obra represente menos de 10% a 15% dos custos totais, ele representa uma porcentagem maior nas vendas do que a margem de lucro e é facilmente redutível com o emprego de novas tecnologias da informação. A Organização Internacional do Trabalho das Nações Unidas estima que, reduzindo pela metade o custo do trabalho, as multinacionais fabricantes de automóveis poderiam triplicar seus lucros. A GM esperava, com a eliminação de um quarto de sua força de trabalho e a reengenharia de suas operações, poder economizar mais de US$ 5 bilhões por ano em 1995.[11]

Os robôs estão se tornando cada vez mais atraentes como alternativa ao trabalho humano na linha de montagem do automóvel. Os japoneses, bem mais à frente dos outros fabricantes de automóveis, robotizaram grande parte de suas linhas de produção. A Mazda Motor Corporation anunciou em 1993 sua meta de 30% de automação da montagem final em sua nova fábrica em Hofu, Japão. A empresa esperava ter uma linha de montagem final 50% automatizada até o ano 2000.[12] À medida que a nova geração de robôs "espertos" equipados com maior inteligência e flexibilidade vão abrindo seu caminho no mercado, os fabricantes de automóveis estão mais propensos a usá-los em substituição aos trabalhadores, porque são mais eficazes em termos de custos. O periódico especializado *Machinery and Production Engineering* traduziu o ponto de vista corporativo em termos francos: "O pagamento de salários mais altos a trabalhadores que não podem ser descritos por quaisquer padrões como algo mais elevado do que zeladores de máquinas está se tornando rapidamente desestimulante. E onde um homem é empregado exclusivamente para descarregar uma máquina e carregar outra... sua substituição por robôs não é apenas o caminho flagrantemente óbvio, como também cada vez mais fácil de se justificar financeiramente. Sobretudo, um robô não está sujeito a variações aleatórias de desempenho... e, para todas as finalidades práticas, trabalha tão dura, responsável e coerentemente tanto no final como no início do expediente"[13].

Engenheiros industriais já estavam desenvolvendo na década de 90 máquinas ainda mais avançadas "com habilidades, tais como: comunicação por voz, linguagem de programação de uso genérico, aprendizado por experiência, visão tridimensional com sensibilidade à cor, múltipla coordenação motora, habilidades de locomoção e autonavegação e habilidades de autodiagnóstico e correção". A meta, diz o sociólogo Michael Wallace, "é aproximá-los tanto quanto possível das capacidades humanas para processar dados ambientais e apresentar soluções, evitando, ao mesmo tempo, os problemas (por exemplo, absenteísmo e rotatividade) apresentados por agentes humanos"[14].

Estima-se que cada robô substitua quatro empregos na economia e, se usado constantemente, 24 horas por dia, ele acaba pago em apenas pouco mais de um ano.[15] Em 1991, segundo a Federação Internacional de Robótica, a população mundial de robôs era de 630 mil. Esse número deverá aumentar dramaticamente nas próximas décadas, à medida que máquinas pensantes tornarem-se mais inteligentes, versáteis e flexíveis.[16]

Computando o Aço

Enquanto a indústria automotiva global está rapidamente aplicando a reengenharia às suas operações e investindo em novas tecnologias da informação, as quais resultam na redução da mão-de-obra, setores relacionados estão fazendo a mesma coisa, eliminando, com isso, cada vez mais empregos no processo.

O destino das indústrias siderúrgicas está tão intimamente ligado ao da indústria automotiva, que não é de surpreender ver as mesmas mudanças devastadoras na organização e produção ocorrendo no aço como estão ocorrendo nos negócios de automóveis. A indústria do aço é o coração e a alma do poder industrial. As grandes usinas siderúrgicas da Inglaterra, da Alemanha e dos Estados Unidos fornecem a infra-estrutura material para a moderna economia industrial. Gigantescas fornalhas de minas, em cidades industriais, tais como Sheffield, Essen e Pittsburgh, converteram imensas quantidades de minério de ferro em perfis de aço redondos que foram usados para construir trilhos, estruturas para locomotivas e, mais tarde, automóveis, vigas fundidas para a construção de imensos arranha-céus, fábricas e, nos Estados Unidos, rolos de arame farpado para cercar as grandes planícies do Oeste.

Por volta da década de 90, os Estados Unidos eram o líder da produção de aço. Os fornos de Andrew Carnegie, os maiores do mundo, produziam 2 mil toneladas por semana. Na virada do século, uma moderna usina americana produzia tanto aço em um dia quanto, na metade do século anterior, era produzido em um ano.[17]

O aço era o rei das indústrias de chaminés, e o preço para a entrada de cada país que quisesse participar do clube industrial. Os Estados Unidos desfrutavam da primazia na produção do aço, por força de sua tecnologia superior e dos métodos organizacionais, de seu acesso à matéria-prima barata e aos mercados de dimensões continentais. Nos anos 90, essa vantagem competitiva foi seriamente desgastada, principalmente em decorrência da incapacidade das empresas americanas de se manterem atualizadas com as novas tecnologias da revolução da informação que refizeram a indústria siderúrgica.

Martin Kenney e Richard Florida descrevem os contrastes entre duas fábricas de aço muito diferentes, localizadas a uma hora de distância uma da outra, no cinturão de ferro dos Estados Unidos. A primeira é um complexo de prédios velhos e galpões enferrujados onde centenas de operários trabalham em condições dickensianas. Cobertos de graxa e fuligem, eles operam fornalhas de aço envelhecidas, transformando metal derretido em placas de aço. Espalhadas pelo chão enlameado, estão peças enferrujadas, ferramentas abandonadas e tambores de produtos químicos. O barulho é ensurdecedor. O aço é transportado por correntes suspensas sobre a fábrica cavernosa, enquanto supervisores gritam as instruções, em meio à confusão das idas e vindas de homens e materiais. Do lado de fora da fábrica, vêem-se máquinas e caminhões quebrados e pilhas de aço enferrujado.

A segunda usina é uma estrutura branca e luminosa que mais parece um laboratório do que uma fábrica. Em seu interior, máquinas de cores vivas produzem aço laminado. No centro da fábrica há uma cabine de vidro cheia de computadores e equipamentos eletrônicos. Operários trajando uniformes impecavelmente limpos programam e monitoram os computadores que supervisionam e controlam o processo de produção. Nenhum dos homens manuseia diretamente o aço. O processo é quase totalmente automatizado e produz aço laminado a frio em menos de uma hora. O mesmo processo em uma usina de aço antiga costumava levar até 12 dias.[18]

A usina computadorizada é da Nippon Steel, que, juntamente com outros fabricantes japoneses de aço – como Kawasaki, Sumitomo e Kobe –, abriu fábricas nos Estados Unidos, algumas em sociedade com siderúrgicas americanas. As novas usinas de alta tecnologia transformaram com êxito a fabricação do aço de um processo em lote para uma operação contínua altamente automatizada, tudo por meio da combinação de procedimentos antes separados em uma operação única, semelhante à produção de rolos em uma fábrica de papel.[19]

No processo tradicional da laminação a frio, grossos rolos de aço são levados por várias etapas distintas e transformados em lâminas de aço mais finas para utilização em automóveis, refrigeradores, máquinas de lavar roupa e outras utilidades domésticas. Primeiro, os rolos de aço são levados a uma máquina que raspa a ferrugem e a oxidação da superfície. A seguir, ele é levado para outra máquina onde é banhado em uma solução química para completar o processo de limpeza. De lá, é levado para outra máquina para secagem, após o que é enviado para mais uma máquina onde é prensado na espessura desejada. Finalmente, o aço é cortado e preparado.[20]

A Nippon e outros fabricantes de aço japoneses transformaram todas essas etapas distintas em um fluxo uniforme e, com isso, revolucionaram a fabricação do aço. Eles começaram combinando os processos de entrada e raspagem. A seguir, combinaram os processos de limpeza e secagem. Controles computadorizados foram acrescentados para automatizar a produção. A usina de laminação a frio de US$ 400 milhões da Nippon, próxima a Gary, Indiana – uma *joint-venture* com a Inland Still –, é operada por uma pequena equipe de técnicos, reduzindo o tempo de produção de 12 dias para uma hora. Na fábrica automatizada, a direção da Inland conseguiu reduzir significativamente sua força de trabalho, fechando duas usinas mais velhas e demitindo centenas de operários.[21]

O emprego na indústria do aço também foi dramaticamente afetado pela introdução de miniusinas. Essas novas fábricas computadorizadas e altamente automatizadas utilizam fornos a arco voltaico para converter sucata de aço em cabos e lingotes. De operação muito mais barata do que as usinas de aço integradas, as novas miniusinas já estão produzindo um terço de todo o aço nos Estados Unidos. A mão-de-obra de alta tecnologia nas miniusinas é reduzida em número e especializada em química, metalurgia e programação de computador. Com seu processo industrial computadorizado, a miniusina pode produzir uma tonelada de aço com menos de um doze avos da mão-de-obra de uma gigantesca usina de aço integrada.[22]

A crescente automação da produção do aço tem deixado milhares de operários desempregados. Em 1980, a United States Steel, então a maior empresa siderúrgica integrada dos Estados Unidos, empregava 120 mil trabalhadores. Em 1990, mantinha a mesma produção com apenas 20 mil.[23] Esses números deveriam cair ainda mais acentuadamente nos 10 ou 20 anos posteriores, à medida que novas e mais avançadas operações computadorizadas fossem introduzidas no processo de fabricação.

Os novos métodos industriais altamente automatizados estão sendo combinados com uma reestruturação radical da hierarquia administrativa, para levar a fabricação de aço à era da produção enxuta. As classificações de cargo na indústria siderúrgica tornaram-se tão complexas ao longo dos anos, que até mesmo os responsáveis pela supervisão do processo não têm certeza de quantas categorias e demarcações existem. Em algumas empresas existem entre 300 e 400 diferentes classificações. Na fábrica da LTV-Sumitomo, as categorias foram reduzidas de 100 para 3. As novas classificações são: "iniciante", "intermediário" e "avançado".[24] Os operários horistas passaram a mensalistas. Novas equipes de autogestão passaram a ter mais controle da produção, reduzindo significativamente o número de gerentes na folha de pagamento. As hierarquias gerenciais também foram achatadas. A Inland Steel reduziu seus níveis gerenciais de 10 para 6.[25] O mesmo processo de reengenharia está em andamento nas usinas de aço em todo o mundo. Segundo a Organização Internacional do Trabalho, de 1974 a 1989, a produção de aço usinado caiu apenas 6% para os países da Organização para a Cooperação e Desenvolvimento Econômico (OECD – Organization for Economic Cooperation and Development), enquanto o emprego caiu mais de 50%. Mais de um milhão de empregos foram perdidos na indústria siderúrgica das nações da OECD durante um período de 15 anos. "Em até 90% dos casos", disse a Organização Internacional do Trabalho, "a explicação básica para a redução no emprego não são as mudanças no nível de produção, mas, sim, o aumento de produtividade"[26].

Outros setores que utilizam o aço na fabricação de seus produtos também estão passando por uma revisão fundamental, refletindo a nova ênfase nas práticas de produção enxuta. A indústria metalúrgica é um bom exemplo. Há apenas quatro décadas, a International Association of Machinists (IAM) afixou uma placa sobre a porta principal da sede do sindicato em Washington, D.C., com os dizeres: UM MILHÃO E FIRMES. A placa permaneceu ao longo dos anos, enquanto o número de metalúrgicos no país definhava para menos de 600 mil.[27]

William Winpisinger, ex-presidente do IAM, cataloga as várias mudanças revolucionárias nos materiais e tecnologias que encolheram as fileiras de metalúrgicos especializados em todo o mundo. Ele cita o exemplo das barras de aço bruto que tradicionalmente eram cortadas, esmerilhadas e polidas por metalúrgicos especializados para a fabricação de peças para motores de aviões. Já em 1995, metais em pó eram simplesmente despejados de sacos – como cimento – em fôrmas pressurizadas que moldavam as peças. Em alguns casos, cerâmicas e plásticos leves substituem o pó de metal, passando pelo mesmo processo de moldes.[28] Fabricar peças de precisão em moldes e matrizes tem eliminado o emprego de milhares de metalúrgicos especializados.

A indústria metalúrgica abrange toda uma gama de subindústrias, que inclui ferramental, laminadoras, máquinas de solda, máquinas para usinagem, matrizes especiais, calibradores e acessórios.[29] Em todas essas indústrias, máquinas operatrizes computadorizadas, controladas numericamente, sistemas de desenho assistidos por computador, sistemas de fabricação e engenharia, células de fabricação flexíveis e equipamento de inspeção automatizado baseado em sensores reduziram a necessidade de metalúrgicos especializados. Winpisinger diz que "embora não devamos nos interpor aos avanços que facilitam o trabalho... precisamos nos preparar para cuidar dos trabalhadores que serão deslocados pela nova tecnologia"[30].

Entre 1979 e 1990, o emprego na indústria metalúrgica diminuiu em uma média anual de 1,7%. O Departamento de Estatísticas de Emprego prevê uma perda total de 14 mil trabalhadores adicionais por volta do ano 2005. Para os operários especializados, prevê-se um nível de desemprego ainda maior, atingindo 14% – da década de 90 até a primeira década do século XXI.[31] Em países como a Alemanha, onde ferramenteiros qualificados são um tesouro nacional e reconhecidos pela sua habilidade, os novos processos de automação terão um forte impacto, tanto psicológico quanto econômico, sobre a economia nacional.

A Mão-de-Obra "Colarinho de Silício"

Setor após setor, as empresas estão substituindo o trabalho humano por máquinas e, nesse processo, mudando a natureza da produção industrial. Um dos setores mais afetados pela reengenharia e pelas novas tecnologias baseadas na informação é o da borracha. Kenney e Florida citam o exemplo de uma fábrica da Firestone Tire, em La Vergne, Tennessee. As condições de trabalho eram tão precárias, contava um representante sindical, que "era difícil acreditar que pneus pudessem ser fabricados ali"[32]. Embora essa fosse uma das instalações tecnologicamente mais avançadas da Firestone, o mau relacionamento entre empregados e empregador deteriorou a tal ponto o ambiente de trabalho no decorrer do tempo que a produção praticamente parou. A fábrica era tão desorganizada que corpos estranhos – tais como pontas de cigarros, pregos e copos de papel – podiam ficar incrustados nos pneus.

Em 1982, a Bridgestone, produtora de borracha japonesa, comprou as instalações da Firestone e imediatamente aplicou a reengenharia às operações, de acordo com seus próprios padrões rígidos de produção enxuta. Introduziu equipes de trabalho, achatou a hierarquia organizacional de oito para cinco níveis, reduziu as classificações de cargo, criou programas de retreinamento profissional para melhorar o controle de qualidade e investiu US$ 70 milhões em novos equipamentos projetados para automatizar o processo de produção. Em menos de 5 anos, a produção aumentou de 16.400 para 82.175 pneus por mês. Nesse mesmo período, a produção de pneus com defeitos caiu em 86%.[33]

A Goodyear, uma empresa tradicionalmente associada a pneus de alta qualidade nos Estados Unidos, tem uma história de sucesso parecida. A

Goodyear teve lucro recorde de US$ 352 milhões sobre um faturamento de US$ 11,8 bilhões em 1992. A empresa, em 1995, estava produzindo 30% mais pneus do que em 1988, com 24 mil funcionários a menos.[34]

A experiência da Bridgestone e da Goodyear está sendo reproduzida em outras fábricas de pneus em todo o mundo. No Reino Unido, a Sumitomo, outro produtor japonês de pneus, comprou as instalações da Dunlop e aplicou as práticas da produção enxuta. Em 1995, a produtividade já tinha aumentado em mais de 40%, com 30% de funcionários a menos.[35]

As indústrias extrativas também foram afetadas pela automação. Em 1992, 45 mil empregos foram eliminados no setor da mineração nos Estados Unidos.[36] A mineração, assim como a agricultura, tem passado por um processo constante de desemprego tecnológico há 80 anos. Em 1925, 588 mil homens, quase 1,3% de toda a força de trabalho do país, extraíram 520 milhões de toneladas de carvão betuminoso e linhita. Em 1982, menos de 208 mil homens e mulheres produziram mais de 774 milhões de toneladas de carvão.[37] Com a utilização de avançada tecnologia de computador, equipamento de escavação e de transporte mais rápido, tecnologias aperfeiçoadas de dinamitação e novos métodos de processamento, as empresas de mineração têm sido capazes de aumentar a produção a uma média anual de 3%, desde 1970.[38]

A crescente automação da indústria de mineração resultou na perda de dezenas de milhares de empregos nas regiões produtoras de carvão dos Estados Unidos. Na primeira década do século XXI, menos de 113.200 pessoas – uma força de trabalho 24% menor do que a dos anos 90 – produzirá todo o carvão necessário para atender à demanda doméstica e externa.[39]

Assim como a mineração, o setor de refinação química também vem substituindo a mão-de-obra humana por máquinas. A refinaria da Texaco, em Port Arthur, foi a primeira empresa no setor a introduzir o controle digital por computador em 1959. Entre 1959 e 1964, a produtividade teve um aumento vertiginoso, e o número de trabalhadores no setor químico caiu de 112.500 para 81.900, à medida que empresas como a Monsanto e a Goodrich passavam suas operações para o controle do computador. As dramáticas mudanças nas práticas de produção ocasionadas pelas novas tecnologias de computação e operações de processo contínuo tornaram-se evidentes para o Sindicato dos Trabalhadores nas Indústrias de Petróleo, Atômicas e Químicas, quando seus participantes entraram em greve nas refinarias de petróleo no início da década de 60. Os grevistas malograram em sua tentativa de reduzir o ritmo da produção nas novas fábricas automatizadas. Elas virtualmente operavam sozinhas.[40] Nos anos seguintes, a indústria química continuou a automatizar suas instalações fabris, demitindo números crescentes de trabalhadores. De 1990 até meados de 1992, a produtividade cresceu, enquanto o número de funcionários na produção e na supervisão caiu em 6%. Em 1995, como Harry Braverman ressalta, "o trabalho do operador químico, de modo geral, é limpo", e relaciona-se com "a leitura de instrumentos e com a manutenção de gráficos"[41].

Não é de surpreender que alguns dos avanços mais significativos na reengenharia e na automação tenham ocorrido na indústria eletrônica. A General Electric, líder mundial na fabricação de produtos eletrônicos, reduziu seu número de funcionários em todo o mundo de 400 mil, em 1981, para menos de 230 mil, em 1993, triplicando suas vendas ao mesmo tempo. A GE achatou sua hierarquia gerencial nos anos 80 e começou a introduzir novos equipamentos de automação na fábrica. Na GE Fanuc Automation Plant, em Charlottsville, Virginia, novos equipamentos de alta tecnologia "montam componentes eletrônicos nas placas de circuitos, na metade do tempo da tecnologia anterior"[42].

Na Victor Company, no Japão, veículos automatizados entregam componentes de filmadoras e outros materiais a 64 robôs que, por sua vez, executam 150 tarefas diferentes de montagem e inspeção. Apenas dois seres humanos estão presentes no ambiente de fabricação. Antes da introdução das máquinas inteligentes e dos robôs, eram necessários 150 empregados para fabricar as filmadoras na Victor.[43]

Na indústria de utilidades domésticas, novos equipamentos de alta tecnologia, inclusive de desenho assistido por computador, sistemas de engenharia e fabricação, robôs, esteiras e sistemas de transporte automatizados, estão aumentando a produtividade e eliminando empregos em cada estágio do processo de produção. Entre 1973 e 1991, a produção da indústria de utilidades domésticas nos Estados Unidos aumentou a uma taxa anual de 0,5%. No mesmo período, a produção por funcionário/hora aumentou a uma taxa média de 2,7%. A exemplo de outras indústrias, os ganhos de produtividade resultantes da introdução de novas tecnologias poupadoras de tempo e de mão-de-obra significaram um declínio nas taxas de emprego. Entre 1973 e 1991, o emprego caiu acentuadamente, de 196.300 para 117.100, e o Departamento de Estatísticas do Trabalho prevê que continuará a cair. Por volta do ano 2005, apenas 93.500 trabalhadores – menos da metade do número empregado em 1973 – estarão produzindo o total de produtos de utilidades domésticas dos Estados Unidos.[44]

A perda de operários na produção, por categoria de produto, na indústria de utilidades domésticas é assustadora. Em 1973, 49 mil trabalhadores estavam empregados na indústria de geladeira e freezer. Em 1991, esse número havia caído para 25.700, uma queda média anual de 3,5%. Os fabricantes de lavadoras de roupa reduziram sua mão-de-obra de 28.300, em 1973, para 20.600, em 1991. Na indústria de artigos domésticos elétricos e ventiladores, o emprego caiu no mesmo período de 56.300 para 31 mil. Segundo o Departamento do Trabalho, "virtualmente nenhuma dessas demissões foi resultado do aumento das importações ou de queda na demanda"[45]. Em um estudo detalhado da indústria de utilidades domésticas, o Departamento descobriu que, "embora o emprego esteja caindo, o segmento industrial dos eletroeletrônicos e ventiladores é a história de maior sucesso industrial. A força continuada da demanda por utilidades domésticas e ventiladores reflete-se em preços atraentes e em uma expansão significativa no número de produtos disponíveis aos consumidores"[46].

Nenhum setor está mais associado à Revolução Industrial do que o setor têxtil. Há mais de 200 anos, as primeiras máquinas movidas a vapor foram utilizadas na Inglaterra na fiação de lã, provocando uma revolução no modo como os bens eram produzidos. Nos anos 90, enquanto outras indústrias tinham se adiantado na corrida da automação, os têxteis ficaram para trás, em grande parte como conseqüência do uso intensivo de mão-de-obra no processo de costura.

Um estudo da indústria do vestuário descobriu que um modelo de roupa chega a demorar 66 semanas para passar do estágio do desenho e produção da fibra até sua distribuição no varejo. O longo tempo de espera e a lentidão na entrega custam à indústria mais de US$ 25 bilhões ao ano em perda de vendas potenciais. A maioria desses prejuízos ocorre na extremidade do varejo, quando as lojas são obrigadas a liquidar a mercadoria por causa das mudanças na moda ou da mudança de estação. O potencial de vendas perdidas resulta também de itens sem estoque.[47]

Nos últimos anos, entretanto, o setor têxtil começou a emparelhar-se aos outros setores de fabricação com a introdução de práticas de produção enxuta e avançados sistemas de automação. A meta é instituir a fabricação flexível e entregas *just-in-time* para que a demanda dos consumidores possa ser atendida "sob medida". Algumas empresas, como a Allied Textile Co., a Parkland Textile Co. e a Courtaulds, da Inglaterra, começaram a introduzir a robotização em seus processos industriais. O desenho assistido por computador (CAD) reduziu de semanas para minutos o tempo de desenho de um traje. A tintura computadorizada e os sistemas de acabamento também têm sido introduzidos. Sistemas computadorizados também estão dinamizando a armazenagem, o manuseio, a embalagem e o embarque das roupas.[48]

Embora a costura das roupas ainda utilize mão-de-obra intensiva, as empresas têm sido capazes de reduzir o tempo de produção em outras áreas do processo industrial. Algumas já usam moldes computadorizados automatizados e máquinas de corte do tecido. Máquinas de costura microeletrônicas também têm sido introduzidas nas salas de costura, ajudando a realizar um número pré-programado de pontos, seguidos de um arremate automático ao término da costura.[49] Jack Sheinkman, presidente do Sindicato dos Trabalhadores nas Indústrias Têxteis e do Vestuário, diz que a indústria têxtil está rapidamente se tornando uma "indústria de alta tecnologia". Segundo Sheinkman, "o componente mão-de-obra foi significativamente reduzido" nos últimos anos e é responsável por pouco mais de 30% do processo produtivo. O resto do processo é automatizado."[50]

As novas tecnologias estão começando a permitir a competitividade de custo da fabricação de roupas em países industrializados, com empresas que operam em países com baixo custo de mão-de-obra. À medida que cada vez mais empresas renderem-se à reengenharia e à automação, até mesmo os exportadores do Terceiro Mundo, como a China e a Índia, serão forçados a passar dos processos de fabricação dependentes de mão-de-obra para métodos mais baratos e rápidos de produção mecanizada.

A automação na fabricação de roupas finas já está resultando em perda recorde de empregos. Em empresas têxteis pesquisadas, em um estudo realizado pelos ingleses, a produtividade e os lucros estavam aumentando enquanto os empregos diminuíam. Por exemplo, na Allied Textile Company, os lucros antes do imposto aumentaram em 114% entre 1981 e 1986, enquanto o emprego encolhia em 47%, de 2.048 para 1.409 trabalhadores.[51]

Em virtualmente todas as principais atividades industriais, a mão-de-obra humana está sendo substituída por máquinas. Atualmente, milhões de homens e mulheres trabalhadores em todo o mundo estão presos entre eras econômicas e cada vez mais marginalizados pela introdução de novas tecnologias poupadoras de mão-de-obra. Por volta das décadas centrais do século XXI, o operário terá passado para a história, vítima da Terceira Revolução Industrial e da implacável marcha rumo à maior eficiência tecnológica.

CAPÍTULO 10

O Último Prestador de Serviço

Durante mais de 50 anos, o setor de serviços absorveu as perdas de empregos nas indústrias. Até algum tempo atrás, a maioria dos economistas e líderes empresariais acreditava que essa tendência continuaria. Porém, suas esperanças foram sendo refreadas, à medida que as tecnologias da informação começaram a invadir o próprio setor de serviços, aumentando a produtividade e tomando o lugar da mão-de-obra em todos os setores de prestação de serviços.

Em fevereiro de 1994, o *Wall Street Journal* publicava um artigo de primeira página, alertando que uma transição histórica estava ocorrendo no setor de serviços, com números crescentes de trabalhadores sendo permanentemente substituídos pelas novas tecnologias da informação. Segundo o *Journal*, "grande parte do gigantesco setor de serviços dos Estados Unidos parece estar à beira de uma revolução semelhante àquela que se abateu sobre a agricultura e a indústria, quando o emprego afundou durante anos, enquanto a produção aumentava constantemente... Os avanços tecnológicos agora são tão rápidos que as empresas podem demitir muito mais trabalhadores do que precisam contratar para implementar a tecnologia ou sustentar a expansão das vendas."[1]

A AT&T anunciou que está substituindo mais de 6 mil operadores de ligações de longa distância por tecnologia de reconhecimento de voz computadorizado. Além de eliminar um terço de seus operadores de longa distância, a empresa informou que poderia fechar 31 escritórios em 11 estados e cortar 400 cargos gerenciais. A nova tecnologia da robótica, que teve como pioneira a AT&T Bell Laboratories, em New Jersey, é capaz de distinguir palavras-chave e responder às solicitações do interlocutor. Por exemplo, assim que o interlocutor entra na linha, o "operador de silício" pergunta se ele ou ela deseja fazer uma chamada a cobrar, uma chamada pessoa a pessoa ou debitar a chamada em um terceiro número de telefone. Quando a ligação é completada, o sistema de computador diz à pessoa chamada: "Tenho uma ligação a cobrar do sr. Fulano de Tal. Aceita a chamada?" A AT&T espera substituir mais da metade de seus operadores de longa distância por tecnologia de reconhecimento de voz robotizado no decorrer dos próximos anos.[2]

Os novos operadores de silício são algo recente em uma série de avanços tecnológicos que têm permitido à AT&T administrar um acréscimo de 50% nas ligações, com 40% a menos de funcionários, nos últimos anos. Entre 1950 e o início da década de 80, a AT&T liderou o setor de prestação de serviços com a introdução de tecnologia substituidora do trabalho humano. Nesse período, a empresa eliminou mais de 140 mil operadores em todos os Estados Unidos.[3] Muitos mais corriam o risco de perder seus empregos até o final da década de 90.

As inovações tecnológicas – entre as quais as redes de cabos de fibras ópticas, sistemas de chaveamento digital, transmissão digital, comunicações por satélite e automação de escritórios – têm mantido a produção do setor de telefonia por empregado aumentando quase 5,9% ao ano, fazendo-a uma das líderes da nova economia da alta tecnologia. Dramáticos ganhos de produtividade levaram à eliminação de empregos em virtualmente cada área do setor da telefonia. Entre 1981 e 1988, o emprego diminuiu 179.800 posições.[4]

Muitos dos desempregados são instaladores e técnicos de manutenção demitidos como resultado das recentes inovações tecnológicas. A introdução de equipamento modular pré-montado facilita os consertos e requer menos manutenção. Aparelhos de telefone plug-in eliminaram a necessidade das constantes visitas de instalação. Cabos enterrados com funções de "quick connect" (conexão rápida) significam consertos em menor número e mais rápidos. Sistemas de chaveamento digital, usando computadores e software avançados, aumentam muito o volume de serviços de telefonia, reduzindo, ao mesmo tempo, os requisitos de mão-de-obra. Isso significa que um quadro menor de instaladores e técnicos de manutenção é necessário nas centrais telefônicas. Havia uma previsão de que o número de funcionários empregados nas centrais de reparos deveria diminuir mais de 20% até o ano 2000.[5]

Desenvolvimentos igualmente dramáticos estão ocorrendo no serviço postal dos Estados Unidos. Em 1991, o principal executivo do sistema postal do país, Anthony Frank, anunciou que, em 1995, seriam substituídos mais de 47 mil funcionários por máquinas automatizadas com capacidade de reconhecimento óptico. Os novos classificadores de silício podem ler endereços em cartas e cartões-postais e classificá-los automaticamente, muito mais rápido do que os carteiros, que, muitas vezes, passam até 4 horas diárias classificando a correspondência de sua rota. Frank prevê que, nos próximos anos, as novas tecnologias de automação realizarão mudanças maiores no modo de distribuição de correspondência do que nos últimos 200 anos de operações postais nos Estados Unidos.[6]

Ao Seu Serviço

Computadores capazes de compreender a fala, ler textos manuscritos e executar tarefas anteriormente desempenhadas por seres humanos prenunciam uma nova era na qual as indústrias de serviços, a exemplo das indústrias de manufatura, estarão cada vez mais sob o domínio da automação. A informatização e a automação do setor de serviços começou há poucos anos, mas seus efeitos profundos já se fazem sentir na economia, impactando tanto a produtividade como o emprego. O economista Stephen Roach, da Morgan Stanley, afirma que "o setor de serviços perdeu seu papel como máquina desenfreada de geração de empregos" e alerta que ainda não surgiram quaisquer novos setores para substituí-la.[7] Centros de serviços globais, como Nova York, foram os primeiros a sentir os efeitos das novas inovações eletrônicas.

A economia da cidade de Nova York recuperou-se na década de 90 e prospera a despeito do crescente desemprego e do aumento da pobreza. A reengenharia e as novas tecnologias da informação estão transformando a natureza do trabalho do principal centro de serviços do mundo. Enquanto as indústrias de serviços estão experimentando ganhos rápidos de produtividade e de lucros, elas o estão fazendo com menos trabalhadores. Nove entre dez empregos na cidade de Nova York estão no setor de serviços. Muitos deles estão sendo perdidos, à medida que muitas empresas de Nova York – desde a Merrill Lynch e Grey Advertising a Arthur Andersen e a NYNEX – estão "fazendo progressos notáveis em aprender como produzir ainda mais trabalho com menos empregados". De 1989 a 1993, os ganhos de produtividade em setores tais como bancos, seguros, contabilidade, advocacia, comunicações, empresas de aviação, varejo e hotelaria superaram as expectativas dos profetas mais obstinados. No mesmo período, a cidade perdeu mais de 350 mil empregos. A boa notícia, segundo o *New York Times*, é que, "em última análise, essa notável inovação poderia ajudar... a aumentar a competitividade (de Nova York) na batalha cada vez mais intensiva na disputa por mercados globais". Entretanto, o preço pelo sucesso global deverá sair caro para a força de trabalho de Nova York. A ex-tesoureira da cidade, Elizabeth Holtzman, pintou o quadro do emprego com contrastes marcantes. "O que nós podemos mudar a partir daqui", disse ela, "é a história de duas cidades: crescimento no número de cargos de salários mais altos e a diminuição dos cargos de salários mais baixos". Holtzman alertou que, a menos que novas funções menos qualificadas possam ser encontradas para preencher a lacuna criada pelas novas tecnologias, a cidade enfrentará "tumultos – mais deslocamento social, mais crime, mais pobreza"[8].

Os problemas econômicos que Nova York está enfrentando também estão ocorrendo em todos os Estados Unidos e em cada país desenvolvido com um setor avançado de prestação de serviços. Serviços pessoais de rotina e um número crescente de funções mais complexas estão sendo assumidos por máquinas inteligentes.

Os setores bancário e de seguros já começaram a fazer a transição para a Terceira Revolução Industrial. Havia uma previsão de que, por volta do ano 2000, o número de bancos nos Estados Unidos provavelmente cairia 25%, e mais de 20% dos bancários perderiam seus empregos, em função dos processos gêmeos da reengenharia e da automação. Em um estudo do setor bancário dos Estados Unidos, a Andersen Consulting concluiu que "a aplicação da automação e a simplificação de processos pode resultar em ganhos de produtividade de 20% a 30%"[9].

No Society National Bank, de Cleveland, mais de 70% das chamadas de clientes são atendidas por um sistema de *voice-mail*, reduzindo substancialmente o tempo que os atendentes precisam passar respondendo a perguntas. Na Fleet Financial Corp., em Providence, um centro de serviço ao consumidor, operando 24 horas por dia, processa 1,5 milhão de chamadas por mês, 80% das quais são totalmente atendidas por computador. O novo sistema de computador permitiu à Fleet reduzir sua força de trabalho de atendimento ao consumidor em 40%.[10]

Caixas automáticos, antes uma raridade, tornaram-se presença obrigatória em cidades e subúrbios dos Estados Unidos, reduzindo significativamente o número de caixas humanos. As máquinas reduzem os tempos da transação, estão disponíveis 24 horas por dia e operam a uma fração do custo de caixas humanos. "Um caixa humano pode realizar até 200 transações por dia, trabalha 30 horas semanais, ganha um salário entre US$ 8 mil e US$ 20 mil anuais, mais benefícios, tem intervalo para o café, férias e licença médica... Em contraste, um caixa automático pode fazer 2 mil transações diárias, trabalhar 168 horas semanais, sua operação custa aproximadamente US$ 22 mil anuais e não interrompe o serviço para tomar café ou tirar férias.[11]

Entre 1983 e 1993, os bancos eliminaram 179 mil caixas humanos, ou 37% de sua força de trabalho, substituindo-os por caixas automáticos. Por volta do ano 2000, mais de 90% dos clientes de bancos usaram caixas automáticos.[12]

O débito direto via cartão nos pontos-de-venda também está ganhando cada vez mais espaço. Um número crescente de supermercados e outros varejistas está instalando máquinas de débito automático nos caixas, permitindo aos clientes comprar por meio do cheque eletrônico que, automática e instantaneamente, debita na conta corrente – eliminando o preenchimento e a compensação do cheque, o manuseio, a postagem, os registros e todas as outras etapas envolvidas no processamento de cheques de papel. Previa-se que, por volta do ano 2000, 30% a 40% de todos os clientes de banco estariam usando cartões de débito automático no ponto-de-venda.[13]

Muitas das funções administrativas nos bancos são rotineiras e matemáticas e, por isso, prestam-se muito bem à automação. Cada vez mais, os bancos estão terceirizando o processamento de cheques e empréstimos – isso é, contratando outras empresas para a execução de serviços que costumavam ser realizados internamente. Até o ano 2000, mais de um terço dos bancos dos Estados Unidos terceirizou suas operações de centros de dados.[14]

O setor de seguros também está fazendo uma rápida transição para a nova era da alta tecnologia. A Mutual Benefit Life (MBL) foi uma das primeiras entre as maiores empresas norte-americanas de seguros a aplicar a reengenharia às suas operações. Sob o sistema antigo de processar pedidos, até 30 etapas distintas, envolvendo cinco departamentos e 19 funcionários, eram necessárias para o processamento das propostas. A maior parte das reclamações demorava mais de 22 dias para ser processada, embora o tempo efetivo de trabalho gasto com os pedidos levasse menos de 17 minutos. O resto do tempo era consumido na transferência da informação – de uma pessoa para outra e de um departamento a outro. A MBL cortou o processo lento, desajeitado, multiestratificado e instalou um único gerente de caso para o processamento dos pedidos. Equipado com uma estação de trabalho sofisticada e baseada em um PC programado com um "sistema especializado" para ajudar a responder a perguntas, o gerente de caso pode processar um pedido em menos de 4 horas. A média do ciclo completo na MBL agora é de apenas 2 a 5 dias. As economias de mão-de-obra têm sido tão dramáticas quanto a economia de tempo. A MBL conseguiu eliminar 100 funcionários de campo, enquanto a nova força de trabalho reduzida de gerentes de caso pode processar o dobro do volume de pedidos processados anteriormente.[15]

A Aetna Life and Casualty Co. obteve igual êxito em suas operações de reengenharia. Em 1992, os centros de operações da Aetna proliferaram em 22 escritórios, com mais de 3 mil funcionários. Com o achatamento do organograma e a substituição de supervisores e agentes por equipes de trabalho e computadores, a Aetna comprimiu o tempo de processamento de um pedido de 15 para 5 dias. Em 1995, as operações foram reduzidas a quatro centros de operações, com apenas 700 funcionários. A Aetna reorganizou todas as suas divisões principais, cortando 5 mil funcionários, ou quase 9% de sua força de trabalho. A empresa esperava economizar mais de US$ 100 milhões anuais, como resultado de sua reengenharia.[16]

A tecnologia de imagem, sistemas especializados e computação móvel são ferramentas-chave no novo arsenal da reengenharia. Sistemas de imagem digitalizam documentos e os armazenam em discos ópticos, tornando-os imediatamente acessíveis a qualquer funcionário com um computador de mesa. Sistemas inteligentes contêm o conhecimento armazenado de especialistas em seguros que pode ser instantaneamente acessado no processamento de pedidos e de reclamações de seguros. A computação móvel permite aos agentes responder às perguntas dos clientes, preencher formulários e processar as reclamações no local, pulando os longos prazos de tramitação burocrática entre a sede e o cliente. O grupo de pequenas empresas representantes comerciais da Aetna utiliza laptops com software sofisticado, "para cadastrar clientes potenciais no próprio local" e até mesmo para imprimir cartões de identificação instantaneamente. O processamento dos pedidos, que costumava demorar dois meses e envolvia grandes quantidades de documentos e de trabalho, passou a ser realizado em menos de 4 horas.[17]

O Escritório Virtual

As mudanças tecnológicas que estão ocorrendo no setor bancário e de seguros são sintomáticas do tipo de reformas radicais que estão redefinindo cada aspecto do trabalho administrativo e de serviços. No coração dessas mudanças está a transformação do escritório tradicional – de uma operação de processamento de papel para o de processamento eletrônico. O escritório eletrônico sem papel, outrora enredo de ficção científica, agora se tornou uma meta dos negócios modernos.

As mudanças nas operações e nas tecnologias de escritório têm sido extraordinárias no decorrer da Revolução Industrial. Basta lembrar apenas que o mata-borrão, os lápis com borrachas e as penas de aço foram introduzidas há menos de 160 anos. O papel-carbono e a máquina de escrever foram introduzidos nos escritórios na década de 1870. A calculadora de teclado e o tabulador de cartão perfurado seguiram-se ao final da década de 1880. O mimeógrafo foi inventado em 1890.[18] Juntamente com o telefone, esses avanços na tecnologia de escritório aumentaram muito a produtividade dos negócios e do comércio durante o período de crescimento do capitalismo industrial. Agora, à medida que a economia é transformada pela Terceira

Revolução Industrial, o escritório está evoluindo para melhor coordenar e controlar o fluxo acelerado da atividade econômica. O escritório eletrônico eliminou milhões de trabalhadores administrativos até o final da década de 1990.

A cada dia útil nos Estados Unidos, são produzidos 600 milhões de páginas de relatório de computador, 76 milhões de cartas são geradas e 45 folhas de papel são arquivadas por funcionário. Os negócios americanos consomem quase um trilhão de folhas de papel anualmente, o suficiente para cobrir toda a superfície da Terra. Um único disco óptico armazena mais de 15 milhões de páginas de papel. Na década de 90, 90% de toda a informação ainda era armazenada em papel, enquanto 5% estavam em microfichas e outros 5% em mídia eletrônica.[19] Entretanto, com o novo equipamento de processamento por imagem, os negócios estão começando a converter seus escritórios em ambientes de trabalho eletrônicos. O processamento por imagem, conforme comentário irônico da *Business Week*, permite aos funcionários "movimentar retratos digitais de documentos em seus escritórios à velocidade de elétrons, em vez de à velocidade do mensageiro"[20]. Os analistas do setor prevêem um dramático crescimento para o mercado da imagem de agora e até as primeiras décadas do século XXI.

A Nordstrom, uma cadeia de lojas de departamentos norte-americana com sede em Seattle, já está economizando mais de US$ 1 milhão anual em custos de papel, com a transição de relatórios preparados em papel para relatórios eletrônicos acessíveis apenas nos computadores. A Aetna, mencionada anteriormente, obteve reduções de custos ainda mais impressionantes. A gigantesca companhia de seguros descobriu que tinha 435 manuais diferentes que precisavam ser atualizados constantemente. A direção da empresa decidiu eliminar a página impressa, em benefício da informação armazenada eletronicamente. John Loewenberg, que chefiava os serviços de informação da empresa, disse: "Papel no negócio de serviços é como colesterol no sangue... papel ruim é a substância interna que entope as artérias". Agora, quando um manual precisa ser atualizado, a atualização pode ser feita eletronicamente e estar acessível a todos os 4.200 funcionários de campo de imediato – sem a necessidade de composição tipográfica, revisão, impressão, conferência de paginação, encadernação, despacho e arquivamento. A Aetna economizou mais de US$ 6 milhões anuais, com a transição de manual para eletrônico. Mais de 100 milhões de páginas de adendos e atualizações, ao custo de US$ 4,5 centavos por página, deixaram de ser enviados. Menos trabalho com papel significa menos funcionários. A Aetna fechou seu escritório onde funcionários "não faziam mais do que atualizar manuais"[21]. Loewenberg disse que a Aetna estava rapidamente caminhando rumo ao escritório sem papel, "porque é um modo mais eficiente de ceder e manter informações"[22].

Muitos no setor de software comparam o escritório sem papel à sociedade sem papel-moeda e prevêem que a maioria das empresas adotará a nova maneira de fazer negócios, muito antes da segunda década do século XXI. A Nirex, empresa do Reino Unido, já processa sua correspondência eletronicamente. Quando recebe correspondência em papel, uma imagem eletrônica aparece em uma tela. O funcionário registra as principais informações sobre a carta – remetente, data de entrega, endereço – em uma base de dados on-line. A imagem é então transmitida para uma estação de trabalho onde é eletronicamente enviada ao destinatário e eletronicamente arquivada.[23]

Em 1993, a Microsoft associou-se a 50 outras empresas multinacionais, entre as quais a Xerox, Hewlett-Packard, Canon e Compaq, anunciando uma *joint-venture* para integrar todos os sistemas de computador existentes em uma rede única. Denominado "Microsoft at Work", o ambicioso empreendimento foi projetado para inaugurar a era do escritório eletrônico totalmente digitalizado. Em um futuro muito próximo, as empresas poderão receber, encaminhar, registrar em uma base de dados on-line, arquivar e, até mesmo, imprimir várias cópias, revisar e despachar a correspondência eletrônica sem que ela seja tocada por mãos humanas.[24]

A Microsoft já está trabalhando em um sistema de escritório eletrônico ainda mais sofisticado, que permitirá que um executivo redija relatórios em viagens. Ele ou ela poderá fazer cortes ou anotações à mão nas margens. O relatório pode ser enviado diretamente por fax a outra máquina no escritório de sua residência, que lerá o relatório e até mesmo traduzirá as anotações rabiscadas, preparando uma cópia revisada e limpa para transmissão eletrônica a outros funcionários, fornecedores e clientes.[25]

O fascinante arsenal de novos equipamentos eletrônicos está tornando o escritório totalmente eletrônico uma realidade. "Em última análise", diz Paul Saffo, diretor do Instituto para o Futuro, "vamos parar de usar papel da mesma forma como paramos de usar o cavalo... os cavalos ainda estão por aí, mas apenas são montados por jovenzinhas e por esporte"[26]. As empresas esperam economizar bilhões de dólares com ganhos de produtividade e economia do trabalho humano com a nova força de trabalho no escritório, o funcionário de "colarinho de silício". Para milhões de funcionários administrativos, o escritório eletrônico significa o fim da carreira.

As secretárias são as primeiras vítimas da revolução do escritório eletrônico. Nos anos 90, elas passavam mais de 45% de seu tempo arquivando papéis, entregando mensagens, enviando cartas pelo correio e esperando por tarefas.[27] Os economistas Wassily Leontief e Faye Duchin estimam que a conversão de um escritório de manuseio de papel para o escritório de processamento eletrônico economizará 45% de todo o trabalho de uma secretária e entre 25% e 75% de todas as atividades relacionadas ao escritório.[28] O número de secretárias tem diminuído sistematicamente, à medida que computadores, correio eletrônico e máquinas de fax substituem as máquinas de escrever manuais, arquivos de aço e correspondência de rotina. Entre 1983 e 1993, o *pool* de secretárias dos Estados Unidos diminuiu quase 8% – para 3,6 milhões –, segundo o economista de Harvard, James Medoff.[29]

As recepcionistas também estão sendo reduzidas e, em algumas empresas, completamente eliminadas. A Bellcore, divisão de pesquisa das empresas regionais Bell, desenvolveu uma "recepcionista eletrônica", um sistema de computador completamente automatizado que atende a chamadas telefônicas, grava mensagens e até mesmo localiza a pessoa sendo chamada. Uma vez localizada, o computador envia uma breve mensagem em nome da pessoa que está chamando sobre a natureza da chamada e pergunta à pessoa chamada se ela quer atender. Caso a pessoa preferir não aceitar a chamada, a recepcionista eletrônica volta à pessoa que chamou, conectando-a ao correio de voz, e aí ela poderá deixar uma mensagem mais completa. A nova recepcionista eletrônica também pode ser programada para selecionar as chamadas de acordo com seus números telefônicos, passando algumas, enquanto direciona outras para o correio de voz.[30]

A máquina inteligente está gradualmente escalando a hierarquia do escritório, assumindo não apenas tarefas administrativas rotineiras, mas trabalho tradicionalmente desempenhado pela gerência. E talvez o golpe mais cruel de todos tenha sido a instalação de sistemas de contratação computadorizados em centenas de empresas, para a seleção de pedidos de emprego. A Resumix Inc., empresa com sede na Califórnia, instalou um sistema de contratação computadorizado na United Technologies Corporation. Um scanner óptico armazena as imagens de 400 currículos que recebe diariamente, em uma base de dados do tamanho de um pequeno arquivo. O Resumix pode ler um currículo em menos de 3 segundos e gerar a carta acusando seu recebimento ao candidato. Então, usando "compreensão e extração de texto", o Resumix analisa cada currículo, checando a formação escolar, as habilidades, as proficiências e os empregos anteriores do candidato. Empregando um sofisticado processo lógico embutido no programa, o Resumix decide para qual categoria de cargo o candidato é mais adequado. Testes práticos, comparando o Resumix a diretores de recursos humanos, mostram que o "funcionário de silício" é, no mínimo, tão capacitado em suas avaliações e muito mais rápido no processamento dos pedidos de emprego.[31]

As tecnologias de informação e de telecomunicações também estão diminuindo a importância dos escritórios como centros de operações. Máquinas de fax portáteis, modems e laptops sem fio permitem que os negócios sejam dirigidos de qualquer lugar. Entre 1992 e 1993, estimava-se que o número de "telecommuters"[32] cresceria 20%. Quase 8 milhões de pessoas trabalhavam no sistema de telecomutação. Segundo um estudo, previa-se que, no ano 2000, mais de 20% da força de trabalho nos Estados Unidos estaria trabalhando, pelo menos durante uma parte do tempo, em suas casas.[33]

Comprimindo o tempo e flexibilizando o espaço, a nova mágica eletrônica transformou a própria idéia de escritório – de um conceito espacial para temporal. Empresas, como a AT&T, começaram a introduzir a idéia do "escritório virtual". Os funcionários são equipados com um escritório móvel completo, com laptop, fax e telefone celular e, literalmente, mandados para casa. Ansiosas por aumentar a produtividade de seus trabalhadores, as empresas vêem a telecomutação como a onda do futuro. Russell Thomas, especialista em telecomutação na AT&T, disse que "antes da adoção da telecomutação, tínhamos situações em que as pessoas viajavam uma hora e meia até o escritório, ficavam algumas horas, dirigiam uma hora para visitar um cliente, voltavam ao escritório, para depois voltarem para casa. Obviamente, estava havendo uma grande perda de produtividade."[34]

A telecomutação não apenas aumenta a produtividade do funcionário, como também reduz a necessidade de espaço físico no escritório para conduzir negócios. A Dun & Bradstreet Software reduziu seus custos imobiliários em 30% com a implementação do plano de telecomutação.[35]

Algumas empresas estão levando o conceito do escritório virtual ainda mais longe, introduzindo a idéia da "hotelaria". Qualquer funcionário que precise usar um escritório para reuniões com clientes pode ligar antecipadamente para uma pequena equipe de "gerentes de hotelaria" e reservar uma sala. Antes da reunião, os gerentes preparam a sala, colocam o nome do funcionário na porta, e até mesmo colocam retratos da família sobre a mesa, para criar uma atmosfera mais aconchegante.

A Ernst and Young, empresa de auditoria com sede em Nova York, reduziu seu espaço físico de 35 mil para 28 mil metros quadrados e instituiu um programa de "hotelaria". Todos os funcionários abaixo do nível sênior foram "desalojados" de suas mesas. Quando querem usar um escritório, eles precisam fazer uma reserva com antecedência. A IBM tirou as mesas de mais de 5 mil funcionários e mandou-os trabalhar em suas casas, em seus carros, ou nos escritórios de seus clientes. Esperava, com isso, economizar de 15% a 20% de espaço físico.[36] Enquanto alguns funcionários têm sido receptivos à nova liberdade que decorre da menor supervisão, outros dizem que sentem falta da camaradagem e da interação social que ocorrem no relacionamento pessoal dentro do escritório.

Steve Patterson, vice-presidente da Gemini Consulting Company, disse que, em um crescente número de empresas, em um ambiente de trabalho tradicional, os trabalhadores interagem menos entre si frente a frente. Patterson alerta que a economia de custos com a redução do espaço nos escritórios precisa ser avaliada contra os custos psicológicos, menos tangíveis, mas igualmente importantes, da interação de freqüência esporádica, inclusive com o enfraquecimento potencial dos laços corporativos e dos sentimentos de lealdade para com a empresa.[37] Um pequeno grupo de executivos de contas da AT&T tentou resgatar seus antigos laços sociais com a criação do "virtual water cooler" (resfriador de água virtual), uma metáfora irônica que eles usavam para descrever suas reuniões semanais de confraternização.[38]

Para ajudar a aliviar o trauma psicológico que acompanha o rompimento espacial, empresas como a Olivetti Research Laboratory, em Cambridge, Inglaterra, fizeram experiências com computadores que permitem que até cinco pessoas conversem e trabalhem juntas em uma versão eletrônica da comunicação pessoal. Cada tela do monitor é equipada com cinco janelas separadas, para que os participantes possam ver uns aos outros, enquanto compartilham informações e trabalham em conjunto. Com computadores de mesa acoplados a monitores de vídeo, as empresas esperam "resgatar parte da flexibilidade e do calor humano perdido com a comunicação eletrônica"[39].

Downsizing nos Setores do Atacado e do Varejo

Assim como o escritório, todas as demais áreas de serviços também estão sendo revolucionadas por máquinas inteligentes. As mudanças têm sido drásticas nos setores do varejo e do atacado. Os atacadistas, da mesma forma que a gerência média, estão se tornando cada vez mais redundantes na era da comunicação eletrônica instantânea. Como mencionamos no Capítulo 7, varejistas como a Wal-Mart estão excluindo o atacadista, preferindo negociar diretamente com o fabricante. Com o monitoramento computadorizado e o equipamento de varredura óptica no ponto-de-venda, os varejistas podem transmitir os pedidos de entrega diretamente aos depósitos dos fabricantes, por meio do intercâmbio eletrônico de dados. Na outra extremidade, depósitos controlados por robôs guiados por computador e carrinhos de entrega dirigidos por controle remoto atendem os pedidos em poucos minutos, sem a ajuda física de mão-de-obra humana. Um número crescente de armazéns é operado por "supervisores de silício" e supervisionado por uma força de trabalho reduzida ao mínimo, cuja principal tarefa é monitorar o equipamento e servir de controladores de tráfego. Veículos guiados automatizados estão sendo integrados a sistemas de transporte controlados por microprocessadores, empilhadeiras robotizadas e outros equipamentos, "criando um sistema de armazenamento e resgate totalmente automatizado". O armazenamento automatizado pode reduzir as necessidades de mão-de-obra em 25% ou mais.[40]

Nos anos 90, a Andersen Consulting publicou um estudo sobre ganhos de produtividade e economia de mão-de-obra em mais de mil empresas que aplicaram com êxito a reengenharia às suas operações de armazenamento. As estatísticas são impressionantes. A Epson Australia Limited, fabricante de computadores pessoais e impressoras, em Sidney, mostrou uma redução de 66% em tempo de espera no atendimento ao cliente, economia de espaço de 50%, economia de mão-de-obra de 43%, e redução nos custos operacionais de 25%, em suas operações de recebimento nos armazéns. A Sevel Argentina, em Buenos Aires, revendedora de automóveis Fiat e Peugeot, mostrou uma economia de espaço de 28% e economia de mão-de-obra de 26%. A IME Excavators, em Eslöv, Suécia, que trabalha com componentes para escavação e matéria-prima, realizou economias de mão-de-obra de 30%, depois da reengenharia. A Entertainment U.K., em Hayes Middy, no Reino Unido, fabricante de software de entretenimento, mostrou economia nos custos operacionais, por transação, de 19% e economia de mão-de-obra de 26%. A Hernandez Perez, em Múrcia, Espanha, que trabalha com vegetais enlatados, mostrou uma redução no tempo de espera no atendimento ao cliente de 80%, economia de espaço de 50% e economia de mão-de-obra de 37%.[41]

As tecnologias da informação permitem que varejistas e fabricantes reúnam-se em um processo de fluxo contínuo e único, deixando pouco espaço para os atacadistas. Em 1992, o setor do comércio atacadista perdeu 60 mil empregos. Desde 1989, o setor atacadista eliminou mais de um quarto de milhão de empregos.[42] No início do século XXI, grande parte do atacado, da forma como o conhecemos, terá sido eliminado, vítima das revolucionárias inovações no controle e coordenação da transmissão eletrônica.

Os estabelecimentos varejistas também estão aplicando a reengenharia às suas operações onde possível, introduzindo máquinas inteligentes para melhorar a produtividade e reduzir custos de mão-de-obra. O moderno varejo em grande escala surgiu nos Estados Unidos nas décadas de 1870 e 1880. Em 1995, as cadeias de lojas de departamento dominavam uma indústria que empregava mais de 19,6 milhões de pessoas, ou 22% de toda a força de trabalho privada não-agrícola.[43]

O emprego no varejo aumentou dramaticamente nas décadas após a Guerra Mundial, à medida que os consumidores pós-guerra, com muito dinheiro para gastar, foram a um "festival" de compras que durou 40 anos.

Entretanto, a partir do final da década de 80, o emprego no setor varejista começou a diminuir, à medida que o desemprego crescente em outros setores arrefeceu o poder aquisitivo. Na tentativa de cortar custos e melhorar suas margens de lucro, as empresas começaram a substituir seus empregados por sistemas computadorizados e processos automatizados. Enquanto o crescimento do emprego no setor varejista atingia uma média próxima a 3%, entre 1967 e 1989, o Departamento de Estatísticas do Trabalho projetava uma dramática redução no crescimento do emprego para 1,5% ou menos na década de 1990.[44]

Típica dessa tendência é a Sears Roebuck, uma das gigantes no setor varejista. Em 1993, a Sears eliminou o impressionante número de 50 mil empregos na sua divisão de *merchandising*, reduzindo o emprego em 14%. As demissões ocorreram em um ano em que a receita sobre as vendas tinha aumentado mais de 10%."Estamos fazendo uma pergunta fundamental", disse Anthony Rucci, vice-presidente executivo de *merchandising*. "Nossos funcionários estão acrescentando valor?", disse Rucci. "Há um comprometimento extremamente forte para a eliminação de funcionários e funções que não acrescentam valor."[45]

Na maioria dos pontos-de-venda a varejo, o uso do código de barras e de *scanners* aumentou muito a eficiência dos caixas e, como resultado, reduziu significativamente os requisitos de mão-de-obra. Em 1992, a Federação Nacional do Varejo pesquisou os varejistas e descobriu que mais de 80% deles estariam usando o código de barras até o final de 1993. O uso crescente de equipamentos de computação e outras máquinas inteligentes no ponto-de-venda, disse Stephen Roach, da Morgan Stanley, "ajuda a explicar por que o varejo ainda está com 400 mil empregos a menos desde o seu pico de 1990"[46].

Depois das secretárias e dos contadores, os caixas são o terceiro maior grupo administrativo, com quase 1,5 milhão de empregados só nos Estados Unidos. Segundo um levantamento preparado pelo Departamento de Estatísticas do Trabalho, os novos equipamentos eletrônicos de varredura óptica "permitem um aumento de 30% de velocidade nas operações e uma redução global de 10% a 15% nos requisitos de mão-de-obra por unidade de caixa e embaladores"[47].

Alguns varejistas estão eliminando completamente o caixa. No Crystal Court Shopping Mall, em Minneapolis, os clientes que entram no Robot Music Store são recepcionados por um único funcionário – um robô de 180 quilos. Girando em um recinto de vidro ao centro da loja, o robô está equipado com teclados que permitem que os clientes teclem qualquer um dos 5 mil CDs em estoque, para uma audição de 30 segundos. Assim que um CD é escolhido, o monitor de vídeo do robô é usado para processar o pagamento. O braço do robô seleciona o CD das prateleiras e o entrega ao cliente, junto com a nota fiscal. Um cliente habitual da loja diz que prefere o robô ao vendedor humano. "O robô é fácil de usar e não pode retrucar"[48], diz. Robôs mais sofisticados – equipados com reconhecimento de voz e capacidade de diálogo – provavelmente serão comuns em lojas de departamentos, lojas de conveniência, restaurantes de fast-food, e outros negócios varejistas e de serviços no início do século XXI.

Uma grande rede de lojas de descontos européia está experimentando uma tecnologia eletrônica que permite ao cliente inserir seu cartão de crédito em uma abertura na prateleira que contém o produto desejado. Não existe carrinho de compras. Ao contrário, o cliente encontra os itens adquiridos, já embalados, à sua espera à saída da loja. O cliente apenas assina o comprovante do cartão de compras já preparado e sai da loja sem jamais colocar os itens comprados sobre o balcão da caixa registradora.[49]

O setor varejista tradicionalmente tem servido como uma esponja, absorvendo os incontáveis operários demitidos como conseqüência da automação do setor industrial. Agora, com o setor do varejo passando por sua própria revolução da automação, a questão é saber para onde irão todos esses trabalhadores.

Muitos economistas contam com a indústria alimentícia para resgatar os trabalhadores lançados à deriva pelas inovações tecnológicas em outros setores. Mesmo aqui, entretanto, o emprego é moroso, sugerindo tempos difíceis para prestadores de serviços não qualificados e semiqualificados. A indústria de bebidas e de alimentos liderou a criação de novos empregos no setor de serviços na década de 80. Mais de 2 milhões de novos trabalhadores foram contratados na década de 80 para atender a um crescente mercado consumidor. Mas, passados alguns anos, o surto do emprego parece ter cessado. Embora se esperasse um aumento nos lucros das corporações na década de 90, como resultado das tecnologias de economia de tempo e de trabalho, menos trabalhadores foram necessários na indústria de alimentos. O Departamento do Trabalho projeta que a taxa de crescimento do emprego será reduzida pela metade nos próximos cinco anos.[50]

Em muitos restaurantes, sistemas de computador permitem aos garçons transmitir os pedidos eletronicamente, evitando viagens desnecessárias à cozinha. A mesma transmissão eletrônica pode ser usada pelo computador para preparar a nota do cliente e avisar o gerente da loja ou os fornecedores para reabastecerem os estoques. Anotação automática de pedidos, preparação de notas e inventário dos estoques reduzem significativamente as necessidades de mão-de-obra.

O método de cocção – *sous vide* – permite que o alimento seja cozido a vácuo em sacos plásticos resistentes ao calor, em fornos a vapor em grandes cozinhas industriais. A seguir, a comida é resfriada a –1 °C, e é enviada aos restaurantes locais, onde permanece refrigerada até que o cliente faça seu pedido. Assim, ser *chef* muitas vezes significa colocar um saquinho de comida congelada em água quente ou colocá-lo no forno de microondas de 3 a 7 minutos. O *sous vide* reduz em 20%, ou mais, os custos de mão-de-obra na maioria dos restaurantes.[51]

Alguns restaurantes drive-through estão começando a substituir os atendentes por telas sensíveis ao toque, que relacionam os itens do cardápio. Para fazer o pedido, o cliente só precisa estender o braço para fora da janela e tocar o símbolo que representa o item desejado. A transmissão do pedido é enviada instantaneamente por uma base de dados on-line para a cozinha, onde aparece em uma tela de vídeo, sendo imediatamente processado, eliminando intermediários humanos no processo do pedido. Em 1995, esse tipo de restaurante tornou-se tão automatizado e eficiente que 6 a 8 funcionários podiam atender a tantos clientes em horários de pico quanto 20 funcionários trabalhando em um restaurante de fast-food com atendimento em mesas.[52]

Sistemas de controle de bebidas automatizados também estão sendo instalados, reduzindo a necessidade de atendentes de balcão experientes. O sistema é controlado por um microcomputador que transmite o pedido da bebida a um carrinho de distribuição que entrega a bebida solicitada em menos de 3 segundos. A nota computadorizada é preparada simultaneamente e entregue ao cliente. Esse sistema reduz em 20% a 40% os custos de mão-de-obra.[53]

O setor varejista ainda é movido em grande parte pela cultura da estrada e da rodovia. Os clientes deslocam-se até a loja para comprar coisas. Nos anos 90, entretanto, a emergente rodovia da informação começou a alterar fundamentalmente o modo como as pessoas faziam suas compras, diminuindo a necessidade de categorias inteiras de trabalhadores do varejo, cujos cargos estão vinculados ao transporte dos produtos para o mercado e ao atendimento pessoal do cliente no ponto-de-venda.

Em maio de 1993, nos Estados Unidos, a IBM e a Blockbuster Video anunciaram uma nova joint-venture, a NewLeaf Entertainment Corporation, para fornecer instantaneamente CDs de áudio, videogames e videocassetes feitos sob encomenda pelos 3.500 pontos-de-venda da Blockbuster. A loja, com isso, passaria por cima da cultura da rodovia, com seus armazéns, expedidores, transportadoras e plataformas de embarque, para transportar os produtos eletronicamente até o cliente, por meio da via expressa da informação. Cada loja teria um quiosque onde os clientes fariam seus pedidos, tocando uma tela de computador. A informação seria transmitida a um computador central que faria uma cópia eletrônica do item solicitado e, em poucos minutos, a transmitiria de volta para a loja. Máquinas na loja copiariam a informação eletrônica em discos, CDs e cassetes. Impressoras coloridas a laser reproduziriam, no quiosque, as ilustrações das capas com a mesma definição existente na do estoque original. Os novos produtos distribuídos eletronicamente iriam assegurar ao cliente que o que ele quer jamais faltaria no estoque. David Lundeen, vice-presidente da divisão de tecnologia da Blockbuster, se entusiasmou com o potencial desse sistema de distribuição eletrônica: antes, se uma criança de 7 anos de idade fosse à loja em uma sexta-feira à noite e quisesse o último lançamento de videogame, as chances de o produto estar esgotado seriam grandes. Mas, com esse sistema, isso nunca aconteceria – em poucos minutos, você poderia obter um CD eletronicamente.[54]

A empresa disse também que poderia economizar de US$ 3 a US$ 4 nos custos de transporte e manuseio para cada CD e cada fita cassete distribuídos eletronicamente. Outros varejistas também devem seguir o exemplo da Blockbuster. Jack McDonald, vice-presidente de desenvolvimento de negócios da NewLeaf, prevê "uma rede nacional de servidores digitais nos quais filmes, jogos, músicas e virtualmente qualquer outro tipo de entretenimento que se possa imaginar serão armazenados digitalmente e transmitidos por canais de telecomunicações às lojas de varejo e, em última análise, diretamente à sua sala de estar[55]". A transmissão eletrônica de produtos provavelmente significará a perda de dezenas de milhares de empregos nos setores de armazenagem, despacho e transporte de mercadorias nos próximos anos.

O transporte eletrônico é apenas uma pequena parte das mudanças revolucionárias ocorrendo no varejo. A compra eletrônica também está penetrando rapidamente no mercado varejista, ameaçando os empregos de dezenas de milhares de vendedores, gerentes, estoquistas, equipes de manutenção, guardas de segurança e outros que constituem o complexo de empregos no setor varejista. A compra eletrônica já é uma indústria de US$ 2 bilhões por ano e cresce a uma taxa de 20% ao ano. A construção da via expressa da informação em todos os Estados Unidos e a abertura de centenas de novos canais a cabo com capacidades interativas prometem uma avalanche de serviços de compra no lar. As empresas estão investindo vultosas quantias nas novas redes de televisão para compra em casa, convencidas de que as compras sem lojas serão o próximo grande mercado nas vendas ao varejo.[56]

Muitos analistas do setor estão convencidos de que a compra eletrônica em casa conquistará grande parte do mercado varejista de US$ 1 trilhão ao ano e ressaltam a conveniência que oferece aos clientes, muitos dos quais mulheres profissionais com menos tempo livre para fazer compras em um shopping center. As compras eletrônicas também são uma incrível abordagem redutora de custos ao varejo, diz Peter Suris, analista da UBS. "É um sistema de distribuição de baixo custo", e "você não precisa de milhares de lojas nem de milhares de itens em estoque em cada ponto-de-venda"[57].

Anos atrás, alguns dos maiores varejistas americanos anunciaram seus planos de entrar no mercado de compras eletrônicas. Em 1994, a R. H. Macy & Co., foi ao ar com um canal de compras 24 horas por dia. Myron E. Ullman III, presidente e principal executivo da Macy's, disse que: "a TV Macy's será uma loja de departamentos 24 horas por dia, 7 dias por semana, em sua sala de estar". A Macy's esperava atingir 20 milhões de assinantes e projetava um faturamento de mais de US$ 250 milhões nos primeiros 4 anos. Don Hewitt, produtor executivo do noticiário de televisão *60 Minutes*, e que tem interesses financeiros na empresa, disse que o novo canal da Macy's tentará recriar o visual da loja, desenhando cenários que reproduzem os departamentos.[58]

O sistema de compra pela TV, com seu varejo *just-in-time*, colocará um grande desafio à cultura varejista orientada tradicionalmente pelo transporte em rodovias. A *Forbes* chama essa revolução do varejo de "uma perigosa ameaça ao setor varejista tradicional dos Estados Unidos e aos 19 milhões de pessoas que emprega"[59]. De 1989 a 1994, mais de 411 mil empregos foram eliminados nesse setor, uma tendência que só pode acelerar", disse a *Business Week*, "quando o tubo de televisão tornar-se um vendedor". Todos os índices apontam para um declínio sistemático no sistema tradicional de compras no varejo e para um aumento das vendas pelas redes de venda pela TV. Em 1982, o tempo médio gasto pelos compradores por visita ao centro de compras era de mais de uma hora e meia. Em 1992, o tempo médio havia caído para 71 minutos e o número de lojas visitadas diminuiu de 3,6 para 2,6. As vendas a varejo nos shopping centers americanos caíram 3%, entre 1988 e 1992. Ao mesmo tempo, as compras por cartão de crédito nos lares totalizava US$ 42 bilhões, em 1992, um salto de 30% sobre as vendas de 1988. Para o crescente número de consumidores que estão "fartos de estacionamentos, carregar pacotes, crimes e outros sobressaltos que envolvem a ida às compras, a compra pela TV é uma alternativa bem-vinda"[60].

Muitas empresas estão usando serviços de computadores on-line para tirar negócios dos tradicionais mercados varejistas. Por US$ 39, é possível tornar-se um cliente on-line da CUC International; por um valor um pouco maior, US$ 49, o consumidor pode se tornar cliente por um ano. A empresa oferece preços com desconto em mais de 250 mil produtos de marca, desde malas a eletroeletrônicos domésticos. Em 1992, a receita da CUC atingiu US$ 644 milhões e orgulhava-se de ter milhões de associados em seus clubes de compras por telefone e computador.[61]

Durante o apogeu da "cultura da rodovia", os varejistas e as construtoras ergueram mais de 39 mil shopping centers em todos os Estados Unidos.

"Quando as compras em casa realmente deslancharem", diz o editor da *Forbes*, "muitos desses centros de compras irão se tornar obsoletos". Seu declínio significará uma queda acentuada de empregos no setor varejista.[62]

Digitalizando as Profissões, a Educação e as Artes

Como sugere o breve relato sobre as compras a varejo, a super-rodovia da informação eletrônica mudará os padrões de emprego ainda mais radicalmente do que o sistema rodoviário dos Estados Unidos, ao ser construído no final da década de 50 e início da década de 60. Categorias inteiras de trabalhadores minguarão e, em alguns casos, desaparecerão completamente. Nos próximos anos, as tecnologias da informação irão se tornar mais inteligentes, mais baratas e muito mais capazes de integrar uma grande variedade de atividades mentais e físicas.

Máquinas inteligentes já estão invadindo uma série de profissões, infiltrando-se até mesmo na educação e nas artes, áreas tradicionalmente consideradas imunes às pressões da mecanização. Médicos, advogados, auditores, consultores de negócios, cientistas, arquitetos e outros usam regularmente tecnologias da informação, desenvolvidas especificamente para ajudá-los em seus empreendimentos profissionais. Por exemplo, robôs computadorizados já vêm sendo usados em complexas cirurgias humanas. Rodoboc é um robô de 120 quilos, desenvolvido por pesquisadores da Universidade da Califórnia, em Davis. Em 7 de novembro de 1992, Robodoc auxiliou na primeira cirurgia de um ser humano. A cirurgia foi realizada em um paciente de 64 anos de idade, que precisava de uma prótese no quadril. O robô é equipado com um scanner CT, capaz de gerar imagens tridimensionais do fêmur, e um braço robotizado para fazer a perfuração: "O cirurgião chama uma imagem ao vivo do fêmur do paciente e usa um mouse (apontador eletrônico) para designar a cavidade ideal. Então, após fazer a incisão no paciente e guiar o robô até o osso, dá um comando e o robô perfura o osso com uma broca de alta velocidade."[63]

Faz alguns anos que os pesquisadores trabalham em experiências com o uso de robôs em cirurgias dos olhos, ouvidos e do cérebro.

No campo da educação, os 152 mil bibliotecários americanos estão ficando cada vez mais preocupados com os sistemas de dados eletrônicos capazes de procurar, recuperar e transmitir eletronicamente dados de livros e artigos por vias expressas da informação a uma fração do tempo gasto para a execução da mesma tarefa por mão-de-obra humana. Redes de dados, como a Internet, podem fornecer resumos de milhares de revistas, jornais e livros em poucos minutos. O Projeto Gutenberg é uma das muitas atividades desenvolvidas para digitalizar e descarregar em discos de computador todo o conteúdo de milhões de livros, manuscritos e periódicos. Com uma avançada tecnologia de varredura óptica, os livros podem ser removidos de suas encadernações e alimentados em uma máquina que lê o texto e o traduz em forma de disco, pronto para transmissão instantânea a qualquer parte do mundo. A recuperação de textos completos, segundo analistas do setor, "está chegando, e, quando chegar, a biblioteca local, como a conhecemos, desaparecerá"[64].

A própria arte de escrever livros está sendo vítima das máquinas inteligentes. Em 1993, o setor editorial foi surpreendido com a publicação do primeiro romance gerado por computador. Usando software equipado com inteligência artificial, Scott Finch conseguiu programar um computador Macintosh da Apple para transformar três quartos de prosa em um tórrido romance intitulado *Just This Once*. O texto é simples e inteligível: "Seu coração bateu mais forte e ela teve um sobressalto quando o estranho surgiu à sua frente. Então, subitamente, ela se lembrou de tudo. Não era de estranhar que pensasse ter sonhado."

A primeira edição, que recebeu críticas favoráveis, vendeu mais de 15 mil cópias. Embora o editor do livro, Steven Schraggs, do Carol Publishing Group, se abstivesse de elogiar o autor de silício, ele disse que estava certo de que esse tipo de esforço pioneiro levaria a contribuições literárias mais significativas no futuro. "Não estou dizendo que essa seja uma grande obra literária", admitiu Schraggs, "mas é tão boa quanto uma centena de outros romances publicados esse ano". O editor disse que se sentia orgulhoso por estar envolvido em um projeto que "estava na fronteira da utilização literária da inteligência artificial"[65].

Embora, em um futuro próximo, os romancistas não tenham boas razões para se preocupar com os autores de silício, os músicos têm todos os motivos para se alarmar com a nova geração de máquinas sintetizadoras de alta tecnologia, que estão rapidamente redefinindo o modo como a música é composta. Em 1993, a fábrica de pianos Bechstein pediu concordata. A demanda pelos pianos, fabricados artesanalmente, que o compositor Richard Strauss uma vez chamou de "os mais bonitos e refinados do mundo", acabou. A venda de pianos em todo o mundo caiu entre um terço e a metade nos últimos anos, enquanto os teclados digitais, no mesmo período, aumentaram suas vendas em 30% ou mais.[66]

Os sintetizadores, como são chamados, são músicos de silício. Um sintetizador reduz o som musical à forma digitalizada. Uma vez digitalizados, os sons podem ser armazenados e, quando necessário, combinados com outros sons digitalizados para criar toda uma orquestra sinfônica. Em um processo denominado *sampling* (amostragem), o computador pode gravar uma nota individual ou uma combinação de notas de grandes músicos, como o violinista Jascha Heifetz. As notas individuais podem ser rearranjadas em execuções completamente diferentes, jamais executadas pelo artista. O contrabaixista Buell Neidlinger descreve uma sessão de gravação em que foi solicitado a tocar "cada nota da escala cromática". Após a sessão, Neidlinger notou que uma máquina de amostragem havia sido escondida no canto da sala atrás da máquina de café. "A máquina havia roubado meu som", disse Neidlinger. Daí em diante, o estúdio podia usar as notas para compor e produzir qualquer peça que desejasse.[67]

A amostragem originou-se em 1980, quando um compositor de Nova York, Charles Dodge, digitalizou com êxito a voz de Enrico Caruso, de discos antigos, e usou os sons para criar novas gravações. Hoje, os sintetizadores fazem mais de 50% de toda a música utilizada em comerciais de televisão. Os músicos de silício são usados como fundo para as gravações de rock, shows de TV e filmes. Boa parte da música usada no seriado *Miami Vice* e em filmes – tais como *The Right Stuff*, *Risky Business* e *Procura-se Susan Desesperadamente* – foi composta e gravada pelo músico Jon Harness, trabalhando em sua casa na parte setentrional de Nova York, repleta de tecnologia musical computadorizada. Na indústria da música, os novos músicos da era do silício são chamados de *synths*, enquanto os artistas tradicionais, que usam instrumentos, são chamados de *músicos acústicos*.[68]

Vince Di Bari, ex-vice-presidente da sede local da Federação Americana dos Músicos, em Los Angeles, estima que o mercado de trabalho de gravações para músicos acústicos caiu 35%, ou mais, em função dos sintetizadores.[69] O músicos de silício estão substituindo músicos humanos em teatros, clubes e até mesmo em teatros líricos em todos os Estados Unidos. Nos anos 90, a produção de Don Carlo pela Companhia de Ópera de Washington foi realizada apenas com o maestro, dois pianos e um músico no sintetizador, no fosso da orquestra. Na Broadway, os diretores substituíram oito músicos de corda por sintetizadores na produção de Grand Hotel. Em Long Beach, uma controvérsia com o sindicato dos músicos levou à substituição de dois músicos por dois tecladistas, para a produção de *Hello Dolly!*[70] Como os tecladistas ou *synths* podem produzir os sons de múltiplos instrumentos sem comprometer a qualidade do trabalho, os custos ficam reduzidos, e as margens de lucro são melhoradas.

Muitos músicos comparam sua situação com a dos trabalhadores da indústria automotiva – substituídos pela automação em Detroit. Bill Peterson, trompetista profissional em Hollywood e então presidente da sede local da AFM em Los Angeles, culpava os sintetizadores pela perda de trabalho e expressa a ira de muitos colegas seus, ao dizer, "essas máquinas são monstros"[71]. John Glasel, na época presidente da sede local da Federação

Americana de Músicos, em Nova York, assim como outros do setor musical, estava preocupado quanto à futura segurança de emprego para sua classe: "Enquanto essas máquinas vão assumindo funções que costumavam ser realizadas por músicos de estúdio, estamos falando sobre a perda do meio de subsistência de muitas pessoas"[72].

Havia um número crescente de músicos preocupados com seus empregos, sim, mas eles não estavam menos preocupados com as implicações artísticas de substituir música "real" por "música virtual". "Chegará o dia", lamentou um músico, "quando toda uma geração de americanos jamais saberá como é o verdadeiro som de um piano"[73].

Ainda mais problemática do que a música sintetizada é a tecnologia de *morphing*, que permite aos produtores de cinema e televisão isolar, digitalizar e armazenar cada expressão visual, movimento e som de um ator e reprogramá-los em virtualmente qualquer nova combinação, criando efetivamente novos papéis e desempenhos para o artista. Os estúdios de Hollywood já nos anos 90 começaram a digitalizar alguns dos milhares de filmes armazenados em suas bibliotecas, em antecipação à utilização de muitos dos atores – alguns há muito já falecidos – nas novas produções. Nick de Martino, então chefe do laboratório de computação do Instituto Americano de Filmes, disse que, com a tecnologia dos computadores, é possível eliminar estúdios de som, cenários e até mesmo atores e substituí-los por *synthespians*[74] "criados a partir das bibliotecas de gestos e expressões armazenados em um banco de dados do computador". Por exemplo, é possível, do ponto de vista tecnológico – embora dispendioso –, extrair milhares de gestos, expressões faciais, movimentos e inflexão de voz do dr. Spock ou do Capitão Kirk dos 78 episódios de *Jornada nas Estrelas* e, com a utilização de sofisticada tecnologia de computador, reprogramar os atores para desempenhar papéis em episódios completamente novos.[75]

Em 1986, Ted Turner comprou a MGM por US$ 1,7 bilhão, em grande parte para adquirir sua biblioteca com 3.600 longas-metragens. Turner não demorou a perceber o grande valor comercial potencial de usar milhares de rolos de filmes como fonte digital para novos filmes, shows de televisão, comerciais, jogos de computador e de vídeo. A aquisição de Turner levou os editores da *Forbes* a gracejar que, "em breve, James Cagney poderá estar trabalhando mais do que jamais trabalhou antes".

A imagem digitalizada está sendo usada até mesmo para clonar extras em filmes, permitindo que os estúdios economizem milhões de dólares na contratação de atores de fundo de cena. No filme *The Babe*, mil extras foram transformados em um elenco de milhares "com a digitalização de suas imagens, quadro a quadro, cortando os indivíduos e colando suas imagens aleatoriamente nas posições, semelhante ao estilo de cortar e colar no processamento de texto – com a diferença que resultam em imagens vivas e móveis"[76].

Ansiosos por cortar custos, os estúdios estão cada vez mais propensos a recorrer às bibliotecas para suas novas produções. Humphrey Bogart, Louis Armstrong, Cary Grant e Gene Kelly já foram digitalizados e colocados para trabalhar novamente em novos comerciais de televisão nos Estados Unidos.[77] Atores vivos e profissionais do entretenimento vão disputar papéis com suas antigas imagens armazenadas e digitalizadas, bem como com atores falecidos há muito tempo. A era do *synthespian* significa cada vez menos empregos para um setor que já sofre com subemprego.

Embora no estágio de formação, a Terceira Revolução Industrial levou à marginalização de dezenas de milhões de trabalhadores nos setores agrícola, industrial e de serviços. As novas tecnologias abriram caminho para a reforma do sistema econômico global, ao longo de linhas de alta tecnologia, com o concomitante declínio da força de trabalho global necessária para produzir bens e serviços. Ainda assim, a onda de reengenharia e automação é apenas o início de uma transformação tecnológica destinada a acelerar significativamente a produtividade nos próximos anos, enquanto deixa grandes quantidades de trabalhadores sem função e irrelevantes para a economia global.

Consultores gerenciais, cientistas e engenheiros apressam-se a enfatizar que as tecnologias da informação são primitivas, comparadas ao que está para vir nas próximas duas a três décadas. O físico Gordon Moore, então presidente da Intel, ressaltava que a energia básica para a computação está duplicando a cada 18 meses, estabelecendo um ritmo efervescente para mudanças tecnológicas.[78] No futuro, tecnologias avançadas de computação paralela, robótica de alta tecnologia e redes eletrônicas integradas ligando o globo irão se apossar cada vez mais do processo econômico, deixando menos e menos espaço para a participação humana direta em fazer, transportar, vender e prestar serviços.

Parte IV

O PREÇO DO PROGRESSO

CAPÍTULO 11

Vencedores e Perdedores da Alta Tecnologia

Virtualmente cada líder empresarial e a maioria dos economistas da corrente principal do pensamento econômico continuam a afirmar que os dramáticos avanços tecnológicos da Terceira Revolução Industrial terão um efeito "mágico", reduzindo o custo dos produtos, estimulando maior demanda do consumidor e novos mercados, e colocando cada vez mais pessoas para trabalhar, com salários mais altos, em novas funções e em setores de alta tecnologia. No entanto, para um número crescente de trabalhadores, os quais se encontram desempregados ou subempregados, o conceito da "mágica" da tecnologia muito pouco consola.

Na USX Corporation, os empregados sentiram os efeitos da "mágica" da tecnologia em primeira mão. Em 26 de março de 1991, a USX, uma das maiores fabricantes de aço dos Estados Unidos, anunciou que estaria demitindo 2 mil funcionários da sua fábrica de Fairless, no Rio Delaware, na Pensilvânia. A notícia do fechamento da fábrica estava disfarçada no segundo parágrafo de um boletim da empresa que informava "uma série de medidas de reestruturação... para melhorar a futura competitividade de mercado da USX". Um dos empregados demitidos era Joe Vandergrift, mecânico de 46 anos, que trabalhava para a empresa há mais de 25 anos. Vandergrift, que então foi ser conselheiro em um centro para trabalhadores demitidos, passou a ajudar outros trabalhadores demitidos a se candidatarem a uma das 80 vagas abertas pela empresa na área de demolição. A USX planejava desmontar fornos, prédios e máquinas do que outrora fora uma das maiores siderúrgicas de fornalha aberta no mundo. A infra-estrutura de aço seria en-viada para outras fábricas mais eficientes da USX, onde seria derretida e reciclada em aço de alta qualidade. Uma ex-funcionária disse que gostaria de participar da equipe de demolição, se não por outra razão, apenas para convencer a si mesma de que o modo de vida que ela havia conhecido por tanto tempo estava realmente chegando ao fim. Rochelle Connors, que trabalhou como pedreiro, acrescentou: "Talvez fosse uma boa terapia para mim. Se eu visse a demolição, conseguiria convencer-me: sim, acabou. Foi-se. Realmente acabou"[1].

A maioria dos trabalhadores demitidos da fábrica da USX, em Fairless, estava tendo dificuldades para encontrar qualquer outro tipo de trabalho. Muitos nem mesmo possuíam as habilidades mais elementares de leitura e aritmética necessárias para serem retreinados para os escassos cargos administrativos mal remunerados ainda disponíveis na região. Na faixa etária dos 40 anos, com filhos em faculdades e prestações da casa e do carro para pagar, todos procuravam desesperadamente qualquer tipo de trabalho para tentar equilibrar o orçamento. Homens e mulheres que há poucos anos levavam para casa salários anuais superiores a US$ 30 mil, consideravam-se afortunados em encontrar empregos como zeladores ou guardas de segurança por US$ 5 a hora. Para eles e suas famílias, o sonho do pós-Segunda Guerra Mundial de se tornarem parte da classe média tinha acabado. Em seu lugar ficou a frustração e a raiva por uma empresa e um setor que, eles acreditavam, os abandonaram. Alcoolismo, drogas e crime aumentaram em comunidades como Fairless. Da mesma forma, aumentou a incidência da violência entre casais e de divórcios. Olhando de sua janela para as nove chaminés que se erguem majestosas sobre o alto-forno agora silencioso, Vandergrift lamentava a perda. "É meu *Titanic*", disse, "esse é o meu navio que afundou"[2].

Vandergrift e Connors são apenas dois trabalhadores desempregados em um setor que eliminou mais de 220 mil empregos, ou a metade de sua força de trabalho rotineira, em apenas 14 anos.[3] Tanto o setor industrial quanto o de serviços estão enxugando suas folhas de pagamento e aumentando seus investimentos de capital, para se tornarem mundialmente competitivos no mundo de alta tecnologia do século XXI. A revolução da reengenharia está rendendo. Na década de 80, as corporações americanas registraram um aumento de 92% nos lucros antes dos encargos (esses números foram ajustados pela inflação). Muitos acionistas viram seus dividendos quadruplicarem em menos de uma década.[4]

Oprimindo o Pequeno

Embora os acionistas tenham lucrado muito com as novas tecnologias e com os avanços na produtividade, os benefícios não reverteram para o trabalhador médio. Durante a década de 80, só no setor industrial, a remuneração real por hora diminuiu de US$ 7,78 para US$ 7,69.[5] Ao final da década, quase 10% da força de trabalho americana estava desempregada, subempregada ou trabalhando em meio período, pois os empregos em período integral não estavam disponíveis ou estavam desencorajadores demais até mesmo para as pessoas pensarem em procurar um emprego.[6]

Entre 1989 e 1993, mais de 1,8 milhão de trabalhadores perderam seus empregos no setor industrial, muitos deles vítimas da automação, tanto pelos seus empregadores americanos, quanto por empresas estrangeiras, cujas fábricas altamente automatizadas e com menores custos operacionais forçaram os fabricantes nacionais a reestruturar suas operações e a demitir trabalhadores. Entre aqueles que perderam seus empregos para a automação, apenas um terço foi capaz de encontrar novos empregos no setor de serviços e, ainda assim, com uma redução de 20% na remuneração.[7]

Números do governo sobre o desemprego muitas vezes são enganadores, mascarando a verdadeira dimensão da crise de desemprego. Por exemplo, em agosto de 1993, o governo federal norte-americano anunciava que quase 1.230.000 empregos haviam sido criados nos Estados Unidos, no primeiro semestre de 1993. Mas o que não disseram foi que 728 mil desses empregos – quase 60% – eram de meio período, e que a maior parte era no setor de serviços, de baixa remuneração. Só em fevereiro de 1993, 90% dos 365 mil empregos criados nos Estados Unidos eram de meio período, e a maioria foi assumida por pessoas que procuravam empregos de período integral.[8] Cada vez mais os trabalhadores americanos estão sendo forçados a aceitar empregos sem futuro, apenas como meio de sobrevivência. Craig Miller, ex-laminador de metal em Kansas City, representa a frustração de milhões de trabalhadores americanos. Miller perdeu seu emprego na TWA, onde ganhava US$ 15,65 por hora. Ele e sua mulher, então, acabaram com quatro empregos, para, juntos, ganharem menos da metade do que ele sozinho ganhava na TWA. Quando ouvia a administração Clinton vangloriar-se de estar criando novos empregos, Miller respondia com um riso forçado: "Claro – temos quatro. E daí?" Miller perguntava-se de que adiantava ter vários empregos mal remunerados, que pagavam uma fração do que ele costumava ganhar quando tinha um emprego decente com um salário adequado.[9] Segundo um relatório da Comissão de Trabalho do Senado, em 1991, 75% dos trabalhadores americanos estavam aceitando salários menores do que tinham há 10 anos. Dean Baker, economista pesquisador no Instituto de Política Econômica, diz que pessoas que no passado tiveram empregos estáveis, bem remunerados e com amplos benefícios, "agora vão trabalhar em turnos das 7 às 11 horas e no McDonald's"[10].

Muitos dos empregos de meio período são encontrados no que se chama de gueto do "colarinho cor-de-rosa" – empregos concentrados nas áreas administrativa e de serviços, tais como secretárias, caixas e garçonetes, e que são geralmente ocupados por mulheres. Mas, mesmo muitos desses empregos mal remunerados devem também desaparecer na primeira década do século XXI.

As estatísticas acumuladas revelam uma força de trabalho virtualmente em retirada em cada setor. Forçados a competir com a automação por um lado e com uma força de trabalho global por outro, os trabalhadores americanos estão sendo cada vez mais comprimidos nas margens da sobrevivência econômica. Em 1979, o salário médio semanal nos Estados Unidos era de US$ 387. Em 1989, havia caído para US$ 335. No período de 20 anos, entre 1973 e 1993, os operários americanos perderam 15% de seu poder aquisitivo.[11]

O declínio nos salários médios pode ser atribuído em parte à influência enfraquecida dos sindicatos. Não se ouvia falar de congelamentos salariais e de cortes de salários no setor sindicalizado da economia americana nas décadas de 60 e 70. Entretanto, durante a recessão de 1981-1982, pela primeira vez, os sindicatos começaram a perder terreno. Mais de 44% da força de trabalho sindicalizada que se envolveu em negociações coletivas só no ano de 1982 aceitou congelamentos ou corte de salário, abrindo um precedente até o final daquela década.[12] Em 1985, um terço de todos os trabalhadores abrangidos pelos novos acordos trabalhistas estava se sujeitando aos congelamentos ou à redução de salários. Com a representação dos sindicatos caindo em relação à força de trabalho total, os trabalhadores americanos foram deixados sem voz ativa para representar seus interesses com os empregadores. O Instituto de Política Econômica estima que só no setor industrial a dessindicalização significou uma redução de 3,6% ou mais nos salários.[13]

Por trás dos muitos pronunciamentos grandiosos sobre o mérito do downsizing e das práticas da produção enxuta esconde-se uma realidade muito diferente – pouco discutida publicamente. Entre meados da década de 70 e final da década de 80, os industriais conseguiram cortar US$ 13 milhões por hora em salários com a eliminação de mais de 1,2 milhão de empregos. As indústrias de bens não duráveis economizaram perto de US$ 4,7 milhões por hora em salários, eliminando 500 mil empregos. Outros US$ 3,1 milhões por hora foram economizados com a redução dos salários reais por hora, de US$ 10,75 para US$ 10,33 na manufatura. Ao todo, os assalariados americanos estavam ganhando US$ 22 milhões a menos por hora do que na década anterior.[14] O economista Jared Bernstein, do Instituto de Política Econômica, afirma que "cortar custos com mão-de-obra... leva à desaplicação na força de trabalho", com conseqüências incalculáveis para a economia e para a sociedade. Com o downsizing e a reengenharia, diz Bernstein, você está "essencialmente preenchendo as necessidades do empregador e não as do empregado". Ele diz que os salários-hora "continuam a cair à medida que nos aproximamos da metade da década de 90" e que a tendência deve continuar por muito tempo.[15]

Para muitos trabalhadores, a produção enxuta tem significado uma decadência para situações quase abjetas. Em um relatório de 1994, o Departamento de Recenseamento divulgou números que mostravam que a porcentagem de americanos trabalhando em período integral, mas ganhando menos do que um salário de nível de pobreza para uma família de quatro pessoas – aproximadamente US$ 13 mil por ano –, aumentou 50% entre 1979 e 1992. O estudo, que o departamento chamou de "espantoso", fornecia mais evidências dramáticas sobre o declínio da força de trabalho americana. Os economistas atribuíram grande parte da culpa pelo declínio à perda de empregos no setor industrial e à globalização da economia mundial.[16] A redistribuição forçada da riqueza tirada dos trabalhadores americanos em benefícios das empresas e acionistas levou o economista conservador Scott Burns a comentar que "a década de 80 ficará conhecida como a década dos financiadores de campanhas políticas, um período em que fidelidades empresariais foram usadas para subjugar e atemorizar o trabalhador médio, enquanto a elite corporativa vivia cada vez mais na opulência"[17].

Parte da culpa pela situação difícil dos trabalhadores americanos pode ser atribuída à emergência de um único mercado global nas décadas de 70 e 80. A recuperação pós-guerra do Japão e da Europa Ocidental trouxe às empresas americanas uma concorrência ameaçadora no cenário internacional. Novos desenvolvimentos nas tecnologias da informação e das telecomunicações tornaram cada vez mais fácil fazer negócios em qualquer lugar do mundo. O surgimento de um mercado e de uma força de trabalho global comum serviu como uma lança e como incentivo para as empresas americanas minarem a difícil trégua feita com o movimento trabalhista desde a década de 1950.

Basta lembrar que, imediatamente após a Segunda Guerra Mundial, os sindicatos e as empresas travaram sérias disputas sobre salários, benefícios e condições de trabalho. Em meados da década de 50, uma certa acomodação foi alcançada, a qual duraria, mais ou menos intacta, até meados da década de 70. Os trabalhadores deveriam participar, pelo menos em parte, dos ganhos de produtividade – com melhores salários e benefícios – em troca da promessa de paz e cooperação. Durante quase 25 anos, o salário real dos trabalhadores americanos aumentou entre 2,5 e 3% ao ano. Os benefícios também aumentaram. O número de trabalhadores beneficiados com planos de aposentadoria das empresas aumentou de 10% em 1950, para mais de 55% em 1979.[18] Assistência médica, licença médica e férias pagas também melhoraram.

Os benefícios arduamente conquistados e a "acomodação" entre patrões e empregados começaram a se desfazer ao final da década de 70 e início de 1980. Enfrentando a competição acirrada com outros países e armados com um arsenal cada vez mais sofisticado de novas tecnologias economizadoras de mão-de-obra em casa, assim como da disponibilidade de mão-de-obra barata à qual recorrer em outros países, as corporações americanas iniciaram uma ofensiva planejada para enfraquecer a influência dos sindicatos e reduzir o custo da mão-de-obra no processo econômico. Durante a década de 80, a remuneração por hora de 80% da força de trabalho americana diminuiu em média 4,9%.[19] "Voltando ao início da década de 70", observou o economista do trabalho Frank Levy, "o trabalhador médio com diploma do ensino médio ganhava US$ 24 mil anuais. Em 1994, o mesmo trabalhador estava ganhando US$ 18 mil."[20] Os benefícios do trabalhador também declinaram. A porcentagem da força de trabalho coberta por um plano de aposentadoria caiu de 50%, em 1979, para 42,9%, em 1989.[21] A cobertura de planos de assistência médica também diminuiu. Um estudo realizado por uma empresa de consultoria, a Foster Higgins, descobriu que 80% das empresas americanas exigem que seus funcionários "paguem uma média de US$ 103 por mês para cobertura familiar, contra os US$ 69 que pagavam em 1989"[22]. O abono de faltas também caiu para 2,3 dias para operários na década de 90.[23]

A Decadência da Classe Média

Enquanto a primeira onda da automação teve seu impacto maior sobre os operários, a nova revolução da reengenharia começou, já no ano de 1994, a afetar os escalões médios da comunidade corporativa, ameaçando a estabilidade econômica e a segurança do grupo político mais importante na sociedade americana – a classe média. As vítimas mais recentes da reengenharia vivem provavelmente em subúrbios prósperos e foram demitidas de algum cargo executivo com remuneração anual superior a seis dígitos. Há 20 anos, a imagem de um homem branco, na faixa entre 40 e 50 anos de idade, no quintal da casa ou levando seu cachorro para passear no meio do dia nas ruas do subúrbio, teria sido considerada estranha. Hoje, milhares de gerentes médios e executivos demitidos encontram-se em casa, esperando o telefone tocar com uma oferta de trabalho. Para muitos, a chamada que tanto esperam jamais virá.

Nos anos 90, o *Wall Street Journal* traçou o perfil do novo desempregado suburbano. John Parker, que morava em uma próspera comunidade suburbana da Filadélfia, perdeu seu emprego na IBM durante uma reestruturação corporativa. Durante meses, ele permaneceu enclausurado em sua casa de seis dormitórios, imprimindo currículos e verificando ofertas de emprego. Parker disse que, "a princípio, eu nem queria sair de casa no horário de expediente". O executivo de 43 anos de idade temia que "os vizinhos olhassem para mim e se perguntassem por que eu não estava trabalhando". Seu isolamento terminou um dia quando, ao ouvir uma batida estrondosa, saiu da casa e viu um grupo de homens trabalhando no asfalto. Subitamente, observou chocado que dois amigos seus também haviam saído de suas casas. "Parecíamos uns palermas, olhando um para o outro", disse Parker, "como quem diz, duas da tarde e vocês também não estão no escritório!"[24]

Nessa mesma época, uma bibliotecária do bairro, Ann Kajdasz, disse que começou a perceber executivos de meia-idade entrando na biblioteca durante o dia há três anos. Eles ficavam lendo publicações empresariais ou folheavam o *National Business Employment Weekly*, da Dow Jones. "A princípio, sempre vinham elegantes, de terno e gravata", disse Kajdasz. "Mas, depois de um certo tempo, foram ficando cada vez mais desleixados e, às vezes, falavam de seu receio de jamais encontrar trabalho novamente."[25]

Um número crescente de novos desempregados acaba desistindo. Alguns se retraem em suas casas, passando mais e mais tempo na penumbra das salas de estar, com as cortinas fechadas, assistindo às novelas na televisão. Alguns começam a beber. Outros passam a assumir tarefas como "donos-de-casa", levando e buscando filhos na escola e fazendo outras atividades extracurriculares. Alguns se oferecem como acompanhantes ou treinadores.

Algumas comunidades criaram grupos de apoio para os desempregados de classe média. Em Bryn Mawr, Pensilvânia, o *Executives in Transition* (Executivos em Transição) reúne executivos desempregados toda segunda-feira de manhã às 9 horas, para falar de seus sentimentos e compartilhar suas preocupações. A questão de encontrar um emprego e viver com a incerteza de ficar desempregado sempre prevalece nessas reuniões.[26]

Parker é parte de uma nova categoria demográfica denominada "a classe média decadente". Na década de 80, mais de 1,5 milhão de cargos de gerência média foram eliminados. Na década de 90, suas fileiras estavam abrindo espaço para incluir os executivos acima da gerência média também. Peter Drucker disse que a classe gerencial estava começando a "sentir-se como escravos em leilão"[27]. Muitos estão sendo dispensados com poucas chances de encontrar um cargo equivalente com benefícios comparáveis. Aqueles que conseguem encontrar trabalho, muitas vezes aceitam uma redução drástica de remuneração e de atribuições. Jerry Scott, um dos participantes do *Executives in Transition*, acabou encontrando um novo emprego com redução de 45% na remuneração. Alguns acabam aceitando empregos temporários em lugares tais como H&R Block, preparando declarações de rendimentos por US$ 5 a hora.[28]

Em todos os Estados Unidos, os cargos de renda média foram desaparecendo nas ondas da revolução da reengenharia. Dezenas de milhares de famílias morando em subúrbios, no estilo da cultura da rodovia expressa, colocaram placas de "Vende-se" na frente de suas casas, vendendo seus pertences e fazendo as malas. Pela primeira vez, desde a Grande Depressão, eles desceram na escada dos rendimentos, vítimas da produção enxuta, da automação e da concorrência do mercado global. Segundo o Departamento de Recenseamento, o número de americanos com renda de classe média caiu de 71% da população, em 1969, para menos de 63%, no início da década de 1990.[29]

O declínio da classe média teria sido ainda maior, se mais esposas não tivessem entrado para o mercado de trabalho nas últimas décadas. No início dos anos 80, havia mais casais com esposas no lar do que no trabalho. Ao final da década, 45,7% de todos os casais trabalhavam para o sustento de suas famílias, e em apenas 33,5% somente o homem trabalhava.[30] As estatísticas mostram os salários individuais declinando ao longo da década de 80. Se não fosse pelo contracheque extra, muitas famílias teriam sido excluídas do grupo da classe média. Em 1989, mesmo a receita adicional da família não foi suficiente para compensar os cortes nos salários individuais. A família americana média experimentou uma perda de renda de 2% entre 1989 e 1990.[31]

O declínio da classe média fez-se sentir mais acentuadamente entre as pessoas com formação universitária. Entre 1987 e 1991, seus salários caíram 3,1% em termos reais.[32] Os trabalhadores com formação universitária constituem a massa dos cargos de nível gerencial na economia americana, e são esses cargos que estão sendo varridos pelos novos avanços tecnológicos e pelas práticas da reengenharia. Mais de 35% dos recém-formados foram forçados a aceitar empregos que não requerem formação superior, 15% a mais do que há apenas 5 anos. Segundo estatísticas compiladas pelo Michigan State University College Employment Research Institute, o mercado de trabalho para pessoas com formação universitária é o pior desde a Segunda Guerra Mundial.[33] O recrutamento das empresas no campus universitário está caindo. Os poucos cargos disponíveis são disputados acirradamente. Não é incomum milhares de graduandos candidatarem-se a uma única vaga. Com as 500 empresas da *Fortune* reduzindo sua força de trabalho e rapidamente substituindo a gerência humana pela gerência de silício, as perspectivas são sombrias para muitos graduandos que aspiram a tornar-se parte de uma classe média americana minguante.

Os Novos Cosmopolitas

Embora a revolução da tecnologia da informação tenha abalado seriamente a sorte dos trabalhadores assalariados da classe média e privado de oportunidades uma geração mais jovem de trabalhadores com formação superior entrando no mercado de trabalho, ela tem sido uma dádiva para um pequeno número de altos executivos que dirigem os negócios dos Estados Unidos. Grande parte dos ganhos de produtividade e margens maiores de lucro nos últimos 60 anos, desde que a automação e o equipamento de controle numérico foram introduzidos, foi para os bolsos dos escalões superiores. Em 1953, a remuneração dos executivos era equivalente a 22% do lucro da empresa. Em 1987, a remuneração executiva era o equivalente a 61% dos lucros da empresa. Em 1979, os presidentes de empresas nos Estados Unidos ganhavam 29 vezes a remuneração média do operário. Em 1988, o presidente médio ganhava 93 vezes o salário médio do operário. Para colocar esses números em perspectivas, considere o fato de que quando John F. Kennedy tomou posse, o presidente típico de uma das 500 empresas da *Fortune* ganhava US$ 190 mil por ano. Em 1992, a remuneração média atingiu US$ 1,2 milhão. Entre 1977 e o início da década de 90, os salários dos altos executivos nas corporações americanas subiu 220%. Se os operários tivessem participado dos ganhos na produtividade e nos lucros na mesma proporção que os executivos, o operário fabril nessa mesma década estaria ganhando uma média de US$ 81 mil por ano.[34] Mesmo os editores da *Business Week* foram forçados a admitir que "a remuneração dos executivos cresceu fora de qualquer proporção em relação à remuneração de outras pessoas – desde o operário na fábrica ao professor em sala de aula"[35].

A diferença crescente em salários e benefícios entre altos executivos e o restante da força de trabalho americana está criando uma América profundamente polarizada – um país habitado por uma pequena elite cosmopolita de americanos prósperos, enclausurados em um país maior de trabalhadores cada vez mais empobrecidos e de pessoas desempregadas. A classe média, outrora o símbolo da prosperidade americana, está se desvanecendo rapidamente, com conseqüências aterradoras para a futura estabilidade política da nação.

A concentração de riqueza nos Estados Unidos permaneceu razoavelmente estável entre 1963 e 1983. No entanto, as diferenças começaram a se acentuar dramaticamente na década de 80. No final da década, 0,5% das famílias mais ricas possuía 30,3% do patrimônio líquido, um aumento de 4,1% desde 1983. Em 1989, 1% das famílias mais ricas ganhava 14,1% da renda total nos Estados Unidos e possuía 38,3% do patrimônio líquido total e 50,3% dos ativos financeiros do país.[36]

Em termos de dólares, os 5% dos assalariados mais bem pagos do país tiveram sua renda aumentada de US$ 120.253 em 1979, para US$ 148.438 em 1989, enquanto os 20% mais pobres da população tiveram uma redução em seus rendimentos de US$ 9.900 para US$ 9.431 por ano.[37] O rico tornou-se super-rico na década de 80, em grande parte à custa do restante da força de trabalho americana, que viu seus salários serem reduzidos, seus benefícios encolhidos e seus empregos eliminados.

O número de milionários pulou para um número recorde na década de 80, assim como o de bilionários. Em 1988 mais de 1,3 milhão de pessoas declararam renda de mais de US$ 1 milhão, 180 mil a mais que em 1972. O número de bilionários aumentou de 26 famílias, em 1986, para 52 famílias, apenas 2 anos depois. O patrimônio das 834 mil famílias mais ricas dos Estados Unidos totalizava na época mais de US$ 5,62 trilhões. Em contraste, o patrimônio dos 90% de famílias americanas era de apenas US$ 4,8 trilhões.[38]

Menos de 0,5% da população americana exerce um poder sem precedentes sobre a economia do país, afetando as vidas de 250 milhões de americanos. Essa pequena elite possui 37,4% de todos os títulos e ações das empresas e 56,2% de todos os ativos da iniciativa privada dos Estados Unidos.[39]

Abaixo dos super-ricos está uma classe ligeiramente maior, formada por 4% da população trabalhadora dos Estados Unidos. Suas fileiras constituem-se principalmente dos novos profissionais, os analistas simbólicos altamente treinados, ou os trabalhadores do conhecimento, que gerenciam a nova economia da informação de alta tecnologia. Esse pequeno grupo, que não chega a 3,8 milhões de indivíduos, ganha tanto quanto os 51% de menor salário, que totalizam mais 49,2 milhões de indivíduos.[40]

Além dos 4% do topo de americanos mais bem remunerados e que constituem a elite do setor do conhecimento, outros 16% da força de trabalho americana compõem-se principalmente de trabalhadores do conhecimento. Ao todo, a classe do conhecimento, que representa 20% da força de trabalho, recebe uma renda anual de US$ 1.755 bilhão, mais do que os outros quatro quintos da população combinados. A renda dessa classe continua a aumentar entre 2% e 3% ao ano, além da inflação, mesmo quando a renda de outros assalariados americanos continua a cair.[41]

Os trabalhadores do conhecimento são um grupo distinto, unido pelo uso da tecnologia da informação de última geração para identificar, intermediar e solucionar problemas. São criadores, manipuladores e abastecedores do fluxo de informação que constrói a economia global pós-industrial e pós-serviço. Suas fileiras incluem pesquisadores científicos, engenheiros projetistas, engenheiros civis, analistas de software, pesquisadores em biotecnologia, especialistas em relações públicas, advogados, profissionais do mercado financeiro, consultores gerenciais, consultores financeiros e tributaristas, arquitetos, planejadores estratégicos, especialistas em marketing, produtores e editores de filmes, diretores de arte, editores, escritores e jornalistas.[42]

A importância da classe do conhecimento para o processo produtivo continua a crescer, enquanto o papel dos dois grupos tradicionais da era industrial – operários e investidores – continua a diminuir em importância. Em 1920, por exemplo, 85% do custo de fabricação de um automóvel iam para os trabalhadores na produção e para os investidores. Em 1990, esses dois grupos estavam recebendo menos de 60% e o restante estava sendo alocado "aos projetistas, engenheiros, estilistas, planejadores, estrategistas, especialistas financeiros, executivos, advogados, publicitários e assemelhados"[43].

Os semicondutores ofereciam um exemplo ainda mais revelador. Nos anos 90, menos de 3% do preço de um chip semicondutor iam para os proprietários da matéria-prima e da energia, 5%, para aqueles que possuíam o equipamento e as instalações e 6%, para a mão-de-obra de rotina. Mais de 85% do custo iam para o desenho especializado, para os serviços de engenharia e para patentes e copyrights.[44]

No começo da Era Industrial, aqueles que controlavam o capital financeiro e os meios de produção exerciam praticamente controle total sobre o funcionamento da economia. Durante algum tempo, nas décadas centrais do século XX, eles precisaram compartilhar parte desse poder com os trabalhadores, cujo papel crítico na produção assegurava-lhes alguma influência nas decisões que governavam tanto os modos e meios de fazer negócios quanto a distribuição de lucros. Na década de 90, a influência dos trabalhadores diminuiu significativamente, e os trabalhadores do conhecimento tornaram-se o grupo mais importante na equação econômica. Eles são os catalisadores da Terceira Revolução Industrial e os responsáveis pela manutenção da economia da alta tecnologia em movimento. Por essa razão, os altos executivos e os investidores tiveram de compartilhar cada vez mais pelo menos parte de seu poder com os detentores da propriedade intelectual – homens e mulheres cujos conhecimentos e idéias abastecem a sociedade da informação de alta tecnologia. Portanto, não é de estranhar que os direitos de propriedade intelectual tenham se tornado muito mais importantes do que as finanças, em alguns setores. Ter o monopólio do conhecimento e das idéias assegura o sucesso competitivo e a posição no mercado. Financiar esse sucesso torna-se quase secundário.

No mundo automatizado da alta tecnologia da década de 90, uma nova elite de trabalhadores do conhecimento estava surgindo com habilidades críticas que os elevavam ao palco central na economia global. Eles estavam se tornando rapidamente a nova aristocracia. À medida que seu sucesso foi se fortalecendo, a situação econômica do grande número de trabalhadores no setor de serviços de baixa remuneração declinou, criando uma nova e perigosa divisão entre os possuidores e os não-possuidores de cada nação industrializada. A mudança na geografia social de cidades, tais como Nova York, Berlim, Londres e Paris, mostra sinais visíveis dos novos demarcadores de classe. Os historiadores sociais Bennett Harisson e Barry Bluestone descreveram a dinâmica social que se desenrola: "A camada superior do mercado de trabalho inclui gerentes, advogados, auditores, banqueiros, consultores empresariais e outras pessoas treinadas tecnicamente, cujas funções diárias estão no centro do controle e da coordenação da corporação global e serviços corporativos que estão claramente vinculados a eles... Na camada inferior do mercado de trabalho, está o outro grupo, menos afortunado, residentes urbanos cuja função coletiva é fornecer serviços aos trabalhadores da camada superior... São os que servem mesas, preparam refeições, vendem de tudo – desde material de escritório a roupas –, trocam a roupa de cama e de banho nas dezenas de novos hotéis, prestam assistência e cuidam de crianças e encontram empregos de baixa remuneração em hospitais, clínicas, escolas públicas e nas próprias repartições públicas municipais."[45]

Peter Drucker alertou seus colegas do meio empresarial de que o desafio social crítico que se apresenta à emergente sociedade da informação é evitar um novo conflito de "classes entre os dois grupos dominantes na sociedade pós-capitalismo: os trabalhadores do conhecimento e os prestadores de serviços"[46]. As preocupações de Drucker provavelmente vão se agravar nos próximos anos, à medida que um número crescente de serviços, agora realizados pela classe trabalhadora, forem sendo substituídos por máquinas, forçando ainda mais trabalhadores para a crescente subclasse urbana de trabalhadores desempregados.

Embora muitos dos profissionais que formam a elite de analistas simbólicos trabalhem nas grandes cidades do mundo, eles têm pouco ou nenhum vínculo com o lugar. Onde trabalham importa muito menos do que a rede global em que trabalham. Nesse sentido, eles representam uma nova força cosmopolita, uma tribo nômade high-tech que tem mais em comum entre si do que com os cidadãos de qualquer país onde estejam trabalhando. Seus conhecimentos e serviços especializados são vendidos em todo o mundo.

Esse novo grupo emergente de trabalhadores internacionais high-tech, que contabilizará mais de 60% da receita obtida nos Estados Unidos por volta do ano 2020, provavelmente se omitirá de responsabilidades cívicas no futuro, preferindo não precisar compartilhar sua renda com o país como um todo. O ex-secretário do Trabalho, Robert Reich, diz que é possível que

> "Os analistas simbólicos se isolem em enclaves ainda mais exclusivos, dentro dos quais dividirão seus recursos entre si, em vez de dividi-los com outros americanos ou investi-los em meios que melhorem a produtividade de outros americanos. Uma proporção ainda menor de sua renda será tributada e então redistribuída ou investida para o bem-estar do restante da população... Diferenciados do restante da população pelos seus vínculos globais, por boas escolas, por estilos de vida confortáveis, pelos excelentes cuidados com a saúde e pela abundância de guardas de segurança, os analistas simbólicos completarão sua secessão da união. As comunidades e os enclaves urbanos onde eles residem e as zonas simbólico-analíticas onde trabalham não terão qualquer semelhança com o restante da América"[47].

A Outra América

Duas Américas muito diferentes estavam surgindo durante a transição para o século XXI. A nova revolução da alta tecnologia provavelmente agravará as crescentes tensões entre ricos e pobres e dividirá ainda mais a nação em dois campos incompatíveis e conflitantes. Os sinais da desintegração social estão em toda a parte. Mesmo os sábios políticos conservadores já começaram a perceber. O autor e analista político Kevin Philips preocupava-se com a emergência das "economias duais" e chamava a atenção para Estados como a Pensilvânia e a Carolina do Norte, onde cidades high-tech, pós-serviço, como Filadélfia e Durham, estavam prosperando na nova teia econômica global, enquanto outras áreas dos Estados perdiam usinas siderúrgicas e fábricas têxteis, forçando milhares de trabalhadores para as filas do auxílio desemprego.[48]

Paul Saffo faz eco às preocupações de Philips. Ele observa que em enclaves high-tech como Teluride, Colorado, "você vê pessoas morando em chalés eletrônicos, ganhando salários nos níveis de Nova York, enquanto o vizinho só come hambúrguer na lanchonete da esquina e ganha um salário tipicamente rural do Colorado". Saffo diz que quando "você coloca o extremamente rico e o extremamente pobre frente a frente... é pura dinamite política... e poderia levar a uma revolução social"[49].

O relatório do Departamento de Recenseamento de 1993 sobre pobreza na América forneceu dados estatísticos sobre a distância crescente entre ricos e pobres. Segundo o estudo, o número de americanos vivendo na pobreza em 1992 era maior do que em qualquer outro período desde 1962. Em 1992, 36,9 milhões de americanos viviam na pobreza, um aumento de 1,2 milhão sobre 1991, e 5,4 milhões a mais do que em 1989. Mais de 40% dos pobres do país eram crianças. O índice de pobreza entre afro-americanos então ultrapassava 33% e entre os hispânicos era de 29,3%. Quase 11,6% de todos os americanos brancos viviam na pobreza.[50]

Embora mais de 40% dos pobres dos Estados Unidos tivessem trabalhado durante 1992, eles não conseguiram equilibrar o orçamento com seus empregos mal remunerados e, muitas vezes, de meio período.[51] Seus salários insignificantes precisaram ser complementados com recursos do governo para garantir suas sobrevivências, Em 1992, mais de um entre dez americanos dependiam dos *food stamps* – a maior porcentagem desde que esse programa federal foi criado em 1962. Nove milhões de pessoas foram incluídas nesse programa de alimentação entre 1990 e 1994, elevando para 27,4 milhões o número de americanos que dependiam desse programa assistencial. Alguns especialistas estimavam na época que mais 20 milhões se qualificavam para esse programa de assistência à alimentação, mas não haviam ainda se cadastrado.[52] Muitos dos novos beneficiários eram trabalhadores cujos salários depreciados e empregos de meio período eram inadequados para alimentar suas famílias. Outros eram recém-desempregados, vítimas da concorrência global, da reestruturação corporativa e do deslocamento tecnológico.

Além dos programas governamentais de assistência à alimentação, mais de 50 mil instituições privadas distribuíam alimento aos famintos dos Estados Unidos. Em Chicago, o Greater Chicago Food Repository distribuiu mais de 11 mil toneladas de alimento em 1992, incluindo 48 mil refeições todos os dias do ano.[53]

Muitos dos famintos dos Estados Unidos eram americanos idosos. Mais de um milhão de cidadãos idosos eram subnutridos; relatórios indicavam que mais de 30 milhões de idosos eram forçados a ficar sem uma das refeições rotineiramente. A fome afetava com mais freqüência as crianças. Uma em cada quatro crianças nos Estados Unidos passava fome, segundo estudos preparados pela *Bread for the World,* organização assistencial com sede em Washington.[54] Don Reeves, analista de política econômica da Bread for the World, disse que a globalização da economia e o rápido deslocamento tecnológico são os "principais fatores" nos números crescentes de famílias americanas que passam fome"[55].

A fome crônica é o principal fator para o aumento dos custos de assistência médica. Recém-nascidos com peso abaixo do normal e crianças mal nutridas freqüentemente crescem com sérios problemas de desenvolvimento, acrescentando bilhões de dólares na conta da saúde. Muitos dos cidadãos mais pobres do país têm pouco ou nenhum acesso à assistência médica adequada. De acordo com o recenseamento de 1992, 28,5% dos pobres não tinham qualquer tipo de seguro saúde.[56]

Os recém-desempregados são especialmente vulneráveis a doenças. Um estudo conduzido pelos economistas Mary Merva e Richard Fowles, da Universidade de Utah, descobriu que um ponto percentual de aumento no desemprego leva a um aumento de 5,6% de mortes por infarto e a um aumento de 3,1% de mortes por derrames. Trabalhadores desempregados são mais suscetíveis a níveis aumentados de estresse e de depressão, ao maior consumo de álcool e de cigarros e a dietas menos saudáveis, tudo contribuindo para o aumento da probabilidade de infartos e derrames. Merva e Fowles estudaram 30 grandes áreas metropolitanas com uma população total de quase 80 milhões de habitantes. Com base nos índices de desemprego de 1990-1992, que chegava a uma média de 6,5%, os economistas estimavam que mais de 35.307 mortes a mais por infarto e 2.771 mortes adicionais por derrame eram atribuíveis ao maior desemprego. Fowles disse que, dada a surpreendente correlação entre perda de emprego e a maior incidência de doenças, o governo americano deveria tomar a iniciativa de fornecer uma rede adequada de segurança social aos trabalhadores que se encontravam desempregados por períodos prolongados.[57]

Os americanos que ainda estão empregados muitas vezes sofrem de problemas crônicos de saúde porque seus empregadores ou providenciaram pacotes de assistência médica muito limitados para cobertura de todas as necessidades médicas, ou não providenciaram qualquer outro programa de assistência médica. O Departamento de Recenseamento relata que 35,4 milhões de americanos não tiveram cobertura de assistência médica em 1992, um aumento de 2 milhões em um ano.[58] Muitos empregadores reduziram ou eliminaram completamente os benefícios, para reduzir os custos indiretos. Outros reduziram sua força de trabalho, substituindo mão-de-obra humana por máquinas, para economizar em programas de assistência médica. Outros ainda adotaram jornadas de meio período ou trabalho temporário e a terceirização, para evitar o pagamento de programas de saúde. O resultado é uma nação de trabalhadores e de pessoas desempregadas cada vez mais vulnerável e ameaçada, sem a cobertura adequada de assistência médica para garantir-lhes até mesmo os cuidados mínimos com a saúde. Hoje, milhões de famílias vivem sob o medo constante de que uma única grande crise de saúde possa forçá-las a assumir mais dívidas, falência e uma queda livre para a subclasse permanentemente.

O crescente vácuo entre possuidores e não-possuidores pode ser constatado nas estatísticas preocupantes sobre posse de imóveis e habitação. Na década de 80, o americano médio precisava entregar 37,2% de sua renda para comprar a primeira casa – mais do que os 29,9% da década anterior.⁵⁹ Com o custo das casas subindo e os salários reais caindo, menos americanos conseguem comprar sua casa própria. Na década de 80, a porcentagem de pessoas entre as idades de 25 e 29 anos com condições para comprar sua casa própria caiu de 43,3% para 35,9%. Para pessoas na faixa dos 30 a 34 anos, a porcentagem caiu de 61,1% para 53,2%. E, no grupo entre 35 e 39 anos, a porcentagem caiu de 70,8% para 63,8%.⁶⁰

Dos suficientemente "afortunados" em ter um teto sobre suas cabeças, 17,9% vivem em estruturas deficientes. Muitos outros estão desabrigados, vivendo nas ruas ou em abrigos de emergência, por toda a paisagem urbana. Um levantamento em 25 cidades, feito em 1991, descobriu que os pedidos para abrigos de emergência aumentaram 13% em um período de 12 meses. Em 1994, mais de 600 mil americanos, inclusive mais de 90 mil crianças, não tinham lar.⁶¹ O congressista Henry Gonzáles, presidente da Comissão da Câmara para Assuntos Bancários, Financeiros e Urbanos, expressa a preocupação de um número cada vez maior de administradores públicos, afirmando que "transformamos os americanos em nômades em sua própria terra". Gonzáles alerta seus parceiros para o fato de haver "famílias vagando pelo país, algumas delas vivendo em carros e sob pontes" e seu número cresce diariamente.⁶²

Os pobres americanos estão concentrados em áreas rurais e no coração das cidades, as duas regiões mais duramente atingidas pelo deslocamento tecnológico no decorrer de três décadas. Em 1994, mais de 42% dos pobres do país viviam no centro das cidades, mais que os 30% em 1968. Os custos para a sociedade de "prover" a subclasse urbana dos Estados Unidos excediam, em 1994, US$ 230 bilhões por ano, uma cifra impressionante, principalmente no momento em que a nação estava preocupada com a dívida e o déficit federal crescentes.⁶³

Um número cada vez maior de analistas do setor industrial culpa a intensa concorrência global e as mudanças na tecnologia pelo aumento da pobreza. Indústrias manufatureiras leves empregando trabalhadores urbanos cortaram 25% ou mais do emprego nos últimos anos. Os editores do *Business Week* observam que "para os trabalhadores urbanos que contavam com empregos fixos nas fábricas, em cargos que exigiam pouca formação escolar, as perdas têm sido devastadoras". Homens brancos com pouca qualificação na faixa dos 20 anos de idade tiveram seus rendimentos reduzidos em 14% entre 1973 e 1989. Os homens negros tiveram pior sorte. Seus rendimentos caíram 24% no mesmo período.⁶⁴

Enquanto milhões de pobres nas zonas urbanas e rurais definham na pobreza e um número crescente de assalariados urbanos com renda média sente a mordida da reengenharia e o impacto do deslocamento tecnológico, uma pequena elite de americanos, trabalhadores do conhecimento, empreendedores e gerentes de corporações colhem os benefícios da nova economia global high-tech. Desfrutam um estilo de vida próspero, distantes do tumulto social ao seu redor. As assustadoras novas circunstâncias em que os Estados Unidos se encontram levaram o ex-secretário do Trabalho, Robert Reich, a perguntar "o que devemos uns aos outros, como membros da mesma sociedade que não mais habitam a mesma economia?"[65]

CAPÍTULO 12

Repouso Eterno para a Classe Trabalhadora

Vivemos em um mundo de contrastes cada vez maiores. Diante de nós agiganta-se o espectro da cintilante sociedade high-tech, com computadores e robôs canalizando sem esforço a fartura da natureza para um fluxo de sofisticados novos produtos e serviços. Limpas, silenciosas e hipereficientes, as novas máquinas da Era da Informação colocam o mundo ao nosso alcance, dando-nos uma dimensão de controle sobre nosso ambiente e sobre as forças da natureza, inconcebíveis há apenas um século. Aparentemente, a nova sociedade da informação pouco se assemelha às condições dickensianas dos primórdios do período industrial. Com suas poderosas máquinas inteligentes, o ambiente de trabalho automatizado surge como resposta ao antiqüíssimo sonho da humanidade de uma vida livre de trabalho árduo e de dificuldades. Em muitas comunidades, as fábricas mal iluminadas do Segundo Período Industrial desapareceram. O ar não está mais encoberto com fumaça industrial; os pisos, as máquinas e os trabalhadores já não estão mais encardidos de graxa. O sibilar dos fornos e o estrépito das gigantescas máquinas agora são um eco distante. Em seu lugar pode-se ouvir o zunido suave dos computadores, acelerando a velocidade da informação ao longo de circuitos e caminhos, transformando matérias-primas em uma enorme variedade de produtos.

Essa é a realidade mais comumente noticiada pela mídia, entre acadêmicos, futuristas e nos círculos governamentais. O outro lado da emergente tecno-utopia – aquele repleto de vítimas do progresso tecnológico – é vagamente mencionado nos relatórios oficiais, em levantamentos estatísticos e ocasionais histórias incidentais de vidas perdidas e sonhos abandonados. Esse outro mundo está se enchendo de trabalhadores alienados, vivenciando níveis crescentes de estresse em ambientes de trabalho de alta tecnologia e crescente insegurança no trabalho, à medida que a Terceira Revolução Industrial vai se insinuando em cada indústria e setor.

Estresse High-tech

Muito já foi dito e escrito sobre círculos de controle de qualidade, trabalho em equipe e maior participação dos funcionários no local de trabalho. Entretanto, pouco tem sido dito ou escrito sobre a inabilitação do trabalho, a aceleração do ritmo de produção, a maior carga de trabalho e as novas formas de coação e sutil intimidação usadas para forçar a concordância do trabalhador com os requisitos das práticas de produção pós-Fordistas.

As novas tecnologias da informação são desenvolvidas para remover qualquer controle residual que os trabalhadores ainda exerçam sobre o processo de produção, com a programação de instruções detalhadas diretamente para a máquina, que as cumpre passo a passo. O trabalhador fica impotente para exercer julgamento independente, tanto na fábrica como no escritório, e tem pouco ou nenhum controle sobre os resultados previamente ditados por programadores especializados. Antes do computador, a gerência dispunha de instruções detalhadas na forma de "cronogramas" que os trabalhadores deviam cumprir. Como a execução da tarefa estava nas mãos dos funcionários, era possível introduzir um elemento subjetivo no processo. Com a implementação do cronograma de trabalho, cada empregado conferia sua marca no processo produtivo. A transição da produção de cronograma para a produção programada alterou profundamente o relacionamento dos trabalhadores com o trabalho. Agora, cada vez mais, os trabalhadores agem exclusivamente como observadores, impossibilitados de participar ou interferir no processo de produção. O que acontece na fábrica ou no escritório já foi pré-programado por outra pessoa, que provavelmente jamais participará pessoalmente do processo.

Quando o equipamento de controle numérico foi introduzido, ao final da década de 50, as empresas não demoraram a perceber o forte elemento de controle que essa tecnologia propiciava sobre o trabalho no chão da fábrica. Durante uma palestra nos Estados Unidos para a Associação das Indústrias Eletrônicas, em 1957, o major-brigadeiro da Força Aérea, C. S. Irvine, subchefe do Estado-Maior para Materiais, observou que, "daqui em diante, independente de quão cuidadosamente desenhada e especificada no papel, uma peça acabada (de maquinaria) não poderá ser melhor do que as interpretações do mecânico". As vantagens do controle numérico, afirmava Irvine, são que "visto que as especificações são convertidas em códigos digitais de impulsos eletrônicos objetivos, o elemento do julgamento fica limitado apenas ao do engenheiro projetista. Somente suas interpretações são dirigidas da ferramenta para o local de trabalho."[1] Outros compartilhavam do entusiasmo de Irvine pelo controle numérico. Ao final da década de 50, Nils Olesten, supervisor geral da Rohr Aircraft, afirmou publicamente o que na época era a opinião não externada de cada gerente. "O controle numérico", disse Olesten, "dá à gerência o máximo controle da máquina... uma vez que a tomada de decisão na operação da máquina foi retirada do operador e agora está sob a forma de pulsos nos meios de controle"[2]. A rápida adoção do controle numérico foi inspirada tanto pelo desejo das empresas de consolidarem o maior controle sobre o processo decisório na fábrica quanto para incentivar a produtividade.

Quando os controles numéricos começaram a ser introduzidos, um mecânico da fábrica da Boeing, em Seattle, expressou a raiva e a frustração de muitos trabalhadores semiqualificados e qualificados, cuja experiência estava sendo transferida para uma fita magnética: "Senti-me tão sufocado... meu cérebro já não era mais necessário. Você fica lá sentado como um boneco, com o olhar fixo naquela coisa (uma fresadora de quatro eixos N/C). Eu estava acostumado a controlar, fazer meu próprio planejamento. Agora, sinto-me como se alguém tivesse tomado todas as decisões por mim"[3].

Sem dúvida, é verdade que a reengenharia e as novas tecnologias da informação permitem que as empresas eliminem diversos níveis de gerência e coloquem mais controle nas mãos de equipes de trabalho no ponto da produção. Em última análise, a intenção é aumentar o controle sobre a produção. Mesmo o esforço de solicitar idéias aos trabalhadores sobre como melhorar o desempenho tem a finalidade de aumentar tanto o ritmo quanto a produtividade da fábrica ou do escritório e explorar de forma mais completa o potencial dos empregados. Alguns críticos, como o cientista social alemão Knuth Dohse, argumentam que a produção enxuta japonesa "é simplesmente a prática de princípios organizacionais do Fordismo, sob condições em que as prerrogativas gerenciais são amplamente ilimitadas"[4].

Uma grande quantidade de estatísticas colhidas ao longo dos últimos 5 anos questiona seriamente os méritos de muitas das "novas" técnicas gerenciais sendo introduzidas em fábricas e escritórios em todo o mundo. Nas fábricas japonesas, por exemplo, onde a jornada de trabalho anual é de 200 a 500 horas mais longa do que nos Estados Unidos, o ritmo na linha de montagem é tão acelerado e estressante, que a maioria dos trabalhadores sente uma fadiga significativa. Segundo um levantamento feito em 1986 pela

All Toyota Union, mais de 124 mil dos 200 mil trabalhadores da empresa sofriam de fadiga crônica.[5]

Deve ser salientado que os princípios da gerência científica há muito já são conhecidos no Japão. Os fabricantes de automóveis japoneses começaram a usá-los intensamente no final da década de 40. Em meados da década de 50, as empresas japonesas haviam criado uma forma híbrida de Taylorismo, ajustada exclusivamente às suas próprias realidades e metas de produção. Conforme mencionado no Capítulo 7, na produção pós-Fordismo, as equipes de trabalho compostas de funcionários em cargos administrativos e de produção participam das decisões de planejamento para melhorar a produtividade. Uma vez que um consenso é alcançado, no entanto, o plano de ação é automatizado no processo de produção e executado sistematicamente por todos na linha de montagem. Os trabalhadores também são encorajados a parar a linha de produção e tomar decisões imediatas referentes ao controle de qualidade, novamente com a finalidade de aumentar o ritmo e a previsibilidade das operações.

Ao contrário da gerência científica tradicional praticada nos Estados Unidos, que negava aos trabalhadores qualquer voz ativa sobre o modo de execução do trabalho, a gerência japonesa decidiu logo de início envolver seus trabalhadores, visando a explorar mais amplamente seu trabalho físico e mental, utilizando uma combinação de técnicas motivacionais e uma coação antiquada. Por um lado, os trabalhadores são encorajados a se identificar com a empresa, a pensar nela como seu lar e sua segurança. Como mencionado anteriormente, grande parte de sua vida fora do trabalho está envolvida com programas relacionados à empresa, incluindo círculos de qualidade, eventos sociais e viagens. As empresas tornam-se "instituições totais", dizem Kenney e Florida, "exercendo influência sobre muitos aspectos da vida social". Nesse sentido, "assemelham-se a outras formas de instituições totais, tais como ordens religiosas ou o exército"[6]. Por outro lado, em troca de sua lealdade, os trabalhadores têm a garantia de emprego vitalício. Geralmente, os trabalhadores japoneses permanecem na mesma empresa durante toda sua carreira.

A administração, muitas vezes, conta com suas equipes de trabalho para disciplinar seus membros. Comitês críticos de colegas pressionam constantemente trabalhadores mais obstinados ou lentos a desempenhar de acordo com seus pares. Como as equipes de trabalho não recebem ajuda extra para compensar as ausências de seus pares, os demais membros precisam trabalhar ainda mais arduamente para cumprir as metas. Como resultado, os empregados recebem uma enorme pressão de seus pares para que estejam no trabalho pontualmente. A administração japonesa é inflexível na questão do absenteísmo. Em muitas fábricas, todas as faltas, mesmo as justificadas por doença, são anotadas nas fichas dos funcionários. Na Toyota, se um funcionário faltar ao trabalho 5 dias durante o ano, está sujeito à demissão.[7]

Os autores Mike Parker e Jane Slaughter – que estudaram a joint-venture Toyota-GM, na Califórnia, para a fabricação do Toyota Corolla e do Chevrolet Nova – caracterizam as práticas de produção enxuta japonesa como "administração pelo estresse". A fábrica da Toyota-GM foi bem-sucedida em aumentar significativamente a produtividade, reduzindo o tempo necessário para montar o Nova, de 22 para 14 horas.[8] Conseguiram isso com a introdução de um display visual suspenso, chamado de placa Andon. Cada posto de um trabalhador é representado por uma caixa retangular. Se um trabalhador se atrasar ou precisar de ajuda, ele puxa uma corda e sua área retangular fica iluminada. Se a luz permanecer acesa por um minuto ou mais, a linha pára. Em uma fábrica tradicional, a meta desejada seria manter a luz apagada e a produção fluindo normalmente. Na gerência por estresse, no entanto, luzes de alerta apagadas sinalizam ineficiência. A idéia é apressar e pressionar continuamente o sistema para descobrir onde estão os pontos fracos, para que os novos esquemas e procedimentos possam ser implementados, aumentando o ritmo e o desempenho.

Segundo Parker e Slaughter, "pode-se estressar o sistema aumentando a velocidade da linha, reduzindo o número de pessoas ou máquinas, ou dando mais tarefas aos trabalhadores. De forma similar, a linha pode ser 'equilibrada' com a diminuição dos recursos ou com aumento da carga de trabalho nos pontos que funcionam sempre sem problemas. Uma vez corrigidos os problemas, o sistema pode ser novamente pressionado e, a seguir, balanceado... A idéia é que o sistema funcione com todos os postos oscilando entre luzes acesas e luzes apagadas."[9]

Parker e Slaughter acreditam que o conceito de equipe de produção enxuta está tão distante de práticas gerenciais esclarecidas quanto é possível conceber e, da perspectiva do trabalhador, é apenas um modo novo e mais sofisticado de explorá-los. Embora os autores reconheçam a participação limitada dos trabalhadores no planejamento e na solução de problemas, eles dizem que serve apenas para torná-los cúmplices voluntários de sua própria exploração. Sob a gerência por estresse, quando os trabalhadores conseguem identificar pontos fracos na linha de produção e fazer recomendações ou adotar ações corretivas, a administração simplesmente aumenta o ritmo da produção e pressiona ainda mais o sistema. A chave é localizar continuamente pontos fracos, em um processo interminável de aperfeiçoamento constante, ou *kaizen*. O efeito desse método draconiano de gerência sobre os trabalhadores é devastador: "À medida que a linha de produção torna-se mais rápida e todo o sistema é pressionado, fica cada vez mais difícil acompanhar o ritmo. Como as tarefas foram tão cuidadosamente distribuídas, refinadas e redistribuídas, a gerência presume que qualquer deslize seja culpa do trabalhador. Os carrilhões e luzes da placa Andon imediatamente identificam a pessoa que não está acompanhando o ritmo."[10]

O ritmo de produção nas fábricas japonesas geralmente resulta em um número maior de acidentes. A Mazda registrou três vezes mais acidentes por cem funcionários do que nas fábricas da General Motors, Chrysler e Ford.[11]

O estresse dos empregados sob as práticas de produção enxuta atingiu proporções quase epidêmicas no Japão. O problema tornou-se tão grave que o governo japonês até mesmo cunhou um termo, *karoshi,* para explicar a patologia da nova doença relacionada à produção. Um porta-voz do Instituto Nacional de Saúde Pública do Japão define *karoshi* como uma "condição pela qual práticas de trabalho psicologicamente maléficas são toleradas de tal forma que interrompem o trabalho normal e o ritmo de vida do trabalhador, levando a um acúmulo de fadiga no corpo e a uma condição crônica de excesso de trabalho, acompanhados do agravamento da hipertensão pré-existente e resultando, finalmente, em um esgotamento fatal"[12].

Karoshi está se tornando um fenômeno mundial. A introdução da tecnologia computadorizada acelerou significativamente o ritmo e o fluxo de atividade no local de trabalho, forçando milhões de trabalhadores a se adaptarem à cultura do nanossegundo.

Biorritmo e *Burnout*[13]

A espécie humana, como todas as outras espécies, é formada por uma infinidade de relógios biológicos que têm sido agregados, pelo longo período da evolução, aos ritmos e à rotação da Terra: nossas funções e processos físicos são regulados pelas forças maiores da natureza – o dia circadiano, os ciclos lunares e sazonais. Até a Moderna Era Industrial, os ritmos do corpo e os ritmos econômicos eram amplamente compatíveis. A produção artesanal era condicionada à velocidade da mão humana e do corpo e limitada pela energia que podia ser gerada com o aproveitamento dos animais, do vento e da água. A introdução da energia a vapor e, mais tarde, da elétrica, aumentou muito o ritmo do processo de transformação e de produção de bens e serviços, criando uma rede econômica cuja velocidade de operação estava cada vez mais em desigualdade com o ritmo biológico mais lento do corpo humano. A atual cultura do computador opera em uma medida de tempo de nanossegundo – uma unidade de duração tão minúscula que nem mesmo pode ser experimentada pelos sentidos humanos. Em um estalar de dedos, mais de 500 milhões de nanossegundos se passaram. O autor Geoff Simons traça uma analogia que capta a impressionante velocidade do tempo do computador: "Imagine... dois computadores conversando entre si. Um ser humano pede aos dois que contem sobre o que conversam e, no tempo que ele leva para fazer a pergunta, os computadores já trocaram mais palavras entre si do que a soma total de todas as palavras trocadas por seres humanos desde que o primeiro *Homo Sapiens* surgiu na Terra há dois ou três milhões de anos"[14].

Na Era Industrial, os trabalhadores ficaram tão emaranhados nos ritmos da maquinaria mecânica, que freqüentemente descreviam sua própria fadiga em termos de máquina – queixando-se de estarem "desgastados" ou passando por um "esgotamento"[15]. Agora, um número crescente de trabalhadores está se tornando tão integrado aos ritmos da nova cultura do computador, que, quando se sentem estressados, sentem "sobrecarga" e, quando se sentem incapazes de enfrentar a situação, eles " apagam" e "dão uma parada" – eufemismos que refletem a proximidade com que os trabalhadores se identificam com o ritmo imposto pela tecnologia do computador.

O psicólogo Craig Brod, que escreveu extensamente sobre estresse provocado pela cultura do computador, diz que o ritmo cada vez mais acelerado do trabalho apenas aumentou a impaciência dos trabalhadores, resultando em níveis sem precedentes de estresse. Em situações no escritório, funcionários administrativos ou de serviços acostumaram-se a "interfacear" com os computadores e a "acessar" informação à velocidade da luz. Em contraste, formas mais lentas de interação humana tornam-se cada vez mais intoleráveis e uma fonte de estresse crescente. Brod cita o exemplo de um trabalhador de escritório que "perde a paciência com interlocutores ao telefone que não vão direto ao assunto"[16]. Até o próprio computador está se tornando uma fonte de estresse, à medida que usuários impacientes exigem respostas cada vez mais rápidas. Um estudo concluiu que o tempo de resposta de um computador de mais de 1,5 segundo poderia provocar impaciência e estresse no seu usuário.

O monitoramento por computador do desempenho do funcionário também está causando altos níveis de estresse. Brod conta a experiência de uma paciente, Alice, caixa em um supermercado. Quando o patrão de Alice instalou as registradoras eletrônicas, embutidas na máquina operada por computador, havia um contador que "transmitia para um terminal central quantos itens cada caixa registrara naquele dia". Alice, então, não se permitia mais o tempo para conversar com clientes, porque isso reduzia o número de itens que ela podia passar pelo escaneador eletrônico, o que ameaçava seu emprego.[17]

Uma empresa de reparos no Kansas mantém um computador para registrar o número de chamadas que seus funcionários processam e a quantidade de informação colhida a cada chamada. Um funcionário estressado explica que "se você receber uma chamada de uma pessoa amistosa que queira conversar, você precisa 'cortar' o interlocutor, porque isso contaria pontos a menos contra você. Isso torna o meu trabalho desagradável"[18].

Segundo um relatório de 1987, publicado pelo Departamento de Avaliação Tecnológica, intitulado *The Electronic Supervisor* (O Supervisor Eletrônico), entre 20% e 35% de todos os trabalhadores administrativos nos Estados Unidos agora são monitorados por sofisticados sistemas de computador. O relatório do Departamento alerta para a ameaça de um futuro "Orwelliano" de *sweat shops*[19] eletrônicos, com funcionários executando "trabalho maçante, repetitivo e em ritmo acelerado, que requer alerta constante e atenção aos detalhes, em que o supervisor nem mesmo é humano, mas, sim, um vigilante capataz computadorizado"[20].

O fator crítico na produtividade passou da resposta física à mental e da força muscular para a cerebral. As empresas estão continuamente fazendo experiências com novos métodos para otimizar a "interface" entre empregados e seus computadores. Por exemplo, em um esforço de acelerar o processamento da informação, algumas unidades de exibição visual já estão sendo programadas de tal forma que, caso o operador não responda aos dados na tela em 17 segundos, eles desaparecem. Os pesquisadores relatam que o estresse dos operadores aumenta quando se aproxima o momento de a imagem desaparecer da tela. "A partir do décimo primeiro segundo eles começam a transpirar e depois os batimentos cardíacos aumentam. Conseqüentemente, todos experimentam uma enorme fadiga"[21].

Mesmo mudanças pequenas e sutis na rotina do escritório aumentaram o nível de estresse dos trabalhadores. Brod lembra a experiência de Karen, uma datilógrafa. Antes da transição das máquinas de escrever para os processadores de texto, Karen aproveitava a tarefa física de remover o papel da máquina para lembrar-se de fazer um pequeno descanso. Agora, sentada em frente do terminal do computador, Karen processa um fluxo interminável de informação. Nunca existe um ponto natural para sinalizar um fim ou interrupção. Segundo Brod, Karen "já não se permite conversar com as outras secretárias da equipe do escritório", porque elas também estão grudadas às suas telas, processando seu próprio fluxo incessante de informação. "Ao final da manhã", diz Brod, "ela está exausta e se pergunta onde encontrará forças para chegar ao final do expediente"[22].

As novas tecnologias baseadas no computador aceleram tanto o volume, o fluxo e o ritmo da informação que milhões de trabalhadores estão passando por "sobrecarga" mental e "fundindo-se". O cansaço físico gerado pelo ritmo acelerado da antiga economia industrial está sendo superado pela fadiga mental gerada pelo ritmo do nanossegundo da nova economia da informação. Segundo um estudo realizado nos Estados Unidos pelo Instituto Nacional de Segurança e Saúde Ocupacional (NIOSH), trabalhadores administrativos que usam computadores sofrem de níveis excessivamente altos de estresse.[23]

A hipereficiente economia high-tech está minando o bem-estar mental e físico de milhões de trabalhadores em todo o mundo. A Organização Internacional do Trabalho diz que "o estresse tornou-se um dos problemas de saúde mais sérios do século XX"[24]. Só nos Estados Unidos, o estresse ocupacional custa às empresas mais de US$ 200 bilhões por ano em absenteísmo, produtividade reduzida, despesas médicas e processos de indenização. No Reino Unido, o estresse ocupacional custa até 10% do Produto Interno Bruto. Segundo um relatório da Organização Internacional do Trabalho, publicado em 1993, o aumento dos níveis de estresse é o resultado do ritmo acelerado imposto pela nova maquinaria automatizada, tanto na fábrica quanto nos escritórios. Especialmente preocupante, dizia o relatório, é a supervisão dos funcionários pelos computadores. A agência da ONU cita um estudo realizado pela Universidade de Wisconsin que descobriu que "trabalhadores monitorados eletronicamente eram 10% a 15% mais propensos a sofrer depressão, tensão e ansiedade extrema"[25].

Altos níveis de estresse levam freqüentemente a problemas de saúde, inclusive úlceras, hipertensão, infartos e derrames. O aumento do estresse também leva ao abuso do álcool e de drogas. A Metropolitan Life Insurance Company estimou que, em média, um milhão de trabalhadores faltaram ao trabalho alguma vez, como resultado de desordens relacionadas ao estresse. Outro estudo realizado pela Nacional Life Insurance Company concluiu que 14% dos trabalhadores pesquisados haviam pedido demissão ou mudado de emprego nos últimos 2 anos, como conseqüência de estresse no trabalho. Em pesquisas recentes, mais de 75% dos trabalhadores americanos "descrevem seus empregos como estressantes e acreditam que a pressão está aumentando continuamente"[26].

Mais de 14 mil trabalhadores morrem em acidentes de trabalho a cada ano e outros 2,2 milhões ficam incapacitados para o trabalho. Embora a causa ostensiva dos acidentes possa variar desde equipamento defeituoso até o ritmo de produção, os investigadores dizem que, na maioria das vezes, o estresse é o gatilho que dispara os erros. Diz um investigador da Organização Internacional do Trabalho que, "de todos os fatores pessoais relacionados à causa de acidentes, apenas um surgiu como denominador comum, um alto nível de estresse no momento do acidente... Uma pessoa sob estresse é um acidente prestes a acontecer"[27].

Os níveis crescentes de estresse decorrentes do trabalho em ambientes automatizados de alta tecnologia estão surgindo nos pedidos de indenização. Em 1980, menos de 5% de todos os processos eram relacionados ao estresse. Em 1989, 15% já se relacionavam ao estresse.[28]

O Novo Exército de Reserva

Embora as condições de trabalho em instalações reestruturadas e automatizadas estejam aumentando o estresse e comprometendo a saúde dos trabalhadores, a mudança na natureza do trabalho também está contribuindo para sua insegurança econômica. Muitos trabalhadores já não conseguem encontrar empregos de período integral e estabilidade em longo prazo.

Em fevereiro de 1993, o BankAmerica Corporation – então o segundo maior banco dos Estados Unidos – anunciou que estava passando 1.200 cargos de período integral para cargos de meio período. O banco estimava que menos de 19% de seus funcionários seriam trabalhadores em período integral em um futuro próximo. Aproximadamente 6 de cada 10 funcionários do BankAmerica acabariam trabalhando menos de 20 horas semanais, e não receberiam benefícios. A empresa, que registrou lucros recordes nos anos de 1992 e 1993, disse que as decisões de transformar mais cargos em trabalho de meio período foram tomadas para tornar a empresa mais flexível e reduzir custos indiretos.[29]

O BankAmerica não estava sozinho. Em todos os Estados Unidos, corporações americanas estavam criando um sistema de emprego de duas camadas, composto de um "núcleo" de funcionários fixos em regime de período integral, aumentado por um *pool* periférico de funcionários em meio período, ou trabalhadores contingenciais. Nas instalações de distribuição da Nike, em Memphis, 120 funcionários permanentes, cada um ganhando mais de US$ 13 por hora, entre salário e benefícios, trabalhavam lado a lado com 60 a 255 trabalhadores temporários. Os temporários eram fornecidos pela Norrell Services, então uma das maiores empresas norte-americanas de serviços temporários. A agência recebia US$ 8,50 por hora para cada funcionário – US$ 2 iam para a Norrel, deixando a cada funcionário US$ 6,50 por hora, a metade da remuneração dos funcionários fixos da Nike. A grande diferença de salário existia, apesar de os empregados fixos "executarem o mesmo trabalho que os temporários"[30].

Na década de 90, agências de empregados temporários como a Norrell forneciam às empresas americanas 1,5 milhão de empregados. A Manpower, então a maior agência de empregos temporários dos Estados Unidos, era o maior empregador individual desse país, com 560 mil funcionários. Em

1993, mais de 34 milhões de americanos foram trabalhadores "contingenciais" – trabalhando como temporários em meio período, ou por tarefa, ou como *freelancers*.[31]

Entre 1979 e 1994 anos, disse Mitchell Fromstein, da Manpower, "houve um maior crescimento de trabalho contingencial... do que na força de trabalho permanente"[32]. Entre 1982 e 1990, o emprego de temporários cresceu dez vezes mais do que o emprego global. Em 1992, os empregos temporários corresponderam a 2 entre cada 3 novos empregos no setor privado. Trabalhadores temporários, por contrato e em meio período, constituíam mais de 25% da força de trabalho nos Estados Unidos.[33] Previa-se que esses números aumentariam dramaticamente até o final da década de 90. Richard Belous, então vice-presidente e economista chefe da Associação Nacional de Planejamento, previa que mais de 35% da força de trabalho americana seria de trabalhadores contingenciais até o ano 2000.[34] O movimento pelo trabalho contingencial é parte de uma estratégia de longo prazo das empresas para reduzir salários e evitar os altos custos de benefícios, tais como assistência médica, aposentadorias, licenças médicas pagas e férias. Ao todo, os encargos trabalhistas correspondem a quase 45% do total pago pelo tempo trabalhado por empregados fixos em período integral.[35] Belous comparava o trabalho contingencial a uma apresentação teatral única e alertava: "não é assim que você constrói um relacionamento duradouro". Ele se preocupava com o fato de que o trabalho contingencial pudesse "diminuir a lealdade do empregado" no futuro, com conseqüências potencialmente sérias para a comunidade empresarial.[36]

Enfrentando uma economia altamente competitiva e volátil, muitas empresas norte-americanas há alguns anos vêm reduzindo seu núcleo de trabalhadores fixos e contratando temporários, para terem a agilidade de aumentar ou diminuir o número de trabalhadores rapidamente, em resposta às variações sazonais, até mesmo mensais ou semanais do mercado. Nancy Hutchens, consultora em recursos humanos, traça uma analogia entre a nova força de trabalho contingente que surgiu na década de 90 e a revolução do estoque *just-in-time*, que tomou a comunidade empresarial na década de 80. "A revolução dos anos 90", diz Hutchens, "é no sentido do emprego *just-in-time* – as empresas utilizarão as pessoas somente quando precisarem delas." "As implicações são assustadoras", diz Hutchens, que alerta que o país ainda "não compreendeu bem o impacto que o emprego *just-in-time* terá sobre o bem-estar econômico e a segurança emocional da força de trabalho"[37].

Trabalhadores temporários de meio período ganham em média entre 20% e 40% a menos do que trabalhadores fixos fazendo o mesmo trabalho.[38] Segundo o Departamento do Trabalho, em 1987, os trabalhadores de meio período ganharam em média US$ 4,42 por hora, contra US$ 7,43 por hora que ganhavam os trabalhadores em período integral. Enquanto 88% dos trabalhadores em período integral recebiam cobertura de seguro saúde por meio de seus empregadores, menos de 25% da força de trabalho temporária estava coberta pelas agências de temporários ou pelas empresas para as quais eram enviados. Da mesma forma, enquanto 48,5% dos trabalhadores em período integral estavam cobertos por planos de aposentadoria, apenas 16,3% dos trabalhadores de meio período recebiam esses benefícios.[39]

As empresas também vêm reduzindo os encargos trabalhistas, com a contratação de fornecedores externos de bens e serviços, tradicionalmente administrados internamente. A terceirização permite que as empresas ignorem os sindicatos. Muitos dos fornecedores são empresas menores que pagam baixos salários e proporcionam poucos benefícios aos trabalhadores. A terceirização tornou-se uma característica permanente na economia japonesa e foi ficando cada vez mais popular nos Estados Unidos e na Europa. No setor da informação, previa-se que o mercado de serviços terceirizados atingiria US$ 12,2 bilhões em 1992 e deveria ultrapassar os US$ 30 bilhões até 1997.[40] A Chrysler adquiria mais de 70% do valor de seus produtos finais de fornecedores externos. Segundo um estudo realizado pela Paine Webber, na década de 90, mais de 18% da força de trabalho da indústria siderúrgica era composta por empregados trabalhando para subcontratadas.[41] Um caso típico era o de um montador de tubos empregado pela U.S. Steel nas instalações de Gary. Ele ganhava US$ 13 por hora, sem benefícios. Seu novo cargo consistia em fazer peças para seu antigo empregador.[42]

Embora a percepção do público com relação ao trabalhador temporário ainda esteja relacionada a recepcionistas, secretárias e outras funções administrativas tipicamente femininas, a realidade é que os temporários vêm sendo usados como substitutos para trabalhadores permanentes em virtualmente cada indústria e cada setor. Em 1993, as agências forneceram mais de 348 mil empregados temporários por dia às empresas fabricantes dos Estados Unidos – contra 224.000 em 1992.[43]

O emprego profissional também está se tornando temporário. O *Executive Recruiter News* relatou, nos anos 90, que mais de 125 mil profissionais trabalhavam diariamente como temporários nos Estados Unidos. "Os profissionais são o grupo de trabalhadores que mais rapidamente cresce", disse David Hofrichter, diretor administrativo da filial de Chicago do Hay Group, empresa de consultoria de cargos e salários. Segundo a dra. Adela Oliver, então presidente da Oliver Human Resources Consultants, "muitas empresas estão eliminando departamentos inteiros, porque sabem que podem obter rapidamente especialistas em diferentes áreas na base de contrato"[44].

Dick Ferrington, especialista em treinamento de pessoal, é um exemplo típico do profissional temporário. Em 1994, então com 48 anos de idade, Ferrington trabalhava como temporário há 7 anos, ganhando quase US$ 100 mil por ano, sem benefícios. Ele estava trabalhando como vice-presidente interino de recursos humanos na Scios Nova, empresa de biotecnologia do Vale do Silício. Seu contrato era por seis meses. Entre um e outro emprego temporário, Ferrington procurava novos contratos temporários de sua residência, equipada com computador, modem e fax.[45]

Nem todos os profissionais têm a mesma sorte de Ferrington em conseguir trabalho temporário por um alto salário. Muitos enfrentam o tipo de dificuldade por que passou Arthur Sultan, antigo executivo financeiro na Xerox, que ganhava US$ 200 mil por ano. Sultan foi demitido quando sua divisão foi fechada. Após procurar trabalho fixo por mais de 2 anos, Sultan aceitou serviços temporários, apenas para pagar a hipoteca da casa e manter algum tipo de rendimento. Não conseguindo encontrar emprego em seu campo de atuação, Sultan viu-se forçado a aceitar três empregos de meio período, trabalhando uma semana de 80 horas como motorista, vendedor de câmeras na loja de departamentos Calder e como gerente de crédito para a Pepperidge Farm. Nos últimos nove meses, Sultan tem trabalhado para a Federal Deposit Insurance Corporation, como analista financeiro temporário, ganhando US$ 21 por hora. Embora goste de seu novo emprego, ele vive preocupado se terá um emprego ao qual comparecer no dia seguinte. "É pior do que estar desempregado", diz Sultan, "Você nem pode fazer planos para o futuro"[46].

Mesmo os cientistas, que em virtude de sua especialização são considerados imunes à insegurança do emprego na economia do conhecimento high-tech, estão sendo reduzidos ao trabalho temporário. A On Assignment Inc., agência de temporários especializada em fornecer cientistas a empresas que vão desde a Johnson & Johnson à Miller Brewing Company, tem mais de 1.100 químicos, microbiologistas e técnicos de laboratórios a postos para serem alugados em todos os Estados Unidos. A Frito Lay chegou a solicitar um técnico treinado para testar uma "tortilha chip" e, em 48 horas, recebeu um de seus técnicos especializados – deixando de gastar o custo de contratação de um empregado permanente em período integral para o serviço.[47]

O governo federal norte-americano começou a seguir o exemplo do setor privado, substituindo cada vez mais funcionários públicos por temporários, para economizar nos custos indiretos e operacionais. Em 1994, quase 157 mil funcionários do governo, ou 7,2% da sua força de trabalho, eram temporários. O Departamento de Defesa, o Departamento da Agricultura e o Departamento do Interior empregavam cada um aproximadamente 50 mil trabalhadores temporários. Muitas agências demitiam seus temporários pouco antes de completarem um ano de serviço e depois os contratavam novamente, disse Robert Keener, então presidente da Federação Nacional de Funcionários Federais, para evitar o pagamento dos benefícios do seguro saúde e da aposentadoria que automaticamente entram em vigor após um ano de serviço. O tratamento inferior dado aos temporários pelos órgãos federais levou o diretor do Escritório de Administração de Pessoal a alertar um subcomitê da Câmara dos Representantes para o fato de que o serviço público federal está sendo transformado em um "sweat shop".[48]

Trabalhadores temporários e terceirizados constituem a maior parte da força de trabalho contingencial – milhões de americanos cujo trabalho pode ser usado e descartado sem aviso prévio e a uma fração do custo de manter uma força de trabalho permanente. Sua própria existência age como redutor dos salários dos trabalhadores fixos. Cada vez mais os empregadores estão usando a ameaça da contratação temporária e a terceirização para negociar concessões de benefícios e salários com os sindicatos – uma tendência que deve se acentuar nos próximos anos. Não é de estranhar que em um estudo realizado em 1986, Bluestone e Harrison, juntamente com Chris Tilly, do Instituto de Planejamento de Política da Universidade de Massachusetts, tenham descoberto que 42% do crescimento na desigualdade de salários eram diretamente atribuíveis à decisão das empresas de criar dois níveis de força de trabalho, um de trabalhadores "núcleo", bem remunerados, e outro de trabalhadores contingenciais, mal remunerados.[49] "Trabalhar como temporário não nos proporciona uma vida das melhores", diz um temporário em uma fábrica de automóveis. "Eles nos consideram descartáveis."[50]

Salários achatados, ritmo frenético no ambiente de trabalho, rápido crescimento do trabalho contingencial de meio período, maior desemprego tecnológico, crescente disparidade de renda entre ricos e pobres e o dramático encolhimento da classe média vêm impondo um estresse sem precedentes sobre a força de trabalho americana. O otimismo tradicional, que motivou gerações de imigrantes a trabalhar arduamente, na crença de que poderiam melhorar sua situação e as perspectivas para seus filhos, foi despedaçado. Em seu lugar ficou um ceticismo crescente quanto ao poder corporativo e uma desconfiança crescente sobre homens e mulheres que exercem um controle praticamente total sobre o mercado global. A maioria dos americanos sente-se encurralada pelas novas práticas de produção enxuta e pelas sofisticadas novas tecnologias de automação, não sabendo se ou quando o movimento da reengenharia atingirá seu próprio escritório ou seu local de trabalho, arrancando-os do que pensavam ser um emprego seguro e arremessando-os no exército de reserva de trabalhadores contingenciais, ou, pior, às filas dos desempregados.

Uma Morte Lenta

O profundo impacto psicológico das mudanças radicais nas condições e na natureza do trabalho sobre o trabalhador americano está sendo visto com preocupação pelos observadores do setor. Os norte-americanos, talvez mais do que qualquer outro povo no mundo, definem-se a si próprios em termos de seu trabalho. Desde a infância, eles são constantemente perguntados sobre o que gostariam de ser quando adultos. O conceito de ser um cidadão "produtivo" está tão arraigado no caráter da nação, que quando subitamente se é recusado em um emprego, a auto-estima certamente afundará. O emprego é muito mais do que uma medida de renda: para muitos é a medida essencial de automerecimento. Estar desempregado é sentir-se improdutivo e cada vez mais imprestável.

A preocupação com o constante crescimento do deslocamento tecnológico de longo prazo despertou o interesse de psicólogos e sociólogos para os problemas de saúde mental dos desempregados. Uma série de estudos acompanhados no transcorrer da década de 80 descobriu uma clara correlação entre o crescente desemprego tecnológico e maiores níveis de depressão e morbidez psicótica.[51]

O dr. Thomas T. Cottle, psicólogo clínico e sociólogo filiado à Escola de Psicologia Profissional de Massachusetts, atende a desempregados "inveterados" há mais de 15 anos. Os desempregados "inveterados" são o que o governo define como "trabalhadores desmotivados", homens e mulheres que ficaram desempregados por seis meses ou mais e que se sentem muito desmoralizados para continuar procurando emprego. Um número crescente deles vem de grupos de demitidos em função dos avanços tecnológicos – homens e mulheres cujos cargos foram eliminados pelas novas tecnologias de economia de mão-de-obra e de ambientes de trabalho reestruturados.

Cottle tem observado que os desempregados "inveterados" têm sintomas de patologias similares aos de pacientes terminais. Em suas mentes, o trabalho produtivo está tão fortemente relacionado com estar vivo que, quando lhes é tirado o emprego, eles manifestam todos os sinais clássicos de quem está à morte. Cottle lembra os sentimentos de um dos trabalhadores que entrevistou, um homem de 47 anos de idade, George Wilkinson, que fora gerente em uma pequena empresa de ferramentas. Ele disse a Cottle: "Só existem dois mundos: ou você trabalha diariamente em um emprego das 9 às 17 horas, com duas semanas de férias, ou você está morto! Não existe meio-termo... Trabalhar é respirar. É uma coisa sobre a qual não se pensa: a gente simplesmente o faz e é o que o mantém vivo. Quando você pára, você morre"[52]. Cottle conta que um ano após fazer esses comentários, Wilkinson suicidou-se com um tiro.

Em seu estudo sobre os desempregados "inveterados", Cottle descobriu uma progressão comum de sintomas. No primeiro estágio do desemprego, os homens que entrevistara externavam sua raiva e sua frustração contra ex-colegas e empregadores. Em alguns lugares dos Estados Unidos, o local de trabalho tornou-se uma virtual zona de guerra, com empregados demitidos atirando em seus colegas e em empregadores com freqüência crescente. Nos anos 90, o homicídio era a terceira maior causa de mortes no ambiente de trabalho. Em 1992, relatórios do Instituto Nacional de Segurança Ocupacional e Saúde apontaram que houve 111 mil incidentes de violência no trabalho, incluindo 750 tiros fatais. O assassinato de empregadores quase triplicou de 1989 a 1994, e a violência no local de trabalho era a categoria de violência que crescia mais rapidamente.[53]

Segundo um estudo preparado pelo Instituto Nacional de Segurança no Trabalho, em Chicago, a violência contra empregados geralmente é desencadeada por demissões e reestruturações. Robert Earl Mack foi demitido de seu emprego na General Dynamics Convair, em San Diego, após 25 anos na empresa. Em uma audiência de reintegração, ele sacou uma arma calibre 38 e atirou em seu ex-supervisor e no negociador do sindicato. Quando interrogado por que havia feito aquilo, Mack respondeu: "Foi o único emprego que já tive... como puderam tirar tudo de mim?"[54]

Preocupadas com a crescente onda de violência no ambiente de trabalho, algumas empresas estão formando "equipes de administração de ameaças", para identificar fontes de violência potenciais e organizar ações preventivas apropriadas para evitar tiroteios e bombas. "Equipes de resposta rápida" também estão sendo formadas para intervir durante um ataque e frustrar o agressor. "Equipes de trauma" também têm sido montadas para notificar os familiares após um homicídio, preparar as testemunhas e aconselhar os trabalhadores que sofrem de síndrome pós-traumática.[55]

Cottle diz que depois de estarem desempregados por um ano aproximadamente, os trabalhadores, em sua maioria, começam a direcionar sua raiva contra si próprios. Receosos de jamais trabalharem novamente, começam a culpar-se pela situação. Experimentam um enorme sentimento de vergonha e inutilidade, agravado pela perda de vitalidade. Em lugar de raiva, sentem-se deprimidos e resignados. Muitos abandonam suas famílias, diz Cottle. "Com sua masculinidade e sua força exauridas, sentem-se envergonhados, infantis, como se merecessem ser as pessoas invisíveis e reclusas em que efetivamente se transformaram"[56].

A morte psicológica muitas vezes é seguida de morte efetiva. Incapazes de administrar sua situação e sentindo-se um peso para a família, para os amigos e para a sociedade, muitos acabam cometendo o suicídio. Cottle lembra-se de um dos desempregados que atendeu. Seu nome era Alfred

Syre. Uma noite de janeiro, sua esposa ligou "histérica e gritando". Syre, que jamais havia tido um acidente de carro, havia jogado seu carro contra uma barragem, morrendo na hora. Syre e Wilkinson estão entre um número crescente de desempregados "inveterados", que perderam toda a esperança e escolheram o suicídio como rota de escape.

    A morte da força de trabalho global está sendo interiorizada por milhões de trabalhadores que experimentam sua própria morte individual, diariamente, nas mãos de empregadores que visam exclusivamente ao lucro e de um governo desinteressado. São aqueles que esperam o bilhete azul, e então são forçados a trabalhar meio período com salário reduzido, ou ser empurrados para as filas do auxílio desemprego. A cada nova indignidade, sua confiança e sua auto-estima sofrem mais um golpe. Tornam-se descartáveis, depois irrelevantes e, finalmente, invisíveis no novo mundo high-tech do comércio global.

CAPÍTULO 13

O Destino das Nações

Os efeitos desestabilizadores da Terceira Revolução Industrial vêm sendo sentidos há anos em todo o mundo. Em cada economia avançada, novas tecnologias e práticas de gerenciamento estão deslocando trabalhadores, criando um exército de trabalhadores contingenciais, aumentando a lacuna entre possuidores e não possuidores e criando novos e perigosos níveis de estresse. Já nos anos 90, nos países da Organização de Cooperação Econômica e Desenvolvimento (OECD), 35 milhões de pessoas estavam desempregadas e outros 15 milhões "desistiram de procurar trabalho ou, contra sua vontade, aceitaram emprego de meio período"[1]. Na América Latina, o desemprego urbano era superior a 8%. A Índia e o Paquistão estavam sofrendo um desemprego de mais de 15%. Apenas alguns países do Leste Asiático exibiam índices de desemprego abaixo de 3%.[2]

No Japão, onde o termo "desemprego" mal chegava a ser pronunciado, a ferrenha concorrência global passou a forçar empresas a enxugar suas operações, lançando trabalhadores nas filas do desemprego pela primeira vez na história recente. Embora o Japão alegasse ter uma taxa de desemprego de apenas 2,5%, alguns analistas ressaltavam que, se o alto número de trabalhadores desempregados desmotivados e de desempregados não registrados fosse acrescentado aos totais, o número podia chegar a 7,5%.[3] Em setembro de 1993, o *Wall Street Journal* noticiou que "o medo está se espalhando (no Japão) de que as maiores corporações serão forçadas a demitir trabalhadores em breve – talvez em larga escala"[4]. Vagas para cargos na indústria caíram 26%, e alguns economistas japoneses então previam dois candidatos para cada vaga nos próximos anos. Koyo Koide, na época economista sênior no

Industrial Bank of Japan, disse que "a pressão potencial do ajuste da mão-de-obra (no Japão) é a maior desde a Segunda Guerra Mundial"[5].

As perspectivas de emprego vinham diminuindo em virtualmente cada setor da economia japonesa. Megumu Aoyana, gerente de colocação na Universidade Toyo, em Tóquio, reclamava que o recrutamento de recém-formados pelas empresas estava tão baixo quanto no período pós-guerra. Vagas para cargos de gerência média em indústrias diminuíam, e alguns analistas afirmavam que 860 mil cargos de gerência seriam eliminados na próxima onda de reengenharia corporativa. No passado, diz Aoyana, tinha-se como certo que os cargos eliminados no setor industrial seriam absorvidos pelo setor de serviços. Mas, as ofertas no setor de serviços caíram 34%, a maior queda de qualquer setor. Aoyana acreditava que as gigantescas corporações do Japão "jamais contratarão novamente muitas pessoas"[6].

Em um artigo no *Harvard Business Review*, Shintaro Hori, diretor da empresa de consultoria Bain and Company Japan, alertava que as empresas japonesas provavelmente teriam de eliminar entre 15% e 20% de toda sua força de trabalho administrativa, para se igualarem às empresas americanas e permanecerem competitivas nos mercados mundiais. Os empregadores japoneses, enfrentando as realidades de uma economia global altamente competitiva, provavelmente sentiriam cada vez mais a pressão para reestruturarem suas operações nos próximos anos, demitindo milhões de trabalhadores.[7]

Enquanto aumentava a preocupação com o desemprego no Japão, o mesmo receio atingia proporções epidêmicas na Europa Ocidental, onde um em cada nove trabalhadores estava sem emprego.[8] Cada país da Europa Ocidental estava passando por crescente desemprego. O nível de desemprego na França estava em 11,5%. Na Inglaterra, atingia 10,4%.[9] Na Irlanda, estava acima de 17,5%. Na Itália, atingiu 11,1%. Na Bélgica, chegou a 11%. O desemprego na Dinamarca estava chegando a 11,3%. Na Espanha, antes entre os países de maior crescimento na Europa, um em cada cinco trabalhadores estava desempregado.[9]

Na Alemanha, o desemprego atingiu 4 milhões nos anos 90. Só na indústria automobilística, esperava-se que mais de 300 mil empregos seriam eliminados em um período próximo.[10] Comparando os números do desemprego de 1994 com aqueles da Alemanha no início da década de 1930, o ex-Chanceler Helmut Schmidt fez um comentário picante, afirmando que "mais pessoas estão desempregadas em Chemnitz, Leuna ou Frankfurt an der Oder, do que em 1933, quando o povo elegeu os nazistas". Schmidt alertou o povo alemão e a comunidade global para as conseqüências calamitosas à frente. "Se não pudermos superar esse problema", disse Schmidt, "precisaremos estar preparados para tudo"[11]. A situação além estava mandando ondas de choque por meio da economia européia. Os 80 milhões de cidadãos alemães constituíam 23% dos consumidores da Europa, e sua economia de US$ 1,8 trilhão correspondia a 26% do PIB da União Européia.[12]

Observadores do setor afirmavam que o número de desempregados na Europa aumentaria para 19 milhões até o final de 1994 e provavelmente continuaria crescendo até o final da década de 90. A Drake, Beam & Morin, empresa de consultoria, pesquisou mais de 400 empresas européias e relatou que 52% pretendiam cortar sua força de trabalho em 1995. Em uma pesquisa similar realizada nos Estados Unidos, a empresa de consultoria descobriu que 42% das empresas entrevistadas planejavam fazer cortes adicionais em sua força de trabalho em 1995. O então presidente da empresa, William J. Morin, alertava que "as pressões da concorrência global e as novas tecnologias estão... começando a atingir duramente a Europa"[13].

As Políticas High-tech na Europa

A questão do deslocamento tecnológico está rapidamente passando para o primeiro plano no debate político europeu. No início da década de 90, apenas um em cinco trabalhadores europeus estava empregado no setor industrial, contra um em quatro em 1960.[14] A perda de empregos no setor indústria deveu-se em grande parte à introdução das novas tecnologias economizadoras de trabalho e de tempo e à reestruturação das técnicas de produção, a exemplo de práticas já bem avançadas nos Estados Unidos e Japão.

A indústria de componentes automotivos na Europa ilustra bem essa tendência. Em 1994, o setor empregava mais de 940 mil trabalhadores nos países da Comunidade Européia. Segundo um relatório confidencial preparado para a Comunidade Européia, para que as empresas européias permanecessem competitivas e reconquistassem sua posição no mercado, elas precisariam aplicar a reengenharia às suas operações e demitir 400 mil trabalhadores em menos de 6 anos.[15]

Espera-se que as indústrias da Europa e de outros países da OECD (Organização de Cooperação Econômica e Desenvolvimento) continuem a demitir números crescentes de trabalhadores ao longo das próximas décadas, à medida que vão avançando inexoravelmente para a fábrica sem trabalhadores. Quaisquer esperanças que economistas e líderes políticos tivessem de que o setor de serviços pudesse proporcionar empregos para os desempregados, como fez no passado, estão se esvaecendo. Enquanto o setor de serviços nos países da OECD cresceu 2,3% ao ano, durante a década de 80, em 1991 o índice de crescimento caiu para menos de 1,5%. No Canadá, Suécia, Finlândia e Reino Unido, o setor de serviços efetivamente declinou em 1991. A Organização Internacional do Trabalho atribuiu a culpa por essa queda às mudanças estruturais que estavam ocorrendo no setor de serviços. No Relatório sobre O *Trabalho no Mundo*, de 1993, a Organização Mundial do Trabalho observa que "a maioria dos serviços, desde bancos até o varejo (com a possível exceção da assistência médica) estão atualmente se reestruturando em caminhos que o setor industrial adotou uma década atrás"[16].

Previa-se, na Europa, que o problema do desemprego provavelmente seria mais exacerbado pela queda no emprego público. Durante a década de 80, os empregos no setor público – totalizando 5 milhões – respondiam pela maioria do crescimento na União Européia.[17] Em 1994, com as nações européias reduzindo seus orçamentos, em um esforço para diminuir os déficits e as dívidas governamentais, a perspectiva dos governos contratarem trabalhadores demitidos dos setores industrial e de serviços e agirem como empregador de último recurso já não era mais viável politicamente. Ainda mais alarmante era o fato de que mais de 45,8% dos trabalhadores desempregados na Europa ficaram sem colocação por mais de um ano – um número impressionante, comparado aos Estados Unidos, onde apenas 6,3% ficava sem emprego por mais de 12 meses.[18]

As oportunidades de emprego que existiam estavam limitadas ao trabalho de meio período. Como nos Estados Unidos, as empresas européias estavam usando cada vez mais trabalhadores temporários para economizar encargos trabalhistas. O emprego *just-in-time* estava se tornando a norma em muitos países europeus. Os temporários estavam concentrados no setor de serviços, em que o fenômeno da reengenharia estava se espalhando rapidamente, questionando os tradicionais conceitos da estabilidade no emprego. Nos Países Baixos, 33% dos trabalhadores eram de meio período, e, na Noruega, mais de 20%. Na Espanha, um em cada três trabalhadores trabalhava em meio período no ano de 1994. No Reino Unido, quase 40% dos empregos eram de meio período.[19]

Tudo indicava que o emprego *just-in-time* desempenharia um papel maior e mais expandido na nova economia global high-tech do século XXI.[20] As empresas multinacionais, ansiosas por permanecerem móveis e flexíveis na concorrência global, vão passar cada vez mais da força de trabalho fixa para a contingencial, para poder reagir rapidamente às flutuações do mercado. O resultado será o aumento da produtividade e uma maior insegurança no emprego em cada país do mundo.

Na Europa, em particular, a maior dependência de um exército de reserva de trabalhadores contingenciais reflete a crescente preocupação, por parte das administrações das corporações, de que a dispendiosa rede social montada nos países da Comunidade Européia na era pós-guerra está tornando suas empresas menos competitivas na arena global. O trabalhador industrial médio alemão é muito mais bem remunerado do que o seu colega americano. Seu salário por hora custa a seus empregadores aproximadamente US$ 26,89, com 46% em benefícios. Os operários italianos ganham mais de US$ 21 por hora e a maior parte de sua remuneração vem na forma de benefícios. Um trabalhador americano custa ao seu empregador apenas US$ 15,89 por hora, e somente 28% é gasto com benefícios.[21]

Os europeus também desfrutam de férias maiores e trabalham menos horas. Em 1992, o trabalhador alemão médio trabalhou 1.519 horas no ano e recebeu 40 dias de férias pagas. Os funcionários públicos trabalharam em média 1.646 horas. Os trabalhadores americanos trabalhavam uma média de 1.857 horas por ano, enquanto os trabalhadores japoneses encabeçavam a lista, trabalhando mais de 2.007 horas em cada ano. Ao todo, a mão-de-obra européia é 50% mais cara do que a americana ou a japonesa.[22]

Os gastos públicos na Europa também são mais altos do que em qualquer outra região industrial do mundo. Grande parte disso vai para o financiamento de programas sociais para proteger e melhorar o bem-estar dos trabalhadores e de suas famílias. Os pagamentos da previdência social na Alemanha em 1990 representaram 25% do Produto Interno Bruto, contra apenas 15% nos Estados Unidos e 11% no Japão. Financiar benefícios sociais para os trabalhadores requer impostos maiores para as empresas. Em 1994, a carga tributária sobre as empresas na Alemanha ultrapassavam 60%, e, na França, era de quase 52%. Nos Estados Unidos, era de apenas 45%.[23] Somados todos os custos para a manutenção de uma rede social adequada – inclusive os custos dos impostos, da previdência social, de salário desemprego, de aposentadorias e de seguros médicos – chega-se aproximadamente a 41% do produto interno bruto na Europa, contra os 30% nos Estados Unidos e no Japão.[24]

Líderes empresariais introduziram um novo termo, "euro-esclerose", no diálogo público na tentativa de chamar a atenção para o que consideram programas sociais inflados e desnecessários. Em defesa de suas alegações, apontam para os Estados Unidos, onde a rede social foi desmontada durante os anos Reagan-Bush, como parte de uma campanha bem orquestrada para livrar as empresas de encargos trabalhistas desnecessários.[25]

Em agosto de 1993, o governo do ex-chanceler Helmut Kohl anunciou um corte de US$ 45,2 bilhões nos programas sociais, como parte de uma campanha de austeridade para moderar o crescente déficit federal.[26] Outros países seguiram o exemplo. Na França, o então governo conservador baixou medidas para reduzir significativamente os programas sociais, incluindo uma redução nos pagamentos das aposentadorias e dos reembolsos em despesas médicas. O governo francês da época também diminuiu o número de semanas em que um trabalhador desempregado pode receber auxílio desemprego. Comentando as mudanças, um alto funcionário do governo disse: "Não podemos ter pessoas trabalhando oito meses para receber 15 meses de benefício desemprego, como acontece atualmente". Nos Países Baixos, as condições que regiam os benefícios por invalidez foram reduzidas na esperança de economizar mais de US$ 2 bilhões anuais nos gastos públicos.[27] Alguns altos funcionários europeus, como o ex-comissário da União Européia, Padraig Flynn, recomendavam cautela no debate sobre a redução na rede social. Ele alertava que "mais empregos mal remunerados seriam criados... assim como mais empregos de meio período". Em ambos os casos, dizia Flynn, "a chave é ter um nível satisfatório de proteção social... para que você não esteja criando trabalhadores pobres e aumentando os níveis de pobreza"[28].

A redução da rede social, em uma época em que números crescentes de trabalhadores estavam sendo deslocados pelas novas tecnologias e pela reestruturação gerencial, aumentou as tensões em toda a Europa. Em março de 1994, dezenas de milhares de estudantes tomaram as ruas em cidades da França para protestar contra um decreto governamental reduzindo o salário mínimo para os jovens. Com um entre quatro jovens franceses já desempregado, o governo estava preocupado com o fato de que a crescente inquietação política pudesse levar à repetição do tipo de protestos violentos que abalaram a França em 1968, paralisando o governo. Na Itália, onde o desemprego entre os jovens atingiu 30%, e na Inglaterra, onde chegou a 17%, observadores políticos assistiram aos eventos que ocorreram na França com grande interesse, receosos de que seus países pudessem ser os próximos a ser atingidos pelos protestos dos jovens militantes.[29]

Ao estudar a difícil situação dos trabalhadores europeus, o pesquisador Heinz Werner disse que "é como a roda dos hamsters. Qualquer um que desça da roda terá dificuldade para subir nela outra vez". Estando fora, disse o especialista em trabalho Wilhelm Adamy, "o problema de cada pessoa desempregada se agravará", porque ela estará defrontando-se com uma rede social cada vez menor.[30] Em 1994, mais de 80 milhões de pessoas na Comunidade Européia já estavam vivendo na pobreza. Seu número deverá aumentar, talvez a proporções epidêmicas, à medida que cada vez mais trabalhadores forem sendo deslocados pelas novas tecnologias e colocados à deriva em um mar econômico com menos barcos salva-vidas para resgatá-los.[31]

Automatizando o Terceiro Mundo

A Terceira Revolução Industrial está se espalhando rapidamente pelo Terceiro Mundo. Há alguns anos, empresas globais começaram a construir fábricas sofisticadas e instalações de última tecnologia nos países do hemisfério sul. Na década de 70, disse Harley Shaiken, então professor de Trabalho e Tecnologia na Universidade da Califórnia, em Berkeley, "a produção altamente automatizada de investimento intensivo de capital parecia estar vinculada a economias industriais como a dos Estados Unidos; e os empregos que iam para fora do país eram de baixa tecnologia e baixa produtividade – tais como costurar blue jeans e montar brinquedos". Porém, diz Shaiken, "com os computadores, as telecomunicações e as novas formas de transporte barato, a produção altamente avançada tem sido transferida com êxito para países do Terceiro Mundo"[32].

Conforme mencionado anteriormente, o componente salário na conta total da produção continua a encolher proporcionalmente a outros custos. Assim sendo, a vantagem do custo da mão-de-obra barata no Terceiro Mundo está se tornando cada vez menos importante no mix global da produção. Embora a mão-de-obra barata ainda possa proporcionar uma margem de competição para alguns setores, como o têxtil e o eletrônico, a vantagem da mão-de-obra humana sobre a máquina está diminuindo rapidamente com os avanços da automação. Entre 1960 e 1987, "menos de um terço do aumento da produção nos países em desenvolvimento... veio da maior mão-de-obra", segundo um relatório do Programa de Desenvolvimento das Nações Unidas. "Mais de dois terços vieram de aumentos em investimentos de capital."[33]

Muitas empresas em países do Terceiro Mundo têm sido forçadas a investir pesadamente em tecnologias de automação, para garantir velocidade de entrega e controle de qualidade em um mercado global cada vez mais competitivo. Muitas vezes, a decisão de estabelecer uma fábrica em um país em desenvolvimento é influenciada tanto pelo desejo de estar próximo a um novo mercado potencial quanto por diferenciais de custo de mão-de-obra. Se é o desempenho do mercado ou a localização do mercado, dizem os editores da *Fortune*, "Novas tecnologias e pressão constante por maior produtividade impelem as empresas a construírem suas fábricas e escritórios em países menos desenvolvidos, que exigem apenas uma fração da mão-de-obra que costumava ser necessária em seus países de origem"[34].

Considere o caso do México. Desde o final da década de 70, empresas globais baseadas nos Estados Unidos e no Japão têm montado fábricas ao longo da faixa de 300 milhas das cidades fronteiriças ao norte do México. As montadoras, conhecidas como *maquiladoras*, incluem a Ford, AT&T, Whirpool, Nissan, Sony e várias outras entre as indústrias gigantes. As fábricas mais novas possuem instalações altamente automatizadas e exigem uma força de trabalho muito menor de técnicos especializados para operar.[35]

As empresas estão automatizando rapidamente seus processos de produção no norte do México, mais em um esforço de melhorar a qualidade do que para economizar em custos de mão-de-obra. A exemplo de outras empresas globais que lá operam, a Zenith automatizou suas instalações e reduziu sua força de trabalho de 3.300 para 2.400 empregados. Elio Bacich, então diretor de operações da Zenith mexicana, disse que "60% do que fazíamos manualmente agora é feito por máquinas"[36].

As máquinas estão substituindo os trabalhadores em todos os países em desenvolvimento. Martin Anderson, na época vice-presidente da Gemini Consulting, em New Jersey, disse que, quando as empresas constroem novas fábricas em países em desenvolvimento, geralmente são muito mais automatizadas e eficientes do que suas contrapartes nos Estados Unidos. "Algumas das fábricas americanas, que mais se assemelham a fábricas japonesas, estão sendo montadas no Brasil", disse Anderson.[37] A idéia de que transferir instalações fabris para países pobres resulta em níveis altos de emprego e maior prosperidade já não é mais necessariamente verdade. Shaiken concorda, afirmando que "o tipo de necessidades de trabalho no Terceiro Mundo reduz ao mínimo o número de empregos que estão sendo criados" pelas novas fábricas automatizadas de alta tecnologia e pelos negócios. Ele teme que a Terceira Revolução Industrial venha a significar alguns poucos empregos de alta tecnologia para a nova elite de trabalhadores do conhecimento e crescente desemprego tecnológico permanente para milhões de outros. A tendência nítida, disse Shaiken, é "a continuação da extensiva polarização de rendas e a marginalização de milhões de pessoas"[38].

Há anos, a substituição da mão-de-obra humana por máquinas vem levando a crescentes tumultos trabalhistas no Terceiro Mundo. Em 1º de julho de 1993, os trabalhadores fizeram greve na Thai Durable Textile Company, próxima de Bangcokc, paralisando a produção. A finalidade da greve era protestar contra a demissão de 376 dos 3.340 empregados da empresa, despedidos para abrir espaço para novas tecnologias poupadoras de mão-de-obra. Com mais de 800 mil trabalhadores – a maioria mulheres – empregados na indústria têxtil Thai, tanto empregados quanto empregadores consideraram a greve como um teste que deveria decidir o destino de dezenas de milhares de trabalhadores apanhados pela revolução tecnológica que estava rapidamente se aproximando do mundo da fábrica sem trabalhadores.[39]

Na vizinha China, onde a mão-de-obra barata por muito tempo substituiu máquinas mais caras, o governo anunciou uma reestruturação abrangente das fábricas e a modernização dos equipamentos, para ajudar a dar à nação mais populosa do mundo uma vantagem competitiva nos mercados mundiais. Em 1994, analistas da indústria chinesa previam que até 30 milhões de trabalhadores seriam demitidos na onda de reestruturação corporativa, elevando o número de desempregados para assustadores 160 milhões.[40]

Em nenhum outro lugar, o contraste entre o futuro de alta tecnologia e o passado de baixa tecnologia era mais aparente do que em Bangalore, Índia, cidade com 4,2 milhões de habitantes, que estava rapidamente se tornando conhecida como o vale do silício daquele país. Empresas globais, como a IBM, Hewlett-Packard, Motorola e Texas Instruments estavam afluindo para aquela cidade localizada no topo de um planalto a 900 metros de altitude, a umas 200 milhas a oeste de Madras. Em tempos coloniais, a cidade, com seu clima temperado, vegetação tropical e bonitas paisagens, era o local de veraneio preferido dos funcionários públicos britânicos. Nos anos 90, exibia "reluzentes torres de escritórios com logotipos ao estilo *Fortune 500*". Em um país em que proliferavam a pobreza e a inquietação social, Bangalore "é uma ilha de relativa prosperidade e estabilidade social". Tendo alguns dos melhores cientistas e engenheiros de todo o mundo, essa cidade indiana tornou-se a Meca de alta tecnologia para empresas eletrônicas e de computadores, ansiosas por se estabelecerem próximas a novos mercados emergentes.[41]

Bangalore é apenas um entre vários novos enclaves de alta tecnologia sendo estabelecidos em mercados regionais chave em todo o planeta. Sua própria existência, circundada por esqualidez e desesperança crescente, levanta questões inquietantes sobre o futuro de alta tecnologia que nos aguarda no século XXI. O historiador Paul Kennedy pergunta se países como a Índia podem "suportar a tensão de criar competição mundial, enclaves de alta tecnologia... em meio a centenas de milhões de compatriotas empobrecidos". Observando a crescente disparidade entre a nova classe analista simbólica e a decadente classe média e os pobres trabalhadores em países como os Estados Unidos, Kennedy pergunta se países em desenvolvimento, como a Índia, não acabariam ainda mais empobrecidos no novo mundo da alta tecnologia. "Dada a diferença ainda maior de renda e de estilos de vida que ocorreriam na Índia", diz Kennedy, "quão confortável seria ter ilhas de prosperidade em um mar de pobreza?"[42]

As preocupações de Kennedy tornam-se ainda mais convincentes à luz do crescente número de trabalhadores que nos próximos anos deve entrar no mercado de trabalho nos países em desenvolvimento. Entre o final da década de 90 e o ano de 2010, espera-se que o mundo em desenvolvimento acrescente mais 700 milhões de homens e mulheres à sua força de trabalho – uma população maior do que toda a força de trabalho no mundo industrial em 1990. Os números regionais são igualmente impressionantes. Nos próximos 30 anos, a força de trabalho no México, na América Central e no

Caribe deve aumentar em 52 milhões, ou o dobro do número de trabalhadores que existia só no México em 1994. Na África, 323 milhões de novos trabalhadores entrarão na força de trabalho nas próximas décadas – uma população em idade produtiva maior do que a força de trabalho na Europa nos anos 90.[43]

Estimava-se que, até o final de 2000, mais de um bilhão de empregos teriam de ser criados em todo o mundo, para proporcionar uma renda para todos os novos trabalhadores, tanto nos países desenvolvidos quanto nos em desenvolvimento.[44] Com as novas tecnologias da informação e das telecomunicações, a robótica e a automação rapidamente eliminando empregos em cada indústria e setor, a probabilidade de encontrar trabalho suficiente para as centenas de milhões de recém-chegados ainda parece exígua.

Novamente, o México oferece um bom exemplo. Embora, em 1994, esse país estivesse em melhor situação do que a maioria dos países em desenvolvimento, 50% da força de trabalho ainda estava desempregada ou subempregada. Apenas para manter o status quo, o México teria de gerar mais de 900 mil empregos anuais até o final da década de 90, para absorver os novos trabalhadores entrando no mercado de trabalho.[45]

Estamos nos aproximando rapidamente de uma encruzilhada marcante na história da humanidade. As corporações globais atualmente são capazes de produzir um volume sem precedentes de bens e serviços com uma força de trabalho cada vez menor. As novas tecnologias estão nos levando a uma era de produção sem trabalhadores, no exato momento da história do mundo em que a população está crescendo em níveis sem precedentes. O conflito entre as pressões de uma população em crescimento e oportunidades de trabalho em declínio delineará a geopolítica da emergente economia global de alta tecnologia no século XXI.

CAPÍTULO 14

Um Mundo Mais Perigoso

Em um número crescente de nações industrializadas e emergentes, o deslocamento tecnológico e o desemprego estão levando a um dramático aumento de criminalidade e de violência aleatória, dando um claro presságio dos tempos de instabilidade que estão por vir. Em 1994, estudos já demonstravam uma correlação inquietante entre o aumento do desemprego e o de crimes violentos. No estudo de Merva e Fowles, citado anteriormente, os pesquisadores descobriram que, nos Estados Unidos, um aumento de 1% no desemprego resulta em um aumento de 6,7% em homicídios, aumento de 3,4% em crimes violentos e aumento de 2,4% em crimes contra a propriedade. Nas 30 principais áreas metropolitanas abrangidas em seu estudo, os economistas da Universidade de Utah estimavam que, entre meados de 1900 e meados de 1992, o aumento de 5,5% para 7,5% no desemprego resultariam no acréscimo de 1.459 homicídios, 62.607 crimes violentos (incluindo arrombamentos, assalto e assassinato), e 223.500 crimes contra a propriedade (incluindo roubo, furto e roubo de veículos motorizados).[1]

O estudo de Merva e Fowles mostrou também uma correlação impressionante entre a desigualdade crescente de salários e a maior atividade criminal. Entre 1979 e 1988, as 30 áreas metropolitanas estudadas tiveram um aumento de 5% na desigualdade salarial. A distância crescente entre os possuidores e os não possuidores foi acompanhada por um aumento de 2,05% em crimes violentos; aumento de 1,87% em invasões de propriedade; aumento de 4,21% em assassinatos; aumento de 1,79% em roubos; aumento de 3,1% em assaltos à mão armada; aumento de 1,95% em furtos e roubos; e aumento de

2,21% em roubos de veículos. Ao final de 1992, mais de 833.593 americanos estavam encarcerados em prisões estaduais e federais, um aumento de 59.460 sobre o ano anterior.[2]

George Dismukes, que cumpria pena de 16 anos por assassinato, expressou a raiva e frustração de muitos entre a população carcerária, em um depoimento contundente publicado na revista *Newsweek* na primavera de 1994. Dismukes lembrou ao restante da América:

> Nós, os prisioneiros, somos a vergonha da América. O verdadeiro crime aqui é o de vossa insensatez. Milhões de pessoas neste país definham desperdiçadas, ociosas... A sociedade não tem utilidade para elas lá fora, por isso paga para prendê-las, sem oportunidades ou reabilitação espiritual... Digo-vos, presunçosos e satisfeitos: cuidado... Nosso número está crescendo e seus custos estão aumentando rapidamente. Construir prisões maiores e melhores... não soluciona as razões por trás dos problemas e da loucura. Apenas torna o vozerio mais alto e as eventuais conseqüências mais terríveis para todos, quando elas finalmente ocorrem.[3]

O deslocamento tecnológico e a perda de oportunidades de emprego afetaram principalmente os jovens do país, contribuindo para a proliferação de uma violenta nova subcultura criminal. Os índices de desemprego entre os adolescentes da cidade de Nova York subiram para 40% no primeiro trimestre de 1993. Os números foram o dobro dos registrados 2 anos antes e os piores dos 25 anos em que as estatísticas foram levantadas. No restante desse país, o desemprego entre os adolescentes foi de quase 20% em 1993.[4] Grande parte do aumento do desemprego entre os adolescentes pode ser atribuída à introdução das novas tecnologias que estão substituindo os cargos tradicionalmente ocupados por eles.

O crescente desemprego e a perda de esperança em um futuro melhor estão entre as razões pelas quais dezenas de milhares de adolescentes estão se voltando para uma vida de crime e de violência. Já nos anos 90, a polícia estimava que mais de 270 mil estudantes portavam armas nas escolas diariamente nos Estados Unidos, e um estudo realizado pela Escola de Saúde Pública de Harvard descobriu que 59% das crianças da sexta série do ensino fundamental até a terceira série do ensino médio afirmaram que "conseguiriam uma arma, caso quisessem". Muitas crianças armam-se por medo. Mais de 3 milhões de crimes ocorriam a cada ano nas escolas americanas na década de 90. Essas escolas estavam se transformando rapidamente em fortalezas armadas, com corredores patrulhados por forças de segurança e monitorados por equipamento de vigilância de alta tecnologia. Câmeras ocultas, máquinas de raios X e detectores de metal estavam se tornando rotina em muitas escolas. Com o aumento dramático de assassinatos a esmo, algumas delas começaram a incluir "alertas de código amarelo" no treinamento contra incêndios, desde o jardim de infância até a última série do ensino médio. "Precisamos ensinar aos alunos como eles devem se proteger quando as balas começam a voar", disse um especialista em segurança escolar. O aumento dos custos da segurança estava colocando sérias restrições no orçamento do ensino, já duramente atingido pelo déficit orçamentário e pela diminuição da receita de impostos. O sistema de ensino da cidade de Nova York, em 1994, operava a décima primeira força de segurança dos Estados Unidos, com mais de 2.400 seguranças.[5]

A então secretária de Justiça, Janet Reno, chamou a violência entre adolescentes de "o maior problema criminal atualmente na América". Entre 1987 e 1991, o número de adolescentes presos por assassinato nos Estados Unidos aumentou 85%. Em 1992, quase um milhão de jovens entre as idades de 12 e 14 anos foram "estuprados, roubados ou assaltados, muitas vezes por seus próprios colegas"[6].

Em Washington, D.C., onde várias centenas de jovens foram assassinadas a tiros entre 1989 e 1994 e onde assassinatos a esmo nas escolas e nas ruas eram uma ocorrência comum, um número crescente de jovens estava planejando seu próprio funeral – um novo fenômeno macabro que preocupava pais, dirigentes de escolas e psiquiatras. Jessica, na época com 11 anos de idade, já dissera a seus pais e amigos o que gostaria de usar em seu próprio funeral. "Acho que o vestido do meu baile na escola é o mais bonito de todos", falou a jovem durante uma entrevista a um repórter do *Washington Post*. "Quando eu morrer, quero estar bem vestida para a minha família." Pais e orientadores pedagógicos das escolas diziam que crianças na faixa de 10 anos estavam dando instruções sobre o que queriam usar e as músicas que gostariam que fossem tocadas em seus funerais. Algumas até mesmo já informaram aos parentes e amigos o tipo de coroas de flores que gostariam de ter. Douglas Marlowe, psiquiatra do hospital da Universidade Hahnemann, na Filadélfia, disse que "quando elas (as crianças) começam a planejar seus próprios funerais, é porque perderam as esperanças"[7].

Ocasionalmente, a atividade criminal adolescente passa de atos individuais de terrorismo a tumultos em larga escala, como foi o caso em Los Angeles, em 1992. Muitos dos delinqüentes que incendiaram centenas de casas e lojas, que espancaram transeuntes inocentes e que lutaram com a polícia eram membros de gangues de adolescentes de rua. Estimava-se que mais de 130 mil adolescentes na grande Los Angeles eram membros de gangues.[8] Analfabetos, desempregados e nas ruas, esses jovens tornaram-se uma poderosa força social, capaz de aterrorizar a vizinhança e comunidades inteiras.

Los Angeles foi duramente atingida pela reestruturação corporativa, pela automação, por transferência de fábricas e por perda de empregos no setor da defesa. O distrito Centro-sul, epicentro dos distúrbios, perdeu mais de 70 mil empregos nas décadas de 70 e 80, elevando o índice de pobreza a níveis recordes.[9] Nos anos 90, o desemprego estava em 10,4% no condado de Los Angeles, enquanto, entre os negros, chegava a 50% nos arredores. Embora o fator desencadeador dos distúrbios em Los Angeles tenha sido o veredicto de não culpado aos quatro policiais, pelo vergonhoso espancamento do afro-americano Rodney King, documentado em videoteipe, foram o crescente desemprego, a pobreza e a sensação de impotência que insuflaram a fúria coletiva dos residentes no centro da cidade. Um observador político ressaltou que "o primeiro tumulto multirracial nos Estados Unidos ocorreu tanto em função de fome e de frustrações quanto pelos cassetetes e por Rodney King"[10].

Gangues de adolescentes começaram a proliferar nos subúrbios norte-americanos e, da mesma forma, a incidência de crimes violentos. Comunidades outrora seguras estavam se tornando zonas de guerra, com registros de estupros, tiroteios, tráfico de drogas e roubos. No próspero condado de Westchester, vizinho da cidade de Nova York, a polícia registrava o surgimento de mais de 70 gangues de classe média rivais nos anos 90.[11] Gangues suburbanas de adolescentes estavam surgindo com crescente freqüência em todos os Estados Unidos. O aumento do índice de criminalidade estava assustando a população suburbana. Segundo uma pesquisa realizada em 1993 pela TIME/CNN, 30% dos pesquisados "consideram o crime suburbano no mínimo tão sério quanto o crime urbano – o dobro do número de entrevistados que fizeram essa afirmação cinco anos antes"[12].

Residentes nos subúrbios estavam reagindo ao aumento da criminalidade com medidas de segurança cada vez maiores. Só em 1992, mais de 16% de todos os proprietários de residências nos Estado Unidos instalaram sistemas de segurança eletrônicos. Proprietários de classe média instalaram até mesmo detectores de movimento e circuitos internos de TV, outrora considerados itens de segurança de alta tecnologia e caros, restritos às residências dos muito ricos. Alguns instalaram "campainhas de vídeo", para avisar sobre a presença de intrusos.[13]

A arquitetura suburbana também estava começando a mudar, refletindo a nova preocupação com segurança pessoal. "Estamos falando sobre o desenvolvimento de fortalezas particulares", disse Mark Boldassare, professor de Planejamento Urbano e Regional na Universidade da Califórnia, em Irvine. Boldassare e outros arquitetos diziam que o aço e o concreto estavam se tornando rapidamente os materiais preferidos, juntamente com janelas de 12 polegadas, cercas de três metros e meio e sistemas de câmeras de segurança giratórias. "Construções mascaradas", casas com fachadas simples, até mesmo soturnas, disfarçando um interior opulento, também estão se tornando populares entre os moradores preocupados com sua segurança.[14]

Muitas comunidades suburbanas estavam aumentando a segurança residencial com a contratação de guardas de segurança particulares para a vigilância dos bairros. Um número crescente de bairros estava sendo murado, com uma única via de acesso com guarita. Os residentes precisavam mostrar cartões de identificação para poder entrar. Em outros bairros, os residentes literalmente compraram suas ruas da prefeitura e bloquearam-nas com portões de ferro e guaritas de segurança. Ainda em outras cidades, os bairros residenciais estavam sendo cercados com a construção de "*cul-de-sacs*[15] de concreto".[16]

Edward Blakely, professor do Departamento de Planejamento Urbano e Regional na Universidade da Califórnia, em Berkeley, estimava que entre 3 a 4 milhões de pessoas nos anos 90 já viviam dentro de comunidades residenciais muradas. Nessa época, chegava a 500 mil o número de californianos vivendo em comunidades fechadas e 50 novas estavam em construção, segundo Blakely. Muitas das comunidades muradas tinham instalados sistemas de segurança de última geração para afastar intrusos. Em Santa Clarita, Califórnia, ao norte de Los Angeles, qualquer automóvel que tentasse atravessar a entrada sem autorização era parado por cilindros de metal ejetados do chão para o fundo do carro. Blakely disse que o crescimento de comunidades fechadas refletia tanto uma preocupação com a segurança pessoal quanto "uma omissão da responsabilidade cívica". Para um número cada vez maior de americanos ricos, viver em comunidades fechadas era uma forma de "internalizar suas posições e privilégios econômicos, sem permitir que outros a compartilhassem"[17].

Salários reduzidos, desemprego crescendo continuamente e aumento da polarização entre ricos e pobres estão transformando partes dos Estados Unidos em uma cultura fora-da-lei. Enquanto a maior parte dos americanos vê o desemprego e o crime como as questões mais urgentes que o país precisa enfrentar, poucos estão dispostos a admitir a relação inseparável que existe entre ambos. À medida que a Terceira Revolução Industrial se dissemina na economia, automatizando cada vez mais os setores industrial e de serviços, forçando milhões de operários e de trabalhadores administrativos ao desemprego, a criminalidade e, principalmente, o crime violento vão aumentar. Presos em uma espiral descendente e com menos redes de segurança para amortecer sua queda, um número crescente de americanos desempregados e não empregáveis, vai se voltar para o crime por necessidade de sobrevivência. Excluídos da nova aldeia global de alta tecnologia, eles encontrarão maneiras de voltar furtivamente e tomar pela força o que há tempos lhes vem sendo negado pelas forças do mercado.

Desde 1987, segundo um Relatório do FBI sobre criminalidade, o furto em lojas de conveniência aumentou 27%; roubos a bancos aumentaram 50%; roubos a empreendimentos comerciais aumentaram 31% e os crimes violentos aumentaram 24%.[18] Não é de estranhar que a indústria americana da segurança esteja entre os setores que mais crescem na economia. Com o crime econômico já nos anos 90 beirando a assombrosa cifra de US$ 120 bilhões por ano, os proprietários de residências e a indústria vêm desembolsando bilhões em segurança.[19]

Em 1994, o setor de segurança particular gastava mais do que a polícia em segurança pública e empregava duas vezes e meia mais funcionários. Estimava-se que, até o final da década de 90, o setor da segurança particular cresceria a uma taxa anual de 2,3%, o que equivaleria a mais do dobro do índice de crescimento na segurança pública. A indústria da segurança particular estava entre as dez maiores no setor de serviços, juntamente com sistemas de informação eletrônica, software de computador, serviços profissionais de computador e processamento de dados. Por volta do ano 2000, estimava-se que os gastos com segurança particular superariam os US$ 100 bilhões.[20]

Um Problema Global

A crescente violência que vinha acontecendo nas ruas dos Estados Unidos estava sendo vivenciada também por outros países industrializados em todo o mundo. Em outubro de 1990, em Vaux-en-Velin, cidade de trabalhadores de baixa renda, próxima a Lyon, centenas de jovens tomaram as ruas, enfrentando a polícia e as tropas de choque, durante mais de três dias. Embora o tumulto tivesse se iniciado com a morte de um adolescente atropelado por um carro da polícia, tanto os residentes locais quanto funcionários do governo atribuíram a culpa pelo tumulto ao desemprego crescente e à pobreza. Os jovens atiraram pedras nos carros, incendiaram estabelecimentos comerciais e feriram várias pessoas. Quando o tumulto acabou, os prejuízos somavam US$ 120 milhões.[21]

Em Bristol, Inglaterra, em julho de 1992, a violência irrompeu em decorrência de um acidente estranhamente similar àquele ocorrido em Vaux-en-Velin. Um carro da polícia havia atropelado e matado dois adolescentes que roubaram uma motocicleta da polícia. Centenas de jovens tumultuaram a área comercial, destruindo propriedades comerciais. Mais de 500 soldados das tropas de elite tiveram de ser chamados para conter os revoltosos.[22]

O sociólogo francês Loic Wacquant, que fez um estudo minucioso dos distúrbios urbanos em cidades do Primeiro Mundo, disse que, em praticamente todos os casos, as comunidades onde ocorrem os distúrbios compartilham de um mesmo perfil sociológico. Muitas são antigas comunidades de trabalhadores que foram deixadas para trás na transição de uma sociedade antes manufatureira para outra baseada na informação. Segundo Wacquant, "para os residentes de áreas operárias esmorecidas, a reorganização das economias capitalistas – visível na mudança da manufatura para os serviços baseados na informação –, o impacto das tecnologias eletrônica e de automação nas fábricas e escritórios e a erosão dos sindicatos... têm se traduzido em índices anormalmente altos de desemprego e regressão nas condições materiais"[23]. Wacquant acrescenta que o fluxo crescente de imigrantes para comunidades pobres restringe ainda mais as oportunidades de emprego e os serviços públicos, aumentando as tensões entre os residentes que são forçados a competir por uma fatia menor do bolo econômico.

Um número crescente de políticos e de partidos políticos – principalmente na Europa – vem alimentando há anos a preocupação da classe trabalhadora e das comunidades pobres, explorando seus receios xenofóbicos de que os imigrantes tomem seus preciosos empregos. Em 1994, em uma pesquisa realizada na Alemanha, onde 76% dos estudantes do colegial disseram estar preocupados em ficar desempregados, os jovens estavam tomando as ruas em violentos protestos políticos dirigidos a grupos imigrantes, a quem acusavam de tomar os empregos dos alemães. Liderados por gangues neonazistas, a violência foi se espalhando por toda a Alemanha. Em 1992, 17 pessoas foram mortas em 2 mil incidentes violentos distintos, em que líderes neonazistas culpavam os imigrantes e os judeus pelo aumento do desemprego. Em 1992, dois partidos neofascistas de direita, a União do Povo Alemão e o Partido Republicano, cujo líder foi um ex-oficial da SS, no Terceiro Reich de Hitler, ganharam assentos em dois parlamentos estaduais, pela primeira vez, apelando para receios xenofóbicos e ao anti-semitismo.[24]

Na Itália, o Partido Neofascista da Aliança Nacional obteve inesperados 13,5% dos votos na eleição nacional em março de 1994, tornando-se o terceiro partido mais forte na Itália. O então líder do partido, Gianfrancesco Fini, foi saudado com gritos de "Duce! Duce! Duce!" por centenas de jovens na comemoração pela vitória, evocando imagens sombrias da Era Mussolini nas décadas de 30 e 40. Pesquisadores políticos na Itália afirmaram que grande parte do apoio desse partido veio de jovens desempregados e revoltados.[25]

Na Rússia, o partido neofascista de Vladimir Zhirinovsky, partido dos Democratas Liberais, teve surpreendentes 25% dos votos na primeira eleição pós-soviética para escolher um Parlamento Nacional. Na França, os seguidores de Jean-Marie Le Pen obtiveram vitórias políticas similares, alimentando os receios xenofóbicos de que imigrantes pudessem tomar os empregos dos franceses natos.[26]

Raramente, em seus pronunciamentos públicos, qualquer líder de extrema direita levanta a questão do desemprego em função dos avanços tecnológicos. Mesmo assim, são as forças da reengenharia, do downsizing e da automação que estão acarretando os maiores efeitos na eliminação dos empregos nas comunidades operárias em todo país industrializado. A crescente maré migratória do leste para o oeste na Europa e do sul para o norte nas Américas reflete em parte a mudança na dinâmica da economia global e o surgimento de uma nova ordem mundial, que está forçando milhões de trabalhadores a atravessarem fronteiras nacionais à procura de um suprimento cada vez menor de empregos nos setores industrial e de serviços.

A combinação de deslocamento tecnológico e de pressão da população continua a onerar a capacidade de sustentação das inúmeras comunidades urbanas. As crescentes dificuldades e tensões crescentes estão levando a convulsões sociais espontâneas e a atos coletivos de violência aleatória. Os habitantes dos núcleos centrais de cidades em países industrializados agora têm mais em comum com os habitantes de cortiços dos países em desenvolvimento do que com os novos trabalhadores cosmopolitas que vivem nos subúrbios e regiões semi-rurais a apenas algumas milhas de distância.

Nathan Gardels, editor do *New Perpectives Quartely*, resumiu a disposição de ânimos reinante em termos extraordinariamente similares aos argumentos usados para caracterizar o sofrimento dos negros urbanos há apenas 40 anos, quando foram erradicados primeiro pelas novas tecnologias agrícolas no Sul e, depois, por tecnologias mecânicas e de controle numérico nas fábricas do Norte. "Do ponto de vista do mercado", disse Gardels, "as fileiras crescentes de desempregados enfrentam um destino pior do que no colonialismo: a irrelevância econômica". Tudo se resume, sustentava Gardels, a que "nós não precisamos do que eles têm e eles não podem comprar o que nós vendemos". Gardels prevê um futuro cada vez mais anárquico e sombrio – um mundo habitado por "fragmentos de ordem e fileiras de pandemônio"[27].

Alguns especialistas militares acreditam que estamos entrando em um novo e perigoso período da história, caracterizado pelo que eles chamam de conflito de baixa intensidade: conflitos entre gangues de terroristas, bandidos, guerrilhas etc. O historiador militar Martin van Creveld diz que as distinções entre guerra e crime vão ficar mescladas e até mesmo desmoronar, à medida que os bandos de proscritos, alguns com vagas metas políticas, ameaçarem a aldeia global com atentados, seqüestros e massacres.[28] No novo ambiente de conflito de baixa intensidade, o exército e as forças policiais nacionais irão se tornar cada vez mais impotentes para dominar ou até mesmo coibir a violência e darão lugar às forças de segurança particulares que serão pagas para garantir zonas seguras para as classes de elite da aldeia global da alta tecnologia.

A transição para a Terceira Revolução Industrial coloca em questão muitas de nossas noções tão bem cuidadas sobre o significado e a direção do progresso. Para os otimistas, presidentes das corporações, profissionais futuristas e líderes políticos de vanguarda, a aurora da era da informação sinaliza uma era dourada de produção ilimitada e curvas crescentes de consumo, de novos e mais rápidos avanços na ciência e tecnologia, de mercados integrados e gratificações imediatas.

Para outros, o triunfo da tecnologia parece mais uma praga amarga, um réquiem para aqueles que serão forçados à redundância pela nova economia global e pelos impressionantes avanços na automação, que estão eliminando tantos seres humanos do processo econômico. Para eles, o futuro está repleto de medo e não de esperança, de fúria crescente e não de expectativas. Sentem que o mundo está passando por eles, e acham-se impotentes para intervir em seu próprio benefício, para exigir sua inclusão legítima na nova ordem global da alta tecnologia. São os párias da aldeia global. Rejeitados pelas forças em ação e forçados a definhar à margem da existência terrena, eles são as hordas cuja índole coletiva é tão imprevisível quanto os ventos políticos em mutação – uma massa humana cuja sorte e destino tendem cada vez mais à convulsão e à revolta sociais, contra um sistema que os tornou praticamente invisíveis.

Há pouco no terceiro milênio, a civilização encontra-se vacilante entre dois mundos muito diferentes – um utópico e cheio de promessas; o outro, real e repleto de perigo. Em debate está o próprio conceito do trabalho. Como pode a humanidade começar a se preparar para um futuro no qual a maior parte do trabalho formal terá sido transferida de seres humanos para máquinas? Nossas instituições políticas, convenções sociais e relações econômicas baseiam-se em seres humanos vendendo seu trabalho como um bem no mercado aberto. Agora que o valor de mercadoria desse trabalho está se tornando cada vez menos importante na produção e na distribuição de bens e serviços, novas abordagens para garantir a renda e o poder aquisitivo terão de ser implementadas. Alternativas ao trabalho formal precisarão ser encontradas para empregar energias e talentos das gerações futuras. No período de transição para uma nova ordem, as centenas de milhões de trabalhadores afetados pela reengenharia da economia global precisarão ser aconselhados e cuidados. Suas dificuldades exigirão atenção imediata e constante, se quisermos evitar conflitos sociais em escala global.

Dois cursos específicos de ação terão de ser vigorosamente trilhados, se as nações industrializadas quiserem ser bem-sucedidas na transição para uma economia pós-mercado no século XXI.

Primeiro, os ganhos de produtividade decorrentes da introdução de novas tecnologias de racionalização do tempo e do trabalho terão de ser repartidas com milhões de trabalhadores. Avanços dramáticos em produtividade precisarão ser compensados por reduções igualmente dramáticas no número de horas trabalhadas e aumentos constantes de salários para assegurar uma demanda eficaz pela produção e uma distribuição justa dos frutos do progresso tecnológico.

Segundo, a diminuição da massa de empregos na economia do mercado formal e a redução dos gastos do governo no setor público exigirão que se dê mais atenção ao terceiro setor: a economia de não-mercado. É para o terceiro setor – a economia social – que as pessoas irão se voltar nesse século XXI, para ajudar a administrar necessidades pessoais e sociais que já não podem mais ser administradas nem pelo mercado nem por decretos legislativos. Essa é a arena em que homens e mulheres explorarão novos papéis e responsabilidades e encontrarão novos significados para suas vidas, agora que o valor de mercado de seu tempo está desaparecendo. A transferência parcial de lealdades e de comprometimentos pessoais para longe do mercado e do setor público, rumo à economia informal, pressagia mudanças fundamentais em alinhamentos institucionais e um novo pacto social, tão diferente daquele que tem governado a Era de Mercado quanto esse que, por sua vez, é diferente da organização feudal da Era Medieval que a precedeu.

Parte V

A AURORA DA ERA PÓS-MERCADO

CAPÍTULO 15

A Reengenharia da Jornada Semanal de Trabalho

Há quase 60 anos, no início da revolução do computador, o filósofo e psicólogo Herbert Marcuse fez uma observação profética – que acabou perseguindo nossa sociedade à medida que refletimos sobre a transição para a era da informação: "a automação ameaça concretizar a inversão da relação entre tempo livre e tempo de trabalho: a possibilidade do horário de trabalho tornar-se marginal e o tempo livre tornar-se tempo integral. O resultado seria uma inversão radical de valores e um modo de vida incompatível com a cultura tradicional. A sociedade industrial avançada está em mobilização permanente contra essa possibilidade"[1].

O acadêmico freudiano prosseguiu, afirmando que "visto que a extensão da jornada de trabalho em si é um dos principais fatores repressivos impostos pelo princípio da realidade ao princípio do prazer, a redução da jornada de trabalho... é o primeiro pré-requisito para a liberdade"[2].

Os utópicos tecnológicos há muito já vêm defendendo que a ciência e a tecnologia, adequadamente aproveitadas, finalmente libertariam os seres humanos do trabalho formal. Em nenhum lugar essa opinião é mais amplamente sustentada do que entre os campeões e defensores da revolução da informação. Yoneji Masuda, um dos principais arquitetos da revolução do computador no Japão, concebe uma futura "computopia", em que "tempo livre" substitui "a acumulação material" como o valor crítico e a derradeira meta da sociedade. Masuda concorda com Marcuse que, pela primeira vez na história, a revolução do computador abre a porta para uma reorientação radical da sociedade para longe do trabalho sistematizado, rumo à liberdade pessoal. O visionário japonês sustenta que, enquanto a Revolução Industrial se preocupou basicamente com a maior produção material, a principal contribuição da revolução da informação será a produção de maiores incrementos de tempo livre, dando aos seres humanos a "liberdade de determinar voluntariamente" o uso de seus próprios futuros.

Masuda vê a transição dos valores materiais para valores temporais como um ponto decisivo na evolução da nossa espécie: "O valor de tempo está em um plano mais alto na vida humana do que os valores materiais, como valor básico da atividade econômica. Isso porque o valor de tempo corresponde à satisfação de desejos humanos e intelectuais, enquanto os valores materiais correspondem à satisfação de desejos fisiológicos e materiais."[3]

Tanto nos países industrializados quanto nos países em desenvolvimento está havendo uma crescente conscientização de que a economia global caminha para um futuro automatizado. As revoluções das tecnologias da informação e da comunicação virtualmente garantem mais produção com menos trabalho humano. De uma forma ou de outra, mais tempo livre é a conseqüência inevitável da reengenharia corporativa e do deslocamento tecnológico. William Green, ex-presidente da AFL, colocou a questão de forma sucinta: "O tempo livre virá", afirmou o líder trabalhista. "A única escolha é o desemprego ou o lazer."[4]

Os historiadores econômicos ressaltam que, no caso das duas primeiras revoluções industriais, a questão do crescimento do desemprego *versus* mais tempo livre acabou sendo solucionada a favor da última, embora não sem um conflito prolongado entre empregados e empregadores a respeito da produtividade e da questão de horas. Os ganhos dramáticos de produtividade no primeiro estágio da Revolução Industrial no século XIX foram seguidos por uma redução da jornada de trabalho de 80 para 60 horas semanais. Da mesma forma, no século XX, quando as economias industriais fizeram a transição da tecnologia do vapor para as tecnologias do petróleo e da eletricidade, os constantes aumentos de produtividade levaram a uma redução adicional da semana de trabalho de 60 para 40 horas. Agora, quando estamos entrando no terceiro estágio da Revolução Industrial e colhemos os ganhos da produtividade do computador e das novas tecnologias da informação e das telecomunicações, um número crescente de observadores está sugerindo a inevitabilidade de, mais uma vez, reduzir a jornada para 30 e até mesmo 20 horas semanais, para ajustar os requisitos de mão-de-obra à nova capacidade produtiva do capital.

Embora, em períodos anteriores da história, aumentos de produtividade tenham resultado em uma redução constante do número médio de horas trabalhadas, no caso das quatro décadas desde o nascimento da revolução do computador tem sido o oposto. A economista de Harvard, Juliet Schor, ressalta que a produtividade americana mais do que dobrou desde 1948, significando que agora "podemos produzir nosso padrão de vida de 1948 (medido em termos de bens e serviços comercializados) em menos da metade do tempo que demorava naquele ano". Mesmo assim, os americanos estavam trabalhando mais horas em 1994 do que há 50 anos, no início da revolução da tecnologia da informação. No decorrer das últimas décadas, o tempo de trabalho aumentou em mais de 163 horas por ano. Mais de 25% de todos os trabalhadores em período integral trabalham 49 horas ou mais por semana. A quantidade de tempo de férias e o abono de faltas por doença também declinaram nas duas últimas décadas. O trabalhador americano médio recebia, nos anos 90, três dias e meio a menos de férias e de abono de faltas por doença do que no início da década de 70. Trabalhando mais horas do que na década de 50, os americanos diziam que seu tempo livre ficara reduzido em mais de um terço. Previa-se que, se essas tendências no trabalho continuassem, ao final do século, os trabalhadores americanos estariam passando mais tempo em seus empregos do que na década de 20.[5]

A revolução da produtividade tem, portanto, afetado a quantidade de horas trabalhadas de duas maneiras. A introdução das tecnologias economizadoras de tempo e de trabalho têm permitido às empresas eliminar trabalhadores em massa, criando um exército de reserva de trabalhadores desempregados com tempo ocioso, em vez de tempo livre à sua disposição. Aqueles que ainda se seguram em seus empregos estão sendo forçados a trabalhar mais horas, em parte para compensar a redução de salários e de benefícios. Para economizar os custos de benefícios adicionais, inclusive assistência médica e aposentadoria, muitas empresas preferem empregar uma força de trabalho menor, trabalhando mais horas, do que uma força maior trabalhando menos horas. Mesmo com o pagamento de uma vez e meia por hora extra, as empresas ainda assim pagam menos do que pagariam se tivessem de pagar pacotes de benefícios para uma força de trabalho maior.

Barry Jones, ex-Ministro de Tecnologia do governo australiano, levanta a questão que está na mente de muitas pessoas: se, como virtualmente cada economista concorda, foi benéfico reduzir sensivelmente o número de horas trabalhadas, tanto no século XIX quanto no começo do século XX, para acomodar os dramáticos aumentos de produtividade tecnológica, por que não é igualmente benéfico, da perspectiva social, cortar o número de horas por igual proporção para acomodar o dramático aumento de produtividade decorrente da revolução da telecomunicação e da informação?[6] O ex-senador e ex-candidato presidencial Eugene McCarthy disse que, a menos que reduzamos a semana de trabalho e distribuamos mais justamente o trabalho disponível, "seremos obrigados a permitir que mais 20 a 30 milhões de pessoas caiam para a classe pobre, onde precisarão ser sustentadas com vales-refeição e subsídios"[7].

Rumo à Jornada de Trabalho da Alta Tecnologia

Mais uma vez, a jornada de trabalho reduzida está sendo ativamente reivindicada por um número crescente de líderes trabalhistas e economistas. Com o governo menos capaz ou disposto a intervir com programas de obras públicas, muitos vêem a semana de trabalho reduzida como a única solução viável para o deslocamento tecnológico. Lynn Williams, ex-presidente do Sindicato dos Siderúrgicos (United Steel Workers of America), já dizia em 1994 que "é preciso começar a pensar agora sobre horas reduzidas... como um modo de participar do aumento de produtividade"[8]. Em 1993, a Volkswagen, maior fabricante de automóveis da Europa, anunciou sua intenção de adotar a semana de quatro dias para salvar 31 mil empregos, que, de outra forma, poderiam ter sido perdidos por uma combinação de acirrada concorrência global e novas tecnologias e métodos de trabalho que elevaram a produtividade em 23%. Os trabalhadores votaram a favor do plano da direção da empresa, fazendo da Volkswagen a primeira corporação global a adotar a jornada de trabalho de 30 horas semanais. Apesar da redução de 20% nos salários, impostos menores e um desdobramento dos tradicionais bônus de Natal e férias por todo o ano de trabalho deverão amenizar o impacto.[9] Peter Schlilein, porta-voz da Volkswagen, disse que tanto a empresa quanto os trabalhadores aceitaram a idéia da redução da semana de trabalho como alternativa justa para demissões em massa permanentes.[10]

A reivindicação por uma semana de trabalho reduzida há anos vem se difundindo por toda a Europa, onde o desemprego atingiu altos recordes depois da guerra. Na Itália, os sindicatos marcharam sob o novo lema "Lavorare Meno, Lavorare Tutti" (Trabalhar Menos, Trabalhar Todos). Na França, a idéia despertou o apoio popular e obteve o endosso da maioria do Parlamento. O então presidente François Mitterrand pronunciou-se a favor da idéia da semana de trabalho de quatro dias e Michel Rocard, na época candidato a presidente pelo Partido Socialista em 1995, prometeu incluir em sua campanha para as futuras eleições a semana de trabalho reduzida.[11]

A semana de trabalho de quatro dias proposta na França foi idéia de Pierre Larrouturan, então consultor francês para a empresa internacional de auditoria Arthur Andersen. O plano de Larrouturan requeria uma mudança da semana de 39 para 33 horas, a partir de 1996. Embora a nova semana de trabalho reduzida significasse uma redução de 5% nos salários, ela aumentaria em 10% os níveis de emprego, criando 2 milhões de novos empregos. Para compensar a perda de salários, seria exigida das empresas a introdução de planos de participação nos lucros, para permitir aos trabalhadores participarem e beneficiarem-se de futuros ganhos de produtividade. Para compensar os encargos trabalhistas, o governo iria se encarregar do financiamento do seguro desemprego. Nos anos 90, as empresas pagavam um imposto de 8,8% sobre a folha salarial. Ao mesmo tempo, o governo francês não deveria ser afetado financeiramente com a abolição do imposto do desemprego sobre a folha salarial, que chegava a US$ 21,8 bilhões por ano. Segundo o plano dos proponentes, com 2 milhões a menos de pessoas desempregadas, o Estado economizaria US 27,5 bilhões, os quais seriam pagos aos trabalhadores desempregados na forma de auxílio desemprego, neutralizando eficazmente os custos de abolir o imposto sobre a folha salarial e de assumir o encargo do pagamento do seguro desemprego.[12]

Os defensores do plano acreditavam também que o reescalonamento da semana de trabalho melhoraria a produtividade e tornaria as empresas francesas mais competitivas na economia global. Além do argumento tradicional de que a jornada semanal reduzida diminui a fadiga e melhora a eficiência, a nova ênfase em horas flexíveis, diziam os proponentes, tem demonstrado que aumenta a produtividade pela otimização do uso do capital e do equipamento.

Experiências com a semana de trabalho reduzida em empresas como a Hewlett-Packard e a Digital Equipment convenceram muitos céticos no mundo empresarial dos benefícios potenciais da nova abordagem para a administração. Na fábrica da Hewlett-Packard, em Grenoble, a direção adotou a semana de quatro dias, mas manteve a fábrica operando 24 horas por dia, sete dias por semana. Os 250 funcionários da empresa passaram a trabalhar em uma semana de 26 horas e 50 minutos no turno da noite, uma semana de 33 horas e meia no turno da tarde e uma semana de 34 horas e 40 minutos no turno da manhã. Recebiam os mesmos salários que recebiam quando trabalhavam 37 horas e meia por semana, apesar do fato de estarem trabalhando em média quase seis horas a menos por semana. A remuneração extra era vista pela direção como uma troca pela disposição dos trabalhadores de trabalharem em regime de horas flexíveis. A produção triplicou na fábrica de Grenoble, em grande parte porque a empresa conseguiu manter sua fábrica em operação contínua sete dias por semana, em vez de mantê-la ociosa durante dois dias, como era o caso antes da reorganização do horário de trabalho. Gilbert Fournier, então alto funcionário da Confederação Francesa dos Trabalhadores Democráticos, disse que os trabalhadores estavam "satisfeitos com experiências como na Hewlett-Packard". "Estamos convencidos", disse Fournier, "de que a semana de trabalho reduzida, que também mantém as máquinas funcionando tanto ou mais, é a chave para a criação de empregos na Europa."[13]

A Digital Equipment introduziu um esquema diferente em suas fábricas. A empresa ofereceu aos seus trabalhadores uma semana de quatro dias, com um corte de 7% nos salários. Dos 4 mil trabalhadores da empresa, 530, ou mais de 13% da força de trabalho, optaram pela jornada reduzida. Sua decisão salvou 90 empregos, que, de outra forma, teriam sido cortados por meio da reengenharia. "Um grande número de pessoas estava interessado em trabalhar menos, recebendo menos", disse Robin Ashmal, então porta-voz da Digital Management. "Os jovens querem dividir sua vidas de modo diferente e ter mais tempo de lazer."[14]

A Comissão das Comunidades Européias e o Parlamento Europeu defendiam publicamente a redução da semana de trabalho como alternativa para a questão do desemprego. Um memorando da comissão advertia que "é importante evitar a inflexibilidade de dois grupos distintos na sociedade – aqueles com emprego estável e aqueles sem –, um desenvolvimento que teria sérias conseqüências sociais e ameaçaria as próprias bases de todas as sociedades democráticas em longo prazo". A declaração da comissão deixou claro que havia chegado o momento de governos e empresas "manterem e criarem empregos por meio da redução da jornada de trabalho, para alcançar maior justiça social em uma época de desemprego muito alto e crescente"[15]. Da mesma forma, o Parlamento Europeu deu seu apoio às iniciativas da Comunidade que "garantem, em curto prazo, uma acentuada redução nas jornadas de trabalhos diárias, semanais e/ou anuais e na vida de trabalho, para diminuir significativamente e, subseqüentemente, parar a tendência rumo ao crescente desemprego"[16].

A reivindicação por uma semana de trabalho reduzida há anos vem fazendo suas incursões no Japão, tradicionalmente o bastião da ética do trabalho industrial. Nas últimas três décadas, a semana de trabalho diminuiu sistematicamente no Japão. A redução da semana de trabalho tem acompanhado aumentos dramáticos de produtividade e crescimento econômico, desmentindo a constante afirmação de que menos trabalho e mais ociosidade abalam a competitividade e os lucros corporativos.

Alguns economistas e líderes empresariais adotam a abordagem da linha mínima de resultados, sustentando que é necessário mais tempo livre para estimular a economia de serviços e proporcionar aos trabalhadores japoneses o tempo para comprarem e usarem mais bens e serviços. Outros vêem a questão do trabalho e do tempo livre como uma preocupação com a qualidade de vida e afirmam que os trabalhadores precisam de mais tempo para estar com seus familiares, para participar das atividades de seus filhos, de seus bairros e comunidades e para aproveitar a vida.

Em 1992, o então primeiro-ministro Kiichi Miyazawa anunciou que as horas de trabalho reduzidas seriam uma meta nacional e que o governo comprometeria seus recursos na promoção da "qualidade de vida" no Japão. Em agosto de 1992, o governo anunciou o plano qüinqüenal do Conselho Econômico para tornar-se a "superpotência do estilo de vida". O plano enfatizava programas que criassem um ambiente mais saudável, com mais lazer para os cidadãos japoneses. No topo da lista de prioridades estava a redução da semana de trabalho de 44 para 40 horas.[17]

Alguns anos atrás, a redução da semana de trabalho assumiu uma importância maior no Japão, com notícias de que as empresas japonesas estariam empregando pelo menos 2 milhões a mais de trabalhadores do que precisavam.[18] Com a expectativa de que a revolução da reengenharia e da automação pudesse reduzir ainda mais o emprego e as folhas de salário na década seguinte, muitos japoneses começaram a ver a redução da semana de trabalho como uma resposta ao deslocamento tecnológico e à disseminação do desemprego no futuro.

Apesar dos exemplos bem-sucedidos de empresas como a Hewlett-Packard, a Digital Equipment e outras que adotaram a semana de trabalho reduzida em suas instalações européias, sem comprometer a produtividade ou outros lucros, a maioria dos presidentes das companhias americanas continuava obstinadamente contrária à idéia. Uma pesquisa entre 300 líderes empresariais, realizada há alguns anos, solicitando seu apoio para a semana de trabalho reduzida, não recebeu uma única resposta positiva. O presidente de uma das empresas da *Fortune 500* respondeu: "Minha visão de mundo de nosso país e das necessidades do nosso país é radicalmente oposta à sua. Não consigo imaginar uma semana de trabalho reduzida. Posso imaginá-la maior... se a América quiser ser competitiva na primeira metade do próximo século."[19]

Reivindicações dos Trabalhadores sobre a Produtividade

A comunidade empresarial há muito tempo vem operando sob o pressuposto de que os ganhos de produtividade decorrentes da introdução das novas tecnologias pertencem por direito aos acionistas e aos dirigentes corporativos na forma de maiores dividendos, salários e outros benefícios. As reivindicações dos trabalhadores sobre os avanços de produtividade, na forma de maiores salários e redução das horas de trabalho, de modo geral, têm sido consideradas ilegítimas e até mesmo parasitas. Sua contribuição ao processo produtivo e ao sucesso da empresa sempre foi considerada menos importante do que aqueles que fornecem o capital e assumem o risco de investir em novos equipamentos. Por isso, quaisquer benefícios para os trabalhadores por avanços de produtividade são vistos não como justos, mas, sim, como um presente concedido pela empresa. Não raro, esse presente vem na forma de concessões feitas com relutância aos representantes sindicais nos processos de acordos coletivos.

Ironicamente, o argumento convencional usado pelas empresas para justificar suas reivindicações sobre os ganhos de produtividade voltou-se contra as próprias empresas pelas profundas mudanças que têm ocorrido no mercado de capitais em anos recentes. A alegação das empresas de que os ganhos de produtividade deveriam ser revertidos para os investidores que arriscaram seu capital para criar a nova tecnologia agora se tornou uma arma potencialmente poderosa nas mãos dos trabalhadores. Porque, no fundo, os investidores são os próprios trabalhadores. São as economias compulsórias de milhões de trabalhadores americanos que estão sendo investidas nas novas tecnologias da informação. Em 1994, os fundos de pensão eram o maior *pool* de investimento de capital na economia americana. Esses fundos, que na época somavam mais de US$ 4 trilhões, representavam as economias de milhões de trabalhadores americanos. Os fundos de pensão correspondiam a 74% das economias individuais líquidas, mais de um terço de todo o patrimônio corporativo e quase 40% de todos os títulos corporativos. Os fundos de pensão possuíam quase um terço dos ativos financeiros da economia americana. Só em 1993, esses fundos geraram novos investimentos entre US$ 1 trilhão e US$ 1,5 trilhão. Nos anos 90, os ativos dos fundos de pensão superaram os ativos dos bancos comerciais nos Estados Unidos, tornando-os um poderoso instrumento de investimento.[20]

Infelizmente, os trabalhadores não têm muita voz ativa sobre o modo como suas economias compulsórias são investidas. Conseqüentemente, por mais de 50 anos, bancos e companhias de seguros têm investido bilhões de dólares dos fundos dos trabalhadores em novas tecnologias, apenas para eliminar os empregos dos próprios trabalhadores cujo dinheiro está sendo usado. Por muito tempo, as administradoras dos fundos de pensão têm defendido que, sob a regra do "homem prudente" do governo, sua única obrigação é maximizar o retorno sobre a carteira de títulos. Em anos recentes, parcialmente em resposta à insistência dos sindicatos, o governo federal americano ampliou o conceito do princípio da administração prudente, para incluir investimentos que promoviam o bem-estar econômico dos beneficiários. Da perspectiva dos trabalhadores, fez pouco ou nenhum sentido as administradoras da carteira simplesmente maximizarem o retorno sobre os investimentos de pensão, se isso significasse a eliminação em massa de seus empregos. Como são suas próprias economias, fruto de seu trabalho árduo, que estão sendo usadas para melhorar a produtividade, os trabalhadores americanos têm o direito legítimo de participar dessa produtividade – tanto como investidores quanto como empregados. Apesar da justa reivindicação do trabalhador americano a uma fatia do bolo da produtividade, a comunidade empresarial tem sido sistematicamente inflexível contra as tentativas de reduzir a semana de trabalho e de aumentar os salários para acomodar os dramáticos ganhos em produtividade.

Propostas Modestas

A resistência das corporações à semana de trabalho menor será abrandada nos próximos anos, à medida que as empresas se conscientizarem da necessidade de diminuir a distância entre a superprodução de bens e serviços e o declínio do poder aquisitivo do consumidor. A pressão pública para reduzir a semana de trabalho, como meio de distribuir mais justamente o trabalho disponível, provavelmente terá também um impacto significativo tanto no processo de negociação coletiva quanto nas iniciativas legislativas no Congresso americano.

Economistas, como o vencedor do prêmio Nobel Wassily Leontief, há alguns anos vêm preparando o terreno para a transição para a semana de trabalho reduzida. Leontief afirma que a mecanização dos setores industrial e de serviços assemelha-se àquela que ocorreu na agricultura no início do século. No caso da agricultura, o governo interveio e estabeleceu uma política de renda para ajudar os agricultores a se adaptarem à superprodução contra a demanda ineficaz. Hoje, diz Leontief, as nações industrializadas já têm uma política de renda bem estabelecida para suas forças de trabalho, na forma de benefícios de seguro social, auxílio desemprego, seguro médico e previdência social. Ele conclui afirmando que o que se faz necessário é uma ampliação do conceito de transferência de renda para que se adapte à pressão cada vez maior do deslocamento tecnológico. Ele sugere que um primeiro passo experimental nesse sentido poderia incluir benefícios complementares àqueles que trabalham menos do que as horas normais – uma prática já bastante difundida na Europa.

Embora acredite que a mudança tecnológica seja inevitável, Leontieff admite que o emergente setor do conhecimento não será capaz de criar novos empregos suficientes para absorver os milhões de trabalhadores dispensados pela reengenharia e pela automação. Ele diz que é a favor da redução da semana de trabalho como forma de dividir o trabalho disponível, mas acrescenta que essa medida deveria ser voluntária e não obrigatória, porque a imposição é difícil.[21]

John Zalusky, então chefe de Salários e Relações Industriais na AFL-CIO, defendia uma resposta ainda mais imediata e menos complicada à questão do emprego e das horas trabalhadas. Zalusky ressaltava que cada um dos 9,3 milhões de trabalhadores desempregados nos Estados Unidos, em 1994, custava à economia US$ 29 mil em perda de receita, "porque tornam-se usuários dos impostos; dependem da previdência pública em vez de serem contribuintes de impostos"[22]. Ele afirmava que novos empregos poderiam ser criados, se fossem implementadas medidas para desencorajar horas extras e a semana de trabalho voltasse para 40 horas. O ex-porta-voz trabalhista lembra-nos de que, originalmente, o pagamento da hora extra foi instituído "para permitir o trabalho em emergências reais, como falta de energia elétrica e para impedir os empregadores de imporem mais de 40 horas em sete dias"[23]. Nos anos 90 – como já foi mencionado anteriormente –, as empresas usavam as horas extras como uma alternativa para manter uma força de trabalho maior, e, com isso, economizar nos encargos trabalhistas. Em 1993, as horas extras nas fábricas nos Estados Unidos atingiram uma média de 4,3 horas, o índice mais alto jamais registrado.[24] Desde 1981, as horas de trabalho aumentaram em 3,6%, enquanto o número de trabalhadores empregados tem diminuído sistematicamente

Zalusky defendia o aumento de pagamento por horas extras de uma vez e meia para o dobro ou até mesmo o triplo, para desencorajar os empregadores na utilização desse recurso como alternativa à contratação de trabalhadores adicionais. "A simples volta à semana de trabalho de 40 horas para trabalhadores de período integral", dizia Zalusky, "significaria 7 milhões de empregos adicionais"[25]. Entretanto, o porta-voz da AFL-CIO admitia que seria extremamente difícil uma legislação corretiva e ressaltava o fato de os dispositivos do Fair Labor Standards Act, referentes ao pagamento de horas extras, não terem sido revistos desde 1938.[26]

Na convenção do AFL-CIO, em outubro de 1993, em San Francisco, a questão da jornada reduzida foi discutida seriamente pela primeira vez em décadas. Lynn Williams disse que a questão da jornada reduzida "está ficando cada vez mais urgente, na medida em que assistimos a essa alegada recuperação econômica desenrolar-se sem criar empregos suficientes". Ainda mais direto foi Thomas R. Donahue, então secretário-tesoureiro do AFL-CIO. Ele disse aos seus companheiros que "não há dúvida de que a salvação do trabalho em longo prazo está na redução da jornada de trabalho"[27].

Dennis Chamot disse que, embora muitos sindicalistas acreditassem que a redução da jornada de trabalho semanal seria inevitável em longo prazo, "vender a idéia não vai ser tarefa fácil". O motivo, falou Chamot, é que os políticos têm sido lentos em compreender a extensão da transição que ocorre na economia global. Até agora, os políticos eleitos continuam esperando que a atual onda de reengenharia e deslocamento tecnológico seja um fenômeno temporário, não compreendendo "que o fenômeno é parte de uma reestruturação abrangente da nossa economia no modo como o trabalho é feito"[28].

Desde os anos 90, projetos de lei têm sido apresentados no Congresso norte-americano para a regulamentação da semana de trabalho reduzida. O congressista John Conyers, então presidente do poderoso Comitê de Operações do Governo, apresentou um projeto, há mais de duas décadas, que retificaria o Fair Labor Standards Act, reduzindo o número de horas trabalhadas de 40 para 30 horas, escalonadas ao longo de um período de 8 anos. O projeto de Conyers também aumentaria o pagamento das horas extras de uma vez e meia para o dobro, para impedir que as empresas as usassem como alternativa à contratação de mais trabalhadores. O projeto também continha um dispositivo que tornariam ilegais as cláusulas de obrigatoriedade das horas extras nos contratos de trabalho. Em carta aos seus colegas pedindo apoio ao seu projeto, Conyers escreveu: "Um dos principais métodos de controlar o desemprego durante a Depressão foi a adoção da jornada semanal de 40 horas de trabalho. Entretanto, durante os últimos 30 anos, a semana de trabalho tem permanecido substancialmente inalterada, apesar da freqüência do desemprego em massa, do deslocamento tecnológico de mão-de-obra humana em larga escala e de consideráveis ganhos de produtividade. Devemos considerar a redução da semana de trabalho e a disseminação do emprego entre um maior número de trabalhadores mais uma vez como um meio de reduzir o desemprego sem sacrificar a produtividade."[29]

Um segundo projeto de lei, introduzido em março de 1994 pelo congressista americano Lucien E. Blackwell, pedia a obrigatoriedade da semana de 30 horas de trabalho. O projeto incluía um dispositivo que aumentaria o salário mínimo federal para US$ 7 por hora. A legislação também incluía aumentos automáticos do salário mínimo vinculados ao índice de preços ao consumidor. Os proponentes da legislação ressaltavam as economias em salários desemprego e em pagamentos de previdência social, os quais resultariam com o retorno de milhões de desempregados ao trabalho no regime da jornada de trabalho semanal reduzida.[30]

Com a intensificação da concorrência global, muitos líderes empresariais relutam em reduzir a semana de trabalho, receando que o aumento dos custos dos salários aumente o preço de seus produtos em relação aos da concorrência internacional. Maiores encargos trabalhistas, segundo seu argumento, colocariam os produtores americanos em desvantagem no mercado e resultariam na perda de fatias de mercado na economia global. William McGaughey e o ex-senador Eugene McCarthy, em seu livro *Nonfinancial Economics*, refutam parcialmente o argumento tradicional que vincula horas trabalhadas à competitividade global, dizendo que, entre 1960 e 1984, os fabricantes americanos reduziram sua semana de trabalho bem menos do que qualquer outra nação industrializada, e eles deram o menor aumento na remuneração por hora. Embora o aumento anual unitário do trabalho nas empresas americanas tenha sido o menor entre os 12 países industrializados líderes, a balança comercial dos Estados Unidos passou de superavitária para deficitária durante esse mesmo período. Curiosamente, a balança comercial do Japão passou de deficitária para superavitária nesses mesmos anos, apesar dos expressivos aumentos anuais no custo do trabalho.[31]

Ainda assim, persiste o argumento de que menos horas pelos mesmos salários atuais poderiam colocar as empresas em desvantagem econômica no mundo. Um modo de administrar essa preocupação é a solução que foi proposta e defendida na França. Como já foi mencionado anteriormente, líderes empresariais e trabalhistas e políticos de vários partidos abraçaram a idéia do governo de assumir o encargo do salário desemprego, em troca da concordância das empresas em reduzir a semana de trabalho. Os legisladores franceses calculavam que a contratação de trabalhadores adicionais reduziria significativamente o pagamento de benefícios desemprego, neutralizando quaisquer custos adicionais que o governo tivesse que assumir ao absorver o corte de imposto sobre a folha de pagamento pelo auxílio desemprego. Também poderiam ser concedidos créditos às empresas pela redução da semana de trabalho para contratação de trabalhadores adicionais. O montante do crédito em impostos seria determinado pelo número de trabalhadores contratados e pelo total da folha salarial aumentado. A perda de receita no início, argumentavam alguns, provavelmente seria compensada mais tarde pela receita tributável gerada por um número maior de trabalhadores levando para casa um contracheque. A administração Clinton aventou a hipótese de conceder isenção de impostos às empresas que contratassem beneficiários da previdência social, abrindo um precedente para uma iniciativa mais ampla que abrangeria a maior parte da força de trabalho.

Finalmente, o governo poderia considerar a decretação de um plano de participação nos lucros em cada empresa – como estava sendo sugerido na França – para permitir que os trabalhadores participassem diretamente nos ganhos de produtividade. Além disso, o Congresso americano deveria considerar a redução de impostos para trabalhadores no regime de horas e salários reduzidos. Permitindo o abatimento do imposto por hora de trabalho eliminada, o governo ajudaria a aliviar a carga dos assalariados e a tornar a semana de trabalho reduzida mais aprazível à força de trabalho dos Estados Unidos.

Mesmo com essas inovações, muitos economistas acreditavam que seria necessário negociar acordos multilaterais com outros países industrializados e em desenvolvimento, para assegurar um campo de atuação justo. Michael Hammer disse que "só é possível reduzir a jornada semanal de trabalho se todos fizerem isso". Assim como muitos outros analistas do setor, Hammer afirmou que "se você vai pagar às pessoas a mesma coisa por menos horas de trabalho, então basicamente estará aumentando o custo de seus produtos e você só pode fazer isso se todos estiverem dispostos a fazer o mesmo"[32]. Alguns, como McCarthy e McGaughey, foram a favor do desenvolvimento de um sistema de tarifa "para promover os avanços mundiais nos padrões de trabalho". As tarifas seriam determinadas com base em um índice que mediria o nível dos salários e as horas trabalhadas nos países de onde os produtos são exportados. "A finalidade de tal sistema", diziam McCarthy e McGaughey, "seria criar um incentivo para os produtores estrangeiros melhorarem os salários e reduzirem as horas de trabalho, permitindo um acesso mais barato de seus produtos aos mercados dos Estados Unidos".[33]

Independentemente de cada abordagem empregada para reduzir a semana de trabalho, as nações do mundo não terão alternativa a não ser reduzir as horas de trabalho nas próximas décadas, para acomodar os dramáticos ganhos de produtividade decorrentes das novas tecnologias economizadoras de tempo e de trabalho. À medida que cada vez mais as máquinas forem substituindo os seres humanos em cada setor e indústria, a escolha será entre poucos empregados por mais horas, enquanto grande número de pessoas fica desempregada e dependente das pensões do governo, ou a distribuição do trabalho disponível, dando a mais trabalhadores a oportunidade de partilhar de turnos de trabalho semanais menores.

Trocando o Trabalho por Lazer

Nos Estados Unidos, o interesse pela semana de trabalho reduzida tem se espalhado dos líderes trabalhistas e analistas políticos ao público de modo geral. Afligido pela tensão de longas jornadas de trabalho e pelo peso de famílias de pais separados, um número crescente de americanos diz que trocaria parte de seus salários por mais tempo livre, para dar mais atenção às responsabilidades familiares e às suas necessidades pessoais. Segundo uma pesquisa feita em 1993 pelo Instituto da Família e do Trabalho, os empregados disseram que "estavam menos dispostos a fazer sacrifícios pelo trabalho" e que "queriam dedicar mais tempo e energia às suas vidas pessoais"[34]. Uma pesquisa anterior perguntava qual das duas alternativas de carreira eles escolheriam: "uma que permitisse programar suas próprias horas de trabalho em tempo integral e que permitisse dar maior atenção à família, mas com avanços mais lentos na carreira profissional; ou outra com horário de trabalho rígido e menos atenção à família, porém com maior possibilidade de progresso rápido na carreira". Surpreendentemente, 55% disseram que estariam menos propensos a aceitar uma promoção que envolvesse maior responsabilidade, se isso significasse passar menos tempo com a família.[35] Na questão da troca entre salário e lazer, um estudo do Departamento de Trabalho descobriu que o trabalhador americano médio estava disposto a abrir mão de 4,7% de seus rendimentos em troca de mais tempo livre.[36]

O interesse em trocar salário por mais tempo livre reflete a crescente preocupação por parte de milhões de americanos com obrigações familiares e necessidades pessoais. Equilibrar trabalho e lazer há anos se tornou uma questão de suma importância para os pais de família. Com a maioria das mulheres participando da força de trabalho, as crianças estão cada vez mais sem atenção em casa. Mais de 7 milhões ficam sozinhas em casa durante uma parte do dia. Nos anos 90, algumas pesquisas descobriram que chega a um terço o número de crianças que cuidam de si próprias. Entre 1960 e 1986, segundo um estudo que abrangeu todos os Estados Unidos, o tempo que os pais podiam passar com seus filhos caiu em 10 horas por semana nos lares de pessoas brancas e em 12 horas nos lares de pessoas negras.[37] O declínio da supervisão dos pais criou a síndrome do "abandono". Psicólogos, educadores e um número crescente de pais se preocupavam com o aumento dramático da depressão infantil, da delinqüência, de crimes violentos, de abuso de álcool e drogas e do suicídio entre adolescentes, causados em grande parte pela ausência dos pais nos lares.

A tensão maior dos horários de trabalho mais longos tem sido especialmente estressante para as mulheres trabalhadoras que, na maioria das vezes, são forçadas a administrar a casa além de manter um emprego de 40 horas semanais. Estudos indicam que a mulher trabalhadora média nos Estados Unidos trabalha mais de 80 horas por semana, no emprego e em casa.[38] Portanto, não é de estranhar que sejam mais receptivas à perspectiva de jornada semanal reduzida do que os homens. Os sindicatos norte-americanos que representavam concentrações maciças de mulheres, inclusive o Communication Workers of America e o Service Employees International Union, negociaram com êxito jornadas de trabalho reduzidas para seus membros. Muitos líderes trabalhistas progressistas acreditam que o renascimento do movimento trabalhista americano depende da perspectiva de organização das mulheres trabalhadoras e que "horas reduzidas são o ponto-chave para essa organização"[39].

Desafiar a comunidade empresarial por uma distribuição mais justa dos ganhos de produtividade da Terceira Revolução Industrial exigirá um novo movimento político entre diversas culturas, baseado na coalizão de comunidades com interesses comuns. Sindicalistas, organizações de direitos civis, grupos femininos, organizações de pais de família, grupos ambientalistas, organizações de justiça social, organizações religiosas e fraternais, além de comunidades de bairros e associações de serviços – citando apenas algumas – compartilham do interesse comum em reduzir a semana de trabalho.

A reivindicação pela redução da semana de trabalho tem muitas características atraentes, e provavelmente estará implementada em vários países do mundo dentro de poucos anos. Se, no entanto, a transição para uma jornada de trabalho reduzida não for acompanhada por um programa igualmente agressivo para encontrar trabalho para os milhões de desempregados cuja ocupação não é necessária há muito tempo na economia global, muitos dos males econômicos e sociais que atualmente ameaçam a estabilidade política intensificar-se-ão – principalmente se a subclasse sentir-se abandonada pelo restante da força de trabalho que consegue manter ou reivindicar de volta seus empregos.

Com milhões de americanos enfrentando a perspectiva de trabalhar cada vez menos horas no setor do mercado formal nos próximos anos e com números crescentes de americanos não qualificados que não conseguem encontrar qualquer trabalho na economia global de alta tecnologia, a questão da utilização do tempo ocioso vai se avolumar no cenário político. A transição de uma sociedade baseada no emprego em massa no setor privado para uma não baseada nos critérios de mercado para a organização da vida social exigirá uma reformulação da atual visão do mundo. Redefinir o papel do indivíduo em uma sociedade sem trabalho formal de massa é, talvez, a questão vital da próxima era.

CAPÍTULO 16

Um Novo Contrato Social

A economia global de alta tecnologia está se movendo para além do operário. Enquanto as elites empresariais, profissionais e técnicas forem necessárias para administrar a economia formal do futuro, cada vez menos trabalhadores serão necessários para ajudar na produção de bens e serviços. O valor de mercado da classe trabalhadora está diminuindo e continuará a diminuir. Após séculos definindo o valor humano em termos estritamente "produtivos", a substituição maciça do trabalho humano por máquinas deixa o operário sem uma definição própria ou sem função social.

Ao mesmo tempo em que a necessidade pela mão-de-obra humana está desaparecendo, o papel do governo está passando por uma diminuição semelhante. Hoje, as empresas globais passaram a ofuscar e subordinar o poder das nações. Cada vez mais, as empresas multinacionais têm usurpado o papel tradicional do Estado e exercem agora um controle sem paralelo sobre os recursos globais, a mão-de-obra e os mercados. As maiores corporações têm ativos que superam o PIB de muitos países.

A transição de uma economia baseada em material, energia e mão-de-obra para outra baseada na informação e na comunicação reduz ainda mais a importância da nação-estado como participante essencial na garantia dos destinos do mercado. Uma importante função da moderna nação-estado é sua capacidade de usar a força militar para tomar recursos vitais, captar e explorar mão-de-obra local e até mesmo global. Agora que recursos energéticos, minerais e mão-de-obra estão se tornando menos importantes do que informação, comunicação e propriedade intelectual no mix da produção, a necessidade de intervenção militar maciça é menos aparente. Informação e comunicações, as matérias-primas da economia global de alta tecnologia, são impermeáveis a fronteiras físicas. Elas invadem espaços físicos, cruzam linhas políticas e penetram as camadas mais profundas da vida nacional. Exércitos inteiros não podem conter nem mesmo diminuir o fluxo acelerado da informação e das comunicações pelas fronteiras nacionais.

A nação-estado, com sua imutabilidade e sua ligação física com a terra, é muito lenta para iniciar e reagir ao ritmo acelerado das forças do mercado global. Em contraste, as corporações globais são, por sua própria natureza, mais temporais do que propriamente instituições espaciais. Elas não estão aterradas a qualquer comunidade específica nem são responsáveis por qualquer lugar específico. São uma nova instituição quase política que exerce imenso poder sobre pessoas e lugares, em função do seu controle sobre a informação e as comunicações. Sua agilidade, sua flexibilidade e, sobretudo, sua mobilidade permitem que elas transferiram, rapidamente e sem esforço, produção e mercados de um lugar para o outro, controlando efetivamente a agenda comercial de cada país.

A relação de troca entre governo e comércio há anos vem se tornando cada vez mais evidente no surgimento de novos acordos comerciais internacionais radicais, que efetivamente transferem maior poder político da nação-estado para as corporações globais. O Acordo Geral sobre Comércio e Tarifas (GATT), o Acordo de Maastrich e o Acordo Norte-Americano de Livre Comércio (NAFTA) são sinais de padrões de poder de troca na comunidade global. Sob esses acordos comerciais, centenas de leis que regem os assuntos de nações-estado soberanas tornam-se potencialmente invalidadas e ineficazes, comprometem-se a liberdade das empresas multinacionais de participarem do livre comércio. Eleitores e grupos constituintes em dezenas de países têm realizado vigorosos protestos públicos com a finalidade de bloquear esses acordos comerciais, por receio de que vitórias legislativas arduamente conquistadas, regendo padrões de trabalho, segurança ambiental, regulamentações sobre saúde etc., sejam abandonadas, abrindo caminho para o controle quase total das multinacionais sobre os negócios econômicos do planeta.

Enquanto o papel geopolítico da nação-estado está diminuindo de importância, seu papel como empregador de último recurso também está. Como já foi mencionado, os governos, tolhidos pelas crescentes dívidas acumuladas e por déficits orçamentários, estão menos dispostos a assumir gastos públicos e programas de obras públicas ambiciosos para criar empregos e estimular o poder aquisitivo. Em virtualmente cada nação industrializada do mundo, os governos centrais estão recuando em suas tarefas tradicionais de garantir mercados, diminuindo tanto sua influência econômica sobre as multinacionais quanto seu poder para promover o bem-estar de seus próprios cidadãos.

O papel decrescente, tanto do operário quanto dos governos centrais, nos assuntos de mercado forçará uma reconsideração fundamental do contrato social. Basta lembrar que, durante a maior parte da era industrial, o relacionamento de mercado prevaleceu sobre os relacionamentos tradicionais e o valor humano era medido quase exclusivamente em termos comerciais. Agora que "vender o próprio tempo" está diminuindo de valor, todo o emaranhado relacionamento comercial construído com base nesse arranjo também está ameaçado. Da mesma forma, agora que o papel do governo central como provedor de mercados está diminuindo de importância, instituições governamentais encontram-se à deriva e precisarão redefinir sua missão, caso queiram manter sua importância para a vida de seus cidadãos. Privar o corpo político de uma orientação estritamente voltada para o mercado torna-se a tarefa prioritária de cada nação na Terra.

A maioria das pessoas dificilmente conseguiria conceber uma sociedade na qual o setor de mercado e o governo desempenhassem um papel menor nos assuntos cotidianos. Essas duas forças institucionais passaram a dominar de tal forma cada aspecto de nossas vidas que nos esquecemos de quão limitado foi seu papel na vida de nossa sociedade há apenas 100 anos. Afinal de contas, corporações e nações-estado são criaturas da era industrial. No transcorrer do século XX, esses dois setores assumiram cada vez mais as funções e as atividades anteriormente desempenhadas por vizinhos trabalhando lado a lado em milhares de comunidades locais. Agora, entretanto, que nem o mercado nem o setor público são mais capazes de assegurar algumas das necessidades básicas das pessoas, o povo não tem alternativa a não ser começar a procurar por si mesmo, restabelecendo, mais uma vez, comunidades viáveis para amortecer tanto as forças impessoais do mercado global como as autoridades governamentais, cada vez mais fracas e incompetentes.

Nas próximas décadas, o papel cada vez mais contraído do mercado e dos setores públicos afetará as vidas dos trabalhadores de dois modos significativos. Aqueles que permanecerem empregados provavelmente verão a redução da sua semana de trabalho, deixando-lhes mais tempo livre. Muitos em regime de horário de trabalho reduzido serão pressionados pelo mercado para passarem seu tempo livre entregando-se ao entretenimento de massa e ao maior consumo. Em contraste, as pessoas desempregadas e subempregadas, em número cada vez maior, vão se encontrar afundando inexorável e permanentemente para a subclasse. Desesperadas, muitas recorrerão à economia informal para sobreviver. Algumas trocarão trabalho esporádico por comida e abrigo. Outras se voltarão para o crime e para os furtos de pouca monta. O tráfico de drogas e a prostituição continuarão a aumentar, à medida que milhões de seres humanos fisicamente aptos, abandonados por uma sociedade que não precisa ou não quer mais seu trabalho, procurarem melhorar sua sorte. Suas súplicas por ajuda serão ignoradas na medida em que os governos forem reduzindo seus gastos e trocarem suas prioridades de assistência social e a criação de empregos pela segurança policial inchada e a construção de mais prisões.

Apesar de ser esse o caminho que a maioria dos países industrializados está seguindo, de forma alguma ele é inevitável. Outra possibilidade está disponível – uma que poderia ajudar a prover um respaldo contra os duros golpes impostos pelas inevitáveis forças tecnológicas da Terceira Revolução Industrial. Com os empregados tendo mais tempo livre à sua disposição e os desempregados tendo mais tempo ocioso em suas mãos, a oportunidade existe para absorver a mão-de-obra inaproveitada de milhões de pessoas para tarefas construtivas fora dos setores público e privado. Os talentos e a energia dos empregados, bem como dos desempregados – aqueles com horas livres e aqueles com horas ociosas – poderiam ser eficazmente direcionados na reconstrução de milhares de comunidades locais e na criação de uma terceira força que floresça independente do mercado e do setor público.

A Vida Além do Mercado

A base para uma terceira força forte, baseada na vida comunitária, já existe na política americana. Embora as atenções tenham sempre estado voltadas aos setores privado e público na era moderna, existe um terceiro setor na vida americana que tem tido significado histórico na formação da nação e que vem oferecendo há alguns anos a nítida possibilidade de ajudar a reformular o contrato social no século XXI. O terceiro setor, também conhecido como setor independente ou voluntário, é o domínio no qual padrões de referência dão lugar a relações comunitárias, em que doar do próprio tempo a outros toma o lugar de relações de mercado impostas artificialmente, baseadas em vender-se a si mesmo ou seus serviços a outros. Esse setor, outrora crítico para a construção dos países, em anos recentes tem deslizado para as margens da vida pública, passado para trás pelo crescente domínio dos setores de mercado e público. Agora que os outros dois domínios estão diminuindo de importância – pelo menos no que diz respeito às horas de trabalho disponíveis dadas a qualquer um dos dois –, a possibilidade de ressuscitar e de transformar o terceiro setor e de torná-lo um veículo para a criação de uma vibrante era pós-mercado deve ser seriamente explorada.

O terceiro setor já abriu um largo caminho na sociedade. Atividades comunitárias variam desde serviços sociais no atendimento à saúde, educação e pesquisa, às artes, religião e advocacia. Organizações de serviços comunitários ajudam idosos e deficientes físicos, doentes mentais, jovens desamparados, desabrigados e indigentes. Voluntários reformam apartamentos destruídos e constroem conjuntos habitacionais para a população de baixa renda. Dezenas de milhares de americanos oferecem seus serviços em hospitais e clínicas públicas, cuidando de pacientes, inclusive dos aidéticos. Milhares mais servem como pais "postiços" ou irmãos e irmãs mais velhos para crianças órfãs. Alguns fazem aconselhamento para jovens fugitivos e perturbados. Outros se aliam à campanha para eliminar o analfabetismo. Os americanos ajudam em creches e programas de reforço escolar após as aulas. Preparam e entregam refeições aos pobres. Um número crescente de americanos oferece-se em centros de crise, ajudando vítimas de estupro, mulheres e crianças vítimas de todo tipo de violência. Milhares oferecem seu tempo em abrigos públicos, na distribuição de roupas aos necessitados. Muitos americanos estão envolvidos em programas de auto-ajuda, como o Alcoólicos Anônimos e programas de reabilitação de drogados. Profissionais – advogados, contadores, médicos, executivos – doam seus serviços a organizações voluntárias. Milhões de americanos doam seu tempo a vários programas ambientalistas, como, por exemplo, atividades de reciclagem, programas de conservação, campanhas antipoluição e trabalho de proteção aos animais. Outros trabalham para organizações de direito civil, procurando corrigir desavenças e mudar a percepção pública e as leis. Centenas de milhares de americanos doam seu tempo às artes – participando de grupos de teatro locais, coros e orquestras. Voluntários muitas vezes ajudam governos municipais, servindo voluntariamente em brigadas contra incêndio ou doando seu tempo ao trabalho de prevenção ao crime e a vítimas de calamidades.

Enquanto, nos anos 90, o setor empresarial constituía 80% da atividade econômica nos Estados Unidos e o setor governamental era responsável por mais 14% do Produto Interno Bruto, o setor independente contribuía em mais de 6% para a economia e era responsável por 9% do emprego nacional total. Mais pessoas estavam empregadas nas organizações do terceiro setor do que nos setores da construção, eletrônica, transporte, têxtil ou de acessórios.[1]

Os ativos do terceiro setor, em 1994, equiparavam-se à quase metade daqueles do governo federal. Um estudo realizado pelo economista de Yale, Gabriel Rudney, no início da década de 80, estimou que os gastos das organizações voluntárias americanas excediam o Produto Interno Bruto de todas as nações, com exceção de sete.[2] Embora o terceiro setor seja a metade do tamanho do governo em emprego total e a metade de seu tamanho em receita total, nos anos 90 ele cresceu duas vezes mais rapidamente do que o governo e o setor privado.[3]

Embora o terceiro setor estivesse ganhando dos dois outros setores da economia americana e exibisse uma abundância econômica que excedia o PIB da maioria das nações, ele costumava ser ignorado por cientistas políticos, que preferiam ver o país como se consistisse de dois planos apenas – o privado e o público. Entretanto, era o setor independente que tradicionalmente vinha desempenhando um papel mediador crítico entre a economia formal e o governo, assumindo tarefas e realizando serviços que os outros dois setores não estavam dispostos ou eram incapazes de administrar e não raro servindo de advogados em nome de grupos e constituintes cujos interesses estavam sendo ignorados pelo mercado ou comprometidos na esfera do governo.

Segundo uma abrangente pesquisa realizada em 1991 pelo Instituto Gallup, mais de 94,2 milhões de americanos adultos, ou 51% da população, doaram seu tempo a várias causas e organizações. O voluntário médio doou 4,2 horas de seu tempo por semana. Coletivamente, o povo americano prestou mais de 20,5 bilhões de horas de serviços voluntários. Mais de 15,7 bilhões dessas horas foram na forma de trabalho voluntário formal, isso é, trabalho regular para alguma organização voluntária. Essas horas representam uma contribuição econômica equivalente a 9 milhões de empregados em tempo integral e, se medido em termos de dólares, corresponderiam a US$ 176 bilhões.[4]

Havia mais de 1,4 milhão de organizações sem fins lucrativos nos Estados Unidos: organizações cujo principal objetivo é prestar algum serviço ou promover alguma causa. O Serviço de Renda Interna define uma organização sem fins lucrativos como aquela em que "nenhuma parte da receita líquida... reverte em benefício de qualquer acionista privado ou indivíduo"[5]. A maioria das organizações sem fins lucrativos está isenta de impostos federais e os donativos que recebem são dedutíveis do imposto.

O crescimento no número de organizações isentas do pagamento de imposto nos Estados Unidos entre os anos de 1969 e 1994 foi extraordinário. Ao final da década de 50, o Serviço de Renda Interna processou entre cinco mil e sete mil pedidos de isenção de imposto por ano. Em 1985, foram mais de 45 mil.[6] Em 1994, o total combinado dos ativos do setor sem fins lucrativos somava mais de US$ 500 bilhões. Esse setor é financiado em parte por doações particulares, e o restante provém de remuneração e de concessões governamentais. Em 1991, um lar americano médio contribuía com US$ 649, ou 1,7% de sua renda para organizações voluntárias. Mais de 69 milhões de lares americanos declararam contribuições ao setor voluntário em 1991. Nove por cento de todos os lares doaram mais de 5% de sua renda combinada para a caridade.[7]

O serviço comunitário é uma alternativa revolucionária para formas tradicionais de trabalho. Ao contrário do trabalho escravo, da servidão e do trabalho remunerado, não é coagido nem se reduz ao relacionamento fiduciário. O serviço comunitário é uma ação de ajuda, é estender a mão. É um ato assumido voluntariamente e, muitas vezes, sem a expectativa de ganho material. Nesse sentido, assemelha-se mais à antiga economia da doação de presentes. O serviço comunitário provém de uma profunda compreensão da interconectividade de todas as coisas e é motivado por um senso pessoal de dívida. É, sobretudo, um intercâmbio social, embora muitas vezes com conseqüências econômicas tanto para o beneficiário quanto para o benfeitor. A atividade comunitária é substancialmente diferente da atividade de mercado, em que a troca é sempre material e financeira e as conseqüências sociais são menos importantes do que ganhos e perdas econômicos.

Cientistas sociais franceses introduziram o termo *economia social* na década de 80, para procurar esclarecer a distinção entre o terceiro setor e a economia de intercâmbio de mercado. O economista francês Thierry Jeantet diz que a economia social não é "medida da forma como se mede o capitalismo, em termos de salários, receita etc., mas seu produto integra resultados sociais com ganhos econômicos indiretos, como, por exemplo, o caso de pessoas incapacitadas sendo cuidadas em seus lares e não em hospitais; o grau de solidariedade entre pessoas de diferentes grupos etários em uma vizinhança". Jeantet reforça que "a economia social é mais bem entendida em termos de resultados que acrescentam consideravelmente algo que a economia tradicional não sabe como ou não quer medir"[8].

Socialmente, o terceiro é o mais responsável dos três setores. É o plano da solicitude que atende a necessidades e aspirações de milhões de pessoas que, de alguma forma, foram excluídas ou não foram adequadamente atendidas pela esfera comercial ou pública.

Uma Visão Alternativa

Alexis de Tocqueville, estadista e filósofo francês, foi o primeiro a notar o espírito voluntário americano. Após visitar os Estados Unidos em 1831, ele escreveu suas impressões sobre o então jovem país. Tocqueville ficou impressionado pela propensão americana de se engajar em atividades voluntárias – um fenômeno pouco em evidência na Europa da época: "Americanos de todas as idades, de todas as classes sociais e de todos os tipos de pendor estão constantemente formando associações. Não há apenas associações comerciais e industriais das quais todos participam, mas outras de milhares de tipos diferentes – religiosas, morais, sérias, fúteis, muito genéricas e muito limitadas, imensamente grandes e minúsculas. Os americanos unem-se para festejar, fundar seminários, construir igrejas, distribuir livros e enviar missionários para os antípodas. Hospitais, prisões e escolas tomam forma desse modo. Finalmente, se querem proclamar uma verdade ou propagar algum sentimento pelo encorajamento de um grande exemplo, eles formam uma associação"[9].

Tocqueville estava convencido de que os americanos tinham descoberto uma nova forma revolucionária de expressão cultural que se mostraria essencial ao florescimento de um espírito democrático e que estava largamente ausente na sociedade européia:

> Nada, a meu ver, merece mais atenção do que as associações intelectuais e morais na América. As associações políticas e industriais americanas facilmente chamam a nossa atenção, mas as outras tendem a não ser notadas. E, mesmo que as notemos, tendemos a compreendê-las de forma equivocada, por jamais termos visto algo parecido antes. Entretanto, devemos reconhecer que as últimas são tão necessárias quanto as primeiras para o povo americano; talvez até mais. Em países democráticos, o conhecimento de como combinar é a mãe de todas as demais formas de conhecimento; de seu progresso depende o de todas as outras.[10]

Durante mais de 200 anos, a atividade do terceiro setor tem moldado a experiência americana, atingindo virtualmente cada aspecto de sua vida, ajudando a transformar uma cultura de fronteira em uma sociedade moderna altamente avançada. Embora os historiadores não hesitem em creditar aos setores do mercado e do governo a grandeza americana, o terceiro setor tem desempenhado um papel igualmente agressivo na definição do modo de vida americano. As principais escolas e faculdades dos Estados Unidos, seus hospitais, organizações de serviço social, ordens fraternais, clubes femininos, organizações de jovens, grupos de direitos civis, organizações de justiça social, grupos de conservação e de proteção ao meio ambiente, organizações de proteção aos animais, teatros, orquestras, galerias de arte, bibliotecas, museus, associações cívicas, organizações de desenvolvimento comunitário, associações de bairro, brigadas contra incêndio voluntárias e patrulhas de segurança civis são todas criaturas do terceiro setor.

Em 1994, organizações voluntárias atendiam milhões de americanos em cada bairro e comunidade do país. Seu alcance e seu objetivo superaram muitas vezes os setores público e privado, tocando e afetando as vidas de cada americano, não raro mais profundamente do que as forças do mercado ou as agências e burocracias do governo.

Embora as organizações voluntárias existam na maioria dos países e estejam rapidamente se tornando uma força social expressiva, em nenhum outro lugar estão tão bem desenvolvidas quanto nos Estados Unidos. Os americanos têm se voltado com freqüência para as organizações voluntárias como um refúgio – um lugar em que relacionamentos pessoais podem ser alimentados, status pode ser alcançado e um senso de comunidade pode ser criado. Certa vez, o economista e educador Max Lerner observou que, por meio de suas afiliações com organizações voluntárias, os americanos esperam superar seu senso de isolamento e alienação pessoal e se tornar parte de uma comunidade real. Essa é uma necessidade primordial que não pode ser preenchida pelas forças do mercado ou pelos ditames do governo. Lerner escreveu: "É nelas (associações voluntárias)... que o espírito comunitário mais se aproxima de ser alcançado"[11].

Enquanto muito tem sido dito sobre a anárquica tradição da fronteira e a feroz ética competitiva que fez dos Estados Unidos uma superpotência econômica, o lado empático da experiência americana, aquele que faz os americanos unirem-se no serviço coletivo, recebe pouca atenção. O setor independente serve como refúgio para milhões de americanos, um lugar em que podem ser eles mesmos, para expressar suas opiniões e exibir seus talentos de maneiras impossíveis nos confins mais restritos do local de trabalho, onde imperam apenas produção e eficiência. Walter Lippmann resume o enorme valor do terceiro setor para as vidas de milhões de americanos: "É a colocação social de um americano – na igreja, em clubes femininos e de gastronomia, em campanhas de arrecadação de fundos, nos grupos de veteranos, no clube de campo e em partidos políticos – que define sua personalidade social. É por essa sua atividade que ele tem o senso de eficiência, que não consegue ter como parte menor do processo mecânico da organização corporativa. Aqui ele pode abrir seu caminho como pessoa, pelas suas qualidades de generosidade e afabilidade, pela sua capacidade de se expressar em uma reunião ou de presidi-la, ou de trabalhar em uma comissão, pela sua capacidade de organização, por seu ardor e pelo seu espírito público. Aqui ele supera a si próprio, como raramente o faz em seu emprego, trabalhando com outros para fins não lucrativos"[12].

O setor independente é a força aglutinante, o elo social que ajuda a unir os diversos interesses do povo americano em uma identidade social coesa. Se existe uma única característica que resume as qualidades exclusivas de ser americano seria nessa capacidade de se unirem em associações voluntárias para o serviço ao próximo. Certa vez, a antropóloga Margaret Mead comentou: "Se você olhar atentamente, verá que a única coisa que realmente importa para nós, qualquer coisa que encarne nosso mais profundo comprometimento com o modo como a vida humana deveria ser vivida e cuidada, depende de alguma forma – muitas vezes de muitas formas – da atividade voluntária"[13]. Entretanto, e estranhamente, esse aspecto central do caráter e da experiência americana é pouco estudado nos livros de história e de sociologia usados em escolas e faculdades por todo o país. Em vez disso, nossas crianças são ensinadas sobre as virtudes do mercado e sobre o controle e o equilíbrio embutidos em nossa forma representativa de governo. O terceiro setor, quando é mencionado, geralmente é colocado como uma nota de rodapé à experiência americana, apesar do seu papel crítico na formação do modo de vida americano.

Organizações do terceiro setor desempenham muitas funções. São as incubadoras de novas idéias e foros para a manifestação de agravos sociais. Associações comunitárias integram correntes de imigrantes rumo à experiência americana. São os lugares onde os pobres e desamparados podem encontrar ajuda. Organizações sem fins lucrativos como museus, bibliotecas e sociedades históricas ajudam a preservar tradições e a abrir portas para novos tipos de experiências intelectuais. O terceiro setor é aquele em que muitas pessoas aprendem como praticar a arte da participação democrática. É aquele em que o companheirismo é procurado e as amizades são formadas. O setor independente proporciona um lugar e o tempo para a exploração da dimensão espiritual. Organizações religiosas e terapêuticas permitem a milhões de americanos deixar para trás as preocupações seculares da vida cotidiana. Finalmente, o terceiro setor é onde as pessoas relaxam, brincam e vivenciam mais plenamente os prazeres da vida e da natureza.

O terceiro setor incorpora muitos dos elementos necessários para uma contundente visão alternativa ao ethos utilitário do mercado. Ainda assim, o espírito da economia social ainda não se solidificou em uma poderosa visão de um mundo compensatório, capaz de definir uma ordem do dia para uma nação. Isso se deve em grande parte ao extraordinário poder que os valores do mercado têm exercido sobre os assuntos dos Estados Unidos.

A visão de mercado, apegada a uma abundância materialista, glorifica princípios de produção e padrões de eficiência como o principal meio de promover a felicidade. Enquanto a principal identificação das pessoas for com a economia de mercado, os valores de produção expandida e consumo ilimitado continuarão a influenciar o comportamento pessoal. As pessoas continuarão a pensar em si mesmas, antes de mais nada, como "consumidoras" de bens e serviços. A visão materialista do mundo tem levado ao consumo voraz da Terra, deixando a biosfera do planeta comprometida pelo esgotamento de recursos de um lado e pela poluição ambiental do outro. Alan Durning, do Worldwatch Institute, observa que "desde meados do século, o consumo per capita de cobre, energia, carne, aço e madeira quase dobrou; a posse de carros per capita e o consumo de cimento quadruplicaram; o uso de plástico por pessoa quintuplicou; o consumo de alumínio per capita cresceu sete vezes; e as viagens aéreas por pessoa multiplicaram 33 vezes"[14].

Em 1994, só os Estados Unidos, com menos de 5% da população humana da Terra, foram consumidos mais de 30% da energia e das matérias-primas restantes no mundo.

A rápida conversão dos recursos da Terra em uma abundância de bens e serviços tem levado ao aquecimento global, ao esgotamento de ozônio, ao desmatamento em massa, à disseminação de desertos, à extinção de espécies e à desestabilização da biosfera. O excesso de exploração das riquezas químicas e biológicas da Terra também tem deixado as nações em desenvolvimento carentes de recursos, e suas populações sem meios adequados para sustentar sua população crescente.

A visão do terceiro setor oferece um antídoto muito necessário ao materialismo extremo que tanto dominou o pensamento industrial do século XX. Enquanto os trabalhadores no setor privado estão motivados pelo ganho material e encaram a segurança em termos de maior consumo, os participantes do terceiro setor são motivados pelo serviço ao próximo e encaram a segurança em termos de relacionamentos pessoais fortalecidos e de um senso de assentamento na comunidade terrestre maior. A própria idéia de ampliar as lealdades pessoais e as afiliações além dos limites restritos do mercado e da nação-estado para incluir a espécie humana e o planeta é revolucionária e pressagia vastas mudanças na estruturação da sociedade. Os novos visionários vêem a Terra como um todo orgânico indivisível, uma entidade viva constituída de formas infinitas de vida reunidas em uma comunidade. Agir em nome dos interesses de toda a comunidade humana e biológica, em vez de em interesses próprios materiais e restritos, torna o paradigma do terceiro setor uma séria ameaça à visão voltada ao consumo de uma economia de mercado ainda dominante.

A intenção de reestruturar uma miríade de relacionamentos baseados na participação, primeiro com os que nos cercam, depois com a comunidade humana maior e, finalmente, com outras criaturas que formam a comunidade orgânica da Terra pode parecer uma perspectiva improvável. Entretanto, precisamos apenas nos lembrar de que a visão dos utópicos tecnológicos – de um mundo no qual máquinas substituem pessoas, criando uma abundância de coisas materiais e a possibilidade de mais lazer – parecia, para muitos, improvável e inatingível há apenas 100 anos.

Há razões para crer na esperança de que uma nova visão baseada na transformação da consciência e um novo comprometimento com a comunidade ocorram. Com milhões de seres humanos passando cada vez mais de seu tempo produtivo longe do trabalho na economia formal, nos próximos anos a importância do trabalho formal para suas vidas diminuirá também – inclusive seu poder sobre seu conceito de auto-estima. A diminuição da vida de trabalho na economia formal significará a diminuição da submissão aos valores, da visão do mundo e da visão que acompanha a economia de mercado. Se uma visão alternativa – impregnada no ethos da transformação pessoal, da restauração da comunidade e de uma consciência ambiental – ganhasse larga aceitação, a base intelectual poderia ser lançada para a era pós-mercado.

No futuro, um número crescente de pessoas em todo o mundo estará passando menos tempo no emprego e terá mais tempo livre. Se seu "tempo livre" será coagido, involuntário e resultado de trabalho de meio período forçado, de demissões e de desemprego ou lazer tornado possível por ganhos de produtividade, pela semana de trabalho reduzida e por renda maior, isso permanece para ser decidido na arena política. Se o desemprego maciço, de um tipo desconhecido na história, estivesse para ocorrer como resultado da arrebatadora substituição da mão-de-obra humana por máquinas, então as chances de desenvolver uma sociedade piedosa e zelosa e uma visão do mundo baseada na transformação do espírito humano seriam improváveis. O rumo mais provável seria uma ampla convulsão social, violência em uma escala sem precedentes e conflito armado, com os pobres atacando violentamente uns aos outros e às elites ricas que controlam a economia global. Se, em vez disso, um rumo esclarecido for trilhado, que permita aos trabalhadores se beneficiarem dos ganhos de produtividade, com semanas de trabalho menores e renda adequada, mais tempo livre existirá do que em qualquer outro período da história moderna. Esse tempo livre poderia ser usado para renovar os vínculos comunitários e rejuvenescer a herança democrática. Uma nova geração poderá transcender os limites estreitos do nacionalismo e começar a pensar e agir como membros comuns da raça humana, com compromissos compartilhados entre si, a comunidade e a biosfera maior.

CAPÍTULO **17**

Investindo no Terceiro Setor

No século XXI, o setor de mercado e o setor público desempenharão um papel cada vez mais reduzido na vida cotidiana dos seres humanos em todo o mundo. O vácuo do poder provavelmente será preenchido ou pelo crescimento de uma subcultura da ilegalidade ou por uma participação maior no terceiro setor. Isso não quer dizer que qualquer um dos dois setores vá fenecer ou desaparecer – apenas que seu relacionamento com a massa de pessoas provavelmente mudará de maneiras fundamentais. Mesmo com os avanços tecnológicos da Terceira Revolução Industrial, a maioria das pessoas, em um futuro previsível, ainda precisará trabalhar na economia de mercado formal para ganhar o seu sustento – ainda que suas horas de emprego continuem a cair. Quanto ao número cada vez maior de pessoas para as quais não haverá qualquer tipo de trabalho no setor de mercado, os governos enfrentarão duas escolhas: financiar proteção policial adicional e construir mais cadeias para encarcerar uma classe criminosa crescente, ou financiar formas alternativas de trabalho no terceiro setor. Organizações baseadas em comunidades atuarão como árbitros e porta-vozes junto às forças maiores do mercado e do governo, servindo como principais defensores e agentes da reforma social e política. Organizações do terceiro setor provavelmente também assumirão a tarefa de fornecer cada vez mais serviços básicos, em função dos cortes na ajuda governamental e assistência a pessoas e comunidades carentes.

A globalização do setor de mercado e a diminuição do papel do setor governamental significarão que as pessoas serão forçadas a se organizar em comunidades de interesses próprios para garantir seu próprio futuro. O sucesso da transição para uma era pós-mercado dependerá em grande parte da capacidade de um eleitorado motivado, trabalhando entre coalizões e movimentos, para transferir efetivamente, tanto quanto possível, os ganhos de produtividade do setor de mercado para o terceiro setor, para fortalecer e aprofundar os vínculos comunitários e as infra-estruturas locais. Apenas com a construção de comunidades locais fortes e auto-sustentadas as pessoas em todos os países serão capazes de resistir às forças do deslocamento tecnológico e da globalização do mercado que ameaçam o sustento e a sobrevivência de grande parte da família humana.

Um Novo Papel para o Governo

Provavelmente, o governo desempenhará um papel muito diferente na emergente era high-tech, um papel menos vinculado aos interesses da economia de mercado e mais alinhado com os interesses da economia social. Moldar uma nova parceria entre o governo e o terceiro setor para reconstruir a economia social poderia ajudar a restaurar a vida cívica em cada nação. Alimentar os pobres, fornecer serviços básicos de assistência à saúde, educar os jovens, construir moradias a preços acessíveis e preservar o meio ambiente encabeçam a lista das prioridades urgentes nos próximos anos. Todas essas áreas críticas ou têm sido ignoradas ou inadequadamente atendidas pelas forças do mercado. Hoje, com a economia formal retirando-se da vida social dos países e os governos recuando de seu papel tradicional de provedor de última instância, apenas um esforço organizado, encabeçado pelo terceiro setor e adequadamente apoiado pelo setor público, será capaz de prestar serviços sociais básicos e começar o processo de revitalização da economia social em cada país.

A reestruturação do papel direto do governo na economia formal e sua transição para atividades que enfatizam o bem-estar do setor independente provavelmente mudarão a natureza da política. A administração Clinton deu um primeiro passo na tentativa rumo à criação de uma nova parceria entre o setor público e o terceiro setor com o anúncio, em 12 de abril de 1994, da criação da Non-Profit Liaison Network (Rede de Ligação Sem Fins Lucrativos), que consistia de 25 altos funcionários da administração que "trabalharão com o setor não lucrativo em metas comuns". Os funcionários são responsáveis pela formação de redes cooperativas entre seus departamentos e agências do governo e organizações do terceiro setor. Ao anunciar o projeto, o então presidente Clinton disse que há muito tempo "já vem defendendo o papel do setor beneficente". Lembrou o público que "ao longo de nossa história, a comunidade beneficente tem ajudado nossa nação a adaptar-se a um mundo em mutação, fortalecendo os valores centrais que moldam a vida americana". O ex-presidente disse que a Network criaria melhor colaboração entre a administração e grupos de serviços, em um esforço mútuo para solucionar os problemas de crime, moradia, saúde e outros assuntos nacionais urgentes. Embora a atitude do ex-presidente provavelmente tenha sido vista mais como um gesto simbólico do que como uma mudança nos modelos políticos, ela sugeria tanto uma conscientização crescente do papel potencial do terceiro setor na vida americana quanto a necessidade de criar novos relacionamentos de trabalho entre o governo e a comunidade beneficente.[1]

A administração Clinton não foi a primeira a avaliar a importância do terceiro setor. Na década de 80, os republicanos chegaram à Casa Branca, baseando sua campanha eleitoral, em grande parte, sobre a plataforma do voluntariado. O Partido Republicano dominou o cenário político americano por mais de uma década com a promessa de "devolver o governo ao povo". As forças Reagan perceberam logo cedo o potencial poder simbólico e emocional das imagens do terceiro setor e usaram-no a seu favor, construindo um mandato republicano na década de 80. Tanto nas administrações Reagan quanto nas de Bush, os temas do terceiro setor eram constantemente manipulados em um esforço cínico de mascarar uma ordem do dia de livre mercado. "Devolver o governo ao povo" tornou-se um eufemismo conveniente para forçar a desregulamentação da indústria, diminuir impostos corporativos e efetuar cortes em serviços sociais e programas de habilitação para os trabalhadores pobres e àqueles encurralados abaixo da linha de pobreza. Finalmente, o terceiro setor ficou seriamente comprometido e abalado pelas próprias forças políticas que professavam ser seus defensores e advogados. Para evitar ocorrências similares no futuro, é necessário compreender os modos conciliatórios com que a administração Reagan foi capaz de manipular imagens do terceiro setor bem como as reações que provocaram nos democratas e nas forças progressistas americanas.

O Terceiro Setor e a Política Partidária

Desde o seu primeiro dia de governo, o presidente Reagan fez do trabalho voluntário o principal tema de sua administração, sugerindo que o governo havia assumido muitas das tarefas anteriormente desempenhadas pelo terceiro setor, deixando os americanos excessivamente dependentes do setor público e bem menos dispostos a proverem para si mesmos e suas comunidades. Na tentativa de reacender o espírito da livre associação que

Tocqueville havia visto ardendo vívido nos primeiros anos da nova nação, Reagan insistia na mesma tecla da tradição do serviço voluntário. Escrevendo em 1985 no *Reader's Digest*, o ex-presidente elogiou o espírito voluntário americano: "Esse espírito voluntário, então, flui como um profundo e vasto rio pela história da nossa nação. Os americanos sempre têm estendido suas mãos em gestos de ajuda."

O então presidente ainda criticou o que considerava uma crescente usurpação do setor voluntário por grandes programas governamentais na era pós-guerra: "Mas após a Segunda Guerra Mundial, os níveis daquele rio de voluntários baixaram. À medida que o governo expandia, fomos cedendo a essas tarefas que costumavam ser feitas pela comunidade e pelos bairros. 'Por que eu deveria me envolver?', perguntavam as pessoas. 'Deixe que o governo se encarregue.'"[2]

O ex-presidente lamentava a mudança nas atitudes do povo, que havia deixado "o governo tirar muitas coisas que outrora considerávamos nossas ao fazê-las voluntariamente, por bondade e prestimosidade". Ele disse: "Acredito que muitos de vocês querem fazer essas coisas novamente"[3].

O apelo do ex-presidente Reagan a valores simples e antigas boas ações tocou os sentimentos das pessoas. Embora a ordem "liberal" não hesitasse em ridicularizá-lo, acusando-o de ser ingênuo, até mesmo dissimulado, milhões de americanos, muitos dos quais eram eles mesmos voluntários e comprometidos com os princípios das associações voluntárias, viram na mensagem de Reagan um chamado para renovar o espírito americano e apoiaram o apelo da Casa Branca conclamando à ação. Em 1983, a atividade voluntária tornou-se o tema do desfile anual Rose Bowl e foi transformado em campanha publicitária nacional pelo Ad Council. Um selo comemorativo foi emitido pelo Serviço Postal americano.[4]

Mais tarde, o presidente Bush retomou o assunto do trabalho voluntário, durante seu discurso de posse. Em seu agora famoso discurso "Points of Light" (Pontos de Luz), o presidente lembrava ao país que o setor voluntário era a espinha dorsal espiritual do espírito democrático americano:

> São os indivíduos fazendo sua parte, para fazer da América um lugar melhor para viver. É o estudante que fica após as aulas para ajudar um colega. É um líder comunitário que levanta fundos para a construção de uma creche para crianças desamparadas. É o empresário que adota uma escola e paga a faculdade de cada estudante que se destaca nos estudos. É o voluntário que entrega refeições nas casas dos idosos. E existem milhares de pontos de luz para cada um que se lança ao trabalho. Essa é a grandeza da América... É a ambição de minha presidência fazer esses milhares de pontos de luz brilharem mais fortes do que jamais antes brilharam.[5]

Subseqüentemente, Bush lançou seu "Points of Light Initiative" (Iniciativa Pontos de Luz) – um programa de US$ 50 milhões, financiado em conjunto pelo governo federal e por fundos privados. A missão do programa, segundo a Casa Branca, era encontrar exemplos inovadores e inspiradores de esforços voluntários e ajudar a divulgá-los para que outras comunidades pudessem começar a segui-los. Não podiam ser usados fundos para subsidiar esforços no setor voluntário. A iniciativa Points of Light do presidente foi violentamente criticada pela imprensa americana e até mesmo por muitos grupos e associações voluntárias progressistas. John Buchanan Jr., então presidente do grupo político liberal People for the American Way, censurou a iniciativa da Casa Branca, dizendo: "Isso é pouco mais do que um *rally* nacional de iniciativas"[6].

Críticas ao tema da retomada da atividade voluntária de Reagan-Bush foram ouvidas de vários lados. A esquerda americana acusava que a atividade voluntária era uma tentativa cínica das administrações republicanas de se esquivar de sua responsabilidade de ajudar os pobres e as classes trabalhadoras do país. Muitos críticos liberais chamaram a atenção para o poder e a influência que as grandes fundações exercem sobre organizações sem fins lucrativos, pelo controle que têm sobre o fluxo dos recursos para o setor voluntário. O controle dos fundos, argumentavam, era uma garantia de que organizações populares continuariam submissas e receosas de se envolverem em confrontos ou defesa política direta – papéis tradicionais do setor voluntário. Outros argumentavam que os esforços voluntários, por sua própria natureza, fragmentavam tentativas de constituir movimentos políticos eficazes para mudanças fundamentais. O conceito de "serviço", diziam, impedia que as pessoas compreendessem as raízes institucionais da opressão de classe, mantendo-as envolvidas em tentativas fúteis de reformas superficiais.

Na década de 80, o tema trabalho voluntário tornou-se tão associado à política republicana na mente do público, que ficou, como tantas questões importantes na vida americana, reduzido a uma causa partidária. Os democratas e a maioria dos pensadores liberais e grupos constituintes ou se opunham abertamente ao assunto do serviço voluntário ou o ignoravam obstinadamente. A Organização Nacional para Mulheres (National Organization for Women – NOW) aprovou uma resolução contra o serviço voluntário, dizendo que tradicionalmente ele era usado como um meio de negar às mulheres – que constituem a maioria da força voluntária – pagamento por seus serviços. O serviço voluntário, argumentavam, era desprezado, considerado menos sério e menos importante do que o trabalho profissional pago e, por essa razão, deveria ser desencorajado entre as mulheres. Típica é a resposta de uma mulher, quando perguntada se ofereceria seus serviços voluntários. Ela respondeu: "Acho que é terrível. Quero ser paga pelo que faço. Quero que as pessoas o valorizem. E dinheiro é a única forma de fazer com que as pessoas pensem que é importante"[7].

Os sindicatos de funcionários públicos também combateram o esforço voluntário no passado, receando que eles pudessem substituir o trabalho pago realizado por servidores públicos. Kathleen Kennedy Townsend, uma liberal progressista que trabalhou para o Serviço de Recursos Humanos do governo americano pelo Estado de Massachusetts no início da década de 80, cita vários exemplos de sindicatos de funcionários públicos que ativamente se opunham aos esforços voluntários. Na Carolina do Norte, sindicatos de professores desencorajaram esforços para treinar tutores voluntários, preocupados com o fato de que pudessem reduzir o número de professores pagos. Ela se lembra do acontecimento na cidade de Nova York, quando voluntários tentaram esfregar uma estação do metrô imunda. O sindicato dos Trabalhadores no Transporte mandou que o grupo parasse o trabalho, dizendo que, se os sindicatos não fizeram o serviço, então não poderia ser feito por mais ninguém.

Townsend disse que "o fracasso dos 'liberais' em abraçar a atividade voluntária também pode ser explicada pela sua preferência por profissionais com credenciais acadêmicas". A idéia do cuidado profissional tem se tornado um elemento popular do léxico progressista em anos recentes e muitos pensadores liberais passaram a acreditar que serviços melhores e mais eficazes podem ser dados aos necessitados por profissionais pagos e não por amadores bem-intencionados, mas não credenciados.[8]

Finalmente, muitos críticos liberais do serviço voluntário associavam o terceiro setor com uma forma paternalista de elitismo. A caridade, argumentavam, desmerece as vítimas, tornando-as objetos de piedade em vez de pessoas com valor inerente e direitos inalienáveis, merecedoras de ajuda. Programas governamentais, ao contrário, partem do princípio de que cidadãos necessitados têm direito a serviços, não por um ato de caridade, mas pela responsabilidade do governo em promover o bem-estar geral. É, como nos lembram, uma garantia constitucional.

A comunidade liberal não tinha se pronunciado de modo unânime sobre o assunto do serviço voluntário. Betty Friedan, fundadora da NOW, defendia uma "nova forma veemente de serviço voluntário". Ela sustentava que a "polarização entre feminismo e serviço voluntário (é) tão falsa... quanto o pretenso repúdio (feminista) da família". Friedan previa que nas décadas seguintes "organizações voluntárias serão a única maneira de promover os serviços essenciais à mudança social mais profunda e à vida em igualdade, agora que, ao que tudo indica, teremos de depender menos das agências governamentais e dos tribunais"[9].

Townsend se lembra de inúmeros incidentes nos quais as críticas dos liberais ao serviço voluntário não conseguiram refletir a realidade dos esforços voluntários. Por exemplo, na questão do profissionalismo e da suposição de que "cuidados profissionais" geralmente prestam serviços mais eficazes, Townsend diz que muitas vezes não é assim. Ela relata uma experiência própria com dois pensionatos, um administrado profissionalmente e subsidiado pelo governo, o outro dirigido por voluntários e sustentado por donativos particulares. No pensionato público, administrado profissionalmente, "dezenas de homens e mulheres aglomeravam-se em poltronas ou cadeiras dobráveis em uma sala mal iluminada que cheirava a urina, corpos sujos e amônia. Em um canto, um televisor preto-e-branco tremeluzia; os empregados mantinham-se a distância no corredor, conversando entre si... Um deles disse que haviam acabado de ter uma comemoração, mas não havia qualquer sinal de animação no ambiente."

O segundo pensionato, Rosie's Place, era um abrigo para mulheres desabrigadas, dirigido por voluntários: "O abrigo é iluminado e alegre, as paredes bem decoradas com flores pintadas de azul-claro e branco. As mesas de madeira estavam limpas e polidas e havia café fresco e biscoitos de chocolate recém-saídos do forno. (Os voluntários fazem com que) todas as mulheres do abrigo sintam-se bem-vindas"[10].

O compromisso zeloso dos voluntários muitas vezes leva a melhores resultados na prestação de serviços do que os serviços mais desapegados de profissionais assalariados. Não raro, a combinação de pequenas equipes de profissionais e grandes números de voluntários propicia a combinação ideal de experiência e empatia necessárias para ajudar os outros.

Quanto à questão mais complexa de os voluntários tomarem os empregos dos funcionários públicos, os fatos sugerem que, quando voluntários se envolvem em atividades que se interpõem às do setor público – tais como tutelagem, limpeza de bairros, assistência médica –, eles começam a ver a necessidade de direcionar mais recursos públicos para esses serviços sociais críticos e freqüentemente externam sua preocupação em sustentar crescentes gastos governamentais.

Em 1994, um número crescente de pensadores progressistas estava reconsiderando o setor independente. Eles estavam começando a perceber que era a única alternativa viável para as pessoas, já que o papel da economia de mercado como empregador estava encolhendo e o papel do governo como provedor de último recurso também. As manobras entre conservadores e liberais, republicanos e democratas, sobre como melhor redirecionar as energias e os comprometimentos dos Estados Unidos para o terceiro setor provavelmente estarão entre as questões políticas mais minuciosamente observadas nos próximos anos.

Fazendo o Terceiro Setor Trabalhar

A despeito de todo o discurso sobre redirecionar a missão do governo para ajudar o terceiro setor, nem o presidente Reagan nem o presidente Bush se dispuseram a levar adiante suas promessas com programas concretos, desenvolvidos para levá-las a termo. Na verdade, a administração Reagan pressionou ativamente para mudar o Código do Serviço de Receita Interna que regulamenta o trabalho isento de imposto, para restringir ainda mais as atividades de grupos sem fins lucrativos e limitar o tipo e o número de deduções que um contribuinte poderia reivindicar por contribuições de caridade.

Se o terceiro setor pretende se transformar em uma força eficaz, capaz de lançar o trabalho de base viável para uma era pós-mercado, o governo terá de desempenhar um papel de apoio na transição. Já no início, as necessidades de dois grupos distintos terão de ser abordadas, se o país quiser redirecionar eficazmente milhões de horas de mão-de-obra disponível para atividades substantivas, com a finalidade de reconstruir comunidades e fortalecer o papel do terceiro setor na sociedade americana. Primeiro, os incentivos apropriados terão de ser colocados à disposição, para incentivar aqueles que ainda têm um emprego no setor de mercado, mas estão trabalhando menos horas, a darem uma parte de seu tempo livre para o serviço no terceiro setor. Segundo, será necessário decretar leis que dêem a milhões de americanos permanentemente desempregados trabalho significativo em serviços comunitários no terceiro setor, para ajudar a reconstruir seus próprios bairros e infra-estruturas locais.

Salários Indiretos para Trabalho Voluntário

O governo poderia incentivar a maior participação no terceiro setor, pela dedução de imposto por hora de trabalho voluntário dado a organizações legalmente isentas de impostos. Para assegurar uma prestação de contas honesta pelas horas trabalhadas, cada organização isenta de imposto teria de reportar o número de horas doadas, tanto para o governo federal quanto para o voluntário, ao final do ano fiscal, na forma de um formulário-padrão de imposto de renda. O conceito de "salário indireto", sob a forma de uma dedução de impostos sobre a renda pessoal por doação de horas voluntárias, renderia muito no sentido de incentivar milhões de americanos a devotar uma parcela maior de seu tempo livre a esforços voluntários no terceiro setor. Embora a idéia tenha poucos anos, o conceito já está firmemente estabelecido nas leis que regem as deduções de impostos. Se doar dinheiro a obras de caridade é considerado meritório de dedução, por que não estender a idéia para abranger deduções por doações de horas a essas mesmas obras e causas?

A dedução de impostos para pessoas que doam seu tempo a causas voluntárias asseguraria maior envolvimento em uma variedade de questões sociais que precisam ser encaminhadas. Embora houvesse uma perda de receita tributável de um lado, provavelmente essa perda seria mais do que compensada pela menor necessidade de programas governamentais dispendiosos para cobrir necessidades e serviços mais bem administrados por iniciativas voluntárias no terceiro setor. Ao estender as deduções de impostos diretamente aos voluntários que doam seus serviços e habilidades no ponto da contratação, o governo eliminaria grande parte da despesa que vai para o financiamento dos níveis burocráticos necessários para administrar programas nas comunidades locais. Assim, as melhorias na qualidade de vida de milhões de americanos menos favorecidos inevitavelmente reverteriam para a própria economia, na forma de maiores oportunidades de emprego e maior poder aquisitivo, aumentando com isso o volume de receita tributável disponível a cada nível do governo.

Alguns poderiam argumentar que a concessão de dedução de imposto por horas voluntárias poderia minar o espírito voluntário. As chances de esse fato ocorrer são improváveis. Afinal, tornar contribuições de caridade dedutíveis de imposto parece ter encorajado o espírito filantrópico, e tudo indica que a criação de um salário indireto apenas encorajaria aqueles que voluntariamente querem dar mais de seu tempo à economia social, em vez de trabalhar horas extras em um segundo emprego para equilibrar o orçamento, ou ficar sentado à frente da televisão todas as noites.

As vantagens em decretar um salário indireto para a atividade voluntária são óbvias e abrangentes. Facilitar a transição de milhões de trabalhadores do emprego formal na economia de mercado para o serviço comunitário na economia social será essencial se a civilização quiser administrar eficazmente a diminuição do trabalho em massa no século XXI.

Para assegurar que a sociedade não se desintegre em milhares de iniciativas locais sem uma finalidade e uma direção nacional coerentes, os governos precisarão alavancar o setor voluntário com incentivos adequados para manter um senso de identidade e de vontade nacional. Deduções por trabalho voluntário poderiam ser classificadas por níveis de prioridade, com deduções maiores para esforços voluntários que o povo e seus políticos eleitos Congresso e a Casa Branca considerem mais urgentes. Além disso, o Congresso deveria considerar dar maior prioridade às deduções por contribuições a instituições de caridade, concedendo deduções por contribuições destinadas a atividades consideradas críticas ao interesse dos americanos. Dando prioridade às deduções por contribuição de caridade e doação de tempo voluntário, o governo estaria desempenhando um papel importante na condução da economia social, dando um senso de objetivo e direção aos milhares de esforços voluntários locais. Nos próximos anos, as mudanças legislativas nos dispositivos de dedução de imposto no Código de Receita Interna americano, provavelmente serão vistas como um importante instrumento fiscal na regulamentação da economia social, tanto quanto outras políticas tributárias têm sido importantes na regulamentação da economia de mercado.

Um Salário Social por Serviços Comunitários

Embora os salários indiretos provavelmente encorajem maior participação nos esforços voluntários daqueles ainda empregados, os governos estaduais e federal também deveriam considerar o pagamento de um salário social como alternativa aos pagamentos de previdência e benefícios para os americanos permanentemente desempregados, dispostos a ser retreinados e empregados em trabalhos no terceiro setor. O governo também deveria conceder isenções a organizações sem fins lucrativos para ajudá-las a recrutar e a treinar os pobres para cargos em suas organizações.

O pagamento de um salário social – como alternativa à previdência social – para os milhões de pobres, em troca de trabalho no setor sem fins lucrativos, ajudaria não apenas os beneficiários como também as comunidades onde seu trabalho fosse empregado. Forjar novos vínculos de confiança e um senso de comprometimento mútuo para com o bem-estar de outros e os interesses das comunidades a que servem é o que é tão desesperadamente necessário, se quisermos reconstruir comunidades e criar a base para uma sociedade solidária. Um salário social adequado daria a milhões de pessoas desempregadas, trabalhando em milhares de organizações comunitárias, a oportunidade de ajudarem a si próprios.

Freqüentemente discute-se que pouco ajuda apenas proporcionar um salário ou treinamento profissional, se esses não forem acompanhados por programas concretos para ajudar a educar os jovens, resgatar a vida familiar e construir um senso de confiança mútua no futuro. Pagar um salário social a milhões de pessoas carentes e fornecer fundos para organizações comunitárias para recrutar, treinar e empregar indivíduos em tarefas de construção de comunidades que promovam essas metas sociais mais amplas ajudaria a criar a estrutura para a verdadeira mudança. Projetos de obras públicas e de trabalho servil na economia formal, mesmo que estivessem disponíveis, pouco contribuiriam para o restabelecimento de comunidades locais.

Além de proporcionar um salário social para os cidadãos mais pobres, também deveria ser seriamente considerada a ampliação do conceito de renda social que incluísse salários sociais para trabalhadores especializados e até mesmo cargos administrativos e trabalhadores profissionais cujo trabalho não é mais valorizado ou necessário no mercado. Um terceiro setor viável requer uma grande variedade de habilidades, desde conhecimentos mínimos até a sofisticada experiência gerencial. Utilizando um esquema de classificação de cargos, um sistema de graduação e uma escala de salários semelhantes aos usados no setor público, as organizações do terceiro setor poderiam recrutar das imensas fileiras de desempregados, provendo suas organizações com um mix adequado de trabalhadores não especializados, especializados e profissionais, que assegurariam o sucesso das comunidades a que servem.

A idéia de prover uma renda social começou a receber maior atenção nos Estados Unidos por volta de 1963, quando o Comitê Ad Hoc sobre a Revolução Tripla defendeu o esquema como um modo de administrar a dupla ameaça do desemprego tecnológico e da pobreza crescente. Deve ser enfatizado que, na época, não se cogitava vincular uma renda social a um acordo recíproco para o desempenho de serviços comunitários. Os proponentes da teoria da renda social – também conhecida como renda anual garantida – incluem William H. Ferry, do Centro para o Estudo de Instituições Democráticas, os economistas liberais Robert Theobald e Robert Heilbroner e J. Robert Oppenheimer, então diretor do Instituto para Estudos Avançados em Princeton. Conforme discutido no Capítulo 6, eles discordavam da ortodoxia econômica predominante de que a inovação técnica e a crescente produtividade garantiriam uma economia de emprego total. Ao contrário, a revolução do computador, contestavam, aumentaria a produtividade, mas à custa da substituição cada vez maior de trabalhadores por máquinas, deixando milhões de desempregados e subempregos sem poder aquisitivo suficiente para comprar a maior produção de bens e serviços gerados pelas novas tecnologias de fabricação automatizada. Estimular a demanda por meio de sofisticados esquemas de propaganda e marketing, reduzir as taxas de juros, conceder créditos e deduções de impostos, e criar condições de crédito ao consumidor, todas essas medidas pouco contribuiriam para aumentar o emprego, porque as empresas continuariam a substituir trabalhadores por máquinas, visto que máquinas são mais eficientes e mais baratas e garantem maior retorno sobre o investimento.

Robert Theobald argumentava que, como a automação continuaria aumentando a produtividade e substituindo trabalhadores, era necessário quebrar a relação tradicional entre receita e trabalho. Com as máquinas realizando cada vez mais trabalho, os seres humanos precisariam ter a garantia de uma renda, independentemente do emprego na economia formal, para sua sobrevivência e para que a economia pudesse assim gerar o poder aquisitivo adequado para que o povo pudesse comprar os bens e serviços produzidos. Theobald, entre outros, percebeu a renda anual garantida como o ponto decisivo na história das relações econômicas, com a esperança de que sua aceitação transformaria a própria idéia do pensamento econômico do conceito tradicional da escassez no novo ideal da abundância. Ele escreveu: "Para mim, portanto, a renda garantida representa a possibilidade de colocar em prática a crença filosófica fundamental, que tem se repetido constantemente na história da humanidade, de que cada indivíduo tem o direito a uma parcela mínima da produção da sociedade. A escassez perene de quase todas as necessidades da vida impediu a aplicação dessa crença até poucos anos atrás: a chegada da abundância relativa nos países ricos dá ao homem o poder de alcançar a meta de proporcionar um padrão de vida mínimo para todos"[11].

A reivindicação de uma renda anual mínima teve um impulso político inesperado, quando o principal economista neoconservador dos Estados Unidos, Milton Friedman, defendeu sua própria variação do tema na forma de um imposto negativo sobre a renda. Friedman discordava da visão liberal de que a automação eliminaria empregos sistematicamente e acabaria levando ao declínio do trabalho formal de massa, forçando uma decisão da sociedade de separar a renda do trabalho para os milhões de cidadãos que seriam excluídos da economia de mercado. Friedman, que serviu como assessor para os presidentes Nixon e Reagan, preocupava-se mais com o que ele considerava um sistema de previdência social falido. Ele argumentava que seria muito melhor dar aos pobres uma renda anual garantida do que continuar financiando o labirinto de dispendiosos programas sociais burocráticos, geralmente contraproducentes e que apenas serviam para perpetuar a pobreza em vez de aliviá-la.

Sob os dispositivos do imposto negativo sobre a renda, o governo federal garantiria um nível de renda mínima para cada pessoa e criaria um sistema de incentivos que encorajaria os beneficiários a complementarem o subsídio governamental com seu próprio trabalho. Enquanto o subsídio do governo fosse diminuindo à medida que a receita pessoal subisse, poderia diminuir "a uma taxa menos rápida, para manter o incentivo ao trabalho"[12]. Friedman sustentava que sua abordagem não era tão radical, visto que as medidas de auxílio e previdência social existentes "já constituíam uma renda governamental anual garantida em substância, embora não no nome". Ele ressaltava que, sob os programas atuais, receita realizada significava perda de benefícios, criando um desinteresse em deixar de receber o subsídio. "Se uma pessoa que recebe auxílio desemprego ganhar um dólar por algum trabalho e obedecer à lei, seu salário desemprego é reduzido em um dólar – o efeito é penalizar tanto a indústria, ou a honestidade, ou ambos.

O programa tende a produzir pessoas pobres e uma classe permanente de pessoas pobres vivendo de assistência social." Friedman também disse que era a favor de um pagamento direto em espécie aos pobres para que esses pudessem tomar suas próprias decisões de consumo no mercado livre, isentos dos ditames dos burocratas.[13]

Apesar da divergência entre os economistas liberais e conservadores americanos em suas razões para apoiar uma renda anual garantida, o interesse crescente pela idéia levou o presidente Lyndon Johnson a criar uma Comissão Nacional de Renda Garantida em 1967. Após 2 anos de audiências e estudos, a comissão, formada por líderes empresariais, representantes sindicais e outros americanos proeminentes, emitiu seu relatório. Os membros da Comissão foram unânimes em seu apoio à renda anual garantida. O relatório afirmava que "o desemprego ou o subemprego entre os pobres freqüentemente são decorrentes de forças que não podem ser controladas pelos próprios pobres. Para muitos pobres, o desejo de trabalhar é forte, mas as oportunidades não são... Mesmo que os atuais programas sociais fossem melhorados, não conseguiriam assegurar uma renda adequada para todos os americanos. Por isso, recomendamos a adoção de um novo programa de complementação de renda para todos os americanos necessitados"[14].

O relatório foi amplamente ignorado. Muitos americanos e a maioria dos políticos achavam difícil aceitar a idéia de dar às pessoas uma renda garantida. Apesar das recomendações para que fossem incluídos incentivos que encorajassem os beneficiários a complementarem seus subsídios com trabalho, alguns políticos acreditavam que a idéia de garantir uma renda anual abalaria seriamente a ética do trabalho e produziria uma geração de americanos que não estaria disposta a trabalhar. Embora as recomendações da comissão tivessem enfraquecido, o governo federal americano levou a termo vários projetos piloto para testar a viabilidade de prover uma renda anual garantida. Para sua surpresa, o governo descobriu que o programa não reduzia significativamente o incentivo ao trabalho, como muitos políticos haviam receado.[15]

Nos anos 90, a discussão de uma renda anual garantida estava sendo ouvida novamente com mais freqüência por um número crescente de acadêmicos, políticos e líderes trabalhistas e de direitos civis, em busca de soluções para os problemas gêmeos do desemprego tecnológico de longo prazo e dos crescentes níveis de pobreza. Mas, ao contrário dos esquemas anteriores que pouco ou nada teriam exigido dos beneficiários, os reformadores estavam vinculando a idéia da renda social à concordância do desempregado em realizar serviço comunitário no terceiro setor – na verdade, promovendo o conceito de um salário social em troca de trabalho real na economia social.[16]

Ao contrário dos Estados Unidos, nos últimos 35 anos, muitos países da Europa Ocidental decretaram vários esquemas de renda mínima garantida, com vários graus de sucesso. O plano francês foi especialmente interessante, porque incluía um dispositivo contratual pelo qual "a habilitação à renda mínima fica condicionada à aceitação pelo beneficiário de trabalho que seja social ou culturalmente útil à comunidade ou a participação em cursos de retreinamento ou de reintegração à vida ativa"[17]. Com cada vez menos empregos disponíveis na crescente economia de mercado automatizada, o plano francês de proporcionar uma renda garantida em troca da concordância em realizar serviço comunitário provavelmente será adotado por outros países ansiosos por administrar a questão de prover tanto a renda quanto o trabalho meritório na ausência do emprego formal.

No passado, o governo foi acusado freqüentemente de jogar grandes quantias de dinheiro na economia social, com pouco retorno para o povo e para as comunidades necessitadas. Grande parte da despesa envolvida nos programas governamentais tem sido consumida na prestação de serviços sociais, com pouca sobra para auxiliar as comunidades afetadas. Ainda assim, tem havido exceções dignas de nota. Volunteers in Service to America (VISTA), The Student Community Service Program, The National Senior Service Corps, The Peace Corps, National Health Service Corps (NHSC) e o AmeriCorps são programas federais destinados a promover serviços individuais e a apoiar esforços voluntários em comunidades locais nos Estados Unidos e em outros países.

O VISTA, fundado em 1964, é formado por voluntários recrutados principalmente das comunidades onde servem, que doam seu tempo e suas habilidades a organizações voluntárias e a atividades comunitárias para amenizar a pobreza. Em troca por seus serviços, eles recebem uma remuneração simbólica para cobrir despesas mínimas de sustento. O Student Community Service Program ajuda a promover a atividade voluntária entre os estudantes colegiais e universitários. Os subsídios são concedidos a agências comunitárias, escolas e organizações cívicas para promover várias atividades de serviços entre as quais creches diurnas, tutoria, prevenção de abuso de drogas e serviços à saúde. O National Senior Service Corps inclui o Retired and Senior Volunteer Program (RSVP), o Foster Grandparent Program (FGP) e o Senior Companion Program (SCP). Os voluntários nesses três programas patrocinados pelo governo federal têm 60 anos ou mais e trabalham meio período em atividades de prestação de serviços comunitários. Os subsídios são concedidos a organizações beneficentes locais que recrutam, colocam e supervisionam voluntários idosos. O Peace Corps foi fundado em 1961 e consiste de milhares de jovens americanos que se apresentam para trabalhar até 2 anos em outros países, geralmente ajudando comunidades pobres urbanas e rurais em países do Terceiro Mundo. O National Health Service Corps, programa do Public Health Service, recruta e coloca voluntários da área da saúde em comunidades pobres, em geral rurais, carentes de serviços médicos básicos. O NHSC fornece o pagamento de mensalidades e estipêndios a estudantes em troca de um acordo para servirem um período de 2 anos em uma comunidade designada ao término dos estudos. O AmeriCorps, fundado pelo presidente Clinton em 1993, fornece ajuda de custo a milhares de estudantes americanos em troca do compromisso de servirem durante 2 anos, após sua formatura, como voluntários nas áreas de educação, meio ambiente, necessidades humanas ou segurança pública.[18]

Governos estaduais e municipais também estão introduzindo programas inovadores de assistência aos esforços do terceiro setor. Na década de 80, o Estado da Carolina do Norte criou um escritório especial para voluntários recrutarem e treinarem pessoas para serviços voluntários na comunidade. Mais de 70% dos adultos no Estado ofereceram-se para doar seu tempo ao programa do governo, e a doação de seus serviços foi estimada em mais de US$ 300 milhões. O então governador Jim Hunt doou um dia de sua semana de trabalho, tutelando estudantes em matemática, enquanto sua esposa doou seu tempo para o programa Meals on Wheels (Refeições sobre Rodas). O governador tornou-se um forte defensor da ajuda governamental ao setor voluntário e afirmou que "um novo tipo de pensamento entre os democratas" era necessário, no qual "o serviço voluntário é a chave" para a reforma social.[19]

Embora os custos desses programas patrocinados pelo governo em serviços comunitários sejam pequenos, o retorno econômico é enorme e muitas vezes supera em muito as despesas. Dólar por dólar, o investimento do governo em programas destinados a complementar e apoiar o setor voluntário tem mostrado estar entre os meios mais eficazes de prestar serviços sociais em comunidades locais em termos de custos. Entretanto, a despeito de inúmeras experiências e de programas bem-sucedidos nos anos 90, o dinheiro dado a esses programas é pouco, em comparação com outros gastos governamentais na economia social.

Muitos democratas tradicionais, bem como vários analistas de Wall Street e acadêmicos, no entanto, estão se voltando para programas de obras sociais patrocinadas pelo governo para contratar os desempregados e aqueles que caíram na rede da previdência social e na subclasse permanente. Felix Rohatyn, o analista de investimentos a quem se atribui a salvação da cidade de Nova York da falência na década de 70, defendeu um vasto programa de obras sociais para o conserto de pontes, túneis e estradas do país e para a criação de ferrovias de alta velocidade e transporte de massa. Rohatyn disse que o programa que ele concebeu custaria pelo menos US$ 250 bilhões em um período de 10 anos, mas poderia gerar até um milhão de novos empregos anualmente. O esforço poderia ser pago em grande parte pela emissão especial de títulos de infra-estrutura flutuantes, garantidos por "modestos aumentos nos impostos sobre a gasolina". Rohatyn sugeriu que fundos de aposentadoria privados e públicos também fossem usados para investir nos títulos de longo prazo.[20] Embora a proposta de Rohatyn fosse louvável, não o foi politicamente vendável, dado o clamor público, na época, por menos intervenção do governo e o clima de austeridade em Washington e nas capitais estaduais.

Além dos programas de obras sociais, a administração Clinton considerou oferecer crédito fiscal às corporações pela contratação de beneficiários da previdência social. Sua administração e o Congresso americano reservaram US$ 2,5 bilhões em crédito fiscal e US$ 1 bilhão em novos financiamentos para o estabelecimento de "Empowerment Zones" (Zonas de Investimento), em um número escolhido de guetos urbanos centrais. Essas áreas receberiam créditos fiscais especiais e outros benefícios governamentais para ajudar a atrair novos negócios. Os empreendimentos que empregassem um residente da Zona de Investimento economizariam até US$ 3 mil por ano em impostos sobre a folha de pagamento. A despeito da fanfarra política em torno do plano do então presidente para habilitar comunidades pobres, poucos políticos confiavam em que muitos novos empregos no setor privado seriam gerados em decorrência do esquema de desenvolvimento urbano planejado em Washington.[21]

Concentrando demais sua atenção no financiamento de projetos de obras sociais e concedendo incentivos ao setor privado para contratar os pobres, o governo estava trabalhando contra uma curva histórica que sistematicamente afastava a sociedade para longe do emprego nos setores público e privado em direção ao trabalho no terceiro setor. Falar de grandes programas de obras sociais fazia pouco sentido nos anos 90, quando a vontade do povo não era suficiente para criar tais programas na proporção necessária para enfrentar a crise. Da mesma forma, esforços constantes para encontrar empregos inexistentes na economia formal, ou empregos que provavelmente serão eliminados pela reengenharia e pela automação em poucos anos, também parecem mal direcionados.

O governo federal americano faria melhor se redirecionasse seus esforços para longe dos projetos de obras sociais dispendiosas e das tentativas quixotescas de criar economias modelo em núcleos urbanos pobres e, em vez disso, ampliasse significativamente programas de serviços comunitários existentes em comunidades empobrecidas. Recrutar, treinar e colocar milhões de americanos desempregados e atingidos pela pobreza em empregos nas organizações sem fins lucrativos em seus próprios bairros e comunidades teria um impacto muito maior, por dólar gasto, do que programas mais tradicionais voltados para obras sociais e iniciativas orientadas para o mercado.

Sara Melendez, então presidente do Setor Independente, organização nacional beneficente representando grupos do terceiro setor, argumentava que a comunidade beneficente em geral era capaz de administrar questões locais mais rápida e eficazmente do que as agências governamentais. Ela defendia novas parcerias criativas entre os dois setores e dizia que, pelo menos em alguns casos, o governo federal poderia realizar melhor as metas sociais "financiando organizações sem fins lucrativos, por meio de contratos e concessões, ajustando os serviços aos diversos grupos populacionais, segundo suas línguas, seu ambiente cultural e suas necessidades locais"[22].

O governo federal, nos anos 90, vinha tentando garantir a renda e incentivar alguma forma de serviço comunitário em propostas de reforma social. Já estava concedendo crédito fiscal de até US$ 3.033 anuais por família para complementar os salários dos trabalhadores pobres dos Estados Unidos –, garantindo parte essencial de sua renda. Tanto republicanos quanto democratas apoiavam o plano, argumentando que a renda adicional garantida proporcionava um incentivo necessário para manter as pessoas trabalhando e fora da previdência social. Além disso, em dezembro de 1993, a Administração anunciou que procuraria uma retificação do sistema de previdência social e incluiria entre suas propostas um plano para incentivar o trabalho com a complementação de renda, quando o trabalho realizado pagasse menos do que o pagamento da assistência social ao qual a pessoa tinha direito. A Casa Branca também disse que consideraria impor um prazo limite de 2 anos para os benefícios da previdência social, após o qual o beneficiário seria "obrigado a encontrar um emprego ou a prestar serviço comunitário"[23].

Sob o projeto em revisão, se após reeducação e treinamento extensivos o beneficiário não estivesse apto para se manter em um emprego no setor privado, após 2 anos de benefícios previdenciários, ele seria pago pelo governo para realizar trabalho no serviço público por um mínimo de 15 horas semanais, recebendo salário mínimo. Ou, alternativamente, o beneficiário teria de se registrar em um "programa experimental de trabalho comunitário" para continuar recebendo os benefícios.

Um programa de reforma da previdência social ainda mais ambicioso foi anunciado pelo então governador de Massachusetts, William F. Weld, em janeiro de 1994. O plano de Massachusetts exigiria que todas as pessoas fisicamente sadias recebendo "ajuda para famílias com filhos dependentes" (Aid to Families with Dependent Children – AFDC) fossem trabalhar no setor privado ou que se registrassem em um programa de serviço comunitário denominado Transitional Employment for Massachusetts Parents – TEMP (Emprego Transitório para os Pais de Massachusetts) no prazo de um ano. Em troca, o governo estadual substituiria seus benefícios sociais por atendimento aos filhos, com creches e assistência médica, enquanto eles estivessem trabalhando. Como aqueles que trabalhassem em programas de serviços comunitários, como parte do TEMP, receberiam menos do que o salário mínimo, o governo continuaria a lhes pagar parte da AFDC, para complementar sua renda. O governador Weld disse que estava lançando as essas reformas para "mudar o paradigma da assistência social, para, assim, ter um programa de assistência pública baseado em salários e não em ajuda financeira"[24].

Como era de se esperar, os sindicatos dos funcionários públicos contestaram as novas propostas de reforma social, externando sua preocupação de que centenas de milhares de seus membros poderiam ser deslocados pelas pessoas pobres excluídas das folhas de pagamento previdenciário para realizar serviço comunitário. Lee A. Saunders, então assistente do presidente na Federação Americana dos Funcionários Estaduais, Municipais e dos Condados (AFSCME), disse à Força de Trabalho da Casa Branca sobre Reforma Social que entre 1,2 e 2 milhões de empregos provavelmente teriam de ser criados sob o plano proposto pelo presidente. "Não há como criar tantos empregos sem deslocar empregos do setor público, mesmo com regras rígidas contra demissões"[25], afirmou Saunders.

A preocupação dos sindicatos dos servidores públicos com o deslocamento de empregos poderia ser minorada substancialmente pela decretação de lei que reduzisse a semana de trabalho de 40 para 30 horas, para todos os funcionários públicos. O governo há muito vem mantendo o princípio de que funcionários públicos deveriam ser remunerados em termos comparáveis àqueles do setor privado. Uma redução na semana de trabalho na economia de mercado formal inevitavelmente seria seguida por igual redução de horas trabalhadas no setor público. Com a redução da semana de trabalho dos servidores públicos, de 40 para 30 horas, e o aumento da remuneração por hora trabalhada para alinhar os salários com os ganhos em produtividade nacional, os governos municipais, estaduais e federal poderiam garantir amplamente a estabilidade do emprego dos funcionários públicos. Ao mesmo tempo, uma redução de 25% na semana de trabalho dos funcionários públicos criaria um vácuo de trabalho que poderia ser preenchido por pessoas realizando trabalho comunitário.

No debate sobre como repartir melhor os benefícios dos avanços de produtividade, em última análise, cada país precisará enfrentar uma questão elementar de justiça econômica. Colocado de forma simples, cada membro da sociedade, mesmo o mais pobre dentre nós, tem o direito de participar e de se beneficiar dos aumentos de produtividade decorrentes das revoluções da tecnologia da informação e comunicações? Se a resposta for sim, então, alguma forma de remuneração terá de ser dada para o número crescente de desempregados, cuja mão-de-obra já não será mais necessária no novo mundo automatizado da alta tecnologia do século XXI. Como os avanços da tecnologia significarão cada vez menos empregos na economia de mercado, a única forma eficaz de garantir àqueles permanentemente deslocados pelas máquinas os benefícios da produtividade aumentada é dando-lhes algum tipo de renda assegurada pelo governo. Vincular a renda ao serviço na comunidade ajudaria o crescimento e o desenvolvimento da economia social e facilitaria a transição de longo prazo para uma cultura centralizada na comunidade e orientada para o serviço.

Financiando a Transição

Pagar por uma renda garantida e por programas de reeducação e de treinamento preparando homens e mulheres para uma carreira de serviços comunitários exigiria significativos recursos governamentais. Parte do dinheiro poderia vir de economias resultantes da substituição gradativa de muitas das atuais burocracias do serviço social por pagamentos diretos às pessoas realizando o trabalho comunitário. Com organizações comunitárias e grupos sem fins lucrativos assumindo maior responsabilidade pelo atendimento às necessidades, tradicionalmente administradas pelo governo, mais dinheiro de impostos poderia ser liberado para prover rendas e treinamento em serviços comunitários para milhões de pessoas que trabalhariam diretamente em seus próprios bairros para ajudar outras pessoas.

Fundos do governo também poderiam ser liberados com a descontinuidade de subsídios de alto custo dados a corporações que descartaram seus compromissos domésticos e agora operam em outros países ao redor do mundo. O governo federal americano supriu as corporações transnacionais com mais de US$ 104 bilhões em subsídios em 1993, na forma de pagamentos diretos e de facilidades fiscais. Só as empresas agrícolas receberam US$ 29,2 bilhões, quase o dobro do que foi alocado ao Aid to Families with Dependent Children (AFDC). A gigante alimentícia Sunkist recebeu US$ 17,8 milhões para promover o suco de laranja no mercado internacional. A vinícola Gallo recebeu US$ 5,1 milhões para promover seu vinho em outros países, enquanto a M & M/Mars recebeu mais de um milhão de dólares para promover seus bombons em todo o mundo. Até mesmo o McDonald's recebeu US$ 464 mil – dinheiro de impostos – para promover seu Chicken McNuggets em mercados estrangeiros. Três multinacionais de grãos, Cargill, Continental e Dreyfus, receberam mais de US$ 1,1 bilhão de fundos federais, entre 1985 e 1989, como parte do Programa de Incentivo à Exportação do Departamento da Agricultura. Fazendeiros, empresas de mineração, madeireiras, empresas farmacêuticas e de outros setores também foram beneficiárias de programas e subsídios governamentais. A eliminação desses subsídios corporativos poderia liberar fundos suficientes para garantir um salário social a vários milhões de americanos.[26]

Dinheiro adicional terá de vir de cortes em programas de defesa desnecessários. Embora a Guerra Fria tenha terminado, o governo federal continua mantendo um orçamento de defesa inchado. Previa-se que, mesmo com a redução das apropriações nos anos 90, os gastos militares chegariam a 89% dos gastos com a Guerra Fria entre 1994 e 1998.[27] Em um relatório de 1992, o Departamento de Orçamento do Congresso (Congressional Budget Office – CBO) concluiu que os gastos com a defesa poderiam ser cortados em 7% ao ano, em um período de 5 anos, sem comprometer a prontidão militar do país ou abalar a segurança nacional. Se as recomendações do CBO fossem adotadas pelo Congresso e pela Casa Branca, o país poderia ter economizado mais de US$ 63 bilhões por ano até 1998 – dinheiro suficiente para fazer uma diferença significativa se transferido para a construção do terceiro setor e para o pagamento de um salário social a milhões de trabalhadores desempregados, desejosos de prestar serviços na economia social.[28] Mesmo que alguns empregos fossem perdidos nas indústrias relacionadas à defesa, como resultado dos cortes nos gastos militares, muitos mais seriam gerados se as economias fossem usadas diretamente no financiamento de empregos no terceiro setor. A razão é bastante óbvia. A maior parte dos gastos militares vai para o pagamento de equipamento militar. Se, em vez disso, virtualmente toda a economia do orçamento militar fosse usada para o pagamento de um salário social para trabalho no terceiro setor e para ajudar a reconstruir comunidades locais, muito mais empregos poderiam ser gerados, com potencial de poder aquisitivo muito maior.

Cortes na defesa, eliminação de subsídios desnecessários para empresas transnacionais e redução da burocracia social, embora essenciais, ainda não seriam suficientes em longo prazo para levantar o dinheiro necessário à oferta de uma renda necessária a milhões de trabalhadores desempregados e para reconstruir o terceiro setor da sociedade americana. Grande parte da receita para o financiamento de um salário social e de programas de serviços comunitários provavelmente teria de vir de novos impostos.

A abordagem mais justa e abrangente para o levantamento dos fundos necessários seria a decretação de um imposto de valor agregado (IVA) sobre todos os bens e serviços não essenciais. Embora o IVA fosse, nos anos 90, uma idéia nova e não experimentada nos Estados Unidos, ele foi adotado por mais de 59 países, inclusive virtualmente por uma a uma das grandes nações européias.[29]

O imposto é chamado de valor agregado porque é cobrado em cada estágio do processo de produção – sobre o "valor agregado" ao produto. Em outras palavras, um imposto é "cobrado sobre a diferença entre o valor da produção de cada empresa e o valor de seus insumos"[30]. Defensores do imposto ressaltavam as muitas vantagens de tributar o consumo, em vez da renda. Para começar, diz Murray L. Weidenbaum, ex-dirigente do Conselho de Assessores Econômicos do presidente Reagan e, em 1994, diretor do Centro para Negócios na Universidade de St. Louis, em Washington, transferir a principal base de tributação da renda para o consumo faz mais sentido de uma perspectiva social. "É mais justo tributar as pessoas sobre o que tomam da sociedade do que sobre o que contribuem trabalhando, investindo, economizando." Segundo, tributando o consumo em vez da renda, o IVA incentiva a economia, em vez do consumo. Comparando as muitas vantagens do imposto de valor agregado sobre o imposto sobre a renda, Weidenbaum concluiu: "um imposto sobre o consumo incentiva a economia porque cada dólar economizado e não gasto em consumo é isento do imposto sobre o consumo. O modo fundamental para um indivíduo minimizar o imposto é consumir menos; os incentivos para trabalhar, economizar e investir ficam inalterados. Por contraste, o modo básico de economizar nas obrigações tributárias é ganhar menos, o que diminui os incentivos para trabalhar, economizar e investir"[31].

Defensores do imposto de valor agregado acreditam fervorosamente que "as pessoas deveriam ser tributadas sobre o que tiram dos recursos da sociedade, não sobre o que nela colocam"[32]. Tributando o que as pessoas gastam, em vez de o que ganham, transfere-se o encargo da penalidade sobre o trabalho para a limitação ao consumo excessivo.

Há uma série de vantagens em implementar um imposto de valor agregado, em vez de simplesmente aumentar o imposto sobre os rendimentos para financiar uma renda garantida, e a mais importante é o impacto global sobre a economia. O Departamento de Orçamento do Congresso americano disse que um IVA teria um efeito mais positivo sobre o crescimento e que a produção nacional aumentaria quase 1% se o IVA fosse usado em vez de impostos mais altos sobre a renda, para aumentar a arrecadação.[33]

A principal desvantagem do imposto de valor agregado é sua natureza regressiva. Um imposto de venda cai desproporcionalmente sobre grupos de renda inferior, principalmente se for taxado sobre necessidades básicas, tais como alimento, vestuário, moradia e assistência médica. Um IVA também impõe um fardo maior sobre pequenos negócios, que têm menos condições de absorver e repassar os custos. Muitos países reduziram substancialmente ou até mesmo eliminaram a natureza regressiva dos impostos de valor agregado isentando itens de necessidades básicas e de pequenos negócios.

Legislando um imposto de valor agregado de 5% a 7% sobre todos os bens e serviços não essenciais, o governo federal geraria uma receita adicional de bilhões de dólares – mais do que seria necessário para financiar um salário mínimo e programas de serviços comunitários para aqueles que estivessem dispostos a trabalhar no terceiro setor.

Alternativamente, um imposto de valor agregado mais rigoroso poderia ser cobrado dos bens e serviços da nova revolução da alta tecnologia. Por exemplo, seria possível considerar seriamente a aplicação do IVA sobre todos os produtos e serviços de computador, informação e telecomunicações. As vendas no setor de computadores e da tecnologia da informação aumentaram 8% ao ano entre 1983 e 1993, chegando ao topo de US$ 602 bilhões em 1993. Estima-se que as vendas continuem aumentando substancialmente nos próximos anos, à medida que a economia vai sendo impulsionada para a era da alta tecnologia.[34] Um imposto de valor agregado sobre produtos e serviços da Terceira Revolução Industrial – a ser usado exclusivamente para ajudar a financiar a transição dos cidadãos mais necessitados dos países para os serviços do terceiro setor – faz sentido e deve ser explorado. Como garantia contra qualquer possibilidade de uso regressivo do imposto, todas as organizações sem fins lucrativos, inclusive escolas e instituições de caridade, ficariam isentas do pagamento do imposto.

Um imposto de valor agregado também poderia ser cobrado dos setores de entretenimento e de recreação, que estão entre os setores de mais rápido crescimento da economia. Em 1991, os gastos nessas duas áreas saltaram 13%, ou mais do que o dobro do índice geral. Em 1993, os americanos gastaram mais de US$ 340 bilhões em entretenimento, desde aluguel de vídeos a parques temáticos e cassinos. Grande parte do aumento dos gastos em entretenimento e recreação reflete os hábitos de consumo da nova classe de "analistas simbólicos" dos Estados Unidos. A discriminação dos gastos com entretenimento é reveladora. Por exemplo, em 1993, mais de US$ 58 bilhões foram gastos em aparelhos de VCR, videoteipes, telefones celulares e outros equipamentos de comunicação de alta tecnologia. Outros US$ 8 bilhões foram gastos em computadores para uso pessoal. Os consumidores mais ricos do país gastaram US$ 7 bilhões em barcos e aviões. Outros US$ 14 bilhões foram gastos em parques de diversão e outros divertimentos de participação coletiva. Em brinquedos e equipamentos esportivos foram gastos US$ 65 bilhões do total, enquanto a venda de ingressos em cinemas e aluguéis de fitas de vídeo contribuiu com US$ 13 bilhões. O entretenimento ao vivo ultrapassou os US$ 6 bilhões, e o jogo arrecadou mais de US$ 28 bilhões.[35]

Quando a super-rodovia da informação ficar totalmente pronta em alguns anos, as vendas de entretenimento deverão subir ainda mais. Embora a classe operária e pobre também gaste seus dólares de consumidores em entretenimento e recreação, ela gasta uma porcentagem bem menor de sua renda disponível do que os grupos mais abastados da população. Poucos entre os pobres dos países podem se dar ao luxo de ter computadores, telefones celulares e fazer viagens dispendiosas a parques temáticos, balneários e cassinos.

Entretenimento e recreação serão responsáveis por uma parcela ainda maior do crescimento dos Estados Unidos na próxima era da informação. Cobrar um imposto de valor agregado sobre o consumo de entretenimento e recreação parece um modo justo de transferir uma pequena parte dos ganhos da nova economia high-tech dos fornecedores e beneficiários para aqueles mais necessitados e com menores chances de se beneficiarem dos avanços do terceiro mercado industrial.

Também deve ser considerada a decretação de um IVA sobre a propaganda. Mais de US$ 130 bilhões foram gastos em propaganda nos Estados Unidos em 1992.[36] Na próxima era da informação, a propaganda desempenhará um papel ainda maior na economia – principalmente como resultados dos enormes avanços da mídia que são esperados com a criação da superrodovia da informação. Um imposto de vendas sobre a propaganda poderia gerar bilhões de dólares adicionais em arrecadação, para utilização em programas governamentais que garantam renda e trabalho para milhões de cidadãos menos favorecidos.

Em 1987, o Estado da Flórida aprovou a cobrança de um imposto de vendas global sobre todos os serviços, inclusive os de advogados, contadores e empresas que compram propaganda, e, seis meses depois, revogou a mesma lei, em decorrência de veementes objeções de anunciantes de outros Estados. Segundo Douglas Lindholm, então chefe da divisão de política tributária estadual na Price Waterhouse, "os anunciantes têm enorme acesso à mídia nacional, basicamente porque pagam suas contas". Na Flórida, disse Lindholm, "conseguiram reverter a questão contra a legislação"[37].

Embora interesses poderosos da comunidade empresarial provavelmente se opusessem ao imposto de valor agregado, as alternativas de tributar a renda ou deixar o problema do desemprego tecnológico abandonado seriam bem mais onerosas.

Com a cobrança de um imposto de valor agregado para fins específicos, usando a receita exclusivamente na construção do terceiro setor e amenizando, assim, a transição para a economia social para milhões de trabalhadores deslocados pelas novas tecnologias, seria criado um circuito completo entre os setores do mercado, o público e o terceiro setor. A nova classe emergente de analistas simbólicos – os 20% superiores da população, que são os beneficiários imediatos da economia high-tech global – seria conclamada a redistribuir uma pequena parcela do seu poder aquisitivo para ajudar aqueles que foram rejeitados pelas forças do mercado da Terceira Revolução Industrial. Dar um salário social a milhões de americanos, em troca de trabalho significativo na economia social, por sua vez, beneficiaria tanto os setores de mercado e público com o aumento do poder aquisitivo e da renda tributável, bem como reduziria o índice de criminalidade e o custo de manter a lei e a ordem.

Além da decretação de um imposto de valor agregado, o Congresso americano também poderia considerar a aprovação de uma lei para aumentar as deduções nas contribuições das empresas para o terceiro setor. Sob as leis de 1994, as corporações podiam deduzir até 10% da renda tributável, na forma de contribuições a programas e atividades sem fins lucrativos. Na prática, pagavam bem menos. Em 1992, as empresas industriais contribuíram em uma média de 1,5% da renda antes do imposto de renda, enquanto as empresas não industriais pagaram menos de 0,8%. Embora a filantropia corporativa tenha aumentado sistematicamente de US$ 797 milhões em 1970 para quase US$ 5 bilhões em 1992, isso representa menos de 5% de todas as contribuições para o terceiro setor. Serviços de saúde e humanitários receberam a parte do leão nas doações das corporações, aproximadamente 34,6% em 1992. A educação recebeu 30,4% das doações corporativas no mesmo ano, enquanto cultura e arte receberam 9,6% e programas cívicos e comunitários receberam 10,4%.[38]

Com a expectativa de um pronunciado aumento nos lucros nos próximos anos, resultado da crescente globalização dos mercados e da automação da produção e dos serviços, as empresas transnacionais deveriam ser incentivadas a contribuir com mais de seus ganhos para ajudar a reconstruir e a sustentar as muitas comunidades ao redor do mundo onde têm negócios. Leis deveriam ser decretadas concedendo maiores deduções a empresas dispostas a expandir suas doações ao terceiro setor. Para assegurar uma distribuição justa e imparcial dos ganhos de produtividade decorrentes da Terceira Revolução Industrial, as contribuições corporativas poderiam incluir um índice de caridade variável, vinculado aos aumentos de produtividade por indústria e setor. Se, por exemplo, a produtividade de um determinado setor aumentasse 2% ao ano, o governo poderia conceder uma dedução adicional no imposto para as empresas dispostas a aumentar suas contribuições na mesma proporção. Repartindo seus ganhos com o terceiro setor, o mercado teria a vantagem de poder participar mais diretamente na reconstrução da economia social, em vez de apenas entregar dinheiro de imposto para o governo administrar.

A preparação para a diminuição do trabalho em massa na economia de mercado exigirá uma reestruturação fundamental da natureza das participações na sociedade. Com o pagamento do salário indireto a milhões de trabalhadores que estão devotando mais de seu tempo à atividade voluntária na economia social, bem como provendo salários sociais a milhões de desempregados e pobres, dispostos a trabalhar no terceiro setor, podemos começar a formar a base para uma transição de longo prazo do trabalho formal na economia de mercado para a prestação de serviços na economia social. À medida que os vários níveis governamentais comecem a transferir sua ênfase de atividades e programas desenvolvidos para beneficiar o mercado, concentrando-se mais em atividades e programas que promovam a economia social, propostas do tipo já mencionado certamente ganharão apoio. Forjar novas alianças de trabalho entre órgãos governamentais e o terceiro setor ajudarão a construir comunidades auto-suficientes e sustentáveis em todos os países.

CAPÍTULO 18

Globalizando a Economia Social

O setor independente está desempenhando um papel cada vez mais importante em todos os países do mundo. As pessoas estão criando novas instituições, tanto em nível local quanto nacional, para suprir necessidades que não estão sendo atendidas pelo mercado ou pelo setor público. Jim Joseph, então presidente do Conselho de Fundações, ressaltava que virtualmente em cada país "as pessoas estão reservando para si mesmas um espaço intermediário entre negócios e governo, em que a energia privada possa ser... distribuída para o bem comum"[1]. O terceiro setor tem crescido dramaticamente em anos recentes e está rapidamente se tornando uma força efetiva na vida de centenas de milhões de pessoas em vários países.

A experiência da Inglaterra é a que mais se assemelha à dos Estados Unidos: o país tem milhares de organizações voluntárias e, nos últimos anos, tem se envolvido no debate político sobre o papel do terceiro setor. Em 1994, havia mais de 350 mil organizações voluntárias no Reino Unido, com uma receita total de mais de 17 bilhões de libras esterlinas – ou 4% do Produto Interno Bruto. Como nos Estados Unidos, o espírito voluntário é altamente desenvolvido na Inglaterra. Uma pesquisa de 1990 descobriu que mais de 39% da população participou de atividades voluntárias no terceiro setor.[2]

Na França, o terceiro setor estava apenas começando a emergir como força social. Nos anos 90, foram criadas mais de 43 mil associações voluntárias. Nessa época, o emprego no terceiro setor cresceu, enquanto os empregos na economia formal diminuíram. A economia social era responsável por mais de 6% do emprego total na França, ou tantos empregos quantos eram dados por todo o setor de bens de consumo. Como mencionado anteriormente, o governo francês esteve na vanguarda quanto ao fornecimento de treinamento e colocação dos desempregados nas atividades do terceiro setor. Na tentativa de reduzir o número de jovens desempregados, lançou as Obras de Utilidade Coletiva (Collective Utility Works). O programa pagava a mais de 350 mil homens e mulheres franceses um salário mensal em troca de trabalho, tanto no terceiro setor quanto no setor público. Embora muitos dos grupos voluntários na França fossem parcamente financiados e com participação limitada, eles vêm crescendo em número e influência política e devem, assim, desempenhar um papel cada vez mais influente na vida francesa nos próximos anos.[3]

O terceiro setor na Alemanha estava crescendo a um ritmo mais rápido do que os setores público ou privado. Entre 1970 e 1987, o setor sem fins lucrativos cresceu mais de 5%. Ao final da década de 80, havia mais de 300 mil organizações voluntárias operando na Alemanha. Embora a maioria funcionasse sem pessoal remunerado, o setor não comercial ainda foi responsável por 43% do emprego remunerado total do país em 1987. Ao final da década – pouco antes da unificação –, o setor sem fins lucrativos contribuiu com quase 2% para o PIB do país e empregou mais pessoas do que o setor agrícola e quase a metade do que o setor bancário e o setor de seguros empregavam. Nos anos 90, o emprego no setor não comercial cresceu, enquanto o emprego de modo geral diminuiu. Quase um terço dos grupos sem fins lucrativos na Alemanha estava vinculado a igrejas e organizações religiosas.[4]

Na Itália, até a década de 70, o setor voluntário esteve concentrado em grande parte na Igreja Católica. Entretanto, nas décadas de 80 e 90, associações e grupos voluntários não-religiosos proliferaram e começaram a desempenhar um papel cada vez mais importante nas comunidades locais. Em 1994, estimava-se que mais de 15,4% da população adulta na Itália estivesse doando seu tempo a atividades no terceiro setor.[5]

No Japão, o terceiro setor cresceu dramaticamente nos anos 90, em parte para administrar as muitas questões sociais do país. A rápida restauração e reconstrução do Japão no período pós-guerra deixou a sociedade japonesa com um novo conjunto de problemas, que vai desde a poluição ambiental até os cuidados com os jovens e idosos. O enfraquecimento da família tradicional, considerado o principal mecanismo institucional para a garantia do bem-estar pessoal, criou um vácuo no nível dos bairros e comunidades, o qual veio a ser preenchido pelas organizações do terceiro setor.

Em 1994, milhares de organizações sem fins lucrativos funcionavam em toda a sociedade japonesa, suprimindo as necessidades culturais, sociais e econômicas de milhões de pessoas. Em torno de 23 mil organizações de caridade, denominadas *koeki hojin* operavam no Japão. Eram organizações filantrópicas privadas, incorporadas pelo governo e envolvidas nos campos da ciência, artes, religião, caridade e outros empreendimentos de interesse público. Além dos *koeki hojin*, havia mais de 12 mil organizações para o bem-estar social, conhecidas como *shakaifukushi hojin*, que administravam creches diurnas, serviços para idosos, serviços de saúde para mães e crianças e serviços de proteção à mulher. A maioria dessas organizações dependia do patrocínio do setor público – entre 80% e 90% – e as demais despesas eram cobertas por contribuições regulares, vendas e doações particulares, em grande parte de fundos comunitários. O terceiro setor incluía também milhares de escolas particulares, instituições religiosas e instalações médicas, bem como créditos de caridade e cooperativas. Existia mais de um milhão de organizações comunitárias, inclusive associações de crianças, formadas em quase todos os distritos de escolas primárias que organizam atividades ao ar livre, festivais, eventos esportivos e atividades para a arrecadação de fundos. Os idosos geralmente pertenciam a um dos 130 mil clubes Rozin que existiam em todo o país para suprir necessidades sociais e culturais dos cidadãos idosos.[6]

Uma das forças mais poderosas no Japão é a organização de ajuda mútua comunitária, que inclui mais de 90% de todos os lares japoneses. As associações de bairros começaram a proliferar nas décadas de 20 e 30, em parte para atender às questões de rápida industrialização e urbanização. Ao final da década de 30, o governo imperial incorporou essas associações à máquina do Estado. Em 1940, o governo ordenou que cada comunidade no Japão formasse associações de bairros e tornou a participação obrigatória. Os grupos eram usados para divulgar propaganda de guerra e controlar a distribuição de alimentos e outros bens e serviços. Depois da guerra, os grupos de bairro ressurgiram como associações autogeridas, sem vínculos legais com o governo. Conhecidas como *jichikai*, essas organizações existiam, em 1994, em mais de 270 mil bairros. Um *jichikai* local consistia de 180 a 400 lares. Seus líderes eram eleitos e geralmente cumpriam um mandato de dois anos.[7]

Os *jichikais* prestavam vários serviços. Atendiam pessoas que precisavam de ajuda financeira, que não tinham onde morar, ou estavam gravemente enfermas. Muitas vezes, os *jichikais* locais forneciam material de construção e mão-de-obra sem custo para reconstruir uma casa incendiada. Também patrocinavam atividades culturais e viagens e sediavam festivais e feiras locais. Muitas das associações tinham se tornado defensoras de seus associados, combatendo desenvolvimentos indesejados e leis habitacionais injustas. Nos anos 90, os *jichikais* também tinham sido muito ativos em questões ambientais e muitas vezes pressionavam o governo para despoluir o meio ambiente e fazer cumprir leis antipoluição.

Como não eram reconhecidos legalmente, os jichikais, não recebiam recursos do governo e dependiam quase exclusivamente de taxas de filiação. Mas, mesmo sem ajuda governamental, essas associações continuaram a crescer nos anos 90, em grande parte, em decorrência do alto grau de participação de seus membros. A tradição confuciana, com sua ênfase na cooperação e nas relações harmoniosas, tem ajudado a estimular esforços voluntários em cada comunidade, fazendo do terceiro setor do Japão uma força formidável na vida da comunidade. Nos próximos anos, organizações do terceiro setor deverão desempenhar um papel cada vez mais crítico, na medida em que as comunidades locais forem forçadas a assumir responsabilidades crescentes como conseqüência dos cortes do governo nos serviços sociais.

Uma Nova Voz pela Democracia

Não é de estranhar que o novo interesse nas organizações do terceiro setor também se equipare à disseminação, em âmbito mundial, dos movimentos democráticos. Em dezembro de 1993, representantes de dezenas de países anunciaram a formação de uma nova organização internacional cuja missão era ajudar a "cultivar o espírito voluntário e o serviço comunitário", principalmente em regiões onde o terceiro setor apenas estava começando a florescer. O primeiro diretor-executivo da organização, Miklos Marschall, então prefeito interino de Budapeste, disse: "estamos testemunhando uma revolução real em todo o mundo, que envolve dezenas de milhares de associações, clubes e organizações não-governamentais". Marschall acreditava que "a década de 90 seria a década do terceiro setor, porque em todo o mundo tem havido... muita decepção com relação às instituições tradicionais, tais como sindicatos, partidos políticos e igrejas". O vácuo do poder, argumentava Marschall, estava sendo preenchido com a criação de pequenas ONGs e organizações comunitárias em dezenas de países.[8] Marschall disse que a nova organização, então denominada Civicus, "proporcionaria um fórum para esses grupos, uma oportunidade para a advocacia internacional, além de servir como um tribunal moral mundial"[9].

Nos anos 90, a crescente influência do terceiro setor teve mais destaque nas antigas nações comunistas do bloco soviético. Organizações Não Governamentais (ONGS) desempenharam um papel decisivo no colapso da União Soviética e de antigos regimes satélites da Europa Oriental e passaram a figurar destacadamente na reconstrução daquela região. Em 1988, mais de

40 mil organizações não governamentais estavam ativas na União Soviética.[10] Muitas das organizações voluntárias na Rússia e da Europa Oriental foram sustentadas por autoridades da Igreja, que lhes proporcionaram um porto seguro para suas atividades. Grupos voluntários envolveram-se nas mais variadas atividades, desde o patrocínio de reformas culturais até o combate contra a destruição do meio ambiente. Muitas se envolveram diretamente em atividades políticas, desafiando o poder e as prerrogativas do Estado.

Esses grupos democráticos nascentes mostraram-se uma força muito mais eficaz em derrubar os regimes autoritários na Europa Oriental e na União Soviética do que grupos de resistência tradicionais impregnados de ideologia política e escorados por campanhas paramilitares. Refletindo sobre os desenvolvimentos que levaram à queda do comunismo na Europa Central e Oriental, o historiador soviético Frederick Starr argumenta que o rápido crescimento de atividades do terceiro setor impôs enorme pressão sobre o já enfraquecido aparato do Partido. "A extraordinária efervescência das ONGs de todos os tipos", diz Starr, "é o aspecto mais característico das revoluções de 1989"[11].

No rastro do colapso do Partido Comunista na Europa Central e Oriental, o terceiro setor tornou-se fonte para novas idéias e reformas, bem como para lideranças políticas. Em 1994, estimava-se que existiam mais de 70 mil ONGs na Europa Central e na antiga União Soviética, proporcionando a base para o treinamento de organizações populares no exercício da democracia participativa.[12] Com o setor privado lutando para nascer e o novo setor público reformado ainda engatinhando, o terceiro setor estava desempenhando um papel singular na política da região. Sua capacidade de responder rápida e eficazmente às preocupações locais e, ao mesmo tempo, incutir o espírito democrático a toda a sociedade, poderia determinar o sucesso dos esforços de reformas nos antigos países comunistas.

À medida que a revolução tecnológica e as novas forças de mercado forem abrindo caminho na Europa Oriental e na Rússia, questões relativas ao deslocamento tecnológico e desemprego devem aflorar e tornar-se o principal tema de debate político naqueles países. Nos anos 90, previa-se que a crescente onda de xenofobia, nacionalismo e fascismo, alimentada pelo aumento do desemprego, por pressões populares e pela globalização da economia de mercado, testaria seriamente o espírito democrático e a estabilidade política do emergente terceiro setor. O futuro político da Europa Central e Oriental provavelmente seria decidido pela capacidade do terceiro setor de se defender e de resistir à nova onda de sentimento neofascista e construir uma forte infra-estrutura de movimentos políticos populares para participação democrática. Se o terceiro setor fracassar em reagir eficazmente aos problemas gêmeos de deslocamento tecnológico e desemprego, esses países sucumbirão aos apelos emocionais do fascismo, afundando aquela parte do mundo em uma nova era de escuridão.

Enquanto o terceiro setor desempenhava um papel destacado na reconstrução da Europa Central e Oriental, seu emergente papel nos países em desenvolvimento não era menos importante. No Terceiro Mundo do Hemisfério Sul, as ONGs eram um fenômeno relativamente novo. Elas têm acompanhado o movimento por direitos humanos e reformas democráticas na era pós-colonial e são uma nova força poderosa na vida política e cultural dos países no Hemisfério Sul.

Nos anos 90, existiam mais de 35 mil organizações voluntárias nos países em desenvolvimento.[13] As ONGs do Terceiro Mundo estão envolvidas em desenvolvimento rural e reforma agrária, combate à fome, assistência médica preventiva e planejamento familiar, programas educacionais para a primeira infância e campanhas de alfabetização, desenvolvimento econômico, moradia e direitos políticos e, muitas vezes, são a única voz do povo em países em que os governos são fracos e corruptos e a economia de mercado é pequena ou inexistente. Em muitas nações em desenvolvimento, o terceiro setor está se tornando uma força mais eficaz na administração das necessidades locais do que os setores privado ou público. Isso é ainda mais verdadeiro onde o papel da economia de mercado formal é insignificante na vida econômica da comunidade. Em 1994, estimava-se que as organizações voluntárias já impactavam a vida de mais de 250 milhões de pessoas em países em desenvolvimento, e seu alcance e sua eficácia continuarão a crescer nos próximos anos.[14]

O terceiro setor experimentou seu maior crescimento na Ásia, onde, nos anos 90, existiam mais de 20 mil organizações voluntárias.[15] Em Orangi, subúrbio de Karachi, Paquistão, o Projeto Piloto Orangi arregimentou a ajuda voluntária de 28 mil famílias para a construção de 130 mil metros de redes de esgoto e mais de 28 mil latrinas para os residentes locais. Na Índia, a Associação de Empregadas Autônomas (Self-Employed Women's Association – SEWA), um sindicato de classe de mulheres pobres em Ahmedabad, fornecia serviços legais gratuitos para mulheres, creches infantis e cursos de treinamento em carpintaria, encanamento, trabalhos de bambu e obstetrícia.[16] No Nepal, ONGs populares, trabalhando com a população local, construíram 62 barragens, a um quarto do custo de construção similar feita pelo governo.[17] No Sri Lanka, o Movimento Sarvodaya Sharanadana (SSM) tinha 7.700 pessoas em sua equipe e trabalhava em mais de 8 mil aldeias, ajudando a população local a mobilizar recursos e a criar comunidades auto-suficientes. Os projetos do SSM incluíam programas de nutrição para crianças em fase pré-escolar, assistência aos surdos e deficientes e programas de treinamento geradores de receita em costura, consertos mecânicos, tipografia e carpintaria.[18] Na Malásia, a Associação dos Consumidores de Penang (CAP), trabalhava com comunidades rurais, ajudando-as a obter assistência do governo e protegendo-as de esquemas de desenvolvimento exploradores.[19] No Senegal, o Comitê de Luta para o Fim da Fome (COLUFIFA) tinha 20 mil membros e ajudava os agricultores a promover o plantio do alimento em vez de produtos para exportação. O grupo também dava assistência e treinamento aos agricultores em técnicas de melhoramento de cultivo e armazenagem, bem como em programas para elevar os padrões de alfabetização e melhorar a saúde dos habitantes rurais.[20] Nas Filipinas, A PAMALAKAYA, uma ONG representando 50 mil pescadores pressionava o governo para preservar lagos pesqueiros comunitários e fornecia treinamento e educação regular aos seus membros.[21]

Grande parte do esforço das ONGs na Ásia enfatizava questões ecológicas. Grupos de proteção florestal, por exemplo, foram estabelecidos na Coréia do Sul, Bangladesh, Nepal e outros países asiáticos para salvar as florestas remanescentes das mãos dos madeireiros e exploradores. Nos anos 90, existiam mais de 500 organizações ambientais só na Índia, ajudando a salvar o solo, as árvores, a conservar a água e combater a poluição gerada pela agricultura e pela indústria. Um dos mais eficazes esforços ambientais nos últimos anos foi lançado por mulheres aldeãs, determinadas a proteger suas florestas de empresas madeireiras. O movimento Chipco chamou a atenção do mundo, quando mulheres camponesas deitaram-se na frente de tratores em marcha e abraçaram as árvores para salvar suas florestas do desmatamento.[22]

Organizações femininas também proliferaram na Ásia, na década de 80. Na Indonésia e Coréia, clubes de mães estavam ajudando mulheres no planejamento familiar eficaz. Em Bangladesh, membros de uma associação nacional de mulheres advogadas viajaram para mais de 68 mil aldeias, informando as mulheres de seus direitos legais básicos e fornecendo assistência jurídica a mulheres vítimas de abuso por parte de seus maridos e do governo.[23]

A América Latina, assim como a Ásia, viu uma explosão de organizações voluntárias entre os anos de 1969 e 1994. Muito do ímpeto para o emergente terceiro setor veio da Igreja Católica. Padres, freiras e pessoas laicas criaram uma rede de grupos de ação locais denominados Comunidades Eclesiais de Base. Só no Brasil, mais de 100 mil comunidades de base, com mais de 3 milhões de membros foram criadas. Um número igual de comunidades similares existia em toda a América Latina. Essas comunidades de base conjugavam auto-ajuda e esforços de advocacia, criando um movimento democrático de baixo para cima entre as pessoas mais pobres do continente.[24]

Em Lima, aproximadamente 1.500 cozinhas comunitárias foram criadas. Mais de 100 mil mães trabalhavam nessas cozinhas, distribuindo leite em pó aos pobres. No Chile, centenas de organizações voluntárias urbanas, chamadas Organizações Econômicas Populares, ou OEPs, foram estabelecidas para administrar necessidades do povo há muito ignoradas pelo governo e por setores do mercado. Algumas OEPs criaram cooperativas de consumo e habitacionais. Outras estabeleceram programas de saúde e educação, escolas alternativas e cozinhas comunitárias.[25] Na República Dominicana, as mulheres uniram-se para formar o Centro de Investigação para a Ação Feminina (CIPAF), ONG que trabalha para melhorar as condições das mulheres camponesas e pobres dos bairros urbanos.[26] Na Colômbia, mais de 700 grupos de habitação comunitária sem fins lucrativos construíram unidades habitacionais para os desabrigados.[27]

Associações de melhoramento de bairros – *juntas de vecinos* – existem em toda a América Latina. Esses grupos voluntários ajudam na construção de escolas e bicas de água, organização de remoção de lixo e serviços de transporte. Associações de pais têm proliferado em toda a América Latina nas últimas décadas, ajudando os pais a estabelecer creches, hortas comunitárias e cooperativas de produtores. Em países onde pequenas elites possuem e controlam a maior parte das terras, associações e sindicatos rurais foram formados para pressionar pela reforma agrária. O Sindicato Nacional Mexicano das Organizações de Agricultores Regionais Autônomos e o Movimento dos Trabalhadores Rurais Sem-Terra no Brasil estão entre os grupos mais conhecidos e destacados.[28]

A África também vem experimentando um rápido crescimento na atividade do terceiro setor. Nos anos 90, existiam mais de 4 mil ONGs operando no continente africano, e muitos observadores consideravam-nas como "a força motriz mais significativa por trás do desenvolvimento" naquela parte do mundo.[29] Em Uganda, 250 ONGs locais proviam assistência emergencial e programas de saúde para os pobres. Em Burkina Fasso, 2.800 ONGs, denominadas *Naams*, com mais de 160 mil membros, cavavam fossos, construíam tanques de armazenamento de água natural, pequenos diques, cuidavam de florestas comunitárias, promoviam programas de alfabetização, construíam maternidades, farmácias, escolas e postos de saúde nas vilas. Os Naams promoviam até mesmo atividades culturais e sediavam eventos esportivos em comunidades locais por todo o país.[30]

No Quênia, o Movimento Cinturão Verde, formado por 80 mil mulheres, plantou mais de 10 milhões de árvores e ensinou aos seus membros como recuperar e conservar o solo e a usar fertilizantes naturais.[31] No Zaire, a Igreja de Cristo, com 12 milhões de seguidores, trabalha em 62 comunidades, iniciando programas de saúde, escolas primárias e campanhas de plantio de árvores.[32]

Em muitos países do Hemisfério Sul, onde a economia de mercado formal é virtualmente inexistente, ainda mais na zona rural, as ONGs desempenham um papel diferente do que suas contrapartes do Hemisfério Norte, no setor sem fins lucrativos. Enquanto nos Estados Unidos e em outros países industrializados do Norte as organizações do terceiro setor geralmente assumem atividades às quais o mercado dá pouca importância ou ignora – por exemplo, a recuperação de moradias de baixa renda e a construção de abrigos – no terceiro mundo, disse Julie Fisher, do Programa de Organizações Sem Fins Lucrativos na Universidade de Yale, as ONGs "estão entrando exatamente nas áreas supridas pelo mercado nos países desenvolvidos", porque o setor de mercado é quase inexistente. "Como as pessoas são tão terrivelmente pobres", diz Fisher, "literalmente para elas não existem oportunidades na economia formal – que é essencialmente irrelevante para a maioria das pessoas no mundo". As populações locais em geral têm pouca escolha, diz Fisher, a não ser desenvolver alternativas ao mercado. Esses substitutos muitas vezes se transformam em atividades de mercado. A criação de microempresas, cooperativas e redes de intercâmbio entre as aldeias costuma ser um precursor ao estabelecimento de um mercado rudimentar em uma região ou em todo o país. Fisher disse que "o que se tem no Terceiro Mundo é o terceiro setor promovendo o setor privado em escala massiva". Os ganhos provenientes do setor de mercado, por sua vez, são usados para financiar a expansão contínua da atividade do terceiro setor.[33]

O terceiro setor vem surgindo em cada região do mundo. Seu crescimento meteórico é atribuível em parte à crescente necessidade de preencher um vácuo político deixado pelo recuo dos setores público e privado dos assuntos comunitários locais. Corporações globais, operando em um mercado global, geralmente são insensíveis às necessidades das comunidades individuais. Em muitos países do Terceiro Mundo, a economia de mercado global mal existe. Onde existe, as comunidades locais são impotentes para negociar as condições de troca. As regras e regulamentações são estabelecidas por homens sem rosto, operando a portas fechadas em salas de reuniões a milhares de milhas de distância. Da mesma forma, os governos federais estão menos envolvidos nas comunidades locais. Na maioria dos países do segundo e do terceiro mundos, os governos são arranjos frágeis, emaranhados em burocracia e corrupção.

Afligidos por lento crescimento, desemprego obstinado e dívidas crescentes e encurralados por um mercado global que força cada nação a competir no plano inferior do comércio internacional, os governos estão perdendo seu controle sobre a população local. Incapazes de prestar os serviços básicos e indiferentes às reivindicações do povo por maior participação, eles estão se tornando cada vez mais tangenciais às vidas de seus cidadãos. Isso é especialmente verdade no mundo em desenvolvimento, e está refletido pela mudança sutil no modo como a ajuda internacional e os fundos de desenvolvimento são canalizados. Embora a maior parte da ajuda estrangeira ainda flua de governo para governo, um número crescente de doações está sendo canalizado dos governos do Hemisfério Norte diretamente para as ONGs, nos países do segundo e do terceiro mundos. Nos Estados Unidos, a Fundação Interamericana e a Fundação para o Desenvolvimento Africano, ambas criadas pelo Congresso, fornecem fundos diretamente a organizações populares em países em desenvolvimento, geralmente para apoiar projetos de desenvolvimento sustentáveis em comunidades locais. A Agência dos Estados Unidos para o Desenvolvimento Internacional (AID) também apóia projetos e iniciativas de ONGs locais no Terceiro Mundo.[34]

Embora as doações a ONGs do segundo e do terceiro mundos estejam começando a crescer gradualmente, a maior parte do dinheiro para as iniciativas do terceiro setor nos países em desenvolvimento ainda vem diretamente das ONGs operando nos países industrializados do Norte. Entre 1970 e 1990, as ONGs do Hemisfério Norte aumentaram suas doações às ONGs do Hemisfério Sul de US$ 1 bilhão para US$ 5 bilhões. Em 1991, os Estados Unidos foram responsáveis por quase metade de todos os fundos privados transferidos para a atividade do terceiro setor no mundo em desenvolvimento.[35]

A ajuda estrangeira direta às ONGs no mundo em desenvolvimento deverá aumentar nos próximos anos, à medida que o terceiro setor tornar-se mais estabelecido e mais bem equipado para administrar as necessidades humanas no nível local. À medida que o terceiro setor cresce e amadurece, ele "desempenhará um papel muito mais significativo no mercado de trabalho", disse Miklos Marschall. Como outros, Marschall acredita que "uma das funções mais importantes do setor das ONG... é oferecer oportunidades de emprego comunitário às pessoas". Ele diz que está convencido de que muitos dos novos empregos que serão criados no terceiro setor, e grande parte do financiamento dos empregos comunitários, virão dos governos centrais que contratarão as ONGs, em vez de criar dispendiosos programas no setor público.[36]

Martin Khor, então diretor da Third World Network (Rede do Terceiro Mundo), preocupava-se com o modo como os governos centrais no Terceiro Mundo iriam financiar rendas garantidas para as pessoas dispostas e capazes de trabalhar no terceiro setor. Embora a assistência internacional direta às ONGs comunitárias vá ajudar a patrocinar parte dos fundos necessários, inevitavelmente os governos do Terceiro Mundo terão de contribuir com os recursos adicionais por meio de impostos. Khor argumentava que, se um imposto de valor agregado fosse cobrado, deveria ser sobre tecnologias, produtos e serviços comprados pelos membros mais ricos da sociedade. O ativista do Terceiro Mundo disse que os governos poderiam desempenhar um papel-chave no "nivelamento de desigualdades gritantes" que existem nos países em desenvolvimento, com a cobrança de "impostos dos ricos... como um modo de empregar os pobres". Khor salientava que a redistribuição de renda é a chave para o progresso do terceiro setor em países em desenvolvimento. Se "você não solucionar o problema da distribuição social da renda", advertia Khor, "então não pode solucionar a questão do desenvolvimento do terceiro setor; do contrário, de que outra forma vai financiá-lo?"[37]

O extraordinário crescimento na atividade do terceiro setor está começando a promover novas redes internacionais. ONGs em países dos hemisférios Norte e Sul estão trocando informações, organizando-se em torno de objetivos comuns e unindo-se para que suas vozes sejam ouvidas na comunidade internacional. Se existe um aforismo comum que une seus objetivos individuais é o tão citado ditado "Pense globalmente e aja localmente". As ONGs, na maioria dos países, compartilham de uma nova visão que transcende tanto a sabedoria convencional do mercado quanto a ideologia tacanha da geopolítica e do nacionalismo. É sua perspectiva biosférica. Os novos ativistas do terceiro setor estão comprometidos com uma participação democrática no nível local, com o restabelecimento da comunidade, com o atendimento aos seus irmãos e com a administração de uma comunidade biótica maior que constitui a biosfera comum da Terra.

Embora unidas em uma visão comum do futuro, as ONGs dos hemisférios Norte e Sul enfrentam inúmeros desafios e prioridades às vésperas da Terceira Revolução Industrial. Enquanto as ONGs urbanas, tanto no Norte quanto no Sul, precisarão atender à questão do crescente desemprego, causado pelos dramáticos ganhos em produtividade e deslocamento tecnológico, as ONGs do Sul terão de enfrentar um outro problema, igualmente grave – a introdução de uma biotecnologia agrícola e a possível eliminação da agricultura tradicional no planeta. O espectro de centenas de milhões de lavradores sem função pela revolução da engenharia genética é apavorante. A perda de mercados de commodities agrícolas internacionais poderia afundar as nações do Hemisfério Sul em um parafuso econômico e forçar uma crise bancária internacional de proporções sem precedentes. A civilização provavelmente passaria por um declínio de longo prazo que poderia durar séculos. Só por essa razão, as ONGs do Hemisfério Sul sentirão uma pressão crescente para resistir à revolução da biotecnologia na agricultura, ao mesmo tempo em que trabalharão pela reforma agrária e por abordagens ecologicamente mais sustentáveis de cultivo da terra.

A dra. Vandana Shiva, então diretora da Fundação de Pesquisa para a Ciência, Tecnologia e Política de Recursos Nacionais, na Índia, preocupava-se com a possibilidade de que, em seu próprio país, mais de 95% da população agrícola fosse deslocada no século XXI pela revolução da biotecnologia na agricultura. Se isso acontecesse, advertia Shiva, "teríamos a Iugoslávia multiplicada mil vezes", com movimentos separatistas, tumultos sociais e a fragmentação do continente indiano. A única alternativa viável para os tumultos sociais e o colapso potencial do Estado indiano, argumentava Shiva, é a construção de "um novo movimento de libertação", baseado na reforma agrária e na prática da agricultura ecologicamente segura e sustentável [38]

As ONGs em todo o Terceiro Mundo estão começando a unir-se para combater a incursão da biotecnologia agrícola. Nos próximos anos, a oposição à concessão de patentes de sementes nativas por empresas multinacionais e a tomada no atacado da agricultura pela indústria da biotecnologia global devem se intensificar em virtualmente cada país do Hemisfério Sul, enquanto milhões de agricultores lutam pela sua sobrevivência contra as novas tecnologias de inserção de genes.

A Última e a Melhor Esperança

Tanto os países do Hemisfério Norte quanto os do Hemisfério Sul enfrentam ameaças e oportunidades ocasionadas pelas poderosas forças do mercado e por novas realidades tecnológicas. As corporações multinacionais estão abrindo caminho, rompendo fronteiras, transformando e desintegrando as vidas de bilhões de pessoas, em sua busca por mercados globais. As baixas da Terceira Revolução Industrial estão começando a avolumar-se, enquanto milhões de trabalhadores são eliminados para dar lugar a substitutos mecânicos mais eficazes e lucrativos. O desemprego está crescendo e os ânimos estão se inflamando em todos os países presos no fogo cruzado das empresas para melhorar o desempenho da produção a qualquer preço.

O serviço do terceiro setor e os grupos de defesa são as hastes dos pára-raios para redirecionar a crescente frustração de um grande número de desempregados. Seus esforços para reacender o espírito da participação democrática, bem como para forjar um senso comunitário renovado, determinarão em grande parte o sucesso do setor independente como agente transformador para a era pós-mercado. Se o terceiro setor será capaz de crescer e diversificar com rapidez suficiente para acompanhar as crescentes reivindicações que lhe são impostas por uma força de trabalho deserdada é uma pergunta em aberto. Ainda assim, com o enxugamento do trabalho do mercado formal e a diminuição do papel dos governos centrais nos assuntos cotidianos do povo, a economia social torna-se a última esperança viável para o restabelecimento de uma estrutura institucional alternativa para uma civilização em transição.

Os sábios da alta tecnologia não se convencem da crise que aí está. Lá do fundo da brilhante nova aldeia global, rodeados de sofisticados equipamentos capazes de feitos fantásticos, o futuro parece promissor. Muitos na emergente classe do conhecimento concebem um mundo de grandiosidade quase utópica, um lugar de abundância inesgotável. Nos anos 90, muitos futuristas escreveram tratados empolgantes profetizando o fim da história e nossa derradeira libertação para um paraíso tecnológico, mediado por forças de livre mercado e governado por destacados especialistas científicos. Nossos políticos nos dizem para começarmos a nos preparar para o grande êxodo para a era pós-moderna. Eles nos acenam com visões de um novo mundo de vidro e silício, com redes de comunicação global e super-rodovias da informação, ciberespaço e realidade virtual, produtividade elevadíssima, riquezas materiais ilimitadas, fábricas automatizadas e escritórios eletrônicos. Dizem-nos que o preço da entrada para esse novo e fantástico mundo é a reeducação e o retreinamento, adquirindo novas habilidades para as muitas oportunidades de trabalho que estão se abrindo ao longo de novos corredores comerciais do terceiro mercado industrial.

Suas previsões não deixam de ter seu mérito. De fato, estamos passando por uma grande transformação histórica rumo à Terceira Revolução Industrial e nos encaminhando inexoravelmente para um mundo quase sem trabalhadores. O hardware e o software já existem para apressar nossa passagem para uma civilização de silício. A questão ainda não resolvida é quantos seres humanos serão deixados para trás nessa etapa final da jornada industrial e que tipo de mundo espera os que chegarem ao outro lado.

Os apóstolos e evangelistas da era da informação têm poucas dúvidas, se é que as têm, quanto ao derradeiro sucesso da experiência. Estão convencidos de que a Terceira Revolução Industrial será bem-sucedida em suprir mais oportunidades de trabalho do que excluir e que dramáticos aumentos de produtividade serão acompanhados por elevados níveis de demanda de consumo e pela abertura de novos mercados globais, para absorver a inundação de novos bens e serviços que se tornarão disponíveis. Sua fé e, portanto, toda sua concepção do mundo dependem da exatidão dessas duas proposições centrais.

Os críticos, por sua vez, bem como um número crescente de pessoas já deixadas à margem da Terceira Revolução Industrial, estão começando a questionar de onde os novos empregos virão. Em um mundo em que sofisticadas tecnologias da informação e da comunicação serão capazes de substituir uma parte cada vez maior da força de trabalho global, é improvável que mais do que uns poucos afortunados serão retreinados para os relativamente escassos cargos de alta tecnologia científica, profissionais e administrativos que serão colocados à disposição no emergente setor do conhecimento. A própria idéia de que milhões de trabalhadores deslocados pela reengenharia e pela automação dos setores agrícola, industrial e de serviços possam ser retreinados para se tornar cientistas, engenheiros, técnicos, executivos, consultores, professores, advogados etc. e depois encontrar o número correspondente de oportunidades de trabalho no setor muito restrito da alta tecnologia parece, na melhor das hipóteses, um castelo no ar e, na pior, um delírio.

Além disso, há o tão citado argumento de que novas tecnologias, produtos e serviços ainda nem concebidos surgirão, abrindo novas oportunidades de negócios e empregos para milhões. Os críticos, entretanto, ressaltam que quaisquer novas linhas de produtos introduzidas no futuro provavelmente exigirão muito menos trabalhadores para montá-los, produzi-los e entregá-los e, portanto, não acrescentarão números expressivos às fileiras do emprego. Mesmo que um produto, com um potencial de mercado universal, surgisse hoje – algo parecido com o rádio ou a televisão –, sua produção provavelmente seria altamente automatizada e exigiria menos trabalhadores na linha de montagem.

Da mesma forma, os observadores perguntam como uma crescente força de trabalho subempregada ou desempregada, deslocada por tecnologias da Terceira Revolução Industrial, terá condições de adquirir todos os produtos e serviços produzidos pelos novos sistemas de produção altamente automatizados. Enquanto os defensores afirmam que a flexibilização das barreiras comerciais e a abertura de novos mercados globais estimularão a demanda de consumo refreada, os críticos argumentam que o aumento da produtividade e a superprodução de bens e serviços enfrentarão uma demanda cada vez mais ineficaz e enfraquecida em todo o mundo, na medida em que números cada vez maiores de trabalhadores forem deslocados pelas tecnologias e perderem seu poder aquisitivo.

Os céticos provavelmente estão certos em sua preocupação com deslocamento tecnológico, perda de emprego e redução do poder aquisitivo. Mas não há por que acreditar que as forças tecnológicas e de mercado já acionadas serão eficazmente retardadas ou contidas por qualquer tipo de movimento de resistência organizado nos próximos anos. A não ser por uma depressão global de longo prazo, tudo indica que a Terceira Revolução Industrial continuará no seu curso, elevando a produtividade e deslocando números cada vez maiores de trabalhadores, enquanto abre algumas oportunidades de trabalhos, mas não o suficiente para absorver os milhões de trabalhadores sem função pelas novas tecnologias da informação e da comunicação. Os mercados globais provavelmente também continuarão a se expandir, mas não tão rapidamente para absorver a superprodução de bens e serviços. O crescente desemprego tecnológico e a diminuição do poder aquisitivo continuarão a afligir a economia global, corroendo a capacidade dos governos de administrar eficazmente seus próprios assuntos internos.

Os governos já estão sentindo o peso da revolução tecnológica que está deixando milhões de pessoas desempregadas e carentes. A globalização da economia de mercado e a automação dos setores agrícola, industrial e de serviços estão mudando rapidamente a paisagem política em cada país. Líderes mundiais e governos não sabem como amenizar o impacto de uma Terceira Revolução Industrial que está caindo sobre setores inteiros, achatando hierarquias corporativas e substituindo trabalhadores por máquinas em centenas de categorias de cargos.

A classe média, há muito a voz da razão e da moderação na vida política das nações, vê-se atingida por todos os lados pela mudança tecnológica. Diminuída por salários reduzidos e desemprego crescente, a classe média está começando a procurar soluções rápidas e o resgate dramático das forças de mercado e as mudanças tecnológicas que estão destruindo seu antigo modo de vida. Em virtualmente cada nação industrializada, o medo de um futuro incerto está arrancando mais e mais pessoas da linha principal para as margens da sociedade, onde buscam refúgio em movimentos políticos extremistas e religiosos que prometem restaurar a ordem pública e devolver-lhes seus empregos.

Níveis crescentes de desemprego e o aumento da polarização entre ricos e pobres estão criando as condições para levantes sociais e conflitos entre classes, em proporções jamais vistas na era moderna. Crime, violência aleatória e distúrbios sociais estão crescendo e mostram todos os sinais de que deverão crescer expressivamente nos próximos anos. Uma nova forma de barbárie espera às portas do mundo moderno. Além de calmos subúrbios, regiões semi-rurais e enclaves urbanos dos ricos e quase ricos, estão milhões de seres humanos desesperados e destituídos. Angustiados, irados e com poucas esperanças de escapar de sua sorte são os potenciais niveladores, as massas cujos clamores por justiça e inclusão foram ignorados. Suas fileiras continuam crescendo, na medida em que milhões de trabalhadores vão sendo demitidos e, súbita e irrevogavelmente, excluídos da nova aldeia global de alta tecnologia.

Ainda assim, nossos líderes falam de empregos e crime, as duas maiores questões da nossa época, como se fossem apenas marginalmente relacionadas, recusando-se a admitir o vínculo cada vez mais forte entre deslocamento tecnológico, perda de emprego e o aumento de uma classe fora-da-lei, para quem o crime é o último recurso para assegurar um pedaço de um bolo econômico cada vez menor.

Essa, então, é a situação em que o mundo se encontra durante os primeiros anos de transição para a Terceira Revolução Industrial. Nos países industrializados, a preocupação com a questão do emprego tem levado a crescentes conflitos ideológicos entre grupos opostos. Os defensores do livre mercado acusam os sindicatos de obstruírem o processo de globalização do comércio e de incitarem o povo com apelos xenofóbicos ao protecionismo. O movimento trabalhista contesta que as multinacionais estão arrochando os salários, forçando os trabalhadores a competir com a mão-de-obra barata do Terceiro Mundo.

Os otimistas tecnológicos acusam os críticos da alta tecnologia de tentar conter o progresso e de nutrir ingênuas fantasias neoluditas. Os críticos da tecnologia acusam os amantes da tecnologia de se preocuparem mais com os lucros do que com as pessoas e de ignorarem, em sua busca de ganhos rápidos de produtividade, o terrível tributo que a automação cobra dos milhões de trabalhadores.

Nos Estados Unidos, alguns políticos liberais estão clamando por outro "New Deal" e por gastos maciços em programas de obras públicas, ajuda às cidades e reformas sociais. A maioria dos observadores políticos, entretanto, bem como a maioria dos eleitores, reluta em restituir ao governo o papel de empregador de último recurso, por receio de aumentar ainda mais a dívida nacional e o déficit orçamentário. As forças conservadoras estão voltando a defender o *laissez-faire*, argumentando que a menor interferência do governo no mercado ajudará a acelerar o processo de globalização e de automação e, finalmente, permitirá um bolo econômico maior para todos participarem. Atolados por tantas idéias conflitantes e contraditórias quanto ao que deve ser feito, nossos líderes continuam avançando desnorteados, com poucas sugestões construtivas sobre como reduzir o desemprego, criar empregos, reduzir o índice de criminalidade e amenizar a transição para a era da alta tecnologia.

Uma coisa é certa. Estamos entrando em um novo período da história em que as máquinas, cada vez mais, substituirão o trabalho humano na produção de bens e serviços. Embora prazos sejam difíceis de prever, estamos nos encaminhando sistematicamente para um futuro automatizado e provavelmente chegaremos a uma era sem trabalhadores, pelo menos na indústria nas primeiras décadas do século XXI. O setor de serviços, embora mais lento na automatização, provavelmente chegará a um estado quase automatizado em meados do século XXI. O emergente setor do conhecimento será capaz de absorver uma pequena porcentagem da mão-de-obra deslocada, mas não em número suficiente para fazer uma substancial diferença no crescente número do desemprego. Centenas de milhões de trabalhadores serão feitos permanentemente ociosos pelas forças gêmeas da globalização e da automação. Outros, ainda empregados, trabalharão muitas horas a menos, para distribuir mais eqüitativamente o trabalho restante e proporcionar poder aquisitivo adequado para absorver os aumentos na produção. À medida que as máquinas forem cada vez mais substituindo os trabalhadores nas próximas décadas, o trabalho de milhões será libertado do processo econômico e do apelo do mercado. Mão-de-obra não aproveitada é a principal realidade da próxima era e a questão que precisará ser enfrentada e administrada por um a um dos países, para que a civilização sobreviva ao impacto da Terceira Revolução Industrial.

Se os talentos, a energia e a engenhosidade de centenas de milhões de homens e mulheres não forem canalizados para fins construtivos, a civilização provavelmente continuará a desintegrar-se em um estado de carência e ilegalidade cada vez maior, do qual talvez não seja fácil retornar. Por essa razão, encontrar uma alternativa ao trabalho formal na economia de mercado é a tarefa crítica para cada país na Terra. Preparar-se para uma era pós-mercado requererá uma atenção muito maior na construção do terceiro setor e na renovação da vida comunitária. Ao contrário da economia de mercado, que se baseia exclusivamente na "produtividade" e, por isso, é receptiva à substituição do trabalho humano por máquinas, a economia social está centralizada nas relações humanas, em sentimentos de intimidade, em companheirismo, em vínculos fraternais – qualidades que não são facilmente redutíveis a, ou substituíveis por, máquinas. Por ser o único plano em que as máquinas não conseguem penetrar nem subordinar totalmente, será, por necessidade, o refúgio para onde os trabalhadores deslocados da Terceira Revolução Industrial irão para encontrar o significado renovado e o objetivo na vida, depois que o valor de mercado de seu trabalho na economia formal tiver se tornado marginal ou sem valor.

A ressurreição e a transformação do terceiro setor em um poderoso plano independente, capaz de absorver a enchente de trabalhadores deslocados, demitidos pelo setor de mercado, devem receber a máxima prioridade, para resistirmos à tempestade tecnológica que se aproxima no horizonte. É preciso encontrar meios para transferir uma parcela crescente dos ganhos de produtividade da Terceira Revolução Industrial do mercado para o terceiro setor, para acompanhar o ritmo com o encargo que será imposto à economia social.

Confrontado com a atemorizadora perspectiva de absorver os trabalhadores descartados pelo mercado e suprir mais e mais serviços sociais básicos e as amenidades culturais, o terceiro setor precisará de infusão significante de mão-de-obra voluntária, bem como de fundos operacionais. Pagar salários indiretos por tempo voluntário; cobrar um imposto de valor agregado sobre produtos e serviços da era high-tech, para ser usado exclusivamente como garantia a um salário social ao pobres em troca de serviços comunitários; e aumentar as deduções de impostos para a filantropia corporativa, vinculada aos ganhos de produtividade, são apenas algumas das medidas que podem ser adotadas nos Estados Unidos para garantir o perfil e a eficácia do terceiro setor nos próximos anos. Em outros países, abordagens e incentivos diferentes serão adotados para fortalecer e ampliar o mandato da economia social.

Até agora, o mundo tem estado tão preocupado com o funcionamento da economia de mercado que a idéia de dar mais atenção à economia social tem sido pouco considerada, tanto pelo público quanto pela política governamental. Isso deve mudar nos próximos anos, quando ficar cada vez mais claro que um terceiro setor transformado oferece a única arena viável para canalizar de modo construtivo a mão-de-obra excedente, descartada pelo mercado global.

Estamos entrando em uma nova era de mercados globais e de produção automatizada. A estrada para uma economia quase sem trabalhadores está à vista. Se essa estrada leva a um porto seguro ou a um terrível abismo dependerá de como a civilização irá se preparar para a era pós-mercado que virá logo após a Terceira Revolução Industrial. O fim do trabalho poderia significar a sentença de morte para a civilização, como a conhecemos. O fim do trabalho poderia também sinalizar uma grande transformação social, um renascimento do espírito humano. O futuro está em nossas mãos.

Notas

Prefácio

1. J.C.L. Simonde de Sismondi, *New Principles of Political Economy*, trad. Richard Hyse, Transactions Publishers, 1991, p. 563.

2. Dados extraídos de *Historical Statistics of the United States*, Department of Commerce, Washington, D.C. 195, Series D, 152-166 (p. 138); também *Economic Indicators*, Government Printing Office, março 1994,pp. 11-14.

Introdução de 2004

1. "ILO's World Employment Report 2001: Despite Improved Employment Outlook, Digital Divide Looms Large", *International Labor Organization*. 24 de janeiro de 2001. www.ilo.org.

2. "Labor Force Statistics from the Current Population Survey." Departamento do Trabalho dos EUA, Escritório de Estatísticas Trabalhistas. 24 de outubro de 2003. http://data.bls.gov.

3. Idem.

4. HARNISCHFEGER, Uta. "International News: It is degrading – I feel like a man going to his urologist", *Financial Times*. 7 de maio de 2003; "German unemployment rises by 8,000", *CNN*, 7 de agosto de 2003. http://edition.cnn.com.

5. "Euro-zone unemployment up to 8.7%", *Eurostat*, fevereiro de 2003. http://europa.eu.int/comm/eurostat/.

6. "Euro-zone unemployment up to 8.7%", *Eurostat*.

7. "Japan Jobless Rate Jumps to Post War High of 5.5%", *The Wall Street Journal*, 28 de fevereiro de 2003; "Main Economic Indicators: Indonesia Country Report", *Organization on Economic Cooperation and Development*, setembro de 2003. www.oecd.com; "CIA- The World Factbook – India", *Central Intelligence Agency*, 17 de setembro de 2003. www.cia.gov/cia; "New ILO Report on Global Employment Trends 2003", *International Labor Organization*, 24 de janeiro de 2003. www.ilo.org/public/english/bureau/inf/pr/2003/1.htm

8. JUHN, Chinhui; MURPHY, Kevin; e TOPEL, Robert. "Current Unemployment, Historically Contemplated." Preparado para o *Brookings Panel on Economic Activity*, março de 2002. www.nber.org/~confer/2002/lss02/juhn.pdf.

9. BERGER, Allen; KYLE, Margaret; e SCALISE, Joseph. "Did U.S. Bank Supervisors Get Tougher During the Credit Crunch? Did They Get Easier During the Banking Boom? Did It Matter to Bank Lending?", *National Bureau on Economic Research*, 15 de janeiro de 2000. http://people.brandeis.edu/~cecchetti/pdf/berger2000.pdf; Davey, Monica e David Leonhardt. "Jobless and Hopeless, Many Quit the Labor Force", *The New York Times*, 27 de abril de 2003.

10. BECK, Allen J., Ph.D., e GILLIARD, Darrell K. "Prisoners in 1994." U.S. Department of Justice, Bureau of Justice Statistics, agosto de 1995. http://www.ojp. usdoj.gov/bjs/; HARRISON, Paige M., e BECK, Allen J. Ph.D. "Prisoners in 2002." U.S. Department of Justice, Bureau of Justice Statistics, julho de 2003. www.ojp. usdoj.gov/bjs.

11. "Labor Force Statistics from the Current Population Survey." U.S. Department of Labor, Bureau of Labor Statistics, 12 de agosto de 2003. http://data.bls.gov; "Prisoners in 2002." Departamento de Justiça dos EUA, Escritório de Estatísticas Judiciais.

12. "U.S. Personal Savings Rates." Escritório de Análises Econômicas, 3 de outubro de 2003.

13. UCHITELLE, Louis. "U.S. Overcapacity Stalls New Jobs", The New York Times, 19 de outubro de 2003.

14. "Current Bankruptcy Statistics." American Bankruptcy Institute, 16 de setembro de 2003. www.abiworld.org.

15. MISHEL, Lawrence; Jared BERNSTEIN, Jared; e BOUSHEY, Heather. The State of Working America. Economic Policy Institute. Ithaca, NY: Cornell University Press, 2003.

16. COWELL, Alan. "Personal Debt Surges in Britain", The New York Times, 3 de setembro de 2003.

17. "Annex Table 24: Household Saving Rates", OECD, 3 de outubro de 2003.

18. LEONHARDT, David. "'No help wanted' sums up U.S. economy", The New York Times, 2 de outubro de 2003.

19. UCHITELLE, Louis. "Defying Forecast, Job Losses Mount for a 22nd Month", The New York Times, 6 de setembro de 2003.

20. Idem.

21. LEONHARDT, David. "Unemployment Rate Rises to a 9-Year High of 6.1%", The New York Times, 7 de junho de 2003.

22. GREENHOUSE, Steven. "Looks Like a Recovery, Feels Like a Recession", The New York Times, 1º de setembro de 2003.

23. "Jobs Picture", Economic Policy Institute, 5 de junho de 2003. www.epinet.org.

24. LEONHARDT, David. "108,000 jobs lost in March, U.S. says", The New York Times, 5 de abril de 2003.

25. DIXON, K.A.; e HORN, Carl E. Van, Ph.D. "The Disposable Worker: Living in a Job-Loss Economy", John J. Heldrich Center for Workforce Development, Rutgers, The State University of New Jersey, Work Trends, vol. 6, n. 2, julho de 2003.

26. GREENHOUSE, Steven. "Looks Like a Recovery, Feels Like a Recession."

27. "Long-Term Unemployed More Likely to be Educated, Older Professionals", Economic Policy Institute, 15 de maio de 2003. www.epinet.org.

28. "College Hiring Falls 36 Percent from 2001 to 2002." National Association of Colleges and Employers (NACE), 29 de setembro de 2003. www.collegerecruiter.com.

29. RAWE, Julie. "Young and Jobless", Time Magazine, 10 de junho de 2002.

30. UCHITELLE, Louis. "A Recovery for Profits, but Not for Workers", The New York Times, 21 de dezembro de 2003; MEYERSON, Harold."Un-American Recovery", The Washington Post, 24 de dezembro de 2003.

31. HERBERT, Bob. "Another Battle for Bush", The New York Times, 15 de dezembro de 2003.

32. UCHITELLE, Louis. "A Recovery for Profits, but Not for Workers."

33. "Jobs Picture", Economic Policy Institute, 2 de maio de 2003. http://www.epinet.org.

34. LEONHARDT, David. "U.S. Unemployment Rate Climbed to 6% Last Month", The New York Times, 3 de maio de 2003.

35. "Gross Domestic Product and Corporate Profits." Escritório de Análises Econômicas, 26 de setembro de 2003. www.bea.doc.gov; "Productivity and Costs, Second Quarter 2003, revised." Bureau of Labor Statistics, 4 de setembro de 2003. www.bls.gov; BERRY, John M.; e ALLEN, Mike. "U.S. Economic Growth Surges", The Washington Post, 31 de outubro de 2003. "Productivity." Bureau of Labor Statistics. www.bls.gov. 3 de dezembro de 2003.

36. BERRY, John M.; e ALLEN, Mike. "U.S. Economic Growth Surges."

37. FISHER, Kenneth L. "Don't Sweat Small Moves", Forbes, 11 de outubro de 2003. www.forbes.com.

38. GILPIN, Kenneth. "Layoffs Rose Sharply Last Month, Report Says", The New York Times, 5 de setembro de 2003.

39. Idem.
40. McKINNON, John D. "Projected Budget Deficit Narrows Due to Strengthening Economy", *The Wall Street Journal*, 9 de outubro de 2003.
41. JONES, Jeffrey; e CARROLL, Joseph. "Six in 10 Americans Know Someone Recently Unemployed", *The Gallup Organization*, 7 de maio de 2003. www.gallup.com.
42. "Jobs and Jobless", *The Washington Post*, 5 de maio de 2003; HERBERT, Bob. "Despair of the Jobless", *The New York Times*, 7 de agosto de 2003.
43. LEONHARDT, David. "Unemployment Rate Rises to a 9-Year High of 6.1%."
44. "New ILO Study highlights labour trends worldwide: US productivity up, Europe improves ability to create jobs." *International Labour Organization*, 1º de setembro de 2003. www.ilo.org; "Productivity and Costs, Second Quarter 2003, revised." Escritório de Estatísticas Trabalhistas, 4 de setembro de 2003. www.bls.gov; BERRY, John M. "Efficiency of U.S. Workers Up Sharply", *Washington Post*, 7 de fevereiro de 2003.
45. CHALLENGER, John. A. "It May Be 2008 Before Next Job Boom." Challenger, Gray & Christmas, Inc., 11 de novembro de 2003.
46. GILPIN, Kenneth. "Layoffs Rose Sharply Last Month, Report Says."
47. ALTMAN, Daniel. "U.S. Jobless Rate Increase to 6.4%, Highest in 9 Years", *The New York Times*, 4 de julho de 2003.
48. ANDREWS, Edmund. "Growth Seen for U.S. Economy", *The New York Times*, 13 de setembro de 2003.
49. CARSON, Joseph G. "US Weekly Economic Update: Manufacturing Payrolls Declining Globally: The Untold Story (Part 2)." *AllianceBernstein*, 24 de outubro de 2003.
50. CARSON, Joseph G. "US Weekly Economic Update: Manufacturing Payrolls Declining Globally: The Untold Story (Part 2)." *AllianceBernstein*, 10 de outubro de 2003.
51. Idem.
52. Ibidem.
53. Ibidem.
54. CARSON, Joseph G. "US Weekly Economic Update: Manufacturing Payrolls Declining Globally: The Untold Story (Part 2)."
55. SCHWARTZ, Nelson D. "Will 'Made in the USA' Fade Away?", *Fortune*, 24 de novembro de 2003. p. 102.
56. Idem.
57. Ibidem.
58. Ibidem.
59. JONES, Del; e HANSEN, Barbara. "Companies Do More with Less", *USA Today*, 13 de agosto de 2003.
60. ARTHUR, W. Brian. "Why Tech Is Still the Future", *Fortune*, 24 de novembro de 2003, p. 21.
61. JONES, Del; e HANSEN, Barbara. "Companies Do More with Less."
62. MILLER, Scott; BAHREE, Bhushan; e BALL, Jeffrey. "Prodi Hopes to Vault EU to Front of Hydrogen Race", *The Wall Street Journal*, 16 de outubro de 2002.
63. Para mais informações, queira consultar RIFKIN, Jeremy. *A Economia do Hidrogênio*. São Paulo, M. Books, 2003.
64. WILLIAMS, Frances. "Job Creation 'Essential to Halve Poverty'", *Financial Times*, 9 de junho de 2003.
65. MILLER, Steven E. *Civilizing Cyberspace: Policy, Power, and the Information Superhighway*. Nova York, NY: Addison-Wesley, 1996. p. 206.
66. "Electricity Technology Roadmap: Powering Progress." 1999 Summary and Synthesis. Economic Policy Research Institute. Palo Alto, CA: EPRI, julho de 1999. p. 96-97.
67. De SOTO, Hernando. *The Mystery of Capital*. Nova York, NY: Basic Books, 2000. p. 6.
68. HONORE, Carl. "A time to work, a time to play: France's 35- Hour week: shorter hours result in a social revolution", *National Post*, 31 de janeiro de 2002.
69. Idem; TRUMBULL, Gunnar. "France's 35 Hour Work Week: Flexibility Through Regulation." *The Brookings Institution*, janeiro de 2001. http://www.brook.edu/dybdocroot/fp/cusf/analysis/workweek.htm.

70. HONORE, Carl. "A time to work, a time to play: France's 35- Hour week: shorter hours result in a social revolution"; Bloom, Jonty. "France's jobless rises again", *BBC News*, 29 de junho de 2001.

71. "How to extract flexibility from rigidity", *Financial Times*, 29 de junho de 1999.

72. "The Law on a negotiated shorter working week in France", *French Ministry of Social Affairs, Labour and Solidarity*, 15 de outubro de 2002. http://www.35h.travail.gouv.fr/index.htm.

73. JEFFRIES, Stuart. "The World: C'est magnifique! Le weekend just goes on and on for French workers", *The Guardian*, 27 de maio de 2001.

74. Idem.

75. McGUCKIN, Robert H.; e ARK, Bart van. "Performance 2002: Productivity, Employment, and Income in the World Economies", *The Conference Board*, março de 2003.

76. JEFFRIES, Stuart. "The World: C'est magnifique! Le weekend just goes on and on for French workers."

77. "2002 Annual Review for Belgium", *European Industrial Observatory Line*, janeiro de 2003. www.eiro.eurofound.eu.int; "Working Time Developments-2002." *European Industrial Relations Observatory*, janeiro de 2003. www.eiro.eurofound.ie.

78. "Working Time Developments-2002." *European Industrial Relations Observatory*. p. 3-4.

79. "Changeover from career breaks to time credits proves complex." *European Industrial Relations Observatory*, agosto de 2001. www.eiro.eurofound.eu.int.

80. "Inter-community dispute on time credit scheme." *European Industrial Relations Observatory*, fevereiro de 2002. www.eiro.eurofound.ie/2002/02/inbrief/BE0202305N.html.

81. Idem; "Changeover from career breaks to time credits proves complex." *European Industrial Relations Observatory*.

82. McGUCKIN, Robert H.; e ARK, Bart van. "Performance 2002: Productivity, Employment, and Income in the World Economies."

83. SALAMON, Lester M.; ANHEIER, Helmut; LIST, Regina; TOEPLER, Stefan; e SOKOLOWSKI, Wojciech S. "Global Civil Society: Dimensions of the Nonprofit Sector." Projeto Comparativo do Setor Sem Fins Lucrativos. *The Johns Hopkins Center for Civil Society Studies*, 1999. http://www.jhu.edu/~ccss/pubs/books/gcs.

84. Idem.

85. Ibidem. Gráfico: "Changes in Nonprofit Sector FTE Employment, by Country, 1990-1995."

86. Ibidem. p. 29-30.

87. Ibidem, Tabela 4: "Civil Society sector FTE revenue, by field, 32 countries." http://www.jhu.edu/~cnp/pdf/comptable4.pdf.

88. Ibidem.

89. JØRGENSEN, Christian Ege. "Environmental Fiscal Reform: Perspectives for Progress in the European Union", *The European Environmental Bureau*, junho de 2003.

90. Idem.

91. FISCHLOWITZ-ROBERTS, Bernie. "Restructuring Taxes to Protect the Environment." *Earth Policy Institute*. 2002. www.earth-policy.org

92. Idem.

93. "Shifting Tax Burdens to Polluters Could Cut Taxes on Wages and Profit by 15%", *WorldWatch Institute*, 10 de maio de 1997. www.worldwatch.org; JØRGENSEN, Christian Ege. "Environmental Fiscal Reform: Perspectives for Progress in the European Union." p. 20.

94. FISCHLOWITZ-ROBERTS, Bernie. "Restructuring Taxes to Protect the Environment."

95. "Shifting Tax Burdens to Polluters Could Cut Taxes on Wages and Profit by 15%", *WorldWatch Institute*.

96. FISCHLOWITZ-ROBERTS, Bernie. "Restructuring Taxes to Protect the Environment"; "Shifting Tax Burdens to Polluters Could Cut Taxes on Wages and Profit by 15%." *WorldWatch Institute*.

97. JØRGENSEN, Christian Ege. "Environmental Fiscal Reform: Perspectives for Progress in the European Union." p. 15.

98. Idem. p. 19.

99. "Fatty Foods 'should be taxed'", *BBC News*, 9 de junho de 2003. http://news.bbc.co.uk.

100. SALAMON, Lester M.; ANHEIER, Helmut; LIST, Regina; TOEPLER, Stefan; e SOKOLOWSKI, Wojciech S. "Global Civil Society: Dimensions of the Nonprofit Sector."

101. "What is a Time Bank?" *Time Banks UK*. www.timebanks.co.uk.

102. "Member to Member." *Elderplan*. http://www.elderplan.org/free/mtm.htm.

103. "Links Between Neighbors", *Grace Hill*, 7 de outubro de 2003. http://www.gracehill.org/NeighborhoodServices/NS.L.LinksbetwNeighbors.htm.

104. CAHN, Edgar S. "Time Dollars at Work." *New Democrats Online*. www.ndol.org

105. "IRS Question." *Hour Dollars Service Exchange Program*. http://www.hourdollars.org/irs.html.

106. "Giving and Volunteering in the United States", Independent Sector, novembro de 2001. www.independentsector.org.

Introdução

1. International Labor Organization, press release (Washington, D.C.: ILO, 6 de março de 1994); International Labor Organization, *The World Employment Situation, Trends and Prospects*, Genebra, Suíça: ILO, 1994.

2. "Retooling Lives: Technological Gains Are Cutting Costs, and Jobs, in Services", *Wall Street Journal*, 24 de fevereiro de 1994, p. A1.

3. "77,800 Managers at AT&T Getting Job Buyout Offers," New York Times, 16 de Novembro de 1955, p. A1.

4. "The Case for Corporate Downsizing Goes Global,"Washington Post, 9 de Abril de 1995, p. A22.

Capítulo 1

1. "When Will the Layoffs End?", *Fortune*, 20 de setembro, 1993, p. 40

2. Idem, p. 54-56.

3. "Retooling Lives: Technological Gains Are Cutting Costs, and Jobs, in Services", *Wall Street Journal*, 24 de fevereiro, 1994, p. A1.

4. "Strong Employment Gains Spur Inflation Worries", *Washington Post*, 7 de maio, 1994, p. A1-A9.

5. " Siemens Plans New Job Cuts as Part of Cost Reductions", *New York Times*, 6 de julho, 1993, p. D4; "On the Continent, a New Era Is Also Dawning", *Business Week*, 14 de junho, 1993, p. 41; "NTT's Cut of 10.000 Jobs Could Pave Way for Others", *Financial Times*, 1 de setembro, 1993, p. 5.

6. "Stanching the Loss of Good Jobs", *New York Times*, 31 de janeiro, 1993, p. C1.

7. LEONTIEF, Wsassily. National Perspective: *The Definition of Problems and Opportunities*, trabalho apresentado na National Academy of Engineering Symposium, 30 de junho, 1983, p. 3.

8. "Businesses Prefer Buying Equipment to Hiring New Staff", *Wall Street Journal*, 3 de setembro, 1993.

9. "Price of Progress: Re-engineering Gives Firms New Efficiency, Workers the Pink Slip", *Wall Street Journal*, 16 de março, 1993, p. 1.

10. "Conference Stresses Job Innovation", *Washington Post*, 21 de julho, 1993, p. D5. "A Rage to Re-engineer", *Washington Post*, 25 de julho, 1993, p. H1.

11. Citado em "Into the Dark: Rough Ride Ahead for American Workers", *Training*, julho, 1993, p. 23.

12. "Price of Progress."

13. "Germany Fights Back", *Business Week*, 31 de maio, 1993, p. 48.

14. ATTALI, Jacques. *Millennium: Winners and Losers in the Coming World Order*. Nova York: Random House, 1991, p. 101.

15. BARLETT, Donald L. e STEELE, James B. *America: What Went Wrong?* Kansas City: Andrews and McMeel, 1992, p. xi.

16. "Germany Fights Back" p. 49.

17. BARLETT and STEELE, p. 18; DRUCKER, Peter F. *Post-Capitalist Society*, Nova York: HarperCollins, 1993, p. 68.

18. KRUGMAN, Paul e LAWRENCE, Robert. "Trade, Jobs and Wages", *Scientific American*, abril, 1994, p. 46-7.

19. "The Myth of Manufacturing's Decline", *Forbes*, 18 de janeiro, 1993, p. 40: JUDIS, John. "The Jobless Recovery", *The New Republic*, 15 de março, 1993, p. 22.

20. WINPISINGER, William W. *Reclaiming Our Future*. Boulder: Westview Press, 1989, p. 150-151.

21. MASUDA, Yoneji. *The Information Society as Post-Industrial Society*. Washington, D.C.: World Future Society, 1980, p. 60.

22. "Price of Progress."

23. HURBUCK, David e YOUNG, Jeffrey. "The Virtual Workplace", *Forbes*, 23 de novembro, 1992, p. 186: "New Hiring Should Follow Productivity Gains", *Business Week*, 14 de junho, 1993.

24. HARRISON, Bennett. *Lean and Mean: The Changing Landscape of Corporate Power in the Age of Flexibility*. Nova York: Basic Books, 1994, p. 45-47, 51.

25. U.S. Bureau of Census, 1987 Enterprise Statistics, Company Summary. Washington, D.C.: U.S. Government Printing Office, junho, 1991, Tabela 3.

26. U.S. Department of Labor, Bureau of Labor Statistics, *Employment and Earnings*, janeiro, 1994, p. 182; MISHEL, Lawrence e BERNSTEIN, Jared. *The Joyless Recovery: Deteriorating Wages and Job Quality in the 1990s*. Washington, D.C.: Economic Policy Institute, Briefing Paper.

27. PETERSON, Wallace C. *Silent Depression: The Fate of the American Dream*. Nova York: W. W. Norton & Co., 1994, p. 33.

28. "The Puzzle of New Jobs: How Many, How Fast?" *New York Times*, 24 de maio, 1994, p. D1.

29. US. Bureau of Labor Statistics, *Current Population Survey*, 1993.

30. "Apocalypse – But Not Just Now", *Financial Times*, 4 de janeiro, 1993, p. D1.

31. Drucker, p. 68.

32. "Life on the Leisure Track", *Newsweek*, 14 de junho, 1993, p. 48

33. "From Coast to Coast, from Affluent to Poor, Poll Shows Anxiety Over Jobs", *New York Times*, 11 de março, 1994, p. A1.

Capítulo 2

1. BELL, John Fred. *A History of Economic Thought*. Nova York: Ronald Press Co., 1985, p. 285-6.

2. JONES, Barry. *Sleepers Wake! Technology and the Future of Work*. Oxford: Oxford University Press, 1982, p. 23; Standing, Guy. "The Notion of Technological Unemployment", *International Labor Review*, março-abril de 1984, p. 131.

3. McLELLAN, David, tr., *Marx's Grundrisse der Kritik der Politischen Ökonomie*. Nova York: Harpers, 1977, p. 162-163.

4. CLARK, John Bates. *Essentials of Economic Theory*. Londres: 1907, p. 452.

5. LEISERSON, William M. "The Problem of Unemployment Today", *Political Science Quarterly*, 31 de março de 1916, p. 12.

6. La FEVER, MORTIER, W. "Workers Machinery and Production in the Automobile Industry". Monthly Labor Review, outubro de 1924, p. 3-5.

7. AKIN, William. *Technocracy ad the American Dream: The Technocrat Movement, 1900-1941*. Berkeley: University of California Press, 1977, p. 76; FANO, Ester. "A 'Wastage of Men': Technological Progress and Unemployment in the United States", *Technology and Culture*, abril de 1991, p. 274-275.

8. LUBIN, Isadore. *The Absorption of the Unemployed by American Industry*, Brookings Institution Pamphlet Series, vol. 1 #3. Washington, D.C.: 1929; "Measuring the Labor-Absorbing Power of American Industry", *Journal of the American Statistical Association*, suppl., março de 1929, p. 27-32.

9. HUNNICUTT, Benjamin. *Work Without End: Abandoning Shorter Hours for the Right to Work*. Filadélfia: Temple University Press, 1988, p. 38.

10. SCHOR, Juliet. *The Overworked American: The Unexpected Decline of Leisure*. Nova York: Basic Books, 1991, p. 109.

11. COWDRICK, Edward. "The New Economic Gospel of Consumption", *Industrial Management*, outubro de 1927, p. 208.

12. KETTERING, Charles F. "Keep the Consumer Dissatisfied", *Nation's Business*, janeiro de 1929; GALBRAITH, John Kenneth. *The Affluent Society*. 4ª edição. Boston: Houghton Mifflin, 1984, p. 127.

13. DORFMAN, Joseph, *The Economic Mind in American Civilization*. Nova York: 1949, vol. 5, p. 593-594.

14. ALLEN, Frederick Lewis. *Only Yesterday: An Informal History of The Nineteen-Twenties*. Nova York: 1964, p. 140.

15. KYRK, Hazel. *A Theory of Consumption*. Boston: 1923, p. 278.

NOTAS   297

16. BRAVERMAN, Harry. *Labor and Monopoly Capital: The Degradation of Work in the Twentieth Century*. Nova York: Monthly Review Press, 1974, p. 276.

17. STRASSER, Susan. *Satisfaction Guaranteed: The Making of the American Mass Market*. Nova York: Pantheon Books, 1989, p. 88.

18. "One Dreadful Malady." COLLINS, James H. "Remarkable Proprietary Beverage." *Printers Ink*, 4 de novembro, 1908, p. 3-4.

19. N.do T.: Balcão onde são servidos sorvetes, bebidas gasosas etc. nos Estados Unidos.

20. STRASSER, p. 133.

21. MARCHAND, Roland. *Advertising the American Dream: Making Way for Modernity*. Berkeley: University of Califórnia Press, 1985, p. 4-5.

22. PITKIN, Walter. *The Consumer: His Nature and Changing Habits*. Nova York: 1932, p. 387-388.

23. CROSS, Gary. *Time and money: The Making of Consumer Culture*. Nova York: Routledge, 1993, p. 169.

24. Committee on Recent Economic Changes, *Recent Economic Changes*. Nova York, 1929, p. XV.

25. HARISSON, Bennett e BLUESTONE, Barry. *The Great U-Turn: Corporate restructuring and the Polarizing of America*. Nova York: HarperCollins, 1990, p. 38.

26. AKIN, p. 77.

27. MILLS, Frederick C. *Employment Opportunities in Manufacturing Industries in the United States*, National Bureau of Economic Research Bulletin #70. Nova York: 1938, p. 10-15.

28. KEYNES, John Maynard, *The General Theory of Employment, Interest and Money*, reimpresso em *Essays in Persuasion*, Nova York: Macmillan, 1931.

29. ROEDIGER, David e FONER, Philip. *Our Own Time: A History of American Labor and the Working Day*. Westport, CT: Greenwood Press, 1989, p. 243.

30. ENGELS, Frederick. "Socialism, Utopian and Scientific" em *Ten Classics of Marxism*. Nova York: International Publishers, 1946, p. 62-63.

31. KIMBALL, Dexter S. "The Social Effects of Mass Production", *Science 77*, 6 de janeiro de 1993, p. 1.

32. HUNNICUTT, p. 83.

33. Idem, p. 76.

34. RUSSELL, Bertrand. *In Praise of Idleness and Other Essays*. Londres: 1935, p. 17.

35. BERGSON, Roy. "Work Sharing in Industry: History, Methods and Extent of the Movement in the United States, 1929-33" (tese de Ph.D. não publicada, Universidade da Pensilvânia, 1933), p. 7-8.

36. HUNNICUT, p. 148.

37. "The Death of Kellogg's Six-Hour Day", HUNNICUTT, Benjamin Kline. Iowa City: University of Iowa, p. 9.

38. Idem, p. 22.

39. Ibidem, p. 23.

40. Ibidem, p. 24.

41. "5-Day Week Gains Throughout Nation", *New York Times*, 5 de agosto de 1932, p. 15.

42. *New York Times*, 14 de agosto de 1932, p. 1, citado em Hunnicutt, p. 148-149.

43. *Labor*, 22 de dezembro de 1932 e 10 janeiro de 1933; *Congressional Record*, 72nd Congress, 2nd Session, vol. 76, parte 3, p. 4303, citado em Roedinger e Foner, p. 246.

44. *Thirty-Hour Week Bill*, Hearings on S.5267, 72nd Congress, 2nd Session, p. 13-14.

45. "Great Victory", *Labor*, 11 de abril de 1933.

46. *Labor*, 8 de outubro de 1935, citado em Roedinger e Foner, p. 252-253.

47. *Congressional Record*, 75th Congress, 2nd Session, vol. 82, parte 1, p. 6.

48. N. do T.: Ação política de Franklin D. Roosevelt na década de 1930.

49. ROSENMAN, S.I. comp. *The Public Papers and Address of Franklin D. Roosevelt*, vol. 2, *The Year of Crisis*, 1933. Nova York: 1938, p. 202-2 55.

50. WALKER, F.A. *The Civil Works Administration*. Nova York: 1979, p. 31-9.

51. HOPKINS, Harry. "They'd Rather Work", *Collier's*, 16 de novembro de 1935, p. 8.

52. *Congressional Digest*, julho de 1938, p. 29, citado em Hunnicutt, p. 201.

53. HUNNICUTT, p. 206.

54. STROBEL, Frederick R. *Upward Dreams, Downward Mobility: The Economic Decline of the American Middle Class*. LANHAM, MD: Rowman and Littlefield Publishers, 1993, p. 23.

55. "Anti-Depression Economics". *The Atlantic Monthly*, abril de 1993, p. 102.

56. RENNER, Michael. "National Security: The Economic and Environmental Dimension", p. 8. *Worldwatch Paper # 89*. Washington, D.C.: Worldwatch Institute, 1989, p. 8.

57. "No Business Like War Business", *Defense Monitor #3*, 1987, p. 1; U.S. Office of Management and Budget, *Budget of the U.S. Government, Fiscal Year 1988*, tabela 3-2. Washington, D.C.: OMB, 1989; "Looting the Means of Production", *Ploughshares*, novembro-dezembro de 1982.

58. ALPEROVITZ, Gar. "The Clintonomics Trap", *The Progressive*, 18 de junho de 1993, p. 20.

59. U.S. Departament of Labor, Bureau of Labor Statistics, Labstat Series Report, *Current Employment Survey*, 1975.

60. Biotechnology Industry Organization (BIO), *The U.S. Biotechnology Industry: Facts and figures*. Washington D.C.: BIO, 1994, p. 4. Entrevista, 16 de março de 1994, com Dennis Chamot, ex-assistente executivo do presidente, Departament for Profissional Employees, the AFL-CIO.

61. Entrevista, em 5 de abril de 1994, com Murray Weidenbaum, ex-presidente do Conselho de Assessores Econômicos.

62. "Corporate Spending Booms, But Job Stagnato." *New York Times*, 16 de junho de 1944, p. D1.

63. JUDIS, John B. "The Jobless Recovery", *The New Republic*, 15 de março de 1993, p. 22; KENNEDY, Paul. *Preparing for the 21st Century*. Nova York: Random House, 1993, p. 297.

64. Middle Class Debt Is Seen as a Hurdle to Economic Gains", *New York Times*, 28 de março de 1994.

65. "Retrained for What?" *Time*, 22 de novembro, 1993 p. 38; "Training for Jobs: Brave New World", *The Economist*, 12 de março de 1994, p. 3.

66. "Declaração de Robert B. Reich, secretário do Trabalho, para o Subcomitê para Educação Primária, Secundária e Vocacional, Comitê de Educação e Trabalho, Câmara dos Representantes dos Estados Unidos", *Hearings on Hr1804 – Goals 2000: Educate America Act*. Washington, D.C.: Government Printing Office, 4 de maio de 1993, p. 1.

67. "Retrained for What?"

68. Entrevista em 12 de abril de 1994. Charles Albrecht Jr. disse que, à medida que as tecnologias foram se tornando mais sofisticadas, deslocando um número crescente de trabalhadores na parte superior da pirâmide, mesmo no nível da gerência média e acima, a questão da formação escolar inadequada continua a excluir cada vez mais trabalhadores das novas oportunidades de empregos high-tech que começavam a surgir.

69. "Literacy of 90 Million Is Deficient." *Washington Post*, 9 de setembro de 1993, p. A1.

70. KOZOL, Jonathan. *Illiterate America*. Nova York: Anchor Press/Doubleday, 1985, p. 4, 10.

71. Citado em Fano, p. 265.

72. JUDIS, p. 22.

73. KENNEDY, Paul. *Preparing for the 21st Century*. Nova York: Random House, 1993, p. 297. *Historical Tables, Fiscal Year 1995*. Washington D.C.: Office Management and Budget, 1994, p. 57.

74. "Can Defense Pain Be Turned to Gain"? *Fortune*, 8 de fevereiro de 1993, p. 84.

75. Idem, p. 84-85.

76. Dados do U.S. Department of Labor, Bureau of Labor Statistics, citados no *Economic Report of the President*. Washington, D.C.: janeiro de 1989, p. 356-357 e *Economic Report of the President*, Washington, D.C: fevereiro de 1992, p. 344-345. Computations by Strobel, p. 68, 70.

77. "Gore vs. Grace: Dueling Reinventions Show How Clinton, Reagan Views of Government Differ", *Wall Street Journal*, 8 de setembro de 1993, p. A14.

78. "Free the Economy from Congress", *New York Times*, 8 de agosto de 1993, p. E15; citação em Alperovitz, p. 20.

79. ALPEROVITZ, p. 18.

80. Idem, p. 18-19.

81. CYERT, Richard M. e MOWERY, David C. *Technology and Employment: Innovation and Growth in the U.S. Economy*. Washington, D. C.: National Academy Press, 1987, p. 1-2.

Capítulo 3

1. MARVIN, Carolyn. "Dazzling the Multitude: Imagining the Electric Light as a Communications Medium", em Corn, Joseph. *Imagining Tomorrow: History, Technology, and the American Future.* Cambridge, MA: MIT Press, 1986, p. 203.

2. Idem, p. , 203-204.

3. MACEY, Samuel L. *Clocks and the Cosmos: Time in Western Life and Thought.* Hamden, CT: Archon Books, 1980, p. 73.

4. CARLYLE, Thomas. "Signs of the Times", *Edinburgh Review 49*, junho de 1829, p. 439-459, reimpresso em versão resumida sob o título "The Mechanical Age" em Clayre, Alasdair ed. *Nature and Industrialization: An Anthology.* Oxford: Oxford University Press, 1977, p. 229-231.

5. SEGAL, Howard. "The Technological Utopians", em Corn, p. 119-120; Segal, *Technological Utopianism in American Culture.* Chicago: University of Chicago Press, 1985, p. 20.

6. HOWARD, Albert. *The Milltillionaire.* Boston: 1895, p. 9.

7. SEGAL. "The Technological Utopians", em Corn, p. 124.

8. SCHINDLER, Solomon. *Young West: A sequel to Edward Bellamy´s Celebrated Novel "Looking Backward".* Boston: Arena, 1894, p. 45.

9. HOWARD, p. 17.

10. CLOUGH, Fred. *The Golden Age, Or The Depth of Time.* Boston: Roxburgh, 1923, p. 34.

11. KIRWAN, Thomas, *Reciprocity (Social and Economic) in the 30th Century, the Coming Cooperative Age; A Forecast of the World's Future.* Nova York: Cochrane, 1909, p. 53.

12. BELLAMY, Edward. *Looking Backward 2000-1887*, ed. Thomas, John. Cambridge, MA: Harvard University Press, 1967, p. 211.

13. GILLETE, King Camp. *Human Drift.* Boston: New Era, 1894, p. 97; e *World Corporation* (Boston: New England News, 1910, p. 232.

14. WOOLDRIDGE, Charles W. *Perfecting the Earth: A Piece of Possible History.* Cleveland: Utopia, 1902, p. 325; Gillete, *World Corporation*, p. 240.

15. KIHLSTEDT, Folke T. "Utopia Realized: The World's Fairs of the 1930's", em Corn, p. 111.

16. LIPPMANN, Walter. *A Preface to Morals.* Nova York: Macmillan, 1929, p. 120.

17. BELL, Daniel, *The Clock Watchers: Americans at Work.* Time, 8 de setembro de 1975, p. 55.

18. BRAVERMAN, Harry, *Labor and Monopoly Capital: The Degradation of Work in the 20th Century.* Nova York: Monthly Labor Press, 1974, p. 88.

19. Citado em Tichi, Cecelia, *Shifting Gears: Technology, Literature, Culture in Modernist America.* Chapel Hill: University of North Carolina Press, 1987, p. 75.

20. GALBRAITH, John Kenneth. *The New Industrial State.* Boston: Houghton Mifflin, 1979, p. 101, 94.

21. SEGAL, *Technological Utopianism in American Culture*, p. 115.

22. WARREN, Maude Radford. *Saturday Evening Post*, 12 de março de 1912, p. 11-2, 34-5.

23. CALLAHAN, Raymond. *Education and the Cult of Efficiency.* Chicago: University of Chicago Press, 1964, p. 50-51.

24. National Education Association, *Proceedings*, 1912, p. 492.

25. FREDERICK, Christine. "The New Housekeeping", *The Ladies` Home Journal*, vol. 29#9, setembro de 1912.

26. Frederick, Christine. *Housekeeping with Efficiency.* Nova York: 1913, Prefácio.

27. TICHI, p. 102.

28. Idem, p. 98, p. 102.

29. Ibidem, p. 105.

30. Ibidem, p. 116-117.

31. VEBLEN, Thorstein. *The Engineers and the Price System.* Nova York: B. W. Huebsch, 1921, p. 120-1.

32. AKIN, William. *Technocracy and the American Dream: The Technocrat Movement, 1900-1941.* Berkeley: University of California Press, 1977, p. 139.

33. CHAPLIN, Ralph. Prefácio por Scott, Howard. *Science vs. Chaos*. Nova York: Technocracy Inc., 1933, reimpresso em *Northwest Technocrat*, julho de 1965, p. 28.

34. "Technocracy – Boom, Blight or Bunk?", *Literary Digest*, 31 de dezembro de 1932, p. 5.

Capítulo 4

1. Citado em Kurzweil, Raymond. *The Age of Intelligent Machines*. Cambridge, MA: MIT Press, 1990, p. 189.

2. Idem, p. 14.

3. Japan Plans Computer to Mimic Human Brain", *New York Times*, 8 de agosto de 1992, p. C1.

4. The Quest for Machines That Not Only Listen, But Also Understand", *The Washington Post*, 3 de maio, 1993.

5. "The Information Technology Revolution", *Technological Forecasting and Social Change*, 1993, p. 69.

6. Citado em Brand, Stewart. *The Media Lab*: Inventing the Future at MIT. Nova York: Viking Press, 1987, p. 181.

7. NEGROPONTE, Nicholas. *The Architecture Machine*. Cambridge, MA: MIT Press, 1970, p. 11-13.

8. KURZWEIL, p. 413.

9. NEGROPONTE, citado em BRAND, p. 149.

10. Citado em FJERMEDAL, Grant. *The Tomorrow Makers: A Brave New World of Living-Brain Machines*. Nova York: Macmillan Publishers, 1986, p. 94.

11. SIMONS, Geoff( ). *Robots: The Quest for Living Machines*. Nova York: Sterling, 1992, p. 52-53.

12. PASCAL, Blaise. *Pensées*. Nova York: E. P. Dutton, 1932, p. 96, nº 340.

13. BABBAGE, Henry Prevost. *Babbage's Calculating Engines (1889)*, Charles Babage Institute Reprint Series for the History of Computing, vol. 2. Los Angeles: Tomash Publishers, 1982, p. 220-222; Berstein, Jeremy. *The Analytical Engine*: Computers – Past, Present, and Future. ed. revisada. Nova York: William Morrow, 1981, p. 47-57.

14. AUGARTEN, Stan. *Bit by Bit: An Illustrated History of Computers*. Nova York: Ticknor and Fields, 1984, p. 77; AUSTRIAN, Geoffrey D. *Herman Hollerith: Forgotten Giant of Information Processing*. Nova York: Columbia University Press, 1982, p. 312; SHURKIN, Joel. *Engines of the Mind: A History of the Computer*. Nova York: W. W. Norton, 1984, p. 92.

15. KURZWEIL, p. 176-177.

16. ZIENTARA, Marguerite. *The History of Computing*. Framingham, MA: CW Communications, 1981, p. 52.

17. NOBLE, David. *Forces of Production: A Social History of Industrial Automation*. Nova York: Alfred Knopf, 1984, p. 50; FJERMEDAL, Grant. *The Tomorrow Makers*. Nova York: Macmillan Publishers, p. 70; DAVIDOW, William e MALONE, Michael. *The Virtual Corporation: Restructuring and Revitalizing the Corporation for the 21st Century*. Nova York: HarperCollins, 1992, p. 37.

18. DAVIDOW e MALONE, p. 37.

19. MASUDA, Yoneji, *The Information Society as Post-Industrial Society*. Bethesda, MD: World Future Society, 1981, p. 49.

20. KURZWEIL, p. 186.

21. CERUZZI, Paul. "An Unforeseen Revolution: Computers and Expectations, 1935-1985" em CORN, Joseph J. *Imagining Tomorrow: History, Technology, and the American Future*. Cambridge, MA: MIT Press, 1986, p. 190.

22. Idem, p. 190-191.

23. JONES, Barry. *Sleepers, Wake: Technology and the Future of Work*. Nova York: Oxford University Press, 1990, p. 104-105.

24. "The First Automation", *American Machinist*, dezembro de 1990, p. 6; NOBLE, p. 67.

25. "Automatic Factory", *Fortune*, novembro de 1946, p. 160.

26. "Machines Men Without", *Fortune*, novembro de 1946, p. 204.

27. NOBLE, p. 25.

28. *Business Week*, janeiro de 1946, citado em "The End of Corporate Liberalism: Class Struggle in the Electrical Manufacturing Industry 1933-50", *Radical America*, julho-agosto de 1975.

29. NOBLE, p. 249.
30. PHILIPSON, Morris. *Automation: Implications for the Future*. Nova York: Vintage Books, 1962, p. 89.
31. LANGEFORS, Boerje. "Automated design", em COLBORN, Robert. *Modern Science and Technology*. Princeton University Press, 1965, p. 699.
32. *Management Report o n Numerically Controlled Machine Tools*. Chicago: Cox and Cox Consulting, 1958.
33. Alan A. Smith para J. O. McDonough, 18 de setembro de 1952, N/C Project Files, MIT Archives.

Capítulo 5

1. N. do T.: Fronteira entre os Estados da Pensilvânia e de Maryland, nos Estados Unidos, demarcada em 1763-1767 pelos astrônomos britânicos Charles Mason e Jeremiah Dixon, para acabar com a disputa de fronteiras entre os dois Estados; mais tarde tornou-se conhecida como a linha que divide os Estados escravagistas dos abolicionistas. Em linguagem popular, nos Estados Unidos, ainda significa a linha entre o "Norte e o Sul".
2. WILSON, William Julius. *The Declining Significance of Race: Blacks and Changing American Institutions*. Chicago: University of Chicago Press, 1980, p. 65.
3. LEMANN, Nicholas. *The Promised Land: The Great Black Migration and How It Changed America*. Nova York: Vintage Books, 1992, p. 5, 8.
4. Idem, p. 5.
5. N. do T.: Em gíria, práticas discriminatórias com relação aos negros. O termo vem de Jim Crow, personagem de Thomas D. Rice (falecido em 1860), humorista americano que, por sua vez, baseou-se em uma canção de autor anônimo do século XIX, denominada Jim Crow.
6. LEMANN, Nicholas. *The Promised Land: The Great Black Migration and How It Changed America*. Nova York: Vintage Books, 1992, p. 48, 49.
7. Idem, p. 49-50.
8. PETERSON, Willis. E Kislev, Yoav. *The Cotton Harvester in Retrospect: Labor Displacement or Replacement?* St. Paul: University of Minnesota, setembro de 1991, p. 1-2.
9. JONES, Marcus. *Black Migration in the U.S. with Emphasis on Selected Central Cities*. Saratoga, CA: Century Publishing, 1980, p. 46.
10. LEMANN, p. 50, 287.
11. Idem, p. 6.
12. JONES, Marcus, p. 48.
13. LEMANN, p. 17.
14. Idem, p. 51.
15. KAHN, Tom. "Problems of the Negro Movement", *Dissent*, Inverno de 1964, p. 115.
16. Idem, p. 113; WILSON, William Julius. *The Truly Disadvantaged*. Chicago: University of Chicago Press, 1987, p. 30.
17. KAHN, p. 115.
18. WILSON, *Declining Significance of Race*, p. 93; SUGRUE, Tomas J., "The Structures of Urban Poverty: The Reorganization of Space and Work in Three Periods of American History", em KATS, Michael, ed. *The Underclass Debate: Views from History*. Princeton: Princeton University Press, 1993, p. 102.
19. SUGRUE, em Katz., p. 103.
20. Idem.
21. Ibidem, p. 104.
22. Dados UAW apresentados em *Hearing Before the United States Commission on Civil Rights*, realizada em Detroit, 14-15 de dezembro de 1960. Washington, D.C.: Government Printing Office, 1961, p. 63-65.
23. JUDIS, John. "The Jobless Recovery", *The New Republic*, 15 de março, 1993, p. 20.
24. BOGGS, James. "The Negro and Cybernation" in Lauda, Donald P., *Advancing Technology: Its Impact on Society*. Dubrique: W. C. Brown Company, 1971, p. 154.
25. Wilson, *Declining Significance of Race*, p. 111-112.

26. KASARDA, John D. "Urban Change and Minority Opportunities", em PETERSON, Paul E., ed., *The New Urban Reality*. Washington D.C.: The Brookings Institution, 1985, p. 33.

27. BROWN, Michael e ERIE, Steven "Blacks and the Legacy of the Great Society", *Public Policy*, vol. 29, #3 Verão de 1981, p. 305.

28. U.S. Bureau of the Census, *Census of the Population*, 1960 e 1970, Subject Reports, Occupational Characteristics, em Wilson, William Julius. *Declining Significance of Race*, p. 103.

29. LEMANN, p. 201.

30. BROWN e ERIE, p. 321.

31. WILLHELM, Sidney. *Who Needs the Negro?* Cambridge, MA: Shenkman, 1970, p. 156-7.

32. WILSON. *The Truly Disadvantaged*, p. 22; MAGNET, Myron. *The Dream and the Nightmare*. Nova York: William Morrow and Co., 1993, p. 50-51.

33. MOYNIHAN, Daniel Patrick, "Employment, Income, and the Ordeal of the Negro Family", *Daedalus*, outono de 1965, p. 761.

34. "Endangered Family", *Newsweek*, 30 de agosto de 1993, p. 18.

35. "Losing Ground: In Latest Recession, Only Blacks Suffered Net Employment Loss", *Wall Street Journal*, 14 de setembro de 1993, p. 1.

36. Idem, p. A12.

37. Entrevista, em 2 de maio de 1994, em que John Johnson diz-se preocupado, pois, com o downsizing das Forças Armadas e com a reengenharia de outros órgãos governamentais, as oportunidades de emprego para afro-americanos continuarão a diminuir desproporcionalmente em relação ao restante da população trabalhadora dos Estados Unidos. "É necessário prestar atenção ao modo como preenchemos a lacuna entre onde as pessoas têm tradicionalmente procurado... oportunidades de emprego" e novas maneiras de "dar emprego às pessoas por um salário com o qual possam sobreviver", diz Johnson.

38. WEINER, Norbert. *The Human Use of Human Beings; Cybernetics and Human Beings*. Boston: Houghton Mifflin, 1950.

39. WILLHELM, p. 162.

40. Idem, p. 163.

41. Citado por Peter Bart, "Bitterness Rules in Placing Blame", *New York Times*, 15 de agosto de 1965.

42. WILLHELM, p. 172.

Capítulo 6

1. "The Ad Hoc Committee on the Triple Revolution Memorandum", 22 de março de 1964, Apêndice 1, em MacBride, Robert. *The Automated State: Computer Systems as a New Force in Society*. Filadélfia: Chilton Book Co., 1967, p. 192-193.

2. Idem, p. 193.

3. Ibidem, p. 199.

4. Anunciado em "Special Message to the Congress on the Railroad Rules Dispute", 22 de julho de 1963, *Public Papers of the Presidents*, 1963, *John F. Kennedy*, 1º de janeiro-22 de novembro, 1963. Washington D.C.: Government Printing Office, 1964, p. 310.

5. "Annual message to the Congress on the State of the Union, January 8, 1964", *Public Papers of the Presidents, 1963-4, Lyndon B. Johnson*, Livro 1, 22 de novembro de 1963 e 30 de junho de 1964. Washington, D.C.: U.S. Government Printing Office, 1965, p. 114; veja também "Letter to the President of the Senate and to the Speaker of the House Proposing a National Commission on Automation and Technological Progress, March, 9, 1964", em *Public Papers*, Livro 1, p. 357; e "Remarks Upon Signing Bill Creating the National Commission on Technology, Automation and Economic Progress, August, 19, 1964", em *Public Papers*, Livro 2, 1º de julho de 1964 e 31 de dezembro de 1964, p. 983.

6. "Report of the National Commission on Technology, Automation, and Economic Progress", Apêndice 2, em Macbride, Robert. *The Automated State*, p. 213.

7. Idem, p. 210-211.

8. Ibidem, p. 218.

9. Ibidem, p. 212.

10. Ibidem, p. 220.

11. "A New Fortune Series: Automation and the Labor Market", capa, *Fortune*, janeiro, 1965;

SILBERMAN, Charles. "The Real News about Automation", *Fortune*, janeiro 1965, p. 124.

12. Veja NOBLE, David. *Forces of Production: A Social History of Industrial Automation*. Nova York: Alfred A. Knopf, 1984, p. 75.

13. Norbert Weiner para Walter Reuther, 13 de agosto de 1949, Weiner Papers, Arquivos MIT.

14. REUTHER, Walter P. "Congressional Testimony", em Philipson, Morris. Ed. *Automation: Implications for the Future*. Nova York: Vintage Books, 1962, p. 269, 275-276.

15. NOBLE, p. 250.

16. N. do T.: Trabalhadores do final do século XVIII e início do século XIX que destruíram as novas máquinas introduzidas nas fábricas, em protesto contra o conseqüente desemprego e as reduções de pagamento. Os luddistas do século XVIII eram tecelões, liderados pelo capitão Ludd (de um lendário rei Ludd da antiga Grã-Bretanha), que quebraram os bastidores de tecer, principalmente em Nottinghamshire. Os principais tumultos ocorreram entre 1811-1816. O luddismo continuou esporadicamente, embora severamente reprimido, até a década de 1840.

17. NOBLE, p. 253.

18. CIO Committee on Economic Policy. *Automation*. Washington, D.C.: Congress of Independent Organizations, 1955, p. 21-22.

19. U.S. Bureau of Labor Statistics. *Major Collective Bargaining Agreements – Training and Retraining Provisions*. Boletim nº 1425-7. Washington, D.C.: Government Printing Office, 1969, p. 4; U.S. Bureau of Labor Statistics. *Characteristics of Major Collective Bargaining Agreements*, 1º de janeiro de 1980, Boletim nº 2095, p. 105.

20. KALLEBERG, Arne L. Et al. "Labor in the Newspaper Industry", em CORNFIELD, Daniel B. *Workers, Managers and Technological Change: Emerging Patterns of Labor Relations*. Nova York: Plenum Press, 1987, p. 64.

21. RASKIN, A. H. "A Reporter at Large: Part I. 'Changes in the Balance of Power'; Part II. 'Intrigue at the Summit'", *The New Yorker*, 22, 29 de janeiro de 1979.

Capítulo 7

1. HARRISON, Bennett e BLUESTONE, Barry. *The Great U-Turn: Corporate Restructuring and the Polarizing of America*. Nova York: HarperCollins, 1990, p. 7.

2. Idem, p. 8-10

3. "The Technology Payoff", *Business Week*, 14 de junho de 1993, p. 58.

4. ROACH, Stephen S. "Technological Imperatives". Nova York: Morgan Stanley and Co., 21 de janeiro de 1992, p. 2.

5.. Citado por Gary Loveman. "Why Personal Computers Have Not Improved Productivity", minutas de Stewart Alsop, 1991, Computer Conference, p. 39.

6. "Technology Payoff", p. 58.

7. BRYNJOLFSSON, Erik e HITT, Lorin. "Is Information Systems Spending Productive?" (resumo) e "New Evidence on the Returns to Information Systems" Sloan School, MIT, WP#3571-93, 4 de junho de 1993. Durante entrevista, em 17 de março de 1994, Brynjolfsson diz que, como os novos ganhos de produtividade são tão dramáticos, "os bens produzidos estão aumentando mais rapidamente do que o número de pessoas trabalhando". Em pouco tempo, diz o economista do MIT, "a tendência é que as funções rotineiras, tais como tarefas administrativas mais simples, sejam automatizadas". Brynjolfsson diz, ainda, que "essas pessoas terão dificuldades cada vez maiores para encontrar trabalho, a menos que adquiram habilidades que lhes permitam fazer alguma coisa que os computadores não possam fazer". Entretanto, Brynjolfsson alerta para o fato de que a Terceira Revolução Industrial ainda não atingiu o estágio em que os computadores tornarão impossível para as pessoas encontrarem um emprego. "Quando isso acontecer", ele diz, "então teremos de começar a pensar sobre novas maneiras de organizar o trabalho ou a distribuição da renda".

8. "Plug in for Productivity", *New York Times*, 27 de junho de 1993, p. 11. Durante entrevista, em 15 de março de 1994, Stephen Roach ressalta que "o maior custo nas empresas de serviços são as pessoas... Percebemos que, em algumas funções, mas não em todas, trabalhadores administrativos podiam ser substituídos por tecnologias da informação. E em algumas (funções) há um excedente na quantidade de reduções de trabalhadores administrativos, como jamais aconteceu na Era Moderna." Substituir trabalhadores administrativos e prestadores de serviços por computadores e outras tecnologias de informação e comunicação, diz Roach, "é uma alternativa eficaz em termos de custo que permite às empresas recuperarem sua vantagem competitiva".

9. Entrevista em DAVIDOW, William H. e MALONE, Michael S. *The Virtual Corporation: Restructuring and Revitalizing the Corporation for the 21st Century*. Nova York: HarperCollins, 1992, p. 66.

10. CHANDLER, Alfred. *The Visible Hand: The Managerial Revolution in America*. Cambridge, MA: Harvard University Press, 1977, p. 97. Citado em BENIGER, James. *The Control Revolution: Technological and Economic Origins of the Information Society*. Cambridge: Harvard University Press, 1986, p. 224.

11. REICH, Robert. *The Work of Nations: Preparing Ourselves for 21st Century Capitalism*. Nova York: Random House, 1993, p. 51.

12. Idem, p. 46.

13. WOMACK, James, JONES, Daniel e ROOS, Daniel. *The Machine That Changed the World*. Nova York: Macmillan Publishing, 1990, p. 21-22.

14. Idem, p. 29.

15. Ibidem, p. 13.

16. Ibidem.

17. Ibidem.

18. MACHLIS, Sharon "Management Changes Key to Concurrent Engineering", *Design News*, 17 de setembro de 1990, p. 36-37.

19. HARBOUR, James. "Product Engineering: The 'Buck' Stops Here", *Automotive Industries*, 1985, p. 32.

20. Kagono et al. *Strategic vs. Evolutionary Management: A U.S./Japan Comparison of Strategy and Organization*. Nova York: North-Holand, 1985, p. 112-113.

21. LINCOLN, James, HANADA, Mitsuyo e McBRIDE, Kerry. "Organizational Structures in Japanese and U.S. Manufacturing". *Administrative Science Quarterly*, vol. 31, 1986, p. 338-364; KENNEY, Martin e FLORIDA, Richard. *Beyond Mass Production: The Japanese System and Its Transfer to the U.S.* Nova York: Oxford University Press, 1993, p. 42, 105, 107.

22. OHNO, Taiichi. *Toyota Production Systems*. Cambridge, MA: Productivity Press, 1988, p. 25-26.

23. Womack et al., p. 71-103.

24. Citado em DAVIDOW e MALONE, p. 126.

25. KENNEY e FLORIDA, p. 54.

26. Womack et al., p. 12; também citado em *Technology and Organizational Innovations, Production and Employment*. Genebra, Suíça: International Labor Office, julho de 1992, p. 33.

27. Entrevista, 21 de março de 1994. Como outros, os estudos de Loveman indicam "uma crescente bifurcação no mercado de trabalho com pessoas altamente especializadas, com formação superior, com excelentes cargos, ao passo que aquelas em funções menos especializadas (inclusive gerência média) estão sendo massacradas". Loveman diz que a tendência deverá continuar no futuro.

28. HAMMER, Michael e CHAMPY, James. *Re-engineering the Corporation: A Manifesto for Business Revolution*. Nova York: HarperCollins, 1993, p. 36-37.

29. Idem, p. 37-38.

30. N.do T.: Um "case worker" é um assistente social que investiga, diagnostica e geralmente presta assistência a casos individuais de pessoas ou famílias necessitadas de ajuda financeira, psiquiátrica etc.

31. HAMMER, Michael e CHAMPY, James. *Re-engineering the Corporation: A Manifesto for Business Revolution*. Nova York: HarperCollins, 1993, p. 38.

32. Idem, p. 39.

33. Entrevista, 6 de maio de 1994. Michael Hammer diz que "à medida que as organizações tornam-se surpreendentemente mais produtivas, ou serão capazes de manter seu tamanho atual com muito menos empregados, ou crescerão dramaticamente, sem aumentar de maneira significa o número de empregados". Ele se preocupou com "um cenário de pesadelo" no qual "você cria uma sociedade de dois níveis" composta "por aqueles que têm empregos e estão criando valor para outros" e "números significativos de pessoas... que não podem ser empregadas".

34. HAMMER e CHAMPY, p. 60-2.

35. BRADLEY, Stephan. *Globalization, Technology and Competition: The Fusion of Computers and Telecommunications in the 1990's*. Cambridge, MA: Harvard Business School Press, 1993, p. 130.

36. Idem, p. 129.

37. DAVIDOW e MALONE, p. 10.
38. Idem, p. 168.
39. McBRIDE, Al e BROWN, Scott. "The Future of On-line Technology", em LEEBART, Derek ed. *Technology 2001: The Future of Computing and Communications*. Cambridge, MA: MIT Press, 1991, p. 29.
40. "Economy May Be Tokyo Power Broker", *Financial Times*, 10 de setembro de 1993, p. 5.

Capítulo 8

1. *Country Tables: Basic Data on the Agricultural Sector*. Roma: Food and Agriculture Organization, FAO, 1993, p. 332.
2. *Technology on the Farm*. Washington, D.C.: U.S. Department of Agriculture, 1940, p. 63.
3. McWILLIAMS, Carey. *Ill Fares the Land, Migrants and Migrating Labor in the United States*. Boston: 1942, p. 301-330.
4. "Why Job Growth is Stalled", *Fortune*, 8 de março de 1993, p. 52.
5. GOODMAN, David. et al. *From Farming to Biotechnology: A Theory of Agro-Industrial Development*. Nova York: Basil Blackwell, 1987, p. 25, 169; REIMUND, Donn A. e KALBACHER, Judith Z. *Characteristics of Large-Scale Farms*, 1987. Washington, D.C.: USDA Economic Research Service, abril de 1993, Resumo, p. iii.
6. REIMUND e KALBACHER, p. iii.
7. TOSTERUD, R. e JAHR, D. *The Changing Economics of Agriculture: Challenge and Preparation for the 1980's*. Washington, D.C.: Subcommittee on Agriculture and Transportation, Joint Economic Committee, Congress of the United States, 28 de dezembro de 1982, p. 18; Smith, Stewart. "Is There Farming in Agriculture's Future? The Impact of Biotechnology", apresentação na Universidade de Vermont, 14 de novembro de 1991, revisado, 21 outubro de 1992, p. 1.
8. Goodman et al., p. 163.
9. COCHRANE, Willard. *Development of American Agriculture: A Historical Analysis*, 2ª ed. Minneapolis: University of Minnesota Press, 1993, p. 190, 195.
10. Idem, p. 195-196.
11. Goodman et al., p. 25; COCHRANE, p. 197.
12. COCHRANE, p. 126.
13. Idem, p. 197.
14. FITE, G. "Mechanization of Cotton Production since World War II", *Journal of Agricultural History*, 1980, 54 (1).
15. Goodman et al., p. 35-7.
16. COCHRANE, p. 127.
17. *Impacts of Applied Genetics*, Office of Technology Assessment. Washington, D.C.: U.S. Congress, 1981, p. 190.
18. COCHRANE, p. 126-127.
19. "The Mechanization of Agriculture", *Scientific American*, setembro de 1982, p. 77.
20. COCHRANE, p. 137, 158-159.
21. *Poverty in the United States*: 1992. Washington, D.C.: Bureau of the Census, 1992, tabela 1, p. 1.
22. *A New Technological Era for American Agriculture*, Office of Technology Assessment. Washington, D.C.: U.S. Government Printing Office, agosto de 1992, p. 102.
23. Idem, p. 104-5.
24. Ibidem, p. 103.
25. Ibidem, p. 109.
26. N. do T.: Plural de kibutz. Pequena fazenda coletiva em Israel.
27. "Israel Moves to Automate Its Agriculture", *Wall Street Journal*, 9 de junho de 1993.
28. "Robot Farming", *The Futurist*, julho-agosto de 1993, p. 54.
29. "Israel Moves to Automate."
30. "Robot Farming", p. 54.
31. Goodman et al., p. 122.

32. ENGELBERGER, Joseph. *Robotics in Service* Cambridge, MA: MIT Press, 1989, p. 157.
33. "Computers Help Feed Cows", *Dairy Report*, 1981-1982, p. 28.
34. "Distributed Intelligence and Control: The New Approach to Dairy Farm Management", em *Computers in Agricultural Extension Programs: Proceedings of the 4th International Conference.* St. Joseph, MI: American Society of Agricultural Engineers, 1992, p. 174.
35. HOLT, Donald A. "Computers in Production Agriculture", *Science*, 26 de abril de 1985, p. 422-424.
36. FOX, Michael. *Super Pigs and Wonder corn.* Nova York: Lyon and Burford Publishers, 1992, p. 114.
37. *New Technological Era*, p. 4, 45, 86.
38. Idem, p. 4; Busch, Lawrence. *Plants, Power and Profit.* Cambridge, MA: Basil Blackwell, 1991, p. 8.
39. *New Technological Era*, p. 49; Busch, p. 9.
40. U.S. Office of Management and Budget. *Use of Bovine Somatotropin in the United States: Its Potential Effects*, janeiro 1994, p. 29-33.
41. "The New Biotech Agriculture: Unforeseen Economic Consequences", *Issues in Science and Technology*, outono de 1985, p. 128.
42. *New Technological Era*, p. 4.
43. *New Scientist*, 28 de abril de 1988, citado em FOX, p. 103.
44. *New Technological Era*, p. 87.
45. Cooney, Bob. "Antisense Gene Could Knock Out Broodiness in Turkeys", Science Report, Agricultural and Consumer Press Services, College of Agricultural and Life Sciences, Research Division, University of Wisconsin at Madison; Building a Badder Mother", *American Scientist*, julho de 1993, p. 329.
46. N. do T. : *Pharming* – o autor faz um jogo com as palavras "farming" – cultura agropecuária – e "pharm" – do grego phármakon –, para dar o sentido de "agricultura de laboratório farmacêutico".
47. "The Blossoming of Biotechnology", *Omni Magazine*, Vol. 15 #2, novembro, 1992, p. 74.
48. FOX, p. 106.
49. Goodman et al., p. 123, 184, 189.
50. *Vanilla and Biotechnology – Update.* Pittsboro, NC: Rural Advancement Fund International (RAFI) Communique, julho de 1991; "Vanilla Beans", *Food Engineering,* novembro de 1987.
51. MOONEY, Pat e FOWLER, Cary, *Vanilla and Biotechnology.* RAFI Communique, janeiro de 1987, p. 1.
52. "Cell Culture System to Produce Less-Costly Vanilla", *Bioprocessing Technology*, janeiro de 1991, p. 7.
53. *Vanilla and Biotechnology – Update.* RAFI Communique, julho de 1989, p. 1; entrevista, 13 de maio de 1994. Fowler diz que os impactos secundários de substituir a baunilha cultivada no campo por baunilha criada em laboratório poderia "causar efeitos econômicos os mais diversos" para os países produtores. Ele acredita que, em curto prazo, as técnicas de propagação de cultura de tecido provavelmente serão usadas para produzir "itens de valor relativamente alto... tais como condimentos e sabores".
54. *Vanilla and Biotechnology.* RAFI Communique, junho de 1989, p. 1. Entrevista em 13 de maio de 1994.
55. *Biotechnology and Natural Sweeteners.* RAFI Communique, fevereiro de 1987, p. 1.
56. Idem, p. 3.
57. "Product Substitution Through Biotechnology: Impact on the Third World", *Trends in Biotechnology*, abril de 1986, p. 89.
58. BUSCH, p. 173; veja também ROGOFF, Martin H. e RAWLINS, Stephen L. "Food Security: A Technological Alternative", *BioScience*, dezembro de 1987, p. 800-807.
59. "Tricking Cotton to Think Lab in Home Sweet Home", *Washington Post*, 29 de maio de 1988, p. A3.
60. ROGOFF e RAWLINS. "Food Security"; Entrevista em 11 de maio de 1994. Stephen Rawlins diz que, na próxima era da agricultura de laboratório altamente automatizada, a única parte do processo que precisará continuar a céu aberto será a captação da energia solar nas indústrias de biomassa. "Você precisa captar a energia ao ar livre, porque é lá que está o Sol, mas o resto do processo, uma vez

que se tenha a energia, não precisa ser ao ar livre." Rawlins acrescenta que "ao trazer (a agricultura) para dentro... você não tem todos os problemas ambientais".

61. "Biotechnology and Flavor Development: Plant Tissue Cultures". *Food Technology*, abril de 1986, p. 122.

62. BUSCH, p. 183.

63. N. do T.: O autor cunha um novo termo – "silicon-collar worker" – para designar o silício, matéria-prima do computador, que está substituindo os "blue-collar workers" – operários – e os "white-collar workers" – funcionários administrativos.

Capítulo 9

1. GOMPERS, Samuel. *Seventy Years of Life and Labor: An Autobiography*. Cornell, NY: Indutrial and Labor Relations Press, 1925, p. 3-4.

2. CHANDLER, Alfred D. *The Visible Hand: The Managerial Revolution in American Business*. Cambridge, MA: Harvard University Press, 1977, p. 249-51.

3. Idem.

4. DRUCKER, Peter. *The Concept of the Corporation*. Nova York: John Day, 1946.

5. CLARK, Wilson. *Energy for Survival*. Garden City, NY: Doubleday/Anchor Books, 1975, p. 170.

6. FORD, Henry. *My Life and Work*, 1923, p. 108-109.

7. REICH, Robert. *The Work of Nations: Preparing Ourselves for 21st Century Capitalism*. Nova York: Random House, 1992, p. 214.

8. ATTALI, Jacques. *Millennium: Winners and Losers in the Coming World Order*. Nova York: Random House, 1990, p. 95-96.

9. "GM Drive to Step up: Efficiency is Colliding with UAW Job Fears", *Wall Street Journal*, 23 de junho de 1993, p. A1.

10. "Mercedes Aims to Improve German Plants' Efficiency", *Wall Street Journal*, 2 de setembro de 1993, p. A7; "German Auto Job Cuts Seen", *New York Times*, 16 de agosto de 1993, p. D5.

11. LIEMT, Gijsbert van. *Industry on the Move: Causes and Consequences of International Relocation in the Manufacturing Industry*. Genebra: International Labor Office, 1992, p. 76; "Labor-Management Bargaining in 1992", *Monthly Labor Review*, janeiro de 1993, p. 20.

12. "Mazda Pushing Toward 30% Automation", *Automative News*, 14 de abril de 1993, p. 24.

13. Citado em JAMES, Samuel D. K. *The Impact of Cybernation on Black Automotive Workers in the U.S.*, p. 44.

14. WALLACE, Michael. "Brave New Workplace", *Work and Occupations*, vol. 16 #4, novembro de 1989, p. 366.

15. KENNEDY, Paul. Preparing for the 21st Century. Nova York: Random House, 1993, p. 86; WINPISINGER, William, *Reclaiming Our Future: Na Agenda for American Labor*. San Francisco: Westview Press, 1989, p. 149.

16. "Boost for Productivity", *Financial Times*, 23 de março de 1993.

17. BENIGER, James. *The Control Revolution: Technological and Economic Origins of the Information Society*. Cambridge, MA: Harvard University Press, 1986, p. 238; TEMIN, Peter. *Iron and Steel in Nineteenth Century America: An Economic Inquiry*. Cambridge, MA: MIT Press, 1964, p. 159, 165.

18. KENNEY, Martin e FLORIDA, Richard. *Beyond Mass Production: The Japanese Systems and Its Transfer to the U.S.* Nova York: Oxford University Press, 1993, p. 3.

19. Idem.

20. Ibidem, p. 189.

21. REICH, Robert. *The Work of Nations: Preparing Ourselves for the 21st Century Capitalism*. Nova York: Vintage Books, 1992, p. 214-215.

22. DRUCKER, Peter, *Post Capitalist Society*. Nova York: HarperCollins, 1993, p. 72-73; "Why Jobs Growth is Stalled", *Fortune*, 8 de março de 1993, p. 51.

23. DRUCKER, p. 72.

24. KENNEDY e FLORIDA, p. 171, 173.

25. LIEMT, p. 202.

26. Idem, p. 314.

27. Estatísticas da International Association of Machinists, maio de 1994.
28. WINPISINGER, William. *Reclaiming Our Future: An Agenda for American Labor.* San Francisco: Westview Press, 1989, p. 149-150.
29. *Technological Change and Its Impact on Labor in Four Industries.* U.S. Department of Labor, outubro de 1992, Boletim 2409, p. 25.
30. Entrevista em 29 de abril de 1994. William ressalta que "sempre disse aos membros (de seu sindicato) que o trabalho foi feito para cavalos e mulas, e mesmo esses tinham o bom senso de virar seus traseiros ao trabalho". O ex-presidente da International Association of Machinists (IAM) afirma que "qualquer coisa que possamos fazer para facilitar o trabalho e torná-lo mais agradável, tanto melhor". Entretanto, ele adverte que "se não existem mecanismos sociais para tributar os lucros ilícitos que resultam de empregar 2% de pessoas para fabricar 100% dos bens, então, vamos ter de brigar muito".
31. *Technological Change and Its Impact*, p. 25.
32. KENNEY e FLORIDA, p. 195.
33. Idem, p. 195-197.
34. "Jobs in America", *Fortune*, 12 de julho de 1993, p. 36.
35. RADFORD, G. "How Sumitomo Transformed Dunlop Tires", *Long Range Planning*, junho de 1989, p. 28.
36. "1992: Job Market in Doldrums", *Monthly Labor Review*, fevereiro de 1993, p. 9.
37. "The Mechanization of Mining", *Scientific American,* setembro de 1982, p. 91.
38. *Technological Change and Its Impact*, p. 1.
39. Idem.
40. NOBLE, David. *Forces of Production: A Social History of Industrial Automation.* Nova York: Alfred Knopf, p. 63-65.
41. "Chemical Productivity Jumped in Second Quarter", *Chemical and Engineering News*, 14 de setembro de 1992, p. 21; BRAVERMAN, Harry. *Labor and Monopoly Capital: The Degradation of Work in the Twentieth Century.* Nova York: Monthly Review Press, 1974, p. 224.
42. "Strong Companies Are Joining Trends to Eliminate Jobs", *New York Times,* 26 de julho de 1993, p. D3; "Jobs in America", *Fortune,* 12 de julho de 1993, p. 40.
43. "Why Japan Loves Robots and We Don't", *Forbes,* 16 de abril de 1990, p. 151.
44. *Technology and Labor in Copper Ore Mining, Household Appliances and Water Transportation Industries.* Washington, D.C.: U.S. Department of Labor, Bureau of Labor Statistics, maio de 1993, Boletim 2420, p. 22.
45. Idem, p. 22-24.
46. Ibidem, p. 24.
47. BRADLEY, Stephen. *Globalization, Technology and Competition.* Cambridge, MA: Harvard Business School, 1993, p. 190; DAVIDOW e MALONE, p. 57.
48. "New Technologies, Employment Shifts, and Gender Divisions Within the Textile Industry", *New Technology, Work and Employment,* primavera de 1991, p. 44.
49. "Production Restructuring in the Textile and Clothing Industries", *New Technology, Work and Employment,* março de 1993, p. 45.
50. Entrevista em 14 de abril de 1994. Jack Sheinkman diz que o deslocamento como decorrência da tecnologia influenciou na perda de quase 500 mil empregos no setor têxtil, na última década. Embora acredite que mais automação seja inevitável, ele defende uma distribuição mais justa dos ganhos de produtividade entre os empregados, inclusive a redução da semana de trabalho.
51. "New Technologies, Employment Shifts and Gender Divisions Within the Textile Industry", p. 47.

Capítulo 10

1. "Retooling Lives: Technological Gains Are Cutting Costs and Jobs in Services", *Wall Street Journal,* 24 de fevereiro de 1994, p. A1.
2. "AT&T to Replace as Many as One-Third of Its Operators with Computer Systems", *Wall Street Journal,* 4 de março de 1992, p. A4; "Voice Technology to Replace 6000 Operators", *Washington Post,* 4 de março de 1992, p. B1.

3. WALLACE, Michael. "Brave New Workplace", *Work and Occupations*, novembro de 1989, p. 375.

4. *Outlook for Technology and Labor in Telephone Communications*. Washington D.C.: U.S. Department of Labor, Bureau of Labor Statistics, julho de 1990, Boletim 2357, p. 1, 11-12.

5. Idem, p. 12.

6. "Postal Service's Automation to Cut 47.000 Jobs", *Washington Post*, 28 de setembro de 1991, p. A10; Entrevista em 6 de abril de 1994: Michael Coughlin, vice-diretor geral do Serviço Postal, prevê que tecnologias mais novas, tais como "leitura remota por computador", eliminarão ainda mais funcionários nos próximos anos, tornando o serviço postal ainda mais automatizado em seu sistema global de entrega.

7. Entrevista em 15 de março de 1994. Stephen Roach disse: "Na década de 1970, quando foi debatido o Estado da era pós-industrial, o mito era o de que o setor de serviços... preencheria o vácuo deixado pelo downsizing e pelo encolhimento do setor industrial". Segundo Roach, "isso pareceu funcionar até percebermos que os setores de serviços não eram muito produtivos na forma que usavam seus funcionários. E, quando encontraram pressões competitivas, eles também tiveram que dispensar os trabalhadores em excesso". Roach afirma que a solução é encontrar novas fontes de criação de trabalho para empregar trabalhadores produtivamente, mas acrescenta que "ainda não fizemos isso".

8. "Service Jobs Fall as Business Gains", *New York Times*, 18 de abril de 1993, p. 1.

9. Vision 2000: *The Transformation of Banking*. Nova York: Andersen Consulting, Arthur Andersen and Co., 1991, p. 2, 6-7.

10. "Computers Start to Lift U.S. Productivity", *Wall Street Journal*, 1º de março de 1993, p. B3.

11. LEONTIEF, Wassily e DUCHIN, Faye. *The Future Impact of Automation on Workers*. Nova York: Oxford University Press, 1986, p. 84.

12. "Retooling Lives", p. A7; *Vision 2000*, p. 43.

13. *Vision 2000*, p. 43.

14. Idem, p. 59.

15. "Re-engineering Work: Don't Automate, Obliterate", *Harvard Business Review*, julho-agosto de 1990, p. 107.

16. "Re-engineering Aetna", Forbes ASAP, 7 de junho de 1993, p. 78; "The Technology Payoff", *Business Week*, 14 de junho de 1993, p. 60.

17. "Re-engineering Aetna", p. 78.

18. BENIGER, James. *The Control Revolution: Technological and Economic Origins of the Information Society*. Cambridge, MA: Harvard University Press, 1986, p. 280-284.

19. "Can You Afford a Paperless Office?", *International Spectrum*, maio-junho de 1993, p. 16-17.

20. "Technology Payoff", p. 60.

21. "Advances in Networking and Software Push Firms Closer to Paperless Office", *Wall Street Journal*, 5 de agosto de 1993, p. B1, B6.

22. Entrevista em 29 de março de 1994. John Loewenberg disse que a empresa precisava enviar constantemente manuais e declarações de políticas atualizadas para manter as pessoas informadas "das regras" e ainda assim era "quase impossível" fazer com que todas elas lessem a mesma informação ao mesmo tempo. "Mas, com a atualização eletrônica em um só ponto e a distribuição eletrônica de todos aqueles manuais de instruções, manuais de operações, manuais de diretrizes, (agora) todos estão olhando para a mesma coisa."

23. "Reducing the Paper Mountains", *Financial Times*, 23 de março de 1993, seção de tecnologia, p. 7.

24. "Software Giant Aiming at the Office", *New York Times*, 9 de junho de 1993, p. D1.

25. Idem, p. D5.

26. "The Paperless Office Looms on the Horizon Again", *New York Times*, 30 de maio e 1993, Seção 4, p. 2.

27. GREEN, J. H. "Will More Computers Mean Fewer Jobs?", *Desktop Publishing*, agosto de 1982, p. 52-54.

28. LEONTIEF e DUCHIN, p. 82

29. "Secretaries Down the Chute", *U.S. News and World Report*, 28 de março de 1994, p. 65.

30. "Receptionist Keeps Track of Mobile People", *Wall Street Journal*, 19 de julho de 1993, p. B1.
31. "Computers Take On a Whale of a Job: Sifting through Résumés", *Washington Post*, 30 de maio de 1993, p. H2.
32. N.do T.: Pessoas que trabalham em suas residências, onde têm computadores ligados às suas empresas.
33. "Homework for Grownups", *American Demographics*, agosto de 1993, p. 40; "Home is Where the Office Is", *Financial Times*, 16 de agosto de 1993, p. 8.
34. "Home Is Where the Office Is", p. 8.
35. Idem.
36. "Vanishing Offices", *Wall Street Journal*, 4 de junho de 1993, p. A1.
37. Entrevista em 24 de março de 1994, com Steve Patterson, vice-presidente da Gemini Consulting Company.
38. "Vanishing Offices", p. A6.
39. "Being There", *Technology Review*, maio-junho de 1992, p. 44.
40. *Technology and Labor in Three Service Industries*, U. S. Department of Labor: setembro de 1990, Boletim 2367, p. 19.
41. HARRISON, Roy. *Reinventing the Warehouse: World Class Distribution Logistics*. Nova York: Free Press, 1993, p. 331-335.
42. "1992: Job Market in Doldrums", *Monthly Labor Review*, fevereiro de 1993, p. 9.
43. *Technology and Labor in Three Service Industries*, p. 21.
44. Idem, p. 21-22.
45. "Job Losses Don't Let up Even as Hard Times Ease", também intitulado "Job Extinction Evolving into a Fact of Life in U.S.", *New York Times*, 22 de março de 1994, p. D5.
46. "Technology is Fueling Retail Productivity, But Slowing Job Gains", *Business Week*, 10 de maio de 1993, p. 16.
47. *Technology and Labor in Five Industries*, U.S. Department of Labor, Bureau of Labor Statistics, Boletim 2033. Washington D.C., 1979.
48. "Roboclerk in Tune with Service Industry", *Chicago Tribune*, 28 de maio de 1990, Seção 3, p. 1.
49. "The Retail Revolution", *Wall Street Journal*, 15 de julho de 1993, p. A12.
50. *Technological Change and its Impact on Labor in Four Industries*. U.S. Department of Labor, outubro de 1992, Boletim 2409, p. 37.
51. Idem, p. 42.
52. Idem, p. 41.
53. Ibidem, p. 38, 42.
54. "Record Store of Near Future", *New York Times*, 12 de maio de 1993, p. A1.
55. Entrevista em 2 de abril de 1994. Jack McDonald diz que o sistema de distribuição digitalizado sendo desenvolvido para a Blockbuster Video "é verdadeiramente estoque *just-in-time*". McDonald ressalta que, com o novo sistema sob encomenda, a Blockbuster reduzirá significativamente os altos custos de estoque e economizará nos custos tradicionalmente altos de devolução de mercadorias não vendidas.
56. "Retailing Will Never Be the Same", *Business Week*, 26 de julho de 1993, p. 54.
57. Idem, p. 54-56.
58. Ibidem p. 57; "Macy to Start Cable TV Channel, Taking Stores into Living Rooms", *New York Times*, 2 de junho de 1993, p. A1.
59. "The Fall of the Mall", *Forbes*, 24 de maio de 1993, p. 106.
60. "Retailing Will Never Be the Same", p. 56; "Fall of the Mall", p. 107.
61. "Fall of the Mall", p. 108.
62. Idem p. 112.
63. "Introducing Robodoc", *Newsweek*, 23 de novembro de 1992, p. 86.
64. "Good-bye Dewey Decimals", *Forbes*, 15 de fevereiro de 1993, p. 204.
65. "Potboiler Springs from Computer's Loins", *New York Times*, 2 de julho de 1993, p. D16; Soft Porn from Software: Computer Churns Out a Salacious Novel, *International Herald Tribune*, 5 de julho de 1993, p. 3.

66. "Pianomorte", *Washington Post*, 9 de agosto de 1993, p. A10.
67. "Synthesizers: Sour Sound to Musicians", *Los Angeles Times*, 6 de dezembro de 1985, p. 24.
68. Idem, p. 24-25.
69. Ibidem.
70. "Strike Out the Band", *Los Angeles Times*, 28 de novembro de 1991, p. F8.
71. "Synthesizers", p. A1.
72. "What's New in Music Technology", *New York Times*, 10 de março de 1987, p. 19.
73. "Strike Out the Band", p. F8.
74. N. do T.: União das palavras "synthetizers" (sintetizadores) e "Thespian" (relativo a Téspis), fundador lendário do teatro grego; forma irônica de designar um ator ou atriz.
75. "Hollywood Goes Digital", *Forbes ASAP*, 7 de dezembro de 1992, p. 58.
76. "How'd They Do That?" *Industry Week*, 21 de junho de 1993, p. 34.
77. Idem, p. 35.
78. "Walking Up to the New Economy", *Fortune*, 27 de junho de 1994, p. 37.

Capítulo 11

1. "The American Dream: Fired Up and Melted Down", *Washington Post*, 12 de abril de 1992, p. A1.
2. Idem.
3. REICH, Robert, *The Work of Nations: Preparing Ourselves for the 21st Century Capitalism*. Nova York: Random House, 1992, p. 213.
4. HARRISON, Bennett e BLUESTONE, Barry. *The Great U-Turn: Corporate Restructuring and the Polarizing of America*. Nova York: HarperCollins, 1988, p. 110-111.
5. STROBEL, Frederick. *Upward Dreams, Downward Mobility: The Economic Decline of the American Middle Class*. Laham, MD: ROWMAN and LITTLEFIELD, 1993, p. 147.
6. MISHEL, Lawrence; e BERNSTEIN, Jared. *The State of Working America 1992-93*. Washington, D.C.: Economic Policy Institute, 1992, p. 249.
7. "The Perplexing Case of the Plummeting Payroll", *Business Week*, 20 de setembro de 1993, p. 27; U.S. Department of Labor. Re-employment Increases among Displaced Workers. Washington, D.C.: Bureau of Labor Statistics, 14 de outubro de 1986.
8. "The 6.8% Illusion", *New York Times*, 8 de agosto de 1993, p. 15; "Into the dark: Rough Ride Ahead for American Workers", Training, julho de 1993, p. 22.
9. "Family Struggles to Make Do After Fall from Middle Class", *New York Times*, 11 de março de 1994, p. A1.
10. "Into the Dark", p. 22; "The 6.8% Illusion", p. 15
11. "Retrain Who to Do What?", Training, janeiro de 1993, p. 28; "Jobs in America", *Fortune*, 12 de julho de 1993, p. 35.
12. MITCHELL, Daniel J. B., "Shifting Norms in Wage determination", em *Brookings Papers on Economic Activity*, #2. Washington, D.C.: Brookings Institution, 1985, p. 576.
13. MISHEL e BERNSTEIN, p. 191.
14. HARRISON e BLUESTONE, p. 115.
15. Entrevista em 25 de março de 1994, com Jared Bernstein, economista do Economic Policy Institute.
16. "Sharp Increase Along the Borders of Poverty", *New York Times*, 31 de março de 1994. Ao final de 1992, 18% dos trabalhadores de período integral dos Estados Unidos ganhavam menos de US$ 13.091 por ano, contra 12% em 1979.
17. BURNS, Scott. "Disaffected Workers Seek New Hope", *Dallas News*, 21 de agosto de 1988, p. H1.
18. REICH, p. 56-57; "RIP: The Good Corporation". *Newsweek*, 5 de julho de 1993, p. 41.
19. MISHEL e BERNSTEIN, p. 3-4.
20. "The Next Priority", *Inc. Magazine*, maio de 1989, p. 28.
21. MISHEL e BERNSTEIN, p. 155.
22. "RIP" p. 41.

23. MISHEL e BERNSTEIN, p. 157.
24. "Not Home Alone: Jobless Male Managers Proliferate in Suburbs, Causing Subtle Malaise", *Wall Street Journal*, 20 de setembro de 1993, p. A1.
25. Idem.
26. Ibidem.
27. "Caught in the Middle", *Business Week*, 12 de setembro de 1988, p. 80.
28. "Not Home Alone", p. A6.
29. "A Nation in Transition", *Washington Post*, 28 de maio de 1992, p. A19.
30. MISHEL e BERNSTEIN, p. 41.
31. Idem, p. 2.
32. Ibidem, p. 14.
33. "College Class of '93 Learns Hard Lesson: Career Prospects Are Worst in Decades", *Wall Street Journal*, 20 de maio de 1993, p. B1.
34. BARLETT, Donald; e STEEL, James. *America: What Went Wrong?* Kansas City: Andrews and McMeel, 1992, p. 19-20.
35. "Bring CEO Pay Down to Earth", *Business Week*, 10 de maio de 1989, p. 146; "Median Pay of Chief Executives Rose 19% in 1992", *Washington Post*, 10 de maio de 1993; REICH. *Work of Nations*, p. 204; *veja também* "Pay Stubs of the Rich and Corporate", *Business Week*, 7 de maio de 1990, p. 56; "A Great Leap Forward for Executive Pay", *Wall Street Journal*, 24 de abril de 1989, p. B1.
36. MICHEL e BERNSTEIN, p. 6, 249.
37. Dados do U.S. Bureau of the Census, veiculados no *New York Times*, 27 de setembro de 1990, p. 10, citados em STROBEL, p. 165.
38. "The 400 Richest People in America", *Forbes*, 26 de outubro de 1987, p. 106; "Economists Suggest More Taxes on Rich", *Christian Science Monitor*, 23 de abril de 1992, p. 15.
39. MISHEL e BERNSTEIN, p. 255.
40. BARLETT e STEELE, p. xi.
41. REICH, p. 259-260.
42. Idem., p. 177-178.
43. Ibidem, p. 104.
44. Ibidem.
45. HARRISON e BLUESTONE, p. 69-70.
46. Citado em "Into the Dark", p. 27.
47. REICH, p. 302-303.
48. PHILIPS, Kevin. *The Politics of Rich and Poor: Wealth and the American Electorate in the Reagan Aftermath*. Nova York: Harper Perennial, 1991, p. 201.
49. Entrevista em 23 de março de 1994. Paul Saffo ressalta que a crescente polarização entre ricos e pobres está acontecendo em todo o mundo, principalmente em países outrora comunistas, onde as forças do mercado geraram uma numerosa classe empresarial da noite para o dia. "Em Moscou", diz Saffo, "você vê muitos milionários emergindo e eles estão morando em prédios onde mulheres idosas estão sentadas do lado de fora vendendo seus últimos bens". Saffo alerta que "quando mudanças como essas acumulam-se nos extremos, é inegável que mais mudanças fundamentais estejam por vir".
50. "Number of Americans in Poverty up for Third Year, Health Care Drops, Census Bureau Announces", *Commerce News*, 4 de outubro de 1993, p. 1, 4, 9, 12, 13; "Number of Poor Americans Rises for 3rd Year", *Washington Post*, 5 de outubro de 1993, p. A6.
51. "Number of Poor Americans Rises for 3rd Year."
52. "Food Stamps Now a Fact of Life for 25 Millions in U.S", *Washington Post*, 24 de maio de 1992, p. A1; "Growing Hunger", *Utne Reader*, novembro-dezembro de 1993, p. 63.
53. "Growing Hunger", p. 63, 65.
54. Idem, p. 63.
55. Entrevista em 29 de março de 1994, com Don Reeves, analista político-econômico na Bread for the World.
56. "Number of Americans", p. 20.
57. MERVA, Mary e FOWLES, Richard. *Effects of Diminished Economic Opportunities on Social Stress: Heart Attacks, Strokes, and Crime*. Washington, D.C.: Economic Policy Institute, 16 de outubro

de 1992, p. 1-2. Durante entrevista em 14 de março de 1994, Fowles falou de seu receio de que a preocupação dos Estados Unidos com os déficits do governo estivesse impedindo que a Casa Branca e o Congresso recorressem aos fundos necessários para administrar os problemas relacionados ao aumento do desemprego e à crescente incidência de doenças e crime. "Penso que uma das verdadeiras tragédias na discussão de grandes déficits é que agora parece politicamente impossível alguém no Congresso propor maiores gastos governamentais para o restabelecimento da rede de segurança social." Fowles concorda com economistas, como Gar Alperowitz, que dizem que os Estados Unidos teriam condições de aumentar seus déficits em curto prazo para estimular a economia, mas, como Alperowitz, ele acredita que, por razões políticas, há poucas chances de que isso aconteça em breve.

58. "Number of Americans", p. 2, 20.
59. MISHEL e BERNSTEIN, p. 9.
60. "Even with Good Pay, Many Americans Are Unable to Buy a Home", *Wall Street Journal*, 5 de fevereiro de 1988.
61. MISHEL e BERNSTEIN, p. 389.
62. PHILIPS, p. 184.
63. "The Economic Crisis of Urban America", *Business Week*, 18 de maio de 1992, p. 38.
64. Idem, p. 40.
65. REICH, p. 303.

Capítulo 12

1. IRVINE, Lieutenant General C.S., "Keynote Address", Anais do Simpósio da Associação das Indústrias Eletrônicas, 1957.
2. OLESTEN, Nils O. "Stepping Stones to N/C", *Automation*, junho de 1961.
3. Entrevista de Larry Kuusinen, mecânico da Boeing, em 5 de junho de 1979, em Noble, David, *Forces of Production: A Society History of Industrial Automation*. Nova York: Alfred Knopf, 1984, p. 242.
4. DOHSE, Knuth; JURGERS, Ulrich; e MALSH, Thomas. "From Fordism to Toyotism? The Social Organization of the Labor Process in the Japanese Automobile Industry", *Politics and Society* 14#2, 1985, p. 115-146.
5. SAKUMA, Shinju e OHNOMORI, Hideaki. "The Auto Industry", cap. 2, em Karoshi: *When the Corporate Warrior Dies*, National Defense Council for Victims of Karoshi Tokyo: Mado-sha Publishers, 1990.
6. KENNEY, Martin e FLORIDA, Richard. *Beyond Mass Production*: The *Japanese System and Its Transfer to the U.S*. Nova York: Oxford University Press, 1993, p. 271.
7. Idem, p. 278.
8. "Management by Stress", *Technology Review*, outubro de 1988, p. 37. Veja também PARKER, Mike e SLAUGHTER, Jane. *Choosing Sides: unions and the Concept*. Detroit: Labor Notes, 1988.
9. "Management by Stress", p. 39.
10. Idem, p. 42.
11. Veja "Workers at Risk", *Detroit Free Press*, 7 de julho de 1990, p. 1A, 6A-7A; "Injury, Training Woes Hit New Mazda Plant", *Automotive News*, 13 de fevereiro de 1989, p. 1, 52.
12. KENNEY e FLORIDA, p. 265. Veja também *Karoshi: When the Corporate Warrior Dies*.
13. N. do T.: Em inglês, *burnout* significa apagar-se por falta de combustível; desgastar-se ou tornar-se inoperante como resultado de calor ou fricção; exaustão, principalmente como resultado de excesso de trabalho.
14. SIMONS, Geoff, *Silicon Shock: The Menace of the Computer Invasion*, Nova York: Basil Blackwell, 1985, p. 43.
15. N. do T.: Em inglês, o autor usa o termo *breakdown* que, além de esgotamento, significa também pane, avaria, quebra.
16. BROD, Craig, *Techno-Stress: The Human Cost of the Computer Revolution*, Reading, MA: Addison-Wesley Publications, 1984, p. 43.
17. Idem, p. 43, 45.
18 Ibidem.19 N. do T.: Loja ou fábrica que explora os empregados, exigindo-lhes trabalho excessivo e pagando-lhes salário de fome.

20. Relatório OTA citado em "Big Brother is Couting Your Key Strokes", *Science*, 2 de outubro de 1987, p. 17.
21. RAWLENCE, Christopher ed. *About Time*. Londres: Jonathan Cape, 1985, p. 39.
22. BROD, p. 43.
23. Estudo NIOSH citado em BROD, p. 26.
24. "Employers Recognizing What Stress Costs Them, UN Report Suggests", *Washington Post*, 28 de março de 1993, p. H2.
25. *World Labor Report 1993*. Genebra: International Labor Office, 1993, p. 65, 70.
26. Ibidem, p. 66, 68.
27. Ibidem, p. 66.
28. Ibidem, p. 67.
29. "Age of Angst: Workplace Revolution Boosts Productivity at Cost of Job Security", *Wall Street Journal*, 10 de março de 1993, p. A8.
30. "Temporary Workers Are on Increase in Nation's Factories", *New York Times*, 6 de junho de 1993, p. A1-D2.
31. "Into the Dark: Rough Ride Ahead for American Workers", *Training*, julho de 1993, p. 24-5.
32. "Cutbacks Fuel Contingent Workforce," *USA Today*, 3 de março de 1993, p. 1B.
33. "Hired Out: Workers Are Forced to Take More Jobs with Few Benefits", *Wall Street Journal*, 11 de março, 1993, p. A1.
34. "Cutbacks Fuel Contingent Workforce."
35. "Into the Dark", p. 26.
36. Entrevista em 28 de março de 1994. Belous reconhece que a reestruturação corporativa e a crescente dependência de trabalhadores contingenciais levarão a conflitos nos próximos anos. "O que estamos vivenciando", diz ele, "é tão radical e revolucionário quanto a primeira e a segunda revoluções industriais". Embora alerte que o futuro não "será um mar de rosas", principalmente para os operários especializados, ele diz que, em longo prazo, está "razoavelmente otimista" que pelo menos os trabalhadores do conhecimento serão capazes de manter suas habilidades suficientemente atualizadas para acomodar as rápidas mudanças nas políticas e práticas de contratação, que deverão continuar na acelerada economia global.
37. "Temporary Work: The New Career", *New York Times*, 12 de setembro de 1993, p. F15. Entrevista em 16 de março de 1994: Nancy Hutchens disse que, com a maior dependência do emprego *just-in-time*, "a questão fundamental é o que acontece à estrutura de classe dos Estados Unidos se não tivermos uma classe média numerosa com emprego previsível... Quais são as implicações para as pessoas que literalmente não sabem onde irão trabalhar, se é que vão conseguir trabalhar, ou quanto dinheiro vão ganhar?"
38. "Cutbacks Fuel Contingent Workforce."
39. U.S. Department of Labor, *Employment and Earnings*, janeiro de 1988, citado em duRivage, Virginia L. *New Policies for the Part-Time and Contingent Workforce*. Washington, D.C.: Economic Policy Institute, 18 de novembro de 1992, p. 3, 7, 12.
40. "Outsource Tales", Forbes ASAP, 7 de junho de 1993, p. 37.
41. Citado em "The Disposable Employee is Becoming a Fact of Life", *Business Week*, 15 de dezembro de 1986. p. 52.
42. HARRISON, Bennett e BLUESTONE, Barry. *The Great U-Turn: Corporate Restructuring and Polarizing of America*. Nova York: HarperCollins, 1988, p. 48.
43. "Temporary Workers Are on Increase."
44. "Jobs in America", *Fortune*, 12 de julho de 1993, p. 47; "Temporary Work: The New Career."
45. "Jobs in America", p. 48.
46. "Cutbacks Fuel Contingent Workforce."
47. "Experimenting with Test-Tube Temps", *USA Today*, 11 de outubro de 1993.
48. "Abuse of Temporary Workers Compared to a 'Sweatshop'", *Washing Post*, 23 de junho de 1993.
49. TILLY, Chris. *Short Hours, Short Shrift: Causes and Consequences of Part-Time Work*. Washington D.C.: Economic Policy Institute, 1990, citado em duRivage, p. 4.
50. "UAW Faces Test at Mazda Plant", *New York Times*, 27 de março de 1990, p. D8.

51. "Job Seeking, Reemployment, and Mental Health: A Randomized Field Experiment in Coping with Job Loss", *Journal of Applied Psychology*, outubro de 1989, p. 759.

52. COTTLE, Thomas T. "When You Stop You Die", *Commonweal*, 19 de junho de 1992, p. 16.

53. "Violence in the Workplace", *Training and Development*, janeiro de 1994, p. 27.

54. Idem, p. 28, 30.

55. Ibidem, p. 32.

56. COTTLE, p. 17.

Capítulo 13

1. *The DECD Jobs Study: Facts, Analysis, Strategies*. Paris: Organization for Economic Cooperation and Development, 1994, p. 7.

2. *Human Development Report 1993*, U. N. Development Program. Nova York: Oxford University Press, 1993, p. 35.

3. "Clues to Rising Unemployment", *Financial Times*, 22 de julho de 1993, p. 18.

4. "Japan Begins to Confront Job Insecurity", *Wall Street Journal*, 16 de setembro de 1993, p. A10.

5. "Japan Inc. Slams Its Entrance Doors in the Faces of New College Graduates", *Wall Street Journal*, 5 de outubro de 1993, p. B1.

6. Idem.

7. "The American Economy", *New York Times*, 27 de fevereiro de 1994, p. F6.

8. "EC Experts Economy to Contract 0, 5% This Year, Led By 2% Decline in Germany", *Wall Street Journal*, 10 de julho de 1993.

9. "Pull Me Up, Weigh Me Down", *The Economist*, 24 de julho de 1993, p. 57; "Ireland's Jobless Rate", *Wall Street Journal*, 10 de novembro de 1992; "Italian Jobless Rate Increases", *Wall Street Journal*, 1º de fevereiro de 1993, p. A7A; "Belgian Jobless Rate Unchanged", *Wall Street Journal*, 5 de novembro de 1992, p. A9; "Denmark's Jobless Rate Rose", *Wall Street Journal*, 8 de outubro de 1992, p. C26; "Spain's Jobless Rate Climbs", *Wall Street Journal*, 16 de fevereiro de 1993, p. A3.

10. "Crash Landing for West German Economy", *Financial Times*, 10 de março de 1993; "Rips in the Employment Featherbed", *Financial Times*, 30 de março de 1993.

11. "How Germany is Attacking Recession", *Fortune*, 14 de junho de 1993, p. 132.

12. Idem.

13. "Massive Layoffs Foreseen in Western Europe", *Washington Post*, 21 de setembro de 1993, p. C3.

14. *Employment/Unemployment Study: Interim Report by the Secretary General*. Paris: Organization for Economic Co-operation and Development, 1993, p. 6.

15. "Threat to 400.000 Jobs in Europe's Auto Parts Sector", *Financial Times*, 18 de outubro de 1993.

16. *World Labor Report 1933*, p. 19-20.

17. *Employment/Unemployment* Study, p. 6; "Europeans Fear Unemployment Will Only Rise". *New York Times*, 13 de junho de 1993, p. A1.

18. "Europeans Fear Unemployment."

19. *Employment Outlook July 1993*. Organization for Economic Co-operation and Development, julho de 1993, p. 20; *Human Development Report 1993*, p. 37.

20. *Employment Outlook July 1993*, p. 18

21. "Europe's Safety Nets Begin To Tear", *Wall Street Journal*, 1º de julho de 1993; "Europe's Recession Prompts New Look at Welfare Costs", *New York Times*, 9 de agosto de 1993, p. A8.

22. "Europe's Safety Nets."

23. Idem.

24. "Europeans Fear Unemployment."

25. "A Labor Market 'Gripped by Euro-sclerosis'", *Financial Times*, 21 de junho de 1993.

26. "Is Europe's Social-Welfare State Headed for the Deathbed?", *Newsweek*, 23 de agosto de 1993, p. 37.

27. "Europe's Recession Prompts New Look at Welfare Costs", p. A8.

28. Entrevista em 9 de maio de 1994. O ex-comissário da UE, Padraig Flynn disse que a Europa "precisará reavaliar o modo como financiamos nosso sistema de previdência social". Embora tenha

afirmado que a rede social "deve ser mantida", ele defendia que os programas de previdência social deveriam ser repensados, com ênfase especial sobre "quais de nossa políticas de assistência social incentivam ativamente a reintegração das pessoas à vida de trabalho" da sociedade.

29. "Wage Cuts Anger of French Students (cf May 1968)", *New York Times*, 24 de março de 1994, p. A3; "Passions Ignited, French March for Wages Again", *New York Times*, 26 de março de 1994, seção international, p. 3.

30. "An Unemployment Boom", *World Press Review*, fevereiro de 1993, p. 40.

31. "Homeless in Europe", *Parade Magazine*, 15 de agosto de 1993, p. 8.

32. Entrevista em 5 de maio de 1994, com Harley Shaiken, professor de Trabalho e Tecnologia na Universidade da Califórnia, Berkeley.

33. *Human Development Report 1993*, p. 35.

34. LIEMT, Gijsbert van. *Industry on the Move: Causes and Consequences of International Relocation in the Manufacturing Industry*. Genebra: International Labor Office, 1992, p. 313; "Your New Global Workforce", *Fortune*, 14 de dezembro de 1992, p. 52.

35. "Those High-Tech Jobs Can Cross the Border Too", *New York Times*, 28 de março de 1993, seção 4, p. 4.

36. "Northern Mexico Becomes Big Draw for High-Tech Plants", *New York Times*, 21 de março de 1993, p. F1.

37. "Global Workforce", p. 52-53.

38. Entrevista em 5 de maio de 1994. Harley Shaiken disse que nos países em desenvolvimento, como o México, as empresas multinacionais estavam determinadas a manter os salários baixos com a construção de fábricas de alta tecnologia, estado-da-arte, automatizadas. Mesmo a mão-de-obra especializada, afortunada por ter um emprego, era absurdamente mal paga, de acordo com os padrões americanos. Apesar de economizar dinheiro no início do processo, no estágio da produção, as empresas perdiam na extremidade do consumo, porque os novos mercados não estavam conseguindo gerar poder aquisitivo suficiente para absorver os produtos fabricados. Disse Shaiken: "Se você diminui os salários, diminui o poder aquisitivo. Assim, os próprios fatores que diminuem os custos da produção asseguram que você não terá um mercado consumidor robusto."

39. "Rendered Surplus", *Far Eastern Economic Review*, 22 de julho de 1993, p. 18.

40. "China's Much-Needed Effort to Improve Productivity Will Take Economic Toll", *Wall Street Journal*, 16 de fevereiro de 1944, p. A13.

41. "Indians, Foreigners Build Silicon Valley", *Washington Post*, 1º de agosto de 1993, p. A21.

42. KENNEDY, Paul. *Preparing for the 21st Century*. Nova York: Random House, 1993, p. 182-183, 189.

43. *Population Pressures Abroad and Immigration Pressures at Home*. Washington, D.C.: Population Crisis Committee, 1989, p. 18-20.

44. *Human Development Report 1993*, p. 37.

45. *Population Pressures*, p. 20.

Capítulo 14

1. MERVA, Mary e FOWLES, Richard. *Effects of Diminished Economic Opportunities on Social Stress*. Washington, D.C.: Economic Policy Institute, 16 de outubro de 1992, p. 1-2.

2. Idem, p. 11; "Nation's Prison Population Rises 7,2%", *Washington Post*, 10 de maio de 1993.

3. "Life on the Shelf", *Newsweek*, 2 de maio de 1994, p. 14.

4. "Youth Joblessness Is at Record High in New York City", *New York Times*, 4 de junho de 1993, Seção Metropolitana.

5. "Shootout in the Schools", *Time*, 20 de novembro de 1989, p. 116; "Reading, Writing and Intervention", *Security Management*, agosto de 1992, p. 32.

6. "Wild in the Streets", *Newsweek*, 2 de agosto de 1993, p. 43.

7. "Getting Ready to Die Young", *Washington Post*, 1º de novembro de 1993, p. A1.

8. "Unhealed Wounds", *Time*, 19 de abril de 1993, p. 30.

9. Idem, p. 28.

10.. Wacquant, Loic. "When Cities Run Riot", *UNESCO Courier*, fevereiro de 1993, p. 10.

11. "Gang Membership Grows in Middle-Class Suburbs", *New York Times*, 24 de julho de 1993, p. 25, Seção Metropolitana.

12. "Danger in the Safety Zone", *Time*, 23 de agosto de 1993, p. 29.
13. Idem, p. 32.
14. "A City Behind Walls", *Newsweek*, de de outubro de 1992, p. 69.
15. N. do T.: Do francês, beco sem saída.
16. LOUV, Richard. *America II*. Boston: Houghton Mifflin, 1983, p. 233.
17. "Enclosed Communities: Havens, or Worse?", *Washington Post*, 9 de abril de 1994, p. E1.
18. "Reengineering Security's Role", *Security Management*, novembro de 1993, p. 38.
19. "Security Industry Trends: 1993 and Beyond", *Security Management*, dezembro de 1992, p. 29.
20. Idem.
21. "When Cities Run Riot", p. 8.
22. Idem.
23. Ibidem, p. 11.
24. "Germany's Furies", *Newsweek*, 7 de dezembro de 1992, p. 31.
25. "Italy's Neo-Fascists Gain Dramatically", *Washington Post*, 31 de março de 1994, p. A25.
26. "Every Man a Tsar", *The New Yorker*, 27 de dezembro de 1993.
27. GARDELS, Nathan. "Capitalism's New Order", *Washington Post*, 11 de abril de 1993, p. C4.
28. CREVELD, Martin van. *The Transformation of War*. Nova York: Free Press, 1991. Em uma entrevista, em 24 de março de 1994, o então assessor da Lincoln Electric para o CEO, Richard Solow, adverte que o maior problema que os Estados Unidos vão enfrentar é a crescente polarização em dois países – o primeiro, uma próspera sociedade de Primeiro Mundo, e o segundo, uma cultura depauperada de Terceiro Mundo. Ele diz que melhorar a educação da crescente subclasse, sem proporcionar empregos, poderia tão facilmente levar a revoltas como a reformas, argumentando que, com a educação, vem a liderança e, com a liderança, vem o potencial para uma resistência organizada. Sobow diz que "eventualmente veremos uma revolução", e acrescenta, "e acredito que será sangrenta".

Capítulo 15

1. MARCUSE, Herbert. *Eros and Civilization*. Frankfurt, Alemanha: Suhrkamp, 1979, Prefácio.
2. ROEDIGER, David e FONER, Philip. *Our Own Time: A History of American Labor and the Working Day*. Westport, CT: Greenwood Press, 1989, p. vii.
3.. MASUDA, Yoneji. *The Information Society as Post-Industrial Society*. Washington, D.C.: World Future Society, 1981, p. 74.
4. *Society for the Reduction of Human Labor Newsletter*, Hunnicutt, Benjamin Kline e William McGaughey, eds., inverno de 1992-1993, vol. 3 #1, p. 14.
5. SCHOR, Juliet. *The Overworked American: The Unexpected Decline of Leisure*. Nova York: Basic Books, 1991, p. 1, 2, 5, 29, 32.
6. JONES, Barry, *Sleepers Wake! Technology and the Future of Work*. Nova York: Oxford University Press, 1982, cap. 9.
7. Entrevista em 18 de março de 1994. O ex-senador Eugene McCarthy argumenta que na emergente era high-tech, a necessidade de redistribuir o trabalho torna-se o grito de guerra vital das forças clamando por justiça econômica. "O que é preciso procurar", diz McCarthy, "é uma redistribuição do trabalho, por meio do qual você estabelece uma reivindicação sobre o que está sendo produzido".
8. Entrevista em 8 de abril de 1994: Lynn Williams diz que a perda de empregos na manufatura para a automação de alta tecnologia continuará a acelerar-se nos próximos anos. A líder trabalhista franca diz: "Deveríamos ser capazes de administrar essa revolução tecnológica mais racionalmente", encontrando meios criativos para que os trabalhadores participem nos dramáticos ganhos de produtividade.
9. "VW Opts for Four Day Week in Move to Cut Wage Costs", *Financial Times*, 25 de outubro de 1993, p. 1.
10. Entrevista em 3 de maio de 1994. Peter Schlilein disse que a Volkswagen não tinha alternativa a não ser eliminar milhares de trabalhadores ou reduzir a semana de trabalho para 28,8 horas por causa da queda na demanda mundial por automóveis e "mais importante, o enorme progresso em nossa produtividade". A crescente produtividade e a queda do poder aquisitivo provavelmente forçarão a decisões similares no sentido de reduzir a semana de trabalho e compartilhar o trabalho disponível em outros setores nos próximos anos.

11. "Europeans Ponder Working Less So More of Them Can Have Jobs", *New York Times*, 22 de novembro de 1993, p. A1, 6.

12. Idem.

13. Ibidem., p. A6.

14. Ibidem.

15. *Memorandum on the Reduction and Reorganization of Working Time*. Bruxelas: Commission of the European Communities, 1982, p. 60.

16. *Report on the Memorandum from the Commission of the European Communities on the Reduction and Reorganization of Working Time*, relator, D. Ceravolo. Parlamento Europeu, Comitê para Questões Sociais e Emprego, 1983, p. 9.

17. *The Five-Year Economic Plan: Sharing a Better Quality of Life Around the Globe*, junho de 1992, Agência de Planejamento Econômico, Governo do Japão; "Labor Letter: Japan's Diet Slims The National Work by Four Hours", *Wall Street Journal*, 13 de julho de 1993, p. 1.

18. "Japan Finds Ways to Save Tradition of Lifetime Jobs", *New York Times*, 28 de novembro de 1993, p. A1.

19. Citado em William McGaughey. "The International Dimensions of Reduced Hours", *Society for the Reduction of Human Labor Newsletter*, vol. 1, nº 1, p. 6.

20. BARBER, Randy e GHILARDUCCI, Teresa. *Pension Funds, Capital Markets and the Economic Future*. Washington, D.C.: Center for Economic Organizing, 24 de janeiro de 1993, p. 1.

21. LEONTIEF, Wassily, "The Distribution of Work and Income", *Scientific American*, setembro de 1982, p. 194-195. Durante entrevista, em 14 de março de 1994, Leontief afirma que o tempo livre deveria ser considerado "parte de sua renda" e diz que "é preciso encontrar maneiras de incentivar o lazer". Ele se preocupava, entretanto, com o fato de que "se trabalharmos menos, talvez passemos mais tempo sentados à frente da televisão". "O uso construtivo do lazer", argumenta Leontief, "só pode vir com uma melhora na educação".

22. ZALUSKY, John. *The United States: The Sweatshop Economy*. Washington, D.C.: AFL-CIO Economic Research Department, 1993, p. 1.

23. ZALUSKY, p. 6.

24. "U.S. Unions Back Shorter Week, But Employers Seem Reluctant", *New York Times*, 22 de novembro de 1993, p. A6; Zalusky, p. 5.

25. Idem, p. 1.

26. Entrevista em 21 de março de 1994. John Zalusky admite que os sindicatos, sozinhos, não têm a força política para forçar mudanças no Fair Labor Standards Act. Ele se preocupa principalmente com os crescentes obstáculos à atividade de organização nos Estados Unidos e cita o fato de que os Estado Unidos foram um entre os poucos países em violação da cláusula dos direitos humanos da Organização Internacional do Trabalho das Nações Unidas em 1993, aquela que garante aos trabalhadores o direito de liberdade de associação e o direito de negociação. Essas práticas anti-sindicais, diz Zalusky, criam um efeito assustador e prejudicam as tentativas do movimento trabalhista de reformar os padrões e práticas trabalhistas, inclusive as cláusulas que regem a remuneração de horas extras.

27. "Labor Wants Shorter Hours to Make Up for Job Losses", *New York Times*, 11 de outubro de 1993, p. A 10.

28. Entrevista em 18 de março de 1994. Dennis Chamot argumenta que a nova onda de deslocamento tecnológico não é um fenômeno novo. "Já passamos por esses tipos de mudanças radicais antes", diz ele, e cada vez "nos adaptamos aos crescentes níveis de produtividade pela redução da jornada de trabalho". Chamot não acredita na possibilidade de que a semana de trabalho de 30 horas seja aprovada em curto prazo, mas afirma que precisamos começar a preparar a base política para sua adoção, se quisermos administrar eficazmente a crescente lacuna entre ganhos de produtividade e superprodução, por um lado, e desemprego crescente e perda do poder aquisitivo do outro.

29. Congresso dos Estados Unidos, Comitê da Câmara sobre Educação e Trabalho, Subcomitê para Regulamentação do Trabalho, *Hearings on H.R. 1784: To Revise the Overtime Compensation Requirement of the Fair Labor Standards Act of 1938*, 96th Congress, 1st Session, 23-25 de outubro de 1979. Veja também CONYERS, John. "Have a Four-day Workweek? Yes." American Legion, abril de 1980, p. 26. Citação de uma carta pessoal de Conyers para os Membros da Câmara dos Representantes, fotocópia com o autor, datada de 15 de fevereiro de 1979, em Hunnicutt, p. 311.

30. Congressista Lucien Blackweel, Congresso dos EUA, Câmara dos Representantes, H. R. 3267, *The Full Employment Act of 1994*, 23 de março de 1994.

31. McCARTHY, Eugene e McGAUGHEY, William. *Non-Financial Economics: The Case for Shorter Hours of Work*. Nova York, Praeger, 1989, p. 143.

32. Entrevista em 6 de maio de 1994. Michael Hammer afirma que "se você vai reduzir horas e, como decorrência disso, reduzir a remuneração, basicamente o que você está fazendo é pedir às pessoas que tenham uma abordagem mais comunitária em suas rendas, o que você talvez tenha ou não condições de fazer". Hammer também diz "não tenho certeza de que possamos reduzir o trabalho... porque, nessa sociedade, pelo menos, muitas pessoas não sabem o que fazer com o tempo livre que já têm, e não sei se saberão o que fazer se o tiverem ainda mais".

33. McCARTHY e McGAUGHEY, p. 156.

34. "Survey Says Employees Less Willing to Sacrifice", *Washington Post*, 3 de setembro de 1993, p. A2.

35. Robert Haft International Poll. "Family Time Is More Important Than Rapid Career Advancement: Survey Shows Both Men and Women Support Parent Tracking", *San Francisco*, 28 de junho de 1989, p. 4-5, citado em SCHOR, p. 148.

36. Estudo do Departamento de Trabalho, citado em ROEDIGER e FONER, p. 275.

37. SCHOR, p. 12-13.

38. ROEDIGER e FONER, p. 276.

39. *Veja* JAMES, Selma. *Women, Unions and Work*, Londres, 1976, p. 15.

Capítulo 16

1. TIL, John Van. *Mapping the Third Sector: Voluntarism in a Changing Social Economy*. Washington, D.C.: Foundation Center, 1988, p. 3; O'Neill, Michael. *The Third America: The Emergence of the Non-Profit Sector in the United States*. San Francisco: Jossey-Bass Publishers, 1989, p. 6; Non-Profit Almanac 1992-1993. Washington, D.C.: Independent Sector, p. 29.

2. TIL, p. 113; RUDNEY, Gabriel. *A Quantitative Profile of the Independent Sector*. Working Paper nº 40. Program on Non-Profit Organizations, Institution for Social and Policy Studies, Yale University, 1981, p. 3.

3. O'NEILL, p. 6.

4. HODGKINSON, Virgínia A. e WEITZMAN, Murray S. *Giving and Volunteering in the United States: Findings from a National Survey, 1992. Edition*. Washington, D.C.: Independent Sector, 1992, p. 2.

5. *The Non-Profit Almanac*, 1992-1993. Washington, D.C.: Independent Sector, p. 16; citação em O'Neil, p. 6.

6. WEISBROD, B. A. *The Voluntary Non-Profit Sector*. Lexington, MA: Heath, 1977, p. 170.

7. HODGKINSON e WEITZMAN, p. 1; O'NEIL, p. 8.

8. JEANTET, Thierry. *La Modernisation de la France l'Economie Sociale*. Paris: Econômica, 1986, p. 78, traduzido em TIL, p. 101-102.

9. EISENBERG, Pablo. "The Voluntary Sector: Problems and Challenges", em O'CONNEL, Brian ed., *America's Voluntary Spirit*. Washington, D.C.: Foundation Center, 1983, p. 306.

10. O'NEILL, p. 13.

11. LERNER, Max. "The Joiners", em O'CONNELL, p. 86.

12. Idem, p. 82.

13. KRIKORIAN, Robert. "Have You Noticed? An American Resurgence is Underway", *Vital Speeches of the Day*, 1º de março de 1985, p. 301.

14. DURNING, Alan. *How Much Is Enough?* Nova York: W.W. Norton, 1992, p. 29.

Capítulo 17

1. Press release da Casa Branca, 12 de abril de 1994.

2. "Now It's Our Turn", *Reader's Digest*, maio de 1985, p. 109.

3. Ronald Reagan, conforme citado em mensagem pela televisão sobre orçamento em "A Vision of Voluntarism", *Time*, 19 de outubro de 1981, p. 47.

4. ELLIS, Susan e NOYES, Katherine, *By the People: A History of Americans as Volunteers*. San Francisco: Jossey-Bass Publishers, 1990, p. 290-291.

5. "2 Million Points of Light", *Across the Board*, março de 1989, p. 12.

6. "The Elusive 1000 Points", *Newsweek*, 1º de dezembro de 1989, p. 49.

7. TOWNSEND, Katleen Kennedy. "Americans and the Cause of Voluntarism: The Forgotten Virtue of Voluntarism", *Current*, fevereiro de 1984, p. 11.
8. Idem.
9. Ibidem, p. 15.
10. Ibidem, p. 16-17.
11. THEOBALD, Robert, *The Guaranteed Income*. Nova York: Anchor Books, 1967, p. 19.
12. "A Minimum Guaranteed Income: Experiments and Proposals", *International Labor Review*, maio-junho de 1987, p. 263.
13. FRIEDMAN, Milton. "The Case for the Negative Income Tax", *National Review*, 7 de março de 1967, p. 239; "PRO and CON Discussion: Should the Federal Government Guarantee a Minimum Annual Income to All U.S. Citizens?" *Congressional Digest*, outubro de 1967, p. 242.
14. "Guaranteed Annual Income: A Hope and Question Mark", *America*, 11 de dezembro de 1971, p. 503.
15. HUM, Derek e SIMPSON, Wayne. "Economic Response to a Guaranteed Annual Income: Experience from Canada and the United States", *Journal of Labor Economic*, janeiro de 1993, parte 2, p. S280-S287.
16. Entrevista em 23 de março de 1994. Don Kennedy se diz preocupado com o fato de os "defensores da oferta" estarem ignorando a questão da demanda agregada. Ele pergunta: "O que você faz quando constrói os melhores produtos do mundo, ao menor custo e da mais alta qualidade e ninguém pode comprá-los?" Como a "demanda é uma função da renda", diz Kennedy, "precisamos pensar na distribuição da renda, não apenas no custo de cortar empregos". O problema é como "conseguir a renda para pessoas que não conseguem encontrar trabalho remunerado". Se a tecnologia sem trabalhadores produz as riquezas, então precisamos descobrir uma forma totalmente diferente de dividir essas riquezas.
17. "Minimum Guaranteed Income", p. 271.
18. "Federal Volunteer Programs", *Congressional Digest*, maio de 1990, p. 132; Seasons of Service. Washington, D.C.: Corporation for National Service, 1994.
19. Entrevista em 13 de abril de 1994: Gabinete do Governador da Carolina do Norte para Assuntos de Cidadania.
20. "The American Economy and the Rest of the World: Two Sides of the Same Coin", discurso de Felix G. Rohatyn na John F. Kennedy School of Government, Harvard University, 1993. Palestra de Albert H. Gordon sobre Finanças e Política Pública, 30 de novembro de 1993.
21. "Too Few Good Enter Prise Zones", *Nation's Business*, outubro de 1993, p. 30.
22. Entrevista com Sara Melendez, então presidente do Setor Independente.
23. "U.S. is Paying More Low-Earners for Working, I.R.S. Survey Finds", *New York Times*, 17 de abril de 1994, p. 23; "Hill to Get Welfare Bill, Clinton Officials Predict", *Washington Post*, 27 de dezembro de 1993, p. A8.
24. "Weld, Cellucci File Plan to Replace with Work Benefits", Press release do Estado de Massachusetts, Departamento Executivo, Câmara Estadual, Boston, 14 de janeiro de 1994; "Massachusetts Welfare Reform Would Drop Cash Benefits, Require Work", *Washington Post*, 15 de janeiro de 1994, p. A6.
25. "Unions Fear Job Losses in Welfare Reform", *Washington Post*, 6 de janeiro de 1994.
26. Center for Study on Responsive Law, Aid for Dependent Corporations (AFDC). Washington, D.C.: Essential Information Inc., janeiro de 1994. Levantamento baseado em dados de gastos obtidos do *Catalogue of Federal Domestic Assistance*. U.S. Office of Management and Budget, 1993 e *Estimates of Federal Tax Expenditures for Fiscal Years 1994-1998*. Joint Committee on Taxation, 1993; "The Fat Cat Freeloaders", *Washington Post*, 6 de março de 1994, p. C1.
27. PETERSON, Wallace. *Silent Depression*. Nova York: W.W. Norton, 1994, p. 202.
28. Idem, p. 203.
29. "A New Kind of Tax: Adopting a Consumption Tax", *Current*, maio de 1993, p. 17.
30. "The VATman Cometh", *The Economist*, 24 de abril de 1993, p. 17.
31. "A New Kind of Tax."
32. Idem.
33. "VATman Cometh."
34. *Information Technology Industry Data Book 1960-2004*. Washington, D.C.: Computers and Business Equipment Manufacturers Association, CBEMA, 1993, p. 4.

35. "The Entertainment Economy", *Business Week*, 14 de março de 1994, p. 60.

36. "Ad Gains Could Exceed 6% This Year", *Adversiting Age*, 3 de maio de 1993, p. 4.

37. "A Federal Value-Added Tax Could Compete with Mainstay of the States: The Sales Tax", *The Bond Buyer*, 6 de julho de 1993, p. 1.

38. *Corporate Contributions*, 1992. Nova York: The Conference Board, 1994, p. 6, 9-11; Non-Profit Almanac, 1992-1993. Washington, D.C.: Independent Sector, p. 60.

Capítulo 18

1. Entrevista em 18 de março de 1994. Jim Joseph disse que, cada vez mais "as pessoas estão recorrendo às alternativas não-governamentais para atender às necessidades humanas e servir a propósitos públicos". Ele disse que, se os subsídios do governo estivessem disponíveis para complementar os recursos da comunidade no terceiro setor, muitas pessoas "poderiam encontrar empregos significativos e produtivos que contribuíssem para o bem público".

2. "Policy Issues for the UK Voluntary Sector in the 1990s", em Bem-Ner, Avner e Gui Benedetto, eds., *The Non-Profit Sector in the Mixed Economy*. Ann Arbor: University of Michigan Press, 1993, p. 224, 230.

3. "Public Authorities and the Non-Profit Sector in France", em Anheier, Helmut e Seibel, Wolfgang, eds., *The Third Sector: Comparative Studies of Non-Profit Organizations*. Nova York: Walter de Gruyter, 1990, p. 298-299.

4. "Employment and Earnings in the West German Nonprofit Sector: Structure and Trends 1970-1987", em BEN-NER e GUI, p. 184, 188; "A Profile of the Third Sector in Western Germany", em ANHEIER e SEIBEL. Nova York; Walter de Gruyter, 1990, p. 323.

5. "The Italian Nonprofit Sector: An Overview of an Undervalued Reality", em BEN-NER e GUI, p. 206, 211.

6. AMENOMORI, Takayoshi. *Defining The Non-Profit Sector: Japan* Baltimore: The Johns Hopkins University Institute for Policy Studies, julho, 1993.

7. "Traditional Neighborhood Associations in Industrial Society: The Case of Japan", em ANHEIER e SEIBEL, p. 347-358.

8. Entrevista em 4 de maio de 1994. Miklos Marschall diz que em seu próprio país, a Hungria, bem como em outros países da União Européia "as ONGs foram a força motriz das mudanças" que ajudaram a derrubar os velhos regimes comunistas. Como os partidos políticos estavam proscritos, "a atividade de oposição restringia-se às únicas organizações legais disponíveis – as organizações voluntárias".

9. "World Volunteerism Group Forms", New York Times, 21 de dezembro de 1993, p. A12.

10. Starr, S. Frederick. "The Third Sector in the Second World", *World Development*, vol. 19#1, p. 69.

11. Idem, p. 65.

12. Ibidem, p. 70.

13. FISHER, Julie. *The Road from Rio: Sustainable Development and the Non-Governmental Movements in the Third World*. Westport, CT: Praeger, 1993 p. 91.

14. *Human Development Report 1993*, United Nations Development Projects Program. Nova York: Oxford University Press, 1993, p. 93.

15. FISHER, p. 89-91.

16. *Human Development Report 1993*, p. 86-87.

17. FISHER, p. 167.

18. DURNING, Alan. *Action at the Grass Roots: Fighting Poverty and Environmental Decline*. Washington, D.C.: Worldwatch Institute, 1989, p. 11; *Human Development Report 1993*, p. 95.

19. Cordoba-Novion, Cesar e Sachs, Céline. *Urban Self-Reliance Directory*. Nyon, Suíça: International Foundation for Development Alternatives, janeiro de 1987, p. 33.

20. "Colufifa: 20,000 Individuals Fighting Hunger", *African Farmer*, #4, julho, p. 81.

21. "Philippines: Pamalakaya, Small Fishermen's Movement", *IFDA Dossier*, Nyon, Suíça: International Foundation for Development Alternatives, 1987, #61, p. 68-69.

22. FISHER, p. 124; RUSH, James. *The Last Tree*. Nova York: The Asia Society, distribuída por Westview Press, 1991, p. 55.

23. FISHER, p. 40, 104.

24. DURNING, p. 11.

25. "Alternative Resources for Grass Roots Development: A View from Latin America", *Development Dialogue*, vol. 1, 1987, p. 114-134; "Another Development Under Repressive Rule", *Development Dialogue*, vol. 1, 1985.

26. *Human Development Report 1993*, p. 87.

27. FISHER, p. 23.

28. LOPEZLERA-MENDEZ, Luis. *Sociedad Civil y Pueblos Emergentes: Las Organizaciones Autónomas de Promoción Social y Desarrollo em México*. Cidade do México: Promoción del Desarrollo Popular, 1988, p. 60.

29. FISHER, p. 89; "In Search of Development: Some Directions for Further Investigation", *The Journal of Modern African Studies*, vol 24 #2, 1986, citado na p. 323.

30. *Human Development Report 1993*, p. 93-94.

31. "Kenya's Green Belt Movement", *The UNESCO Courier*, março de 1992, p. 23-25; "Reforestation with a Human Touch", *Grassroots Development*, vol 12 #3, 1988, p. 38-40.

32. FISHER, p. 108.

33. Entrevista em 22 de março de 1994. Fisher diz que "a maioria dos governos no Terceiro Mundo sente-se muito confortável com o crescimento do setor sem fins lucrativos ou voluntário, porque isso representa fontes alternativas de recursos de poder no país". Ainda assim, segundo Fisher, o terceiro setor continua a crescer, tornando-se uma força institucional poderosa e viável em muitos países em desenvolvimento e deverá desempenhar um papel crítico no sentido de ajudar a moldar o futuro desses países nos próximos anos.

34. DURNING, p. 47.

35. *Human Development Report* 1993, p. 88.

36. Entrevista em 4 de maio de 1994. Miklos Marschall diz que, embora não acredite que "as ONGs possam jamais substituir a responsabilidade do governo", afirma que "as ONGs pequenas são muito mais eficientes em administrar o desemprego do que grandes burocracias governamentais. Como estão baseadas na comunidade e muito mais familiarizadas com as reais necessidades, elas têm um quadro muito mais nítido da situação do trabalho em determinada região, ao contrário de gigantescos programas governamentais que simplesmente colocam as pessoas na previdência." Marschall diz que a chave para ampliar os papéis e responsabilidades das ONGs e avançar em direção aos interesses da economia social é "encorajar esquemas de parcerias entre o governo e o terceiro setor".

37. Entrevista em 18 de maio de 1994. Martin Khor diz que, enquanto o terceiro setor desempenhará um papel cada vez mais importante em termos tanto de defesa e reforma como em fornecimento de serviços sociais, os governos em países do Terceiro Mundo ainda continuarão a ser considerados as principais instituições para garantir o bem-estar e a segurança das massas.

38. Entrevista em 27 de abril de 1994. Vandana Shiva diz que, em países como a Índia, a Terceira Revolução Industrial provavelmente ampliará ainda mais a distância entre ricos e pobres, à medida que as novas tecnologias da informação criam uma nova elite de analistas simbólicos de um lado, enquanto, do outro, as novas biotecnologias eliminam em massa famílias de pequenos agricultores. Shiva alerta que "a Índia não pode sobreviver com enclaves de prosperidade, enquanto o resto do povo não tem qualquer direito a uma subsistência e ao trabalho para sua própria sobrevivência".

Bibliografia

AKIN, William. *Technocracy and the American Dream: The Technocrat Movement, 1900-1941*. Berkeley: University of California Press, 1977.

ANDERSEN CONSULTIN. *Vision 2000: The Transformation of Banking*. Chicago, 1991.

ANHEIER, Helmut e Seibel, Wolfgang, eds. *The Third Sector: Comparative Studies of Nonprofit Organizations*. Nova York: Walter de Gruyter, 1990.

ATTALI, Jacques. *Millennium: Winners and Losers in the Coming World Order*. Nova York: Random House, 1991.

BARLETT, Donald e Steele, James. America: *What Went Wrong?* Kansas City, MO: Andrews and McMeel, 1992.

BENIGER, James. *The Control Revolution: Technological and Economic Origins of the Information Society*. Cambridge, MA: Harvard University Press, 1986.

BEN-NER, Auner e Gui, Benedetto, eds. *The Non-Profit Sector in the Mixed Economy*. Ann Arbor: University of Michigan Press, 1993.

BERARDI, Gigi e Geisler, Charles. Eds. The *Social Consequences and Challenges of New Agricultural Technologies*. Boulder, CO: Westview Press, 1984.

BRADLEY, Stephen et al. eds. *Globalization, Technology and Competition: The Fusion of Computers and Telecommunications in the 1990s*. Cambridge, MA: Harvard Business School Press, 1993.

BRAND, Stewart. *The Media Lab: Inventing the Future at MIT*. Nova York: Viking Press, 1987.

BRAVERMAN, Harry. *Labor and Monopoly Capital: The Degradation of Work in the 20th Century*. Nova York: Monthly Labor Press, 1974.

BROD, Craig. Techno Stress: *The Human Cost of the Computer Revolution*. Reading, MA: Addison-Wesley, 1984.

BRYNJOLFSSON, Erik e HITT, Lorin. *Is Information Systems Spending Productive? New Evidence and New Results*. Cambridge, MA: Massachusetts Institute of Technology, Working Paper #3571-93, 4 de junho, 1993.

BUSCH, Lawrence et al. *Plants, Power, and Profit: Social, Economic, and Ethical Consequences of the New Biotechnologies*. Cambridge, MA: Basil Blackwell, 1991.

CALLAHAN, Raymond, *Education and the Cult of Efficiency*. Chicago: University of Chicago Press, 1964.

CARNEVALE, Anthony Patrick, *America and the New Economy*. Washington, D.C.: U.S. Department of Labor, 1991.

CHANDLER, Alfred Jr., *The Visible Hand: The Managerial Revolution in American Business.* Cambridge, MA: Harvard University Press, 1977.

CLINTON/Gore National Campaign. *Technology: The Engine of Economic Growth,* 1992.

COCHRANE, Willard. The Development of American Agriculture: A Historical Analysis. Minneapolis: Universty of Minnesota Press, 1993.

CORN, Joseph, ed. *Imagining Tomorrow: History, Technology, and the American Future.* Cambridge, MA: MIT Press, 1986.

CORNFIELD, Daniel. *Workers, Managers and Technological Change: Emerging Patterns of Labor Relations.* Nova York: Plenum Press, 1987.

COUNCIL ON COMPETTITIVENESS. *Gaining New Ground: Technology Priorities for America's Future.* Washington, D.C.: março de 1991.

CROSS, Gary. *Time and Money: The Making of Consumer Culture.* Nova York: Routledge, 1993.

CYERT, Richard e Mowery, David eds. *Technology and Employment: Innovation and Growth in the U.S. Economy.* Washington, D.C.: National Academy Press, 1987.

DAVIDOW, William e Malone, Michael. *The Virtual Corporation: Restructuring and Revitalizing the Corporation for the 21st Century.* Nova York: HarperCollins, 1992.

DEREK, Leebart ed. *Technology 2001: The Future of Computing and Communications,* Cambridge, MA: MIT Press, 1991.

DRUCKER, Peter. *Post-Capitalist Society.* Nova York: HarperCollins, 1993.

DURIVAGE, Virginia. *New Policies for the Part-Time and Contingent Workforce.* Washington, D.C.: Economic Policy Institute, 18 de novembro, 1992.

DURNING, Alan B. *Action at the Grassroots: Fighting Poverty and Environmental Decline.* Washington, D.C.: Worldwatch Institute, 1989.

_____How Much Is Enough? Nova York: W.W. Norton, 1992.

EDQUIST, Charles. *Technological and Organizational Innovations, Productivity and Employment.* Genebra: International Labor Organization, 1992.

ELLIS, Susan e Noyes, Katherine H. *By the People: A History of Americans as Volunteers.* San Francisco: Jossey-Bass, 1990.

ELLUL, Jacques. *The Technological Society.* Nova York: Random House, 1964.

ENGELBERGER, Joseph. *Robotics in Service.* Cambridge, MA: MIT Press, 1968.

FERMAN, Louis et al. *Negroes and Jobs.* Ann Arbor: University of Michigan Press, 1968.

FISHER, Julie. *The Road from Rio: Sustainable Development and the Nongovernmental Movement in the Third World.* Westport, CT: Praeger, 1993.

FJERMEDAL, Grant. *The Tomorrow Makers: A Brave New World of Living Brain Machines.* Nova York: Macmillan, 1986.

FOX, Michael, *Superpigs and Wondercorn: The Brave New World of Biotechnology and Where It May Lead.* Nova York: Lyons and Burford, 1992.

GIDEON, Siegfried. *Mechanization Takes Command.* Nova York: W.W. Norton, 1948.

GIMPEL, Jean. The Medieval Machine: *The Industrial Revolution of the Middle Ages.* Nova York: Holt, Rinehart e Winston, 1976.

GOODMAN, David, et al. *From Farming to Biotechnology: A Theory of Agro-Industrial Development.* Nova York: Basil Blackwell, 1987.

GORZ, Andre. *Critique of Economic Reason.* Nova York: Verso, 1988.

GRANT, George. *Technology and Empire.* Toronto: House of Anasi Press, 1969.

GREEN, Mark, ed. *Changing America: Blueprints for the New Administration.* Nova York: New Market Press, 1992.

GUMPERT, Gary. *Talking Tombstones & Other Tales of the Media Age.* Nova York: Oxford University Press, 1987.

HAMMER, Michael e Champy, James. *Re-engineering the Corporation: A Manifesto for Business Revolution.* Nova York: HarperCollins, 1993.

HARMON, Roy et al. *Re-Inventing the Factory: Productivity Breakthrough in Manufacturing Today.* Nova York: Free Press, 1989.

_____. *Re-Inventing the Factory II: Managing the World Class Factory.* Nova York: Free Press, 1992.

_____. *Re-Inventing the Warehouse:* World Class Distribution Logistics, Nova York: Free Press, 1993.

HARRISON, Bennett e Bluestone, Barry. *The Great U Turn: Corporate Restructuring and the Polarizing of America.* Nova York: HarperCollins, 1990.

HARRISON, Bennett. *Lean and Mean: The Changing Landscape of Corporate Power in the Age of Flexibility.* Nova York: HarperCollins, 1990.

HEILBRONER, Robert. *The Making of Economic Society.* Englewood Cliffs, NJ: Prentice-Hall, 1980.

HODGKINSON, Virginia e Weitzman, Murray. *Giving and Volunteering in the United States: Findings from a National Survey, 1992 Edition.* Washington, D.C.: Independent Sector, 1992.

HUMPHREY, John. *New Technologies, Flexible Automation, Work Organization and Employment in Manufacturing.* Genebra: International Labor Organization, 1992.

HUNNICUTT, Benjamin Kline. *Work Without End: Abandoning Shorter Hours for the Right to Work.* Filadélpia: Temple University Press, 1988.

INNIS, Harold. *Empire and Communications.* Buffalo, NY: University of Toronto Press, 1972.

INTERNATIONAL LABOR ORGANIZATION (ILO). *The World Employment Situation, Trends and Prospects.* Genebra: ILO, 1994.

_____. *World Labor Report 1993.* Genebra: ILO, 1993.

JAMES, Samuel, D.K. The Impact of Cybernation Technology on Black Automotive Workers in the U.S. Ann Arbor: UMI Research Press, 1985.

JARRATT, Jenifer e Mahaffie, John. *Future Work: Seven Critical Forces Reshaping Work and the Work Force in North America.* São Francisco: Jossey-Bass, 1990.

JENKINS, Clive e Sherman, Barrie. *The Collapse of Work.* Londres: Eyre Methuen, 1979.

JONES, Barry. *Sleepers Wake! Technology and the Future of Work.* Nova York: Oxford University Press, 1990.

JONES, Marcus. *Black Migration in The United States with Emphasis on Selected Central Cities.* Saratoga, CA: Century 21 Publishing, 1980.

JUENGER, Frederich Georg. *The Failure of Technology,* Chicago: Gateway Editions, 1956.

KATZ, Michael ed. *The Underclass Debate: Views from History.* Princeton, NJ: Princeton University Press, 1993.

KENNEDY, Paul, *Preparing for the Twenty-first Century.* Nova York: Random House, 1993.

KENNEY, Martin e Florida, Richard. *Beyond Mass Production: The Japanese System and Its Transfer to the United States.* Nova York: Oxford University Press, 1993.

KERN, Stephen. *The Culture of Time and Space.* Cambridge, MA: Harvard University Press, 1983.

KORTEN, David. *Getting to the 21st Century: Voluntary Action and the Global Agenda.* Hartford: Kumanian Press, 1990.

KOZOL, Jonathan. *Illiterate America.* Nova York: Anchor Press/Doubleday, 1985.

KRAUT, Robert ed. *Technology and the Transformation of White Collar Work.* Hillsdale, NJ: Lawrence Erlbaum Associates, 1987.

KURZWEIL, Raymond. *The Age of Intelligent Machines.* Cambridge, MA: MIT Press, 1990.

LE GOFF, Jacques. *Time, Work and Culture in the Middle Ages.* Chicago: University of Chicago Press, 1980.

LEMANN, Nicholas. *The Promised Land: The Great Black Migration and How it Changed America.* Nova York: Vintage Books, 1992.

LEONTIEFF, Wassily e Duchin, Faye. *The Future Impact of Automation on Workers.* Nova York: Oxford University Press, 1986.

LOUV, Richard. *America II.* Boston: Houghton Mifflin, 1983.

MACBRIDE, Robert. *The Automated State: Computer Systems as a New Force in Society.* Filadélfia: Chilton Book Co., 1967.

MAGNET, Myron. *The Dream and the Nightmare: The Sixties' Legacy to the Underclass.* Nova York: William Morrow, 1993.

MASUDA, Yoneji. *The Information Society as Post-Industrial Society.* Bethesda, MD.: World Future Society, 1980.

MCCARTHY, Eugene e McGaughey, William. *Non-Financial Economics: The Case for Shorter Hours of Work.* Nova York: Praeger, 1989.

MCCARTHY, Kathleen, Hodgkinson Virginia e Sumariwalla, Russy. *The Nonprofit Sector in the Global Community: Voices from many Nations.* São Francisco: Jossey-Bass Publishers, 1992.

MCLUHAN, Marshall. *Understanding Media: The Extensions of Man.* Nova York: McGraw-Hill, 1964.

MERVA, Mary e Fowles, Richard. *Effects of Diminished Economic Opportunities on Social Stress: Herat Attacks, Strokes, and Crime.* Washington, D.C.: Economic Policy Institute, 16 de outubro, 1992.

MEYROWITZ, Joshua. *No Sense of Place: The Impact of Eletronic Media on Sociable Behavior.* Nova York: Oxford University Press, 1985.

MISHEL, Lawrence e Bernstein, Jared. *The State of Working America 1992-1993.* Washington, D.C.: Economic Policy Institute, 1992.

MUMFORD, Lewis. *Technics and Human Development.* Nova York: Harcourt Brace Jovanovich, 1966.

NELSON, Robert. *Reaching for Heaven on Earth.* Savage, MD: Rowman & Littlefield, 1991.

NOBLE, David. *Forces of Production: A Social History of Industrial Automation.* Nova York: Alfred A. Knopf, 1984.

O'CONNEL, Brian, eds. *America's Voluntary Spirit*. Washington, D.C.: Foundation Center, 1983.

OFFE, Claus e Heinze, Rolf. *Beyond Employment. Filadélfia:* Temple University Press, 1992.

OFFICE OF MANAGEMENT AND BUDGET. *A Vision of Change for America*. Washington D.C.: U.S. Government Printing Office, fevereiro, 1993.

O'NEILL, Michael. *The Third America: The Emergence of the Nonprofit Sector in the United States*. São Francisco: Jossey-Bass, 1989.

ORGANIZATION FOR ECONOMIC CO-OPERATION AND DEVELOPMENT (OECD). *Employment Outlook July 1993*. Paris: OECD, 1993.

_____. *Employment/Unemployment Study Interim Report by the Secretary General*. Paris: OECD, 1993.

_____. The DECO Jobs Study: Facts, Analysis, Strategies, Paris: OECD, 1994.

PARKER, Mike e Slaughter, Jane. *Choosing Sides: Unions and the Team Concept. Detroit:* Labor Notes, 1988.

PETERSON, Wallace. *Silent Depression: The Fate of the American Dream*. Nova York: W.W. Norton, 1994.

PETERSON, Willis e Kislev, Yoav. *The Cotton Harvester in Retrospect: Labor Displacement or Replacement?* St. Paul: University of Minnesota Press, 1991.

PHILIPSON, Morris. *Automation: Implications for the Future*. Nova York: Vintage Books, 1962.

PHILIPS, Kevin. *The Politics of Rich and Poor: Wealth and the American Electorate in the Reagan Aftermath*. Nova York: HarperCollins, 1990.

REICH, Robert. The Work of Nations: Preparing Ourselves for 21st Century Capitalism. Nova York: Random House, 1992.

RENNER, Michael. *Jobs in a Sustainable Economy*. Washington, D.C.: Worldwatch Institute, 1991.

RIFKIN, Jeremy. *Algeny*. Nova York: Viking, 1983.

_____. *Biosphere Politics*. Nova York: Crown, 1991.

_____. *Declaration of a Heretic*. Boston: Routledge e Keagan, Paul, 1985.

_____. *Entropy*. Nova York: Bantam Books, 1980.

_____. *The North Will Rise Again*. Boston: Beacon Press, 1978.

_____. *Time Wars*. Nova York: Simon & Schuster, 1987.

RIVKIN, Steven et al. *Shortcut to the Information Superhighway*. Washington, D.C.: Progressive Policy Institute, 1992.

ROACH, Stephen. *Making Technology Work*. Nova York: Morgan Stanley, abril de 1993.

_____. *Technology Imperatives*. Nova York: Morgan Stanley, janeiro de 1992.

ROEDIGER, David e FONER, Philip. *Our Own Time: A History of American Labor and the Working Day*. Westport, CT: Greenwood Press, 1989.

SALAMON, Lester M. E Anheier, Helmut. *Toward an Understanding of the International Nonprofit Sector*. Baltimore: Working Papers of the Johns Hopkins Institute for Policy Sudies, 1992.

SCHOR, Juliet. *The Overworked American: The Unexpected Decline of Leisure*. Nova York: Basic Books, 1991.

SEGAL, Howard. *Technological Utopianism in American Culture*. Chicago: University of Chicago Press, 1985.

SIMONS, Geoff. *Robots: The Quest for Living Machines*. Nova York: Sterling, 1992.

_____. *Silicon Shock: The Menace of the Computer Invasion*. Nova York: Basil Blackwell, 1985.

STRASSER, Susan. *Satisfaction Guaranteed: The Making of the American Mass Market*. Nova York: Pantheon, 1989.

STROBEL, Frederick. *Upward Dreams, Downward Mobility: The Economic Decline of the American Middle Class*. Lanham, MD: Rowman and Littlefield, 1993.

THEOBALD, Robert. *The Guaranteed Income*. Nova York: Anchor Books, 1967.

TICHI, Cecilia. *Shifting Gears: Technology, Literature, Culture in Modernist America*. Chapel Hill: University of North Carolina Press, 1987.

TILLY, Chris. *Short Hours, Short Shift: Causes and Consequences of Part-Time Work*. Washington, D.C.: Economic Policy Institute, 1990.

TURKLE, Sherry. *The Second Self: Computers and the Human Spirit*. Nova York: Simon & Schuster, 1984.

UNITED NATIONS DEVELOPMENT PROGRAMME (UNDP). *Human Development Report 1993*. Nova York: Oxford University Press, 1993.

U.S. CONGRESS OFFICE OF TECHNOLOGICAL ASSESSMENT. *A New Technological Era for American Agriculture*. Washington, D.C.: U.S. Government Printing Office, março de 1985.

U.S. DEPARTMENT OF LABOR, BUREAU OF LABOR STATISTICS. *Outlook for Technology and Labor in Telephone Communications*. Julho de 1990, Boletim 2357.

_____. *Technological Change and Its Impact on Labor in Four Industries: Coal Mining, Pharmaceutical Preparations, Metalworking Machinery, Eating and Drinking Places*. Outubro de 1992, Boletim 2409.

_____. *Technology and Labor in Copper Ore Mining, Household Appliances and Water*. Maio de 1993, Boletim 2420.

_____. *Technology and Labor in Three Service Industries: Utilities, Retail Trade, and Lodging*. Setembro de 1990, Boletim 2367.

VAN CREVELD, Martin. *The Transformation of War*. Nova York: The Free Press, 1991.

VAN LIEMT, Gijsbert, ed. *Industry on the Move: Causes and Consequences of International Relocation in the Manufacturing Industry*. Genebra: International Labor Office, 1992.

VAN TIL, Jon. *Mapping the Third Sector: Volunteerism in a Changing Social Economy*. Washington, D.C.: The Foundation Center, 1988.

WATSON, Dennis, ZAZUETA, Fedro e BOTTCHER, A. Eds. *Computers in Agricultural Extension Programs: Proceedings of the 4th International Conference*. St. Joseph, MO: American Society of Agricultural Engineers, 1992.

WEINER, Norbert. *The Human Use of Human Beings: Cybernetics and Human Beings*. Boston: Houghton Mifflin, 1950.

WILLHELM, Sidney, *Who Needs the Negro?* Cambridge, MA. Schenkenman, 1970.

WILSON, William Julius. *The Declining Significance of Race: Blacks and Changing American Institutions*. Chicago: University of Chicago Press, 1980.

_____. *The Truly Disadvantaged*. Chicago: University of Chicago Press, 1987.

WINPISINGER, William. *Reclaiming Our Future: An Agenda for American Labor*. Boulder, CO: Westview Press, 1989.

WOMACK, James et al. *The Machine That Changed the World*. Nova York: Macmillan, 1990.

WOOLEY, Benjamin. *Virtual Worlds: A Journey in Hype and Hyperreality*. Cambridge, MA: Blackwell, 1992.

ZALUSKY, John. *The United States: The Sweatshop Economy (AFL-CIO)*. Presentation at the Industrial Relations Research Association Meeting. Anaheim, CA, 6 de janeiro, 1993. Washington, D.C.: AFL-CIO Economic Research Department, 1993.

Índice Remissivo

Academia Nacional de Ciências, 40
Acordo de Maastrich, 237
Acordo Geral sobre Comércio e Tarifas (GATT), 237
Acordo Norte-Americano de Livre Comércio (NAFTA), 237
Adamy, Wilhelm, 204
Administração científica, 51
Aetna Life and Casualty Co., 145-146, 147-148
AFL. *Veja* American Federation of Labor
AFL-CIO, 85-86, 230
África, terceiro/setor voluntário na, 280-281
Afro-Americanos
  como meeiros, após a Guerra Civil, 69-80
  criação da subclasse urbana, 77-80
  impacto da automação nos, 69-80
  impacto da colheitadeira mecânica de algodão sobre, 70-71, 72-73
  migração para cidades do norte entre 1940 e 1970, 72
  no setor de fabricação, de meados da década de 50 até meados da década de 60, 73-78
Agência dos Estados Unidos para o Desenvolvimento internacional (AID), 282
Agricultura, impacto da tecnologia no declínio do número de pessoas na, 109-111, 112-113
  agricultura pela engenharia genética, 118-123
  exemplos de mecanização de fazendas, 110-112
  exemplos de novas técnicas de criação de animais, 112-113
  exemplos de novas técnicas de cultura de plantas, 110-113
  produção de cultura de tecido em um laboratório e o fim da agricultura ao ar livre, 123-127
  uso de software de computador e robótica na, 113-117
Agriculture Adjustment Act (1933), 31
Albrecht, Charles F., 37
Alemanha
  desemprego na, 4, 200-201
  setor de produção na, 8
  terceiro setor/voluntário na, 180-275
  violência e receios xenofóbicos com relação aos imigrantes na, 214-216
Allen, Frederick Lewis, 20-21
Allied Textile Co., 139, 140
Alperovitz, Gar, 40
Alta tecnologia
  computadores introduzidos para automatizar indústrias, 65-68
  interesse histórico na, 62-66
  internacional, 201-205
  máquinas que pensam, 60-62
  Primeira Revolução Industrial, 59-60
  Segunda Revolução Industrial, 60
  Terceira Revolução Industrial, 60
América Federation of Labor (AFL), 26
América-Latina, terceiro setor/voluntário na, 279-280
American Sugar Refining, Co., 22
American Tobacco Co., 128
AmeriCorps, 261
Andersen Consulting Co., 9, 144, 152
Anderson, Martin, 206
Aoyana, Megumu, 200
Architecture Machine, The (Negroponte), 62
Arvin Industries, 4
Asea Brown Boveri (ABB), 11-12

ÍNDICE REMISSIVO 331

Ashmal, Robin, 226
Ásia, terceiro setor/voluntário na, 276-280
Associação das Empregadas Autônomas (SEWA), 278
Associação dos Consumidores de Penang (CAP), 279
Associação Nacional de Fabricantes, 18-19
AT&T, 141-142, 150-151
Attali, Jacques, 7-8
Australian Wool Corp., 116
Automação
    debate sobre, durante a década de 60, 81-90
"Automação" (CIO), 84-86

Babbage, Charles, 63-64
Bacich, Elio, 206
Baker, Dean, 167-168
Bangalore (Índia), automação em, 207
BankAmerica Corp., 191
Barnevik, Percy, 11-12
BBN Systems and Technologies, 61
Bell, Alexander Graham, 44
Bell, Daniel, 50
Bellamy, Edward, 46
Bellcore, 149
Belous, Richard, 192
Bernstein, Jared, 169
Biorritmos e *burnout*, 187-191
Biotecnologia, criação de empregos e, 34
Birch, David, 9-10
Black, Hugo L., 28
Blackwell, Lucien E., 231
Blakely, Edward, 213
Blockbuster Video, 155-156
Bluestone, Barry, 176, 195
Boggs, James, 76
Boldassare, Mark, 212-213
Bonsack, James, 128
Borrus, Michael, 92
Brasil, terceiro setor/voluntário no, 279-280
Braverman, Harry, 21, 51, 138
Bread for the World, 178
Bridgestone, 137
Briggs Manufacturing, 75
Brinquedos, automatizados, 63-64
Brinster, Ralph, 118
Brod, Craig, 188, 189
Brown, J. J., 66
Brown, Lewis L., 27-28
Brown, Michael, 77
Brynjolfsson, Erik, 92
Buchanan, John Jr., 252
Burkina Fasso, terceiro setor/voluntário em, 280-281
Burnout. Veja Biorritmos e *burnout*

Burns, Scott, 169
Burroughs, William, 64
Bush, George, 251-252
Business Week, 67, 147, 157, 173, 180

Campbell Soup, 128
Candler, Asa, 22
Canon, 148
Capital (Marx), 16
Cargill, 266-267
Carlyle, Thomas, 45
Carol Publishing Group, 159
CBS, 65
Challenger, 55-56
Challenger, Gray e Christmas, 4
Chamot, Dennis, 34, 231
Champy, James, 102, 103-104
Chandler, Alfred, 93
Chile, terceiro setor/voluntário no, 280
China, reengenharia na, 206-207
Chrysler Corp., 49, 75-76, 187, 193
Churbuck, David, 9
Cidade de Nova York
    perda de empregos na, 142-145
    violência juvenil na, 211
CIO (Congress of Industrial Organizations), 85-86
Civicus, 276-277
Civil Works Administration, 30
Clark, John Bates, 17, 19
Classes profissionais
    automação nas, 158-162
    emprego temporário nas, 193-194
Clinton, Bill, 34, 36, 41, 232-233, 249-250, 262-263
Clough, Fred, 46, 47-48
Coca-cola, 22
Cohn, David, 73
Colheitadeira mecânica de algodão, impacto da, 70-71, 72-73
Collective Utility Works, 274
Colômbia, terceiro setor/voluntário na, 280
Columbia Exposition (Chicago) (1893), 49
Comissão
    das Comunidades Européia, 226
    de Igualdade de Oportunidades de Empregos, 78
    de Mudanças Econômicas Recentes (Comitê Hoover), 23
    de Progresso Econômico, Automação e Tecnologia, 82
    de Títulos, Ações e Câmbio (SEC), 52
    Federal de Comunicações, 52
    Nacional de Automação, 82
    Nacional de Renda Garantida, 260

Comitê Ad Hoc sobre a Revolução Tripla, 81, 82
Comitê de Luta para o Fim da Fome (COLUFIFA), 279
Comitê Oppenheimer sobre a Revolução Tripla, 83
Compaq, 148
Comunidade Eclesiais de Base, 279-280
Congressional Budget Office – Departamento de Orçamentos do Congresso (CBO), 267, 268
Connery, William P. Jr., 29
Connors, Rochelle, 166
Consumo/consumismo
  conceito de consumidor insatisfeito e, 20
  crédito ao consumidor e, 22
  crescimento do consumo/consumismo de massa, 18-26
  criação do, marcas e, 20-23
  definição de, 19-20
  economia, criação do, 19-20
  impacto da Depressão sobre, 24
  movimento do trabalho compartilhado, 25-30
  New Deal, 30-32
  papel do marketing no, 20-21
  pós Segunda Guerra Mundial, 31-34
  saturação do, na década de 70, 90-91
  subúrbios e, 23
Continental, 266-267
Controle numérico (C/N), 67-68, 183-184
Conyers, John, 231
Cottle, Thomas T., 196-197
Courtauds, 139
Cowdrick, Edward, 19
Cox and Cox, 68
Crédito ao consumidor
  criação do, 21-23
  na década de 90, 35
Créditos fiscais para o terceiro setor/voluntário, 262-264
Crime. *Veja* Violência e crime
Crystal Court Shopping Mall, 153-154
CUC International, 157
Cyanamid, 121

Daily News, 87
Davidow, William, 105
Day of Prosperity, The (Devinne), 46
De Martino, Nick, 161
Deduções de impostos/salários simbólicos para o terceiro setor/voluntário, 255-257, 270-271
Deere, John, 110

Déficit federal, 38, 39-40
Déficits. *Veja* Dívidas/déficits, em todo o mundo
Departamento Americano de Recenseamento dos Estados Unidos, 64, 177-178
Departamento Americano do Trabalho, Bureau de Estatísticas do Trabalho, 138, 193
Departamento de Administração e Orçamento (OMB), 121
Departamento de Agricultura, 114
Departamento de Avaliação Tecnológica (OTA), 121, 189
Depressão de 1929
  impacto da, no consumo, 23-24
  movimento do trabalho compartilhado e, 25-30
Desabilitação da força de trabalho, 183-187
Descartes, René, 45
Desemprego
  Global, 4-5
  impacto da tecnologia no, 33-36
  impacto psicológico do, 196-198
  internacional, 199-202
  medo do, 12-13
  na Alemanha, 200-202
  na década de 20, 18-19
  New Deal, 32
  no Japão, 200
  nos Estados Unidos, 3-4, 18-32, 33-34
  pós Segunda Guerra Mundial, 32-33
Desintegração social, 177-181
Devinne, Paul, 46
Di Bari, Vince, 160
Diamond Match Co., 128, 129
Digital Equipment, 226
Discurso "Points of Light", (Bush), 251-252
Dismukes, George, 210
Dívidas/déficits, em todo o mundo, 37-39
Dodge, Charles, 160
Dohse, Knuth, 184
Domino Golden Syrup, 22
Donahue, Thomas R., 230
Dragon Systems, 61
Drake, Beam & Morin, 201
Dreyfus, 266-267
Drucker, Peter, 8, 129-130, 171-172, 176
Duchin, Faye, 148-149
Dun & Bradstreet Software, 150
Dunlop, 137
Durning, Alan, 245

Eastman Kodak, 106, 128
Eastman, George, 129
Eccles, Marriner, 31

ÍNDICE REMISSIVO **333**

Eckert, J. Presper, 65
Economia social, 242-243
   globalizando a, 273-290
Educação, automação na, 158-159
Eficiência, culto da, 50-53
Electrical Review, 44
Electronic Numerical Integrator and Computer. *Veja* ENIAC
Electronic Supervisor, The (OTA), 189
Eletricidade, papel da, 43-44
Ellis, Evelyn Henry, 95
"Emprego, Renda e a Provação da Família Negra?" (Moynihan), 78
Emprego Transitório para os Pais de Massachusetts (TEMP), 264-265
Empregos administrativos, impacto da reengenharia nos, 9
Energia a vapor, papel da, 60
Energia nuclear, 56
Engels, Frederick, 25
Engenharia genética na agricultura, 118-123
Engenheiros e o paraíso tecnológico, papel dos, 53-56
ENIAC (Electronic Numerical Integrator and Computer), 65
Epson Australia Limited, 152
Era espacial, 55-56
Erie, Steven, 77
Ernst and Young, 150-151
Escagenetics, 124
Escritores e cientistas utópicos, 46-50
Espanha, desemprego na, 200-201
Estados Unidos
   comparação de mão-de-obra internacional e mão-de-obra nos, 202-203
   exemplos de empresas demitindo empregados, 4-5
   desemprego nos, 3-5, 8-12
Estresse
   Biorritmos e *burnout*, 187-191
   impacto da alta tecnologia, 183-187
Europa Oriental, terceiro setor/voluntário na, 276-278
Executive Recruiter News, 193
Executivos em transição, 171

Fábrica de Pianos Bechstein, 159
Fábrica de River Rouge, 75-76
Faculdade Politécnica da Universidade Estadual da Virgínia (Virginia Tech), 114, 122-123
Fair Labor Standards Act, 31, 230
FBI, 214
Federação Internacional de Robótica, 132

Federação Internacional dos Metalúrgicos, 8-9
Federação Nacional do Varejo, 153
Federal Housing Administration (FHA), 31
Federal Theater Project, 31
Federal Writer's Project, 31
Feiras mundiais, 49-50
Ferrington, Dick, 194
Ferry, W. H., 258
Filipinas, terceiro setor/voluntário nas, 279
Finch, Scott, 159
Fini, Gianfranco, 215
Firestone Tire, 136
Fisher, Julie, 281
Fleet Financial Corp., 144
Florida, Richard, 100-101, 133, 136, 185
Flynn, Padraig, 204
Food Technology, 127
Forbes, 157
Força de trabalho
   criação da classe do conhecimento, 174-177
   criação dos novos cosmopolitas, 173-178
   declínio dos salários para a, 168-169, 170-171
   desabilitação da, 183-187
   empregos de meio período para, 167-168
   estatísticas do desemprego/subemprego, 166-167
   exemplo de como a mágica da tecnologia não funciona, 165-166
   impacto da globalização na, 168-170
   impacto da desindicalização na, 168-169
   impacto da reestruturação na gerência média, 7, 170-172
   sistema de dois níveis, 191-196
   universitários recém-formados na, 172
   violência, 197-198
Forces of Production, The (Noble), 85
Ford Motor Co., 66, 187, 205-206
Ford, Henry, 23-24, 94-96, 111, 130
Fordson, 111
Fortune, 66, 84, 205
Foster Higgins, 170
Fournier, Gilbert, 225-226
Fowler, Cary, 124
Fowles, Richard, 179, 204
França
   desemprego na, 200
   reivindicação pela redução da semana de trabalho na, 224-225, 231-233
   teoria da renda anual garantida na, 260-261
   violência e receio com relação aos imigrantes na, 214-215, 216
Frank, Anthony, 142-143

Franklin Mint, 106
Franklin, Benjamin, 44
Frederick, Christine, 53
Fredkin, Edward, 60-61
Friedan, Betty, 253
Friedman, Milton, 259
Frito Lay, 194
Froehlich, John, 111
Fromstein, Mitchell, 192
Fundação Interamericana, 282
Fundação para o Desenvolvimento Africano, 282

Galbraith, John Kenneth, 20, 51
Gardels, Nathan, 216
General Electric, 119, 138
General Motors (GM), 20, 75, 94-95, 100, 130, 131, 186, 187
General Theory of Employment Interest and Money, The (Keynes), 24
Gerência média, impacto da reengenharia na, 7, 170-172. Veja também Gerenciamento
Gerenciamento
    a reengenharia no local de trabalho e, 101-106
    declínio, 7, 170-171, 172-173
    eliminação da gerência média, 101-103, 105-106
    emprego temporário por, 193-195
    estilo tradicional de, 93-96
    mudanças de, durante a década de 70, 90-93
    produção *just-in-time* e, 99-100
    produção pós-Fordismo e, 94-96
    transição para produção enxuta e, 96-101
Gilder, George, 40
Gillete, King Camp, 46
Glasel, John, 160-161
Globalização, impacto da, 34-35, 168-170
Golden Age, The (Clough), 46, 47
Gompers, Samuel, 128
Gonzales, Henry, 180
Goodman, David, 123
Goodrich, 137
Goodyear, 136-137
Gore, Al, 34
GOSSYM/COMAX, 114
Governo
    diminuição do papel do, 236-240
    reengenharia do, 39-40
    terceiro setor/voluntário e papel do, 248-251
    trabalhadores temporários no, 194-196
GRAPES, 114
Great Awakening, The (Mervill), 46
Green, William, 28, 222

H. J. Heinz, 128
Hammer, Michael, 7, 102-103, 104, 233
Harbour, James, 98-99
Harder, Del, 66
Harness, Jon, 160
Harper's Magazine, 51
Harriman, H. I., 28
Harrison, Bennett, 10, 176, 195
Harvard Business Review, 200
Heilbroner, Robert, 258
Heinz. Veja H. J. Heinz
Henkel, Hans Olaf, 7
Hero de Alexandria, 62
Hewitt, Don, 157
Hewlett-Packard, 148, 207, 225-226
Hillis, Daniel, 61, 62
Hitt, Lorin, 92
Hofrichter, David, 193
Hollerith, Herman, 64
Holt, Donald A., 117
Holtzman, Elizabeth, 144
Homeowner's Loan Association, 31
Hopkins, Harry, 30-31
Hopson, Howard, 71
Hopson, Richard, 71
Hori, Shintaro, 200
Hormônio de Crescimento Bovino (BGH) 120-121
Howard, Albert, 46-47
Hudson Motors, 27
Hunnicutt, Benjamin, 26
Hunt, Jim, 262
Hutchens, Nancy, 192

IBM Credit, 102-103
IBM, 64, 65-66, 155, 207
ICA, 4
Impacto psicológico do desemprego, 196-198
    impacto sobre afro-americanos, 69-80
    impacto sobre o movimento trabalhista, 66-86
    na indústria alimentícia, 154-155
    na indústria automobilística, 94-101
    na indústria da borracha, 136-137
    na indústria de eletro-eletrônicos, 138-139
    na indústria de mineração, 137
    na indústria de refino de petróleo, 137-138
    na indústria eletrônica, 138-139
    na indústria siderúrgica, 132-136
    na indústria têxtil, 139-140
    nas profissões, 158-162
    no escritório tradicional, 146-151
    no setor bancário, 143-145
    no setor de seguros, 144-146

no setor varejista, 152-158
no terceiro mundo, 205-208
posição do governo na, durante a década de 60, 82-84
posição dos trabalhadores na, durante os anos de 60, 84-89
Imposto de valor agregado (IVA), 262-271
Índia
    automação em Bangalore, 207
    terceiro setor/voluntário na, 278-279
Índices de desemprego
    como resultado da reengenharia, 7
    estatísticas por década, 11-12
    estatísticas para as décadas de 80 e 90, 166-167
    nos Estados Unidos, 4, 8-10, 11-12
    para negros e brancos em meados da década de 50, 74
    para negros na década de 90, 77-78
Indústria
    alimentícia, automação na, 94-101, 129-133
    cinematográfica, automação na, 161-162
    da borracha, automação na, 136-137
    de mineração, automação na, 137
    de refino de petróleo, automação na, 137
    de telecomunicações, 141-142
    de utilidades domésticas, automação na, 138-139
    metalúrgica, 135-136
    musical, automação na, 159-161
    siderúrgica, automação na, 132-136
    têxtil, automação na, 139-140
    Conference Board, 28
Inglaterra
    desemprego na, 200-201, 204
    terceiro setor/voluntário na, 273-274
    violência na, 214
Iniciativa Points of Light, 252
Inland Steel, 134
Instituto
    da Família e do Trabalho, 233-234
    de Política Econômica, 168-169
    Gallup, 241
    Nacional de Saúde Pública (Japão), 187
    Nacional de Segurança e Saúde Ocupacional (NIOSH), 190, 197
    Nacional de Segurança no Trabalho, 217
Intel, 106
Inteligência artificial, 61
International Association of Machinists (IAM), 8-9, 135
Internet, 183-184
Irvine, C. S., 183-184
Israel, agricultura em, 115

Itália
    desemprego na, 204
    medo dos imigrantes, 215-216
    reivindicação pela semana de trabalho reduzida na, 223-225
    terceiro setor/voluntário na, 274

Japão
    desemprego no, 5, 199-200
    eliminação de empregos no, 105-106
    estresse na força de trabalho no, 184-185, 186-187
    indústria automobilística no, 99-101, 129-131
    indústria siderúrgica no, 133-135
    kaizen, 98
    karoshi, 187
    koeki hojin, 275
    produção enxuta no, 96-101
    produção just-in-time no, 100
    produção pós-Fordismo, 94-95
    Real-World Program no, 61
    reivindicação pela semana de trabalho reduzida no, 226-227
    terceiro setor/voluntário no, 274-276
Jeantet, Thierry, 242
Jichikai, 275-276
John Deere Co., 110
Johnson, Lyndon, 82, 260
Jones, Barry, 223
Jones, Daniel, 95, 97, 99-100, 101
Joseph, Jim, 273
Just This Once, 159

Kahn, Tom, 74
Kaizen, 98
Kajdasz, Ann, 171
Karoshi, 187
Kawasaki, 133
Keener, Robert, 194-195
Kellogg, W. K., 27
Kellogg's, 27
Kennedy, John F., 82
Kennedy, Paul, 207
Kenney, Martin, 100, 133, 185
Kettering, Charles, 20
Keynes, John Maynard, 24
Khor, Martin, 283
Kimball, Dexter, 25
King, Rodney, 212
Kobe, 133-134
Koeki hojin, 275
Kohl, Helmnut, 203-204
Koide, Koyo, 200
Kozol, Jonathan, 37

Krugman, Paul R., 8
Kurzweil, Raymond, 62
Kyrk, Hazel, 21

Labor, 28
Ladies' Home Journal, 52-53
Larrouturan, Pierre, 224-225
Lawrence, Robert L., 8
Lazer, interesse em trocar remuneração por, 233-234, 235. Veja também Semana de trabalho, reduzida
Le Pen, Jean-Marie, 216
Leaver, E. W., 66
Lei de Recuperação da Indústria Nacional (NIRA), 29-30
Leiserson, William, 17
Lemann, Nicholas, 70, 72
Leontief, Wassily, 6, 148-149, 229
Lerner, Max, 244
Levy, Frank, 170
Liebniz, Gottfried Wilhelm, 63
Life in a Technocracy (Loeb), 46
Lilly, Eli, 121
Lindholm, Douglas, 270
Lindsey, Lawrence B., 35
Lippmann, Walter, 50, 244
Literary Digest, 55
Loeb, Harold, 46
Loewenberg, John, 147
Looking Backward: 2000-1887 (Bellamy), 46
Los Angeles, violência juvenil em, 211-212
Loveman, Gary, 91, 102
LTV-Sumitomo, 134-135
Lundeen, David, 156

M&M/Mars, 266
Machine That Changed the World, The (Womack, Jones e Roos), 95
Mack, Robert Earl, 197
Mágica da tecnologia
 crescimento do consumo de massa, 19-25
 encolhendo o setor público, 38-42
 exemplo de como não funciona a, 165-166
 histórico da, 15-17
 movimento do trabalho compartilhado, 25-30
 na década de 20, 18-19
 New Deal, 30-32
 pós Segunda Guerra Mundial, 32-34
 retreinamento, 36-37
Malásia, terceiro setor/voluntário na, 278-279
Malone, Michael, 105
Manpower, 191-192

Mão-de-obra internacional e americana
 comparação entre, 201-203
 impacto da automação no movimento trabalhista, 5-6, 66-68
 posicionamento da, quanto à automação durante a década de 60, 84-89
 visão da, quanto à reivindicação pela redução da semana de trabalho, 229, 230-231
Máquina Analítica, 63-64
Máquinas de calcular, automáticas, 63-63
Máquinas sem Homens (Brown e Leaver), 66
Máquinas, interesse histórico em, 62-66
Marcas, criação e papel das, 21-23
Marcuse, Herbert, 221-222
Mark, I, 64-65
Marketing, consumidor, consumo e papel do, 20-21
Marlowe, Douglas, 211
Marschall, Miklos, 276, 282
Marx, Karl, 16-17
Massachusetts Institute of Technology (MIT), Sloan School of Management, 92
Masuda, Yoneji, 8-9, 65, 221-222
Mauchly, John W., 65
Mazda Motor Corp., 131, 187
McCarthy, Eugene, 223-224, 232, 233
McCormick, Cyrus, 111
McDonald's, 266
McGaughey, William, 232, 233
Mead, Margaret, 244
Meany, George, 84-85
Medoff, James, 149
Melendez, Sara, 264
Mencken, H. L., 54
Mercedes-Benz, 130
Merva, Mary, 179, 209
Mervill, Albert, 46
Metropolitan Life Insurance Co., 190
México, automação no, 205-207, 208
Michigan State University College Employment Research Institute, 172
Microsoft, 148
Miller, Craig, 167-168
Mills, Frederick, 24
Milltillionaire, The (Howard), 47
Mitterrand, François, 224
Miyazawa, Kiichi, 227
Monsanto, 120, 137
Mooney, Pat, 124
Moore, Gordon, 162
Morin, William J., 201
Morphing, 161
Morrison, George, 46

Motorola Corp., 207
Movimento Chipco, 279
Movimento Cinturão Verde, 280-281
Movimento democrático, terceiro setor/ voluntário e, 275-284
Movimento dos Trabalhadores Rurais Sem Terra, 280
Movimento pelo trabalho compartilhado, 25-30
Movimento Sarvodaya Sharanadana, 278-279
Moynihan, Daniel Patrick, 78
Murray Auto Body, 75
Mutual Benefit Life (MBL), 145
My Life and Work (Ford), 130

Nação-estado, papel em mutação da, 236-240
National Bicycle Co., 105
National Defense Highway Act (década de 50), 33
National Health Service Corps (NHSC), 261-262
National Life Insurance Co., 190
National Senior Service Corps., The, 261
National Youth Administration (1935), 31
Negroponte, Nicholas, 62
Neidlinger, Buell, 160
Nepal, terceiro setor/voluntário no, 278-279
New Deal, 30-32
New Epoch The, (Morrison), 46
New Industrial State The, (Galbraith), 51
New York Post, The, 87
New York Times, The, 13, 87
New York World's Fair, 49
NewLeaf Entertainment Corp., 155
Newsweek, 12, 210
Nike, 191
NIKKO Research, 106
Nippon Steel, 133-134
Nirex, 148
Nissan, 205
Noble, David, 85
Nonfinancial Economics (McGaughey and McCarthy), 232
Non-Profit Liaison Network (Rede de Ligação Sem Fins Lucrativos), 249-250
Nordstrom, 147
Norrell Services, 191
NTT, 5
NYNEX Corp., 4

O'Brien, John D., 106
Observations on the Application of Machinery to the Computation of Mathematical Tables (Babbage), 63
Ohno, Taiichi, 99
Olesten, Nils, 184
Oliver, Adela, 193
Olivetti Research Laboratory, 151
On Assignment Inc., 194
Oppenheimer, J. Robert, 81
Organização de Pesquisa Científica, Industrial e da Comunidade Australiana, 122
Organização Nacional para Mulheres (NOW), 252
Organização para a Cooperação e o Desenvolvimento Econômico (OECD), 199
Organizações Econômicas Populares (OEPs), 280
Organizações Não-Governamentais (ONGs), 276-284

Pacific Telesis, 4
Panhard e Levassor, 95
Paquistão, terceiro setor/voluntário no, 278-279
Paraíso Tecnológico
 culto da eficiência, 50-53
 desenvolvimento histórico, 44-46
 escritores e cientistas utópicos, 47-50
 feiras mundiais, 49-50
 tecnocratas e, 55
 telecomutação, papel da, 150
Parker, John, 171
Parker, Mike, 186
Parkland Textile Co., 139
Pascal, Blaise, 63
Patterson, Steve, 151
Peace Corps The, 261
Pequenas empresas, crescimento nas, 9-10
Perfecting the Earth (Woolridge), 46
Peterson, Bill, 160
Pharmaceutical Proteins Limited (PPL), 122
Phillips, Kevin, 122
Pillsbury, 128, 129
Pitkin, Walter, 23
Pobreza, aumento e efeitos da, 177-181
Points of Light Initiative, 252
Política, terceiro setor/voluntário e, 250-254
Primeira Revolução Industrial, 60
Problem of the Negro Movement The, (Kahn), 74
Procter & Gamble, 104, 128, 129
Produção enxuta, transição para, 96-101
Produção *just-in-time*, 99, 202
Produção pós-Fordista, desenvolvimento da, 95

Produtividade
  índices de, 8-9
  mudanças na, nas décadas de 80 e 90, 91-92
  na década de 20, 18
  reivindicações dos trabalhadores sobre, 227-229
Programa de Desenvolvimento das Nações Unidas, 205
Programa para o Progresso do Trabalho (WPA), 30
Programas de assistência social
  internacionais, 203-204
  propostas de revisão para os Estados Unidos, 262-264
Programas Great Society, 33
Projeto de Treinamento e Desenvolvimento de Recursos Humanos, 86
Projeto Gutenberg, 158
Projeto Piloto Orangi, 278
Promised land, The (Lemann), 70

Quaker Oats, 22, 128
Quênia, terceiro setor/voluntário no, 280-281

R. H. Macy & Co., 157
Raskin, A. H., 87
Rawlins, Stephen L., 126
Reagan, Ronald, 250-251, 255
Real-World Program, 65
Recepcionistas, impacto da automação sobre as, 149
Reengenharia internacional, 200-204
Reengenharia
  no governo, 39-40
  internacional, 200-208
  no setor varejista, 103-105
  papel da, 7-11
  no local de trabalho, 101-106
Re-engineering the Corporation (Hammer and Champy), 102
Reestruturação. *Veja* Reengenharia
Reeves, Don, 178
Reich, Robert, 36, 94, 177, 181
Relatório sobre Criminalidade (FBI), 214
Relatório sobre o Trabalho no Mundo, 202
Remington-Rand, 65
Reno, Janet, 211
República Dominicana, terceiro setor/voluntário na, 279-280
Resumix Inc., 149
Retreinamento, emprego e, 36-37
Reuther, Walter, 84
Revolução da cibernética, 81-82
Revolução Industrial, 44-45. *Veja também*

Terceira Revolução Industrial
Roach, Stephen, 92, 143, 153
Robinson, 64
Robodoc, 158
Robótica
  na agricultura, 115-117
  na indústria automobilística, 130-131
  na indústria varejista, 153
  na medicina, 158
Rocard, Michel, 224
Rogoff, Martin H., 126
Rohatyn, Felix, 263
ROMPER (Colhedor de Melão Robotizado), 115
Roos, Daniel, 95, 97, 99-100, 101
Roosevelt, Franklin D., 29-31
Rucci, Anthony, 153
Rudney, Gabriel, 240
Russell, Bertrand, 26
Rússia, 215-216, 277-278

Sadan, Ezra, 115
Saffo, Paul, 148, 177
Salários sociais, cláusulas de, 257-266
Samuelson, Paul, 38
Saturday Evening Post, 52
Saturn, 104-105
Saunders, Lee A., 265
Savory, Thomas, 59-60
Say, Jean Baptiste, 15, 113
Schlilein, Peter, 224
Schmidt, Helmut, 200-201
Schor, Juliet, 223
Schraggs, Steven, 159
Science, 117
Scott, Jerry, 172
Sculley, John, 7
Sears, Roebuck, 27, 153
Secretárias, impacto da automação sobre as, 137-138
Segunda Revolução Industrial, 60
Semana de trabalho, reduzida
  desenvolvimento histórico da, 221-224
  interesse público na, 233-235
  movimento do trabalho compartilhado e, 24-29
  mulheres e, 234-235
  necessidade de as empresas renderem-se à, 229-234
  recentes reivindicações pela, 224-231
  visão dos trabalhadores da, 229-231
Senegal, terceiro setor/voluntário no, 279
Serviço Comunitário, 241-242
Serviço de Renda Interna, 241

Serviço Postal dos Estados Unidos, 142-144
Serviços de empregos temporários, 191-195
    internacional, 202
Setor atacadista, reestruturação no, 150-153
Setor bancário, automação no, 144-146
Setor de defesa, 38-39
Setor de fabricação
    indústria automobilística, 129-133
    indústria de refino de petróleo, 137
    indústria de utilidades domésticas, 138-139
    indústria eletrônica, 138-139
    processo contínuo, 129-130
Setor de seguros, automação no, 145-146
Setor de serviços
    impacto da automação no, 141-162
    mudanças no escritório tradicional, 145-151
    na cidade de Nova York, 143-144
Setor editorial, automação no, 158-159
Setor Independente, 264
Setor público
    encolhimento, 38-42
    negros no, 76-77
Setor varejista
    reengenharia no, 103-106
    reestruturação (downsizing) no, 152-158
Setor voluntário, *Veja* Terceiro setor/voluntário
Shaiken, Harley, 205, 206
Sheinkman, Jack, 140
Shiva, Vandana, 284
Shopping eletrônico, 157
Siberman, Charles, 84
Siemens, 4
Simons, Geoff, 188
Sindicato dos Trabalhadores da Indústria Automobilística (UAW), 67, 85
Sindicato dos Trabalhadores Metalúrgicos, 67
Sindicato dos Trabalhadores nas Indústrias de Petróleo, Atômicas e Químicas, 137
Sindicato Internacional dos Eletricitários (IUE), 67
Sindicato Internacional dos Tipógrafos (ITU), 87-88
Sindicato Nacional Mexicano das Organizações de Agricultores Regionais Autônomos, 280
Sintetizadores, 159-160
Sistema de Planejamento de Rodízio de Safra (CROPS), 114-115
Skerritt, John C., 7
Slaughter, Jane, 186
Sloan, Alfred, 93

Smith, Alan A., 68
Smith, John F. Jr., 130
Sobow, Richard, 6
Social Security Act (1935), 31
Society National Bank (Cleveland), 144
Soil Conservation Act (1936), 31
Sony, 205-206
Sorj, Bernardo, 123
Sous vide, 155
Sri Lanka, terceiro setor/voluntário no, 278-279
Standard Oil, 27
Starr, Frederick, 277
Stockman, David, 40
Strasser, Susan, 21-22
Subclasse urbana, criação da, 77-80
Subúrbios, consumo de massa e papel dos, 23-24
Suécia, demissões na, 4
Sugrue, Thomas J., 75
Sultan, Arthur, 194
Sumitomo, 133-134, 137
Sunkist, 266-267
Suris, Peter, 156
Syre, Alfred, 197-198

Tabulating Machine Co., 64
Taylor, Frederick W., 50-51, 96
Tecnocratas, 54-56
Tecnologia. *Veja também* Automação; Alta tecnologia
    impacto sobre os negros, 69-80
    impacto na agricultura, 109-127
    impacto no desemprego, 33-36
Tecnologias baseadas em computador, *Veja também* Automação na agricultura, 113-115
    desenvolvimento histórico das, 64-67
    impacto sobre o movimento trabalhista, 5-6, 65-68
    papel das, 60-62
    reengenharia do local de trabalho como resultado das, 7-12, 101-106
Telecomutação, papel da, 150-151
Tennessee Valley Authority (TVA), 31
Teoria da renda anual garantida, 257-266
Teoria da renda social, 257-266
Terceira Revolução Industrial, 60, 88
    internacional, 199-208
    terceiro mundo, 205-208
Terceirização, 192-194, 195-196
Terceiro mundo, automação no, 205-208
Terceiro setor/voluntário
    como financiar, 266-272
    créditos fiscais para, 263-264

crescimento do, 240-241
deduções de imposto/salários simbólicos para, 255-257, 270-272
descrição do, 239-243
desenvolvimento histórico do, 242-243
exemplos do, 239-240, 260-263
funções do, 245-247
futuro papel do, 248-249
internacional, 273-284
movimentos democráticos e, 275-284
papel das mulheres no, 278-280
papel do governo no, 249-250
política e, 250-255
questões de justiça econômica e, 264-266
realizações do, 239-241
salários sociais para, 257-266
Texaco, 137
Texas Instruments, 207
Thai Durable Textile Co., 206
The Student Community Service Program, 261
Theobald, Robert, 258
Thomas, Charney, 46
Thomas, Russell, 150
Thurston, Robert, 40
Tichi, Cecilia, 53
Tilly, Chris, 195
Tocqueville, Alexis de, 242-243
Townsend, Kathleen Kennedy, 253, 254
Toyota Motors, 96, 99-100, 184-185, 186
Trabalhadores do conhecimento, 174-177
Trevor, Stanley, 19
Turner, Ted, 161

Uganda, terceiro setor/voluntário em, 280
Ullman, Myron E. III, 157
União Soviética, terceiro setor/voluntário na, 277-278
Union Carbide, 4
United Technologies Corp., 149
UNIVAC (Universal Automatic Computer), 65
Universidade
da Califórnia (Davis), 118-119, 158
da Pensilvânia, 118
de Adelaide, 122
de Manitoba, 114
de Minnesota, 114
de Purdue, 116
do Wisconsin, 122
Estadual da Pensilvânia, 114
Upjohn, 121

USX Corp., 165-166

Van Creveld, Martin, 216-217
Vandergrift, Joe, 165-166
Vaucanson, Jacques de, 63
Veblen, Thorstein, 54-55
Victor Co., 138
Vinícola Gallo, 266
Violência e crime
aumento da, nos Estados Unidos, 209-214
impacto do desemprego perante na, 77-78
internacional, 204, 206-207, 214-218
juvenil, 210-212
local de trabalho, 197
suburbana juvenil, 212-213
Volkswagen, 261
Volunteers in Service to América (VISTA), 261

Wacquant, Loic, 215
Wagner, Robert, 18
Wall Street Journal, The, 4, 7, 78, 141, 171, 199
Wallace, Michael, 131-132
Wal-Mart, 104, 151
Webber, Paine, 193
Weidenbaum, Murray L., 34, 268
Weiner, Norbert, 84
Weld, William F., 264-265
Western Railroad, 93
Who Needs The Negro? (Wilhelm), 79
Wilkinson, George, 196
Wilkinson, John, 123
Willhelm, Sidney, 77, 79, 80
Williams, Lynn, 224, 230
Wilson, William Julius, 76
Winpisinger, William, 8-9, 135
Womack, James, 95, 97, 99-100, 101
Woolridge, Charles, 46
Wyss, David, 35

Xerox, 148
XLAYER, 114

Young, Jeffrey, 9

Zaire, terceiro setor/voluntário no, 280-281
Zalusky, John, 230
Zenith, 206
Zhirinovsky, Vladimir, 215-216
Zuse, Konrad, 64